区域文化与文学研究集刊

Studies of Regional Culture and Literature

周晓风 张中良 主编

第 1 辑

中国当代文学研究会区域文学委员会
重庆师范大学区域文化与文学研究中心
重庆师范大学文学院
主办

中国社会科学出版社

图书在版编目(CIP)数据

区域文化与文学研究集刊.第1辑/周晓风主编.—北京:
中国社会科学出版社,2010.9
ISBN 978-7-5004-8961-0

Ⅰ.①区… Ⅱ.①周… Ⅲ.①区域—文化—关系—文学
研究—中国—学术会议—文集 Ⅳ.①G12-53②I206-53

中国版本图书馆 CIP 数据核字(2010)第 142696 号

责任编辑 李炳青
责任校对 张玉霞
封面设计 回归线视觉传达
技术编辑 张汉林

出版发行	中国社会科学出版社		
社 址	北京鼓楼西大街甲 158 号	邮 编	100720
电 话	010—84029450(邮购)		
网 址	http://www.csspw.cn		
经 销	新华书店		
印 刷	北京新魏印刷		
版 次	2010 年 9 月第 1 版	印 次	2010 年 9 月第 1 次印刷
开 本	710×1000 1/16		
印 张	23.75	插 页	2
字 数	401 千字		
定 价	42.00 元		

前　言

杨匡汉

　　近几年来,随着"文学地理"的理念和方法得到越来越多的学人的认可,确实对推动中国现当代文学研究的深入有拓展性意义。以往大家习惯于和满足于对文学的宏观描述,远远不足以多角度、多视点地呈现众多特定地域和区域的文学发展进程与标志性文学风貌,也远远不足以多层次、多知觉地重新解读不同文化语境中人们的灵性世界、民族生活与个人记忆。常言道"一方水土养一方人",自然,"水土"并不具有"决定一切"的本质性,但如果从"大地理"到"小水土"都运用趋同的知觉方式和统一的叙事风格,从创作到理论都"千人一面,千部一腔",如此的文学研究生态,则是反常的、可悲的。这种现象过去存在,现在也不能说已经绝迹。这样,以"文学地理"、"区域文化"的思路,介入对中国现当代文学的表象与叙述的重新解码乃至编码,无疑可以打破一体化的格局,揭示出某种事物或某种主题在特定地域文化语境中的丰富语义。而区域文化与文学的丰富性,既可呈现自然与人文景观的复杂性,也可展示不同地区文化发展道路与模式的多样性,从而使我们看到,中国文化与文学的发展,并非单一的轨迹,不同区域以其自身的发展脉络,提供了中华文化的统一性与区域发展的多样性的有机关联。

　　人们或许会问,区域能给人带来什么?马克思、恩格斯早在《德意志意识形态》中,曾就地理环境和人文环境的意义有过经典阐述:"全部人类历史的第一个前提无疑是有生命的个人的存在。因此,第一个需要确认的事实就是这些个人的肉体组织以及由此产生的个人对其他自然的关系……任何历史记载都应当从这些自然基础以及它们在历史进程中由于人们的活动而发生的变更出发。"这一著名论断,强调了人是历史性地在特定的地域文化环境中生存着的。也因此,分析人所栖居或流动的区域自身的历史轨迹,理解区域特性的形成与脉络,探究作为"人学"的文学在不

1

同区域的表现形态，不仅可以认识文化的核心区与边缘区的差异，还有助于将文化与文学研究的目光，从中心殿堂移向各路庙宇，从"正统"移向"异端"，从"地表"移向"潜在"，从而更开阔我们文化与文学的视野，更深刻地体悟"人文历史发展的区域差异"对于大中国文学的价值与意义。

我们还会注意到，区域文化资源蓄寓了人文精神，然而大凡杰出的文学作品，既源于区域文化底蕴，却又常常逾出区域的地界分际，而表现了中国文学之精神乃至中华民族之精神，成为区域性与全国性相映成辉的文学。梁启超在《中国地理大势论》中有言："自唐以前，于诗于文于赋，皆南北为家数，长城饮马，河梁携手，北人之气概也；江南草长，洞庭始波，南人之情怀也。散文之长江大河一泻千里者，北人为优；骈文之镂云刻月善移我情者，南人为优，盖文章根于性灵，其受四面社会影响特甚焉。"任公列举的不过是表象，但精神的东西却难以区分南北东西。李清照词婉约与豪放兼有，"良宵淡月，疏影尚风流"（《满庭芳》），很难断定属齐鲁文化，其托物言态，表现了历经磨难仍高洁自好的普适品格；范仲淹被贬时"塞下秋来风景异，衡阳雁去无留意。四面边声连角起。千嶂里，长烟落日孤城闭"的吟咏，也超越了"边塞诗"而传达了历史性的文化记忆；从李白的《蜀道难》到巴金的《家》《春》《秋》，可以理解为与巴蜀文化紧密相关，却又不为区域所限而成为特定历史时期的生命浩叹；即便是老舍的《骆驼祥子》，也具有典型的地域特征与京味风采，但也逾越"京派"的坐标与范式，艺术地呈现了底层弱势者的生存困境与精神焦虑，甚至有的西方学者认为它是出色的"现代派作品"。

任何一个区域内，文化与文学也不会完全是均质的。造成"这里"与"那里"的差异，有地理、语言、宗教等诸多因素。在中国的许多地区，无论吴越荆楚、岭南湖广或是巴蜀齐鲁、空旷西域，天悬地隔，南枝北阮，常以"风俗"表现得多姿多彩。风俗包括民间信仰、神祇崇拜、风气习尚、居住方式、聚落类型、衣食特征、方言运用等内容，既有现实性的物质层面，也有历史性的非物质层面。"风俗"的差异往往直观地体现着区域文化的差异和地域文学的特色。中国人历来视风俗之厚薄为兴亡的一个象征。当年苏东坡甚至将此与"道德"价值联系起来。他在一篇《上皇帝书》中写道："国家之所以存亡者，在道德之浅深，而不在乎强与弱；历数之所以长短者，在风俗之厚薄，不在乎富与贫。道德诚深，风俗诚厚，虽贫且弱，不害于长而存。道德诚浅，风俗诚薄，虽富且强，不救于短而亡。"观中国数千年大历史，稳定时期不过三五百年（近三十年堪称奇迹），大多处风雨时节，兵燹不断，谷籴常贱，年荒悲凉，东海扬尘，染黄染苍。然地域可道，地域所孕育之魂魄更足可道；区域可道，区域稔丰之文脉更足可道；东西南北亦可道，时移俗易所积淀的民德如美玉韫石更足可道。这正是中国至今尚于贫困中得以永续发展的精神原动力，也是文学必须关注的文化资源。

　　本册《区域文化与文学研究集刊》，是全国第二届"区域文化与文学"学术研讨会的集体成果。研讨会于 2009 年 11 月在重庆师范大学举行，紧凑、饱满、热烈的讨论与争鸣，对许多前沿性学术话题有了比首届研讨会更深入的展开。其间，所涉及的诸如"东亚人文地理"、"区域文化精神与心理结构"、"区域文化的特殊性与本土文化的普世性"、"中国的文化人类学"、"区域文化与文学流派"、"文学图志的审美书写"、"区域文化与现代性"、"用中国经验诠释区域文化"、"行政区划与地域人文"、"区域文化与主流文化"等知识命题，都引起了与会者的学术兴趣，也有可能成为学术的生长点。研讨的结果说明，区域文化与文学的研究，将不是孤立静态的，而应以动态、开放、发展的思维去扎实地践行，并以和而不同、互动互渗、包容共生为研究的价值取向和学术追求。

　　为了推动这一领域的学术进展，重庆师范大学专门成立了区域文化与文学研究中心，并已成为重庆市重要的人文社会科学研究基地之一，中国当代文学研究会相应地成立了区域文学委员会，以共襄区域文化与文学研究之盛举。此一学术举措，并非"制造热点"，而在于"发现问题"。自然，这辑"集刊"所集纳的还是初步的成果。可幸的是，主办方有决心"一年一刊"地坚持下去，让区域文化与文学的研究，得到全国各地学人更多的、文化含量更高的科研成果的支撑，为提升国家民族的精神品格提供有益的借鉴。

庚寅灯节于北京潘家园

目 录

区域文化精神与现当代文学

巴渝文学暨抗战文史

区域视野与文化现象

信息传递

笔谈一束

中国文学地理中的巴蜀因素

杨 义

今天能够在这里跟学界的朋友们欢聚一起切磋交流，感到机会难得，是重庆师范大学给我这个机会。我来之前，起码在北京、上海、杭州有五个会议，包括马上要在中南海启动的传统文化讲座。于此忙碌繁杂中来到重庆，山城的热情给我很多亲切感。我觉得，"第二届区域文化与文学学术研讨会"在重庆召开，是找到了一个非常合适非常有意义的好地方。记得四年前，在这里召开抗战六十周年纪念会的时候，我在会上讲了关于人文地理方面的内容，重庆师大聘请的冯宪光教授也讲了抗战文学与文学地理学的题目。所以文学地理学的思路与重庆渊源很深。我现在一直在做重绘中国文学地图这么一个工程，之所以用"地图"这个概念来讲中国文学，就是要在文学完整性上展开它们的巨大空间，展开它们的地域文化脉络的丰富性，展开其中的民族、家族、作家个人及其群体的生存流动聚散等空间上的问题，探讨我们民族发展过程中完整、丰富、异彩纷呈的文化精神谱系。

我思考了一下，这个重绘中国文学地图的命题，重庆在其中具有举足轻重的位置。五千年的中华文明生命持续发展，没有中断，跟巴蜀地区非常有关系，而且是一种关键性的关系。因为中华民族在秦汉开拓大一统的格局后，在两千多年的"分久必合，合久必分"的生命过程中，往往谁得到巴蜀，谁就得到大一统，这一点为多次改朝换代、南北冲突融合所证明。为什么我们五千年文明不曾中断？过去很多学者专门从概念上讲儒释道的价值和功能，但实际上的问题恐怕不能这么简单，这么空泛。很重要的原因是我们除了黄河文明之外，还有一个长江文明，有这"两河文明"的相互推移和交融。在中世纪的北方崛起了一个草原帝国，草原帝国的疆域从兴安岭一直到欧洲，在冷兵器时代，草原骑兵纵横驰骋，骁勇善战，如"秋风扫落叶"，很多古老的农业民族都被它摧毁了。但是唯有中华民族还奇迹般地坚守着，百折不挠地发展着，就是因为它由西到东由黄河、长江这两条母亲河哺育，具有丰富的生存屏障、众多的资源和人口、多姿多彩的文化智慧以及广阔的回旋余地。比较起来，古埃及文明只有一长条的河谷绿洲，所以阿拉伯人来了，马其顿人来了，它就缺乏回旋余地，容易中断。中东的古巴比伦也有幼发拉底河、底格里斯河这样的两河流域，但我们的黄河、长江这两河流域比它们大了七倍，腹地很大，这给我们在民族博弈和发展中，提供了进退的余地和回旋应对的弹性。

由于地理气候形成的游牧、旱地农业、稻耕农业等生产生活方式的差异，古代中国的大规模的民族冲突融合，主要表现为南北碰撞推移。北方少数民族进犯中原，在平常的时候长城是可以抵挡一下的，可以在那里驻兵设防，开关贸易。但是当北方少数民族真正强大到极点之后，长城挡不住了，什么东西挡住了它呢？长江。中国曾一而再、再而三地出现过南北朝，试设想一下，如果我们没有长江这道"天堑"，中华文明就可能中断了。正因为有了长江的阻隔，北方游牧民族入主中原之时，汉族的一些大家族迁移到长江流域，把长江流域搞得比黄河流域还发达。北方少数民族入主中原，浸染中原的汉族文明，住在未央宫比住在帐篷里舒服吧，所以它就逐渐地被汉化或华夏化了。这就形成了南北的太极推移，你推过来，我推过去，越来越深地变得你中有我、我中有你，于是在南北对峙之后，出现了更高程度的南北融合。值得注意的是，在这种南北太极推移的过程中，偏于西部的巴蜀发挥了关键的作用。秦始皇统一中国，很重要的原因就是他登基前半个世纪，秦人就占领了巴蜀。巴蜀的开发，使秦国的土地和国力增加了一倍。他们利用巴蜀这个财富源泉，支撑战争，收买列国重臣，势如破竹地兼并山东六国，统一天下。汉高祖击败不可一世的楚霸王，除了善于收罗、驾驭和使用杰出人才之外，依恃的也是关中的兵，巴蜀的饷。汉以后出现了三国，晋朝统一全国也是首先拿下了蜀国。原先曹操与孙权打仗，曹操进攻孙权，曹操必败，孙权进攻曹操，孙权必败，因为一者长于陆战，一者长于水战。但是一旦拿下蜀国和襄阳，就雄踞长江上中游，可以建楼船，练水师，一旦东吴有变，就顺流而下，统一全国。隋朝结束南北朝的分裂局面，也是由于隋据有巴蜀。南朝梁发生侯景之乱，西魏乘机占领荆襄、巴蜀，北周取代西魏之后又灭北齐。此时的南朝陈只有三峡以东、大江以南的土地，因此隋文帝篡夺北周帝位，消灭陈叔宝也就水到渠成了。宋太祖陈桥兵变，向南方用兵，也是乘乱进入长江中游，又消灭后蜀，才从长江的上中游进攻下游，消灭了南唐李后主的小朝廷的。长江下游江面开阔，靠近南方朝廷的心脏区域，必有重兵把守，必遇殊死搏斗，北方的骑兵、步兵贸然过江容易失去优势，面临严重的危险。金与南宋对峙，金兵在西线遇到吴玠、吴璘的有效抵抗，一直未能进入巴蜀，这对南宋能够保持偏安局面起了重要的支撑作用。这样金兵只能直接跨长江，而直接跨长江就吃败仗。金主完颜亮屯兵四十万，在采石矶对岸的和州，要跨长江灭南宋。有个四川书生叫虞允文，是跟张孝祥、范成大、杨万里同科的进士，他搜集零散的士兵和船只，只用18000人就把金兵打败了。骄横的金主完颜亮属游牧民族，不谙水战，撤兵途中就被部下暗杀了，这就保住了南宋的半壁江山。

和我们重庆有重大关系的，是13世纪蒙古帝国灭金之后，40年后才灭南宋。他们都到哪里去了呢？除了以秋风扫落叶之势西征，一直打到伏尔加河之外，在中国土地上的蒙古大军向西打破襄阳、成都，忽必烈从陇西穿越二千里山谷，乘羊皮囊下金沙江，袭破大理国。当时的蒙古骑兵被罗马教皇称为"上帝的鞭子"，但蒙哥汗亲率10万大军进攻重庆合川钓鱼城的时候，被飞丸击中而死，使钓鱼城成了影响世界历史进程的"上帝折鞭"的英雄城。蒙古军已占领襄阳、巴蜀、大理，实际上已从上中游渡过长江，因而回师东南，灭宋已成摧枯拉朽之势。这就是说，元朝统一中国，也是印证了先得巴蜀、后成统一的历史通则的。现代的巴蜀在支撑国家命脉和完成统一、独立的大业中也发挥了无以代替的作用。抗日战争时期，北平、南京、武汉相继沦陷，这里成了战时陪都，世界反法西斯战争的东方司令部。而且我们的十大元帅中巴蜀出了四个——朱德元帅、陈毅元帅、刘伯承元帅、聂荣臻元帅，他们在全国解放统一中起了很大作用。因此我开头就讲，在巴蜀这个地方谈人文地理与文学的关系是个非常合适的地方。我们可以找到一个极佳的立足点和精神关注点，总览维系着全民族生命的黄河文明与长江文明的冲突融合，总览中国历史上"合久必分，分久必合"而且往往是"谁得巴蜀，谁得一统"的历史进程。关注巴蜀文化，实际上是关注中华民族发展合力的一个关节点。

最近我到日本名古屋、京都、神户等地讲学，讲了两个题目：一个是《改革开放以来中国大陆的现代文学研究》，另一个是《中国现代文学与东北亚人文地理》。我讲到，现代文学研究精神空间的扩展，是我们首先值得注意的重大的收获，精神空间扩展的基本标志体现在以"中国现代文学"这六个字命名的这个学科返回到它的本体和本质，在本体和本质上生长出新的学理维度和思想深度。

首先，"文学"要回到"文学"。发生于1917—1949年的现代文学，在20世纪的五六十年代还是一段与现实存在深刻纠缠的历史，许多作家变成政要、社会名人、受改造者或流亡海外者，因而文学领域的历次政治运动都把他们当成斗士或被斗士，甚至他们过去的作品往往被看作隐藏着政治态度的特殊档案，被简单地进行"香花和毒草"的评判。改革开放以后的思想解放潮流，使一大批作家的作品从政治或阶级斗争的附庸中分离出来，作为时代与人的审美文化的表达和想象来对待。加之以开放心胸接纳外来的批评流派的话语智慧，文学研究的空间变得非常开阔，维度、方法变得非常丰富多彩。现代文学研究在20世纪80年代拨乱反正、守正创新中首当其冲，涌现出一批根底扎实、气象清新的文学史和专题著作，资料建设也取得长足的进展。至今几乎一年的论著就相当于新中国成立初期的十七年，这都是把文学当作文学的创造空间大拓展的结果。

第二个问题，"现代回到现代"。文学领域的"现代"的整体性，具有多维度、多层面的文化构成。但是过去现代文学研究中把这种"现代"删除得只剩新文学甚至革命文学一根杆儿。改革开放要恢复"现代"的本来面目，就发现现代文学除了有新文学、新小说之外，还有通俗小说。苏州大学在这方面作出了突出的建树，追寻"新体"、"俗体"比翼齐飞。至于除了新诗之外还有传统诗词，二者都应进入文学史写作，就至今还存在分歧。民国年间的旧体诗如果进行全面清理，不在10万首以下。不仅老文人、教授、书画家、政治人物写旧体诗词，新文学家中的不少人虽在公共空间写新诗，却把私人空间留给旧体诗词。这都是有深刻文化意识的文学史家，应该认真反思的。新诗的发展就能截然砍断传统吗？蔡元培、鲁迅、陈独秀、胡适、茅盾、郁达夫，都是提倡新文学的大人物，但他们都在写着旧体诗，蔡元培还主张新旧体诗并存。毛泽东到重庆我们这个山城来谈判的时候，如果不是拿着旧体诗词《沁园春·雪》来，而是拿着类似胡适发表的第一首新诗"两只黄蝴蝶，双双飞上天，不知为什么，一个忽飞还，剩下那一个，孤单怪可怜"这样的诗来，那就成了大笑话。《沁园春·雪》宣示了一种分量、一种修养、一种雄视千古的气象，是一般的新体诗代替不了的。当然旧体诗对于一些现代生活、事象、心理、感受，也有描述不了，或者抒写不精细的。所以新诗旧诗要并存，相互取长补短，融合创新，共同开拓现代诗歌形式。就像我们的戏剧除了曹禺，还有梅兰芳一样，如果中国诗坛被胡适大呼一声，整个都变成新诗的一枝独秀的天下，这就不是中国了。一个具有五千年文明史的中国存在着一个复杂、丰富、源远流长的文学经典体系，这就注定了它从古典向现代的转型，展示着一种多维度、多层面、多形式的精神文化图谱。

第三个问题，"中国回到中国"。中国文学要还原它的完整版图，各地域、各民族的文学都应有专门的研究、比较研究和相互关系研究。台港澳文学要研究，京派、海派文学要研究。抗战文学由于战争割裂了地域，出现了大后方文学，大后方也有文化重镇，比如重庆、昆明、桂林、香港，都出现了一些文学群体和文学生产传播体制的地域特点。还有解放区延安文学，以及战区、沦陷区文学，都出现了一些独特的文化生态和文学方式。如此多的领域，在改革开放30年间，都重新搜集材料，进行了广泛的研究。我编写的三卷本现代小说史与其他文学史的不同，除了文化研究和审美体验的视角转换之外，很重要的是在大量原始材料基础上展开丰富的空间维度，地理的维度。东北流亡作家群、四川乡土作家群、京派海派、华南作家群、东北沦陷区、华北沦陷区、孤岛，还有香港和台湾，领域都是以往文学史未曾言或言之不甚详的，但本人的小说史是将它们纳入文学发展过程的完整的立体的结构之中，以扎实的材料论述了它们的发展脉络、地位和审美文化价值。许多作家第一次在文学史上回归位置，展示风貌，这也是受改革开放、实事求是、解放思想的研究空间之赐。

空间问题、地域文化问题，是我们研究的一个新关注点，实际上也是现代国际文化研究领域中的新的精神取向。记得前几年在苏州开一个国际汉学研讨会，美国的王德威先生问我现在作什么研究，我说："我就是在大家习惯的文学研究的时间维度上增加并且强化空间维度。"他非常感慨，认为欧美所谓后现代就是用空间的多维性来瓦解唯一中心的封闭性。这使我联想到阿拉伯《天方夜谭》（今译为《一千零一夜》）中那个《阿里巴巴与四十大盗》的故事，虽然文学不是"懂暗语的石门"，但空间意识的深刻介入，往往使我们如念了"芝麻，开门"的暗语一样，文学意义之门豁然洞开，使我们看见里面金光灿烂的秘密。讲中国文学不讲空间，不讲人文地理，不讲民族和家族问题，有时会像没有掌握"芝麻，开门"的暗语一样，石门当道，是说不清楚中国文学的内在奥秘的。自文学和地理打交道后，出现了一种新的学术原则，因为只有时间维度的话，我们注意的是现实主义、浪漫主义、现代主义，就是先进与落后、革命与反动、阶级与大众。这个维度固然重要，但是如果另一个空间维度一旦介入，就会关注民族、家族、信仰、风俗、制度在地域间的展示、流动和相互关系，调动浩繁的文献、考古和田野调查的材料，展示丰富多彩的文化脉络，考察中华民族共同体的形成发展及其精神谱系。人文地理中地理这个维度，具有稳定性，比如重庆的夔门，一千年一万年也没有多大改变，但人文因素的加入，建设一个三峡水库就把夔门变成一片平湖。地理是长时段的，但是人文变迁的时间单位相对较短，其中历史遗存和积累时段会长一些，而社会的经济水平、生活方式、风俗时尚的变化，或快或慢，时段也许短些。"楚王好细腰，宫中多饿死"，国王和上流社会对时尚变化影响很大。因此，人文与地理的交错就出现了许多状态、许多原则，造成了稳定性和流动性并存的局面中种种文化和文学的运行曲线。重庆还是那个重庆，可是战时成了陪都，前些年又成了直辖市，它的人文和地理的结合就是产生了许多越出常规的变轨运动。深圳作为经济特区，采取改革开放优惠性的措施，就由默默无闻的小镇变成高速发展的大都市；一条陇海线和一条京广线的交叉，就使郑州变成了中部的交通中心，取代开封成为河南省会。空间的转移和人员的流动会造成文化态度的调适和变化。现代文学中的安徽作家台静农、李霁野等 1948 年去台湾，是去"文化光复"，而不是去宣扬文化上的反传统。因为那时日本对台湾已经实施了 50 年的殖民统治，很多作家都不会用中文写作了，当务之急是派教授去开展国文国史的教育，这是民族认同、国家统一的大义所在。这些新文学作家曾经追随鲁迅，进行社会批评和文明批评，但面对光复初期的台湾，必须调整文化态度，强调的是"文化光复"而不是反传统文化。可是我看见一些研究现代文学的年轻人，在学位论文中还说他们到台湾是宣传五四，传播反传统，这就未免被"现代性"一类术语挡住眼睛，不辨空间转移的意义了。回到真实而充实的空间来，就会发现，台静农他们当时的兴趣，不是写新小说，发表激进言论，而是抱着一份人文情怀研究古代文学史和民俗，还在旧体诗词、书法这些领域显示出色的造诣和才华。空间的变化造成了文化姿态的变化，时空交叉内化为新的文化心理结构。

由于地域文化的特别缘分，重庆学术界成为抗战文学研究的一个重要的中心。这给现代重庆文学史研究增加了分量，取得丰硕的成果。应该强调的是，地域文学研究必须有全国眼光、全球视野，才能在总体和分别的参合中发现新问题，开掘新意义，达到新境界。在座的张中良先生开展抗日战争时期正面战场文学的研究，就是在参合正面战场和敌后游击战场两个不同空间而发现的重大问题。我指导的博士生和访问学者论文选题时，提出"抗战阵亡名将叙事"的选题，就是总览各战区地域，而选择亮点加以贯通。抗战时期阵亡的将军有一百多位，对于他们为国捐躯的事迹和精神，共产党的报刊、国民党的报刊和自由派的报刊，都有及时的报道。但是不同党派的报刊对同一阵亡将军的叙述，无论事迹的角度、重点和修辞，都存在着微妙的差异。这就使它们的叙事学带有新历史主义的特征。只要把这些原始材料搜集齐全，加以比照，就可以梳理出关于这 100 位名将叙事的一系列异同点，从而透视抗战文学跟政治的关系、官方文字跟民间舆论的关系、历史真实和历史解释（对战争胜负之原因及责任的解释）的关系等，这些问题都会引发人们对历史潜流、动向和各类人等的嘴脸的深度认知。抗战文学研究我觉得还有许多待开发的领域，比如对当事人回忆录或口述历史的比较研究，报刊文献和历史档案的参证研究。刚才重庆市委宣传部常务副部长说到与台湾联合研究，对台湾国民党档案的研究也是研究抗战文学的待开发领域，两岸合作定会在交流、磋商和争鸣中把抗战文学的研究引向深入。所以我觉得在重庆这个地方召开"区域文化与文学学术研讨会"是得其时，也得其地，能够激发我们学术探讨上的放射性思路。因此，我预祝大会成功，谢谢！

2009 年 11 月 14 日会议发言，12 月 20 日据录音整理稿修订

作者单位：中国社会科学院文学研究所

时空意识与学术自信
——在全国第二届区域文化与
文学学术研讨会上的讲话

杨匡汉

进入新时期以来，特别是进入 21 世纪以来，中国当代文学研究借助相关学科的研究成果，探索如何在更大的视野、更宽阔的眼界下，以学科交叉、优势互补推动文学研究走向新的境地做了不少工作。其中，加强区域文化文学的研究，已逐渐成为我们中国当代文学研究界思考和关注的问题，成为一个新的重要的学术生长点。如果历史地、文化地、同时也文学地看问题，那么只有拥有丰富、延续、系统文献的时间和空间的国家，才有可能进行真正意义上的历史地理、人文地理、区域文化文学的研究。在世界上，像英国、像加拿大、像欧美的某些国家的历史人文地理，也就主要是 17 世纪以后的研究课题。它们那里变化的尺度，往往只有数百年，最多不过以千年计。但是中国不一样，中国具有举世无双的优势。它的五千年悠久的和延续的历史，它的作为历史主人的主体民族——以夏人为中心的华夏诸族繁衍至今，它的规范的文字到现在也没有根本性变化。中国还有辽阔的疆域，以及在 18 世纪中叶开始的在这个疆域里实施的有效的直接的行政管理。中国疆域内又拥有多种自然地理、人文环境，形成很多景观迥异的区域，并且生长出丰富的、神奇的、美妙的文化风景和文学现象。还由于地理环境的阻隔，中国各个地区、各个区域，它的文化和文学在 19 世纪中叶以前，总体上没有受到更多的外来文化影响，而是一方水土养一方人、一方人士育一方文地独立发展，不同且稳定的风土、风物、风俗、风情、风气和风尚，也形成了一体多元的独特的传统与风貌，形成了所谓的"南腔"、"北调"。但不同的区域也有共同的特色，那就是可以研究的时间非常长，空间非常广，资源的密度很高，可信度也很大，迄今可考的地方志就有 8000 多种。尽管如此，我们中国当代文化和文学研究在时间和空间上，都还有不少的缺损或者空白。但是我们有理由，有责任，也有很大的必要，在学习实践科学发展观的过程中，把区域文化的思维引进当代文学研究的领域，借以时空打通，古今打通，文史打通，学科打通，致力于为现实服务，为当代服务，对区域性的文化管理、文学发展、历史经验的总结，贡献出我们的才情和智慧，提供精神的资源。中国当代文学研究会愿意和重庆地区的人文社会科学界的同行，和全国各地从事区域文化和文学研究的同道共同努力，把基础研究和应用研究更好地结合起来，在理论上和方法上进行新的突破，获取新的成果，为全面振兴中国的文学与文化作出我们应有的贡献。

在这里，我还想对区域文化与文学研究的基本思路，谈一点个人不成熟的看法。我以为，重新注重区域文化与文学的研究，是旨在从文学地理学上弥补时间的断裂和空间的缺失，使之做到陈寅恪先生在《元白诗笺证稿》中所说的"时间先后"与"空间离合"的结合。这是一种新兴的交叉学科，是中国文学大学科中之一目。具体而言：（一）时间维度与空间维度相互交融；（二）文化与文学的视域上注重版图复原与场景还原；（三）文学研究与区域地理研究的会通；（四）"流动的地理"和"交流的人文"，也要求更多地采取跨界叙说的研究策略；（五）公共资源与学术资源的互动配合。从文学史研究的角度看，那么，通过上述的种种努力，我们要达到的是重构文学史范式和重绘中国文学地图的双重目标。这多少具有文化/文学的战略意义。

记得一位美国教授对我们有过如此批评："中国文学还没有走出自己的道路，连作家自己都不太清楚走向何方。最重要的是要找到自己的声音。"外国学界朋友对中国并不完全了解。其实，当代中国文学创作和批评已经开始了创造的时代。我们在路上。深化区域文化与文学研究，可以说是一条"林中路"，在此领域里长时段的、大范围的、系统深入的探悉，可证实不少方面中国是独特的，甚至是唯一的。我深信，会有越来越多的人有此时空意识和学术自觉。

作者单位：中国社会科学院文学研究所

区域与区域文化

胡 明

我没有提交论文，但是对这个话题在我们最早策划的时候就比较有兴趣，下面谈谈对这个问题的一些个人看法。我讲的题目叫《区域与区域文化》。

首先，我总觉得区域和区域文化与中国的传统文化、中国的传统文学联系非常密切。当然在概念上我不能做一个非常精确的界定或者一种比较标准的、普泛化的框定。但我认为有三个情况关系密切，值得我们注意。第一，跟中国的地理的观念、区域的观念和中国传统的一种文化记忆、故乡情怀及寻根内驱关系密切，所以历史上、政治文化上已经形成了一个很大的历史传统。比如说我们政治上，政治群体的进退、文化群体上的同仁、文化群体的自由组合、精神内核的遗承等都保持着非常密切的关系；比如说政治上，宋代我们就有蜀党、洛阳党，到了明代我们也有很著名的浙党和楚党，即浙江帮和湖北帮。这种党派有时候从政治上绵延到文化上，比如说我们北大，五四时候就有有名的所谓浙党、浙派和皖派（皖派当然就是胡适、陈独秀这些人）。这种政治文化上的迁徙，有根深蒂固的东西，它给我们中国文化留下很深的影响。再来看，在区域文化上，它涉及形成的原因。我觉得在地域经济转型之前，地理山水的阻隔是一个很重要的形成因素，比如说我们的巴蜀文化、齐鲁文化、吴越文化、秦晋文化、湖湘文化、荆楚文化，包括我上个月去安阳开的一个"中原文化与中国文学"的会议。"中原文化"当然是以河南为核心的，这个文化跟我们的地理山水的阻隔有关，在经济转型之前造成了非常明显的影响。第二，它跟历史人文的特殊阶段、特殊历史时段发展的不平衡有关。这和我们稍后讲的京派、海派，甚至我们的港台文学跟内地的不同有关。西部文学和东部文学的差异，它本身是历史人文特殊的时段，是一种不平衡的发展状态。第三，除了重大的事件，重大的作品，重要的历史文化人物，这

12

些都出现在特殊的时代，比如抗战时期的文化与文学，"文化大革命"与样板戏的关系，它都是特殊地域时段造成的东西，所以它里面有很多这些特定的历史文化因素，比如说抗战时期的国统区文学、延安文学、沦陷区文学、上海孤岛文学，这些文学跟特定的时间构成在一起。所以它的这些因素造成了整个文学慢慢向区域文化蔓延，而且它真正的核心的精神内核渗透在区域文化的表现上。此外，还有一些标志性的东西，比如说它不一定完全跟出生地有关系。我们有些人编湖北文学史，既写屈原，也写闻一多、胡风，我觉得屈原倒可以和湖北文学史挂钩，而且是一个起步。但是像胡风、闻一多，他们已经蔓延到整个时代文学的一个主流渠道，涉及一个无疆界文学的面上，这样胡风其实与湖北文学的关联并不是很大。四川文学，比如说今天我看了论文集里的一些文章，巴金与四川文学的代表性与非代表性的问题。当然像李劼人，像艾芜，像沙汀这些人跟四川文学有很密切的联系，的确具有地域文化特色，但是到了巴金，他本身就有些变化，而且他最后当上了中国作协主席，他的影响力和他的新文学影响力不是一个四川文学能够容纳下的。郭沫若也是这样。像巴金、郭沫若这样的人，你能归为四川文学？你四川文学可以写，但是作为四川文学来框定他，这很难。这和越文化对鲁迅的影响，四川文化对郭沫若的影响，包括我们安徽对胡适的影响是一样的。它有一个量的发挥的问题，它是被一个时代笼罩着的。你像我们徽州文学，徽州文化从朱熹到戴震到胡适之，这三个人物基本不是我们一个徽州文学所能笼罩住的。同样，郭沫若、巴金和鲁迅都不只是在一个地方产生影响，但他们都是受了当地很大的影响，他们从小就在那里长大，青少年时期在原籍度过，或者很长一段时间侨居在这个地方，所以受这个影响产生了很多大文人、大作品，对这个大时代大发展起了很大的促进作用。

但我们发现我们对地域文化最多最典型的一个表现，就是我们中国传统文化传统文学，而且它有一个层次感，比如岭南文化跟我们的新安文化。新安文化是我们的徽州文化，岭南文化是广东文化。这两个区域当然具有可比性，但同样在湖北地区的明代有名的公安派、竟陵派，都出在湖北，它一个省里就有两个派，地域也比较狭小。到了明清时期，很有名的苏州地区，它还有虞山派和娄东派，虞山就是常熟派，娄东就是太仓派，它们就在两个毗邻的县，两个县竟然在文化艺术上分成两个派，所以它的地域概念又缩小了。这个本身就可以探讨地域文化本身的一个地域精神维度。当然大部分传统文学受地域文化影响很大，像我们诗歌里有江西派，词有常州派，文有桐城派，戏曲有吴江派，都是地域文化的，但是随着现在时代经济的向前发展，特别是交通信息的迅速发展，"地域"慢慢趋于淡化、瓦解。虽然当代文学作家群中也出现"晋军"、"湘军"、"陕军"这些作家群体，但是毕竟没太多的地域文化本身的意义，它是代表这些人的身份划分为省市级的作协文联的名单上，当然它本身的作品是描写本地的风俗的，武汉有，成都也有。但是传统文化最核心的精神内核不断被消解，所以现在我们要抢救它、纪念它、保存它、发掘它、研讨它，要整理它，我觉得这一点是关于我们研究区域文化重点要关注的一个问题。

再一点，我想简单谈一下上海的演变。上海有一个很大的特点，它是中国近现代的开始，是古典文学退潮之后产生的。上海这个特殊的城市，它开埠两百多年。中国近代以来真正的西方化，真正的现代化，就是从鸦片战争以后五口通商开始的。但是它留下了很多晚清的一个大板块，20 世纪 30 年代一个大板块，20 世纪 40 年代末一个大板块，"文化大革命"前又一个大板块，到新时期又一个，各个板块的内容和精神内涵差距非常大。今天早上我的同事杨匡汉谈到上海的亚非拉大陆的这样一个上海，谈到上海这个层面上的文化问题，杨匡汉在上海待了 20 年，可能没我待的时间长，我 1951 年到上海，1978 年离开上海，我在上海待了 27 年。尤其是我青少年阶段对上海是很认真观察的，所以前一段时间有几个搞现代文学的朋友老来问我："你们上海 40 年代，张爱玲时候的上海到底是什么样？或者 50 年代初的上海是什么样？"我给他们讲了一条，我说我 30 年代没有经历过，30 年代是另一个讨论的文化范畴。到了 40 年代末 50 年代初，在经济文化形态演化上，政治上解放了，人民当家做主了，从事社会主义改造了，但是它整个上海的社会形态、城市形态、运行规则、人们的生活基本上从 1946 年开始到 1956 年这十年维持着一个相对完整统一相同的特殊构架。

上海的真正变化是 1958 年以后，从所谓"大跃进"开始以后，不仅从经济上改造了上海，而且把街道弄堂全部打通了。原来 20 世纪 30 年代，上海每个弄堂都是有自己的铁门的，一个弄堂一个里巷专门都有铁门护着，互相是不通的。铁门拿下全部去炼钢了，人全部打通了，居委会扩大成了一个政治管理中心，变得普泛化了。1954—1955 年我在上海的时候，感觉到的上海整个经济形态面貌、运行面貌、城市的运转轨迹跟 20 世纪 40 年代末期是一样的。当时上海有一种很有名的报纸叫《义报》，从 20 世纪 40 年代末办到 50 年代初，很少跨过去的，像《申报》1948年就被《解放日报》替代。《义报》它经过了旧时代，代表了上海小市民社会的一种，所以1956年时它还是和20世纪40年代末期很相似的。它的那种地域特征就非常明显，而且1956年是一个很特殊的年代，这一年是对上海的私营经济、私有化进行了第一步非常强大的改造，公私合营化，敲锣打鼓，放鞭炮，每个商店都变成了公私合营，但是基本经济形态没发生变化，而且那一年中央宣布了一个双百方针，宣布了开放救市，废除了当时的电影审查制度，知识分子是一片欢欣，尽管当时政治经济形态不断发生变化，所以在那个特殊的1956年和1957年之间，整个上海成了一个沸腾点了。

最后，到了1958年以后，整个上海社会主义改造完成了，人民公社化完全笼罩了上海，上海表现出的形态已经和后面20世纪60年代、包括后来的"文化大革命"及以后很长时间完全一致，所以分析这一时段上海的本土文化或区域文化，本身就有一个时代性的差异，它的地域文化本身反映了一个特定的历史人文脉络，各个阶段都完全保存了下来。现在所谓的上海文化、上海文学，很少是真正的上海人创造。今天谈上海文化的杨匡汉，他也是从外地迁到上海的，真正的上海人都是外地迁过来的，江浙两省为主。真正本地的上海人不叫"上海人"，他叫"本地人"，上海浦东的人、奉贤的人、宝山的人，有时他觉得还低上海人一等。你问他是哪来的，他说他不是上海人，他不理你。本地人觉得比上海人低一等，但比苏北人地位高一点，所以它有一个非常特殊的特征。

像上海这个城市解剖出来，所以海外香港台湾好多人研究上海、纽约、台北，这本身也是一个大地域文化，但是上海文化它又是在中国一个特殊的历史条件下，取得影响非常大的地方，所以我觉得在这方面还有很深的东西可以挖，还有很深的题目可以做。我觉得这些方面对我们作区域文化研究的还是有很大的发掘余地的。我个人没做过很好的这方面的研究，也没写过相关的像样的东西，但是我以后会特别留意这部分。地域文化对精神留下很深的给予，表现在学术创作，表现在一种作品风格和气象上还是有很大余地的。

我简单地谈这些，谈得不对的地方希望大家批评。谢谢！

作者单位：中国社会科学院文学研究所

关于区域文化与文学研究几个问题的思考

凌　宇

区域文化与文学是一种关于文学研究的观念。这种观念是文学研究视野与研究方法的一种拓展。应该说，它开辟了一个新的文学研究空间。这样一种观念的形成，始于 20 世纪 90 年代。因为在这之前，从区域文化与文学关系的角度，对作家作品进行研究，在学术界尚未形成自觉的学术意识。

我是较早关注区域文化与文学关系的研究者之一。这和我最初的研究对象有关，跟沈从文研究有关。在对沈从文及其文学创作的研究过程中，我逐渐发现，离开了区域文化和沈从文创作的关系，离开这样一个切入角度与观察视野，理解沈从文几乎是不可能的。20 世纪 90 年代中期，我和罗成琰、湖南教育出版社的侯健一起，酝酿出版了一套《二十世纪中国文学与区域文化丛书》，邀请严家炎先生任主编，王富仁、钱理群、凌宇、吴福辉、陈平原、王晓明、赵园、陈思和、李庆西、季红真、罗成琰、颜雄为副主编、编委。这是一个今天看来，堪称阵容奢华的编委会。编委会邀请了一批在相关专题研究中颇有造诣或具有相关研究潜力的中青年学者，在长沙召开了一个专题学术座谈会，并落实相关专题的撰稿人。其中就有当时在重庆工作的李怡所作的《现代四川文学的巴蜀文化阐释》、逄增玉的《黑土地文化与东北作家群》、朱晓进的《"山药蛋派"与三晋文化》、费振钟的《江南士风与江苏文学》，等等。就是通过这样的研究，通过这套丛书，当时的一些青年学者，在现当代文学研究界闪亮登场，成为国内知名学者。这就说明，从区域文化与文学这个角度来切入作家与作品研究，是有价值的，是得到学术认同的。

今天，重庆师范大学举办第二届区域文化与文学学术讨论会，与第一届会议相隔大约七八年了。第一次会议我参加了，那时还处于关注区域文化与文学问题的初始阶段。到了第二届，我们再来讨论，有很多问题，应该有比第一次会议更深入的思考或更进一步的探索，不能停留在当初那样一个水平。但目前的研究状况似乎并不令人乐观。譬如就我而言，在沈从文及其创作研究中，越到后来，我越是明确意识到，区域文化—湘西文化—湘西视野，对理解沈从文及其创作，是一条无法绕开的路径。而就沈从文与湘西文化的关系而言，不客气地说，我还是拥有较多发言权的。但对区域文化与文学关系的认识，包括对于沈从文研究相关的湘西文化源流的认识，许多问题还处于一种模糊状态。推己及人，这大约就是学界目前对区域文化与文学关系研究的现状。

这几年，我深切感受到的一个问题，就是我们的区域文化与文学研究，需要具有哪些前提条件？

首先，是关于文化。我们研究的是文学与区域文化的关系，但关于特定区域的文化，我们究竟了解多少？其中，有见于历代典籍记载的，我们知道、掌握的有多少？有没有作过系统的梳理与研究？应该说与深入研究的需求相比，还是不够充分、不够完备的。更重要的，是不见于典籍记载的，一种是区域内特定的人的文化存在方式，一种活生生的人生样态，我们又知道多少？在这方面，我们需要的是对人的文化存在方式的切身体验和感受，是对人的文化存在样态深入的田野考察。比如我们谈三晋文化，但对三晋人的存在方式我们知道多少？谈齐鲁文化，对齐鲁大地人的文化品格，又了解多少？这是一个大问题。当然，在以往的研究中，也有过一些成功的案例。记得当初读朱晓进的《"山药蛋派"与三晋文化》一书，印象最深的，就是在"山药蛋派"作家笔下的媒人形象，无不表现出一种恶婆情状。这种"山药蛋派"作家中带普适性的媒人书写，正源于三晋大地带普适性的一种文化特征。这些经验值得我们借鉴，但类似成功的经验在以往的研究中尚不多见。更多见于我们研究中的，是一种浅表性的文学书写与相关地域文化外部特征的两相对照。如此，我们的研究就只能是隔靴搔痒，浅尝辄止，区域文化与文学关系研究的价值和意义就不能不大打折扣。

其次，与之相关的，是关于文化学的理论建构问题。应该说，关于文化学、人类学的理论建构，在我们国内尚处于缺失状态。我们现在所了解的这方面的知识，基本上都是从西方舶来的。我们还没有自己的现代意义上的文化人类学的理论建构。但中华民族自古以来的生存方式中，在浩如烟海的历史典籍、诸子百家著述中，隐含着一部博大精深的文化人类学。

西方有叙事学，杨义撰写了一部《中国叙事学》。我们能不能够在认真梳理前人留给我们遗产的基础上，建构具有中国特色的，现代意义上的文化人类学？

另外，在区域文化与文学的研究中，还有一些值得注意的问题。

第一个问题：区域文化的特殊性和本土文化的普适性之间的关系。

在今天上午的发言中，有的学者提出了地域文化这个概念，以示同区域文化这一概念相区别，一些学者还对这两个概念分别进行了厘定与辨析。在我看来，这两个概念其实没有什么区别。当初我们编辑《二十世纪中国文学与区域文化丛书》时，还没有这种区分。现在，区域文化这一概念似乎成了问题，是因为"区域"被狭隘地理解为行政区划，似乎成了一个地缘政治学的概念。这个意义上的区域文化与文化学意义上的区域文化就不完全是一回事。现在各省都在抓文化强省，究其实，并非将文化建设放在社会、经济发展的头等位置，而是搞"文化搭台，经济唱戏"——归根到底是政治唱戏，文化只是一种实现特定经济与政治目标的工具。对文化本身而言，要发展的也只是文化产业而已。应该说，在整个社会发展中，文化发展本身就应该是目的，而非手段或工具。它不仅意味着文化产业的发展，更应包含着精神文化的全面发展。而且，只有后者才是一个国家、一个地区真正的"软实力"所在，而非仅仅是美国式的"好莱坞"，迪斯尼一类的文化存在。刚才张中良说，既然都在搞文化搭台，经济唱戏，我们何不借助其资源办自己的事呢？这话也对。但我们必须有一个清醒的认识，不能忘了文化研究、文化自身全面发展的目标。就拿沈从文研究来说，它对凤凰作为一个历史文化名城的崛起与旅游产业的腾飞，无疑发挥了重要的推动作用。但它不是我们对沈从文进行研究的目的，也不是我们进行湘西文化与沈从文关系研究自身的目的。如此，我们的区域文化与文学的研究，就不能囿于特定的行政区划范围内，而是要从一种文化自身的地域客观存在出发。但即便如此，我们也还要注意在发掘区域文化特殊性的同时，注意它与本土文化的普适性之间的互动与交流。

我这里所说的本土文化，是指在中国本土范围内具普适性的，以儒家文化为主流、儒释道互补的中国传统文化。从这个角度看，区域文化与本土文化之间，呈现出多重关系。有些区域文化与本土文化之间，是一种种属关系。比如说三秦文化、吴越文化、巴蜀文化、湖湘文化，等等，相对于本土文化，它们是异质文化吗？不是。它们与本土文化之间，只能是种属关系。本土文化是种,三秦、吴越、湖湘是属。但上述各种地域文化又各具其特殊性,它们各自具有某种文化特征,较之其他地域文化乃至本土文化,尤为凸显,以致成为该区域文化的标识。比如湖湘文化,何谓湖湘文化?这不是三言两语就能界定的一个区域文化概念。可以肯定的是,它并不外在于中国本土文化,但它有一个显著的特征或文化标识,那就是普遍见于湖南人文化品格中的"骡子精神"。人称湖南人为"骡子",就是指湖南人怀抱自己的理想,敢为天下先,并勇往直前,不撞南墙不回头。晚清以降,中国政治舞台上湖南政治人物,如曾国藩、黄兴、蔡锷、毛泽东、彭德怀、胡耀邦、朱镕基等,无一例外地表现出一种不达目的誓不罢休的文化精神或文化品格。曾国藩之改"屡战屡败"为"屡败屡战";黄兴也是一位屡败屡战的辛亥元勋;毛泽东在红军面临绝境时作《娄山关》,其中"而今迈步从头越,苍山似海,残阳如血"所含悲壮、豪迈情怀;彭德怀置个人安危于度外而作"万言书";朱镕基答记者问时所作"哪怕前面是万丈悬崖,也要……"的著名誓言及其践履,是如此鲜明地留下了湖湘文化的烙印。

有些区域文化,相对于本土文化,又是一种异质文化。它与本土文化的不同,不只是某些文化特征的差异,而是有着根本性的差异。例如西藏的神佛文化以及中国众多少数民族各自拥有的民族文化。这种差异不仅表现为言语、服饰及生活习俗等外部显在的标识上,更表现为一种内在的生命存在样态。当代有两位以西藏人生为题材进行创造的小说家,一位是马原,一位是扎西达娃。谈及西藏雪域文化与文学,就无法绕开这两位作家的创作。虽然我们对雪域文化(或西藏神佛文化)缺乏系统、全面的理性认知,也少对雪域人生的切身体验,但阅读体验却是如此分明:一是外来者对雪域人生实存相隔一间的感觉;一是雪域之子对包含自身在内的雪域人生的书写,其中,虽然与前者相比,虽然少了对雪域文化传奇色彩的刻意张扬,却让人真正感到了雪域人生那份独有的文化—生命神韵。

第二个问题:文化的流变。

文化不是一种一成不变的凝固存在。我们讲的雪域文化、吴越文化、巴蜀文化、湖湘文化、齐鲁文化等,都是一种历史文化形态。时至今日,经过了一个漫长的岁月,特定的区域文化之间,区域文化与本土文化之间,甚至区域文化、本土文化与外国文化之间,相互的传播与影响,必然酝酿出文化的流变。其间所发生的冲突、碰撞以及吸纳、变异,甚至成为特定时空下的文化焦点。沈从文《边城》中的车路—马路、渡船—碾坊的两项对立，本质上就是20世纪初叶湘西本土文化与外来文化两种不同文化形态及其价值观的对立与冲突。正是这种对立与冲突，构成了《边城》叙事的内在张力。因此，我们只有将新的文化流变和特定区域原有的历史文化之间的关系进行认真梳理，才能真正把握文学书写与区域文化之间的内在关联。

当然，作为一种研究方法、研究角度或研究视野，区域文化与文学的研究角度，也并非万能的。有些作家的书写，本身就不存在一个文化或区域文化视野，其创作涉及的，又只是当下的社会问题或全国范围内都具普适性的人生现象，如硬要从区域文化与文学关系角度切入，就不能不是一种捕风捉影、削足适履或过度阐释。因此，研究方法的对象化，应该是一切文学研究必须遵守的铁律。

第三个问题：区域文化的识别问题。

这里我所说的区域文化识别问题，不是指一种特定的区域文化如何辨识它的独有的文化标识，而是指一些特定的与区域文化似乎有着内在关联的文学现象的文化识别。上午刘勇发言中提到一个问题，即京派研究究竟是否应该纳入区域文化与文学研究视野。这个问题似乎有些复杂。从我们所了解的被称之为"京派"的作家及其创作看，大多京派作家无论是籍贯还是创作题材、人生样态，与北京这片地域可以说是风马牛不相及。比如说沈从文出身于湘西，其所书写的，主要是湘西世界的人生样态。其他如周作人、废名、李广田、卞之琳、何其芳等，莫不例外。从这个角度看，"京派"就不是区域文学与文化意义上的京派。反之，老舍出身北京，其所书写的风土人情、四合院人生，则与北京这个特定区域的文化根连枝接。但偏偏在老舍是不是京派作家这个问题上，却众说纷纭。就在一个星期前，我们在长沙举办了一次"京派研究六十年"的学术研讨会。会上，一些学者在老舍是否京派作家问题上，展开了一番辩论。我在总结这场讨论时说，京派不是一个社团，没有共同的文学宗旨，也并非拥有共同的创作取向的文学流派，而是相对左翼、海派而言的一个作家与文学的共同体。其本身就是一种模糊的存在。最近王富仁在《中国现代文学研究丛刊》上发表了一篇文章，将左翼、京派、海派分别比喻成大河、湖泊、海湾中的鱼。这个比喻很生动，其阐释也颇传神。但比喻相对于严谨的逻辑阐释而言，本身就是一种模糊阐释。卡西尔在《人论》中曾说，人的存在是一种神秘而荒谬的存在。"宗教是一种荒谬的逻辑。因为只有这样它才能把握这种荒谬，把握这种内在的矛盾，把握人的幻想中的本质。"套用卡西尔的这段话，那就是京派本身就是一种模糊的存在，王富仁比喻式的阐释是一种模糊的阐释。然而，只有这种模糊的阐释，才能把握京派存在的模糊。

既然京派本身存在就很模糊，作家的出身及其创作呈现的人生样态，与北京区域文化之间又少关联，为什么又要将其称之为京派呢？难道仅仅是因为他们是居住在北京的一群作家吗？王富仁认为京派不是一个文学流派，而是他称之为的"地域文学共同体"，也就是北京这样一个都市的文学共同体，与我们所说的区域或地域无关。但这群"湖泊"里的鱼，却如此分明昭示着与大河、海湾里的鱼的区别，这区别又主要表现为其文学的传统审美取向与平和、冲淡、悲悯、雍容、丰腴乃至精致的创作气度。那么，这种审美取向与创作气度，与北京地域文化究竟有没有关系呢？这个问题一经提出，就不能不令人生成一种关于京派与北京地域文化关系的猜想。如前所述，京派文学与北京市民文化或平民文化没有多少关联，甚至其所书写的人生情状与北京地区人的生存样态无关。但它的审美取向与创作气度是否与北京作为历代王朝京都的上层文化保有某种血脉传承呢？如果这种猜想能够成立，那么京派又确实是京派，它与北京的地域文化有着根本深固的联系。

综上所述，区域文化与文学的关系，是一片尚待深入开发的土地。我们必须勤于耕耘，使区域文化与文学的研究更上一层楼。

2009 年 11 月 15 日会议发言，12 月 20 日据录音整理稿修订

作者单位：湖南师范大学文学院

区域文学研究空间广阔

秦 弓

近年来，伴随着区域经济的发展和历史地理学、文学地理学等学术的展开，从区域文化和地域文化视角切入文学研究的成果也出了不少，如湖南教育出版社 1997 年前后推出的严家炎教授主编的"二十世纪中国文学与区域文化丛书"，中国海洋大学出版社 2008 年出版的张瑞英教授的《地域文化与现代乡土小说生命主题》等。但是，在 1984—2009 年的一千余篇现代文学博士论文，还有 2006—2009 年间 120 多项国家社科基金项目中，区域文学和地域文学的研究却屈指可数。这反映出区域文学和地域文学在年轻的博士生和有实力申请国家社科基金的学者那里，尚未引起足够的重视。这一点在中国现代文学研究会会员登记表的填写中也得到佐证，希望入会的学者大多瞩目于宏观研究、理论研究，而少有区域性、地域性的研究。为什么会出现这种情况呢？大概是觉得区域性、地域性研究似乎很难上升到怎样的理论高度，区域性、地域性文学研究显得有点土气，在唯洋是从的氛围里，人们自觉不自觉地回避土气的东西。作家徐坤写过一篇散文，题目叫《时尚是条狗》，说现代人常常被时尚追得拼命奔跑，跑到后来忘记了自己从哪里来，跑过怎样的路，要到哪里去。我们都看到，现代文学研究中也到处奔跑着时尚这条狗。

然而，实际上，看起来土里土气的区域、地域文化是一块埋藏着无尽宝藏的厚土，学术界已有的成果充分说明了这一点。譬如，赵树理研究有那么多成果，但中央民族大学的杨天舒博士还是从上党梆子等地方戏曲的丑角身上找到了三仙姑的艺术原型。新诗似乎浑身洋气，但贵州师范大学的颜同林博士从新诗与方言的联系中，找到了民族文化的血脉。重庆师范大学现当代文学学科与抗战文化研究基地，在巴渝传统文化、重庆现当代文化与文学的研究中也取得了可喜的成绩。

有的学者认为中国现代文学是民族国家文学，现代文学随着现代民族

22

国家的建构而发展，民族国家的共性消解了文学的地域性；有的学者认为伴随着全球化的日益深化，文化地域性将不复存在。其实，地域性将是一个永恒的存在，只不过有所变化而已。最近，我们去云南考察，看见几户人家在墓地郑重其事地吃饭，颇感诧异。但据当地人说，这种民俗已经延续了很多年，并没有因为时代的变迁而消失。只不过盛饭的木桶换成了塑料桶，搪瓷碗取代了瓦盆而已。乡村永远是民俗的保险库，生生不息的生活永远是地域文化得以延续的活水。只要乡村不消失，民俗就会延续下去；只要人们生活在特定的区域，就会有与其自然环境、历史传统、生活形态等密切相关的区域文化。即使城镇化程度越来越高，民俗也会以某种形态保存下去，不同区域的文化也有不同的色彩。这种异质色彩必然会在文学中表现出来，亟待我们去研究。

地域文学与区域文学有关联也有区别，关于这个问题，重庆师范大学的周晓风先生有过精审的界定。地域文学也好，区域文学也好，都有广阔的空间。我们不妨从自己熟悉的对象做起。譬如，当年，全国轰轰烈烈地开展"反右"斗争，而欧阳山却能够在广州撰写人性味十足的《三家巷》，这种幸运同古代岭南文化的边缘性、包容性和近代广东文化的开放性、先锋性显然有着密切的关联。东北黑土地养育了东北作家群，如果离开东北的自然环境、历史传统与民间文化，就难以理解萧军作品的粗犷雄强，难以理解萧红《生死场》与《呼兰河传》的凄厉与凝重，难以理解端木蕻良《科尔沁旗草原》里跳大神的多重意义。徐志摩《再别康桥》里那"康桥的柔波"、"波光里的艳影"，不仅是剑桥风景的描摹，而且是徐志摩家乡浙西小河的折射。要深入理解徐志摩诗歌的抒情方式与意象特征，应到浙西自然人文环境去寻找文化基因。重庆历史上的巴渝文化传统，现代抗战文化背景等，是研究四川抗战文学的重要环节。川军出川，对抗战作出了巨大贡献，重庆公祭张自忠将军、戴安澜将军等活动，在海内外产生了广泛的影响，其文学表现值得认真研究。

2009 年 11 月 14 日会议发言，2010 年 1 月 6 日修订

作者单位：中国社会科学院文学研究所

关于区域文化与文学研究的一点想法

何锡章

区域文化与文学的关系是一个不证自明的真问题。无论是文学的发生，还是具体的文学文本，与区域文化都有着多层关系。问题不在于是否承认二者的紧密关系，而在于如何去认识把握，并能通过深入研究，理解认识特定的区域文化如何影响作家，如何进入文本的基本方式，以及在文学文本价值构成中的意义。就此，我谈点粗浅的想法。

语言是认识、理解二者关系的基础。对民族、国家来说，都有相对应的民族的独特语言和占主导地位的国语。但是，对个体而言，其出身及其成长的区域性语言即方言的影响更为具体更为深刻。如果说，民族的或国家的语言塑造并形成了影响民族成员或国民的文化模式的话，那么，区域的方言实际上也建构了次级的文化模式。文学和作家，在根本上是受文化模式决定的。因此，离开语言，研究区域文化和文学的关系是困难的，即使研究往往也就停留在表面了。由语言进入，从而在整体上把握作家及其文学文本的风格、价值都有了可本之木。我常在思考一个问题：在巴蜀这一区域内，语言的幽默性，从语言表现出来的"四川人"的达观与自信，隐含着特殊的浪漫情怀，且自古而今。于是，从司马相如、李白、苏轼，到郭沫若、早期的巴金以及艾芜、何其芳，似乎都可以证明着这一区域文化的鲜明个性，进而便可确定这些人在中国古代文学和中国现代文学的独特地位，也可确立巴蜀文化在中华文明形成过程中的特殊贡献，当然，文学在中国文化模式建构中的作用也就非常清楚了。

研究区域文化与文学的关系，必须考虑文化的多层次性。即使同一民族同一国家，文化的整体风貌和主导性模式是客观存在，但并不排斥文化的多样性和多层次性。民族和国家的文化建立的是整体文化形象，而区域性甚至次区域性文化，提供的是文化的丰富与变化的活力。所以，充分认识到这一点，对不同地域的作家、文学文本的研究，就会深入细致，就会把握到他们的独特之处，例如，上面提到的作家的浪漫情怀，也只是整体而言，如深入进去，他们之间又是有差别的，郭沫若的浪漫和巴金显然有所不同。这种不同，除了各自接受外民族文化、文学的影响有所不同外，与他们所生活成长的次区域文化自然不可分割。

总之，这是一个很有研究空间的领域，前人做了大量有成效的工作，但问题还有很多。在此提出的问题，仅供大家参考而已。

作者单位：华中科技大学文学院

区域化:一个有机的文学概念

王本朝

　　无论是从理论还是操作层面,区域文化和文学研究都还有许多问题需要作更深入的探讨,如何理解和建构"区域化"这个概念,由此重建中国文化和文学关系,就是一个非常重大的问题。区域首先是一个空间的、文化的概念,有相对明确而稳定的空间形态和文化形态;同时它又是一个历史的概念,涉及时间和传统;它还是一个比较性的概念,有参照物和参照系;另外,它还是一个立体概念,在其外在和表层是自然地理或自然经济地理,深层却是风俗习惯和礼仪制度,最为内在的是思维心理和价值观念。所以,"区域化"是一个有机的整体概念,不同角度的含义既有不同,也密切相关,还可相互转化,如行政和文化区域的关系。在今天世界日益全球化的背景下,梳理和重建区域文化与文学的密切关系尤为重要和紧迫,需要我们从文学史、文学批评和文学理论等不同方面进行研究和讨论,探索既有原创性又有可操作性的话语理论。

　　中国现代文化和文学的发生有赖于西方思想的触媒、知识分子的自觉和科举制度的解体等因素的参与,也与都市文化公共空间的建立有着紧密联系,它在一定程度上制约和决定了现代知识的生产方式和意义指向,突出了文化生产的社会性、公共性和实践性。上海和北京由于其政治和经济地位的优势而成为中国现代思想的"双城记",20世纪20年代的北京、20世纪30年代的上海分别为现代思想的生长与发展营造了丰富的文化生态,创造了各具特色的文化个性。到了20世纪40年代,由于民族战争的发生,政治经济力量的分散,地域空间的分割,文化人的流浪,思想文化也出现了多中心化,在北京和上海之外,还出现了重庆、延安、昆明、桂林和香港等文化城市。重庆作为战时"陪都",随着政府机关的内迁和设置,文化人的谋生与避难,它的文化氛围和建设得到了空前加强和发展,从而有了中国现代文化和文学发展中的重庆时期。

北碚在抗战时期有"陪都的陪都"之称。1927 年，卢作孚开始着手以北碚为中心的乡村建设实验。卢作孚的理想是使北碚的人民"皆有职业，皆受教育，皆能为公众服务"，北碚这个地方"皆清洁，皆美丽，皆有秩序，皆可居住，皆可游览"。北碚在短短 20 年时间，城市建设形成层层扩大的"同心圆模式"，从一个穷乡僻壤变成了"具有现代化雏形"的小城。卢作孚是一位有成就的实业家，更是一位有思想的社会改革家，做事与做人皆有自己的人生理念。卢作孚在北碚进行乡村现代化的"实验"，他吸引和创办了大量的厂矿企业，积极创建文化和社会公共事业，推行民众教育，创办报纸、图书馆、学校、运动场、公园和医院，加上抗战时期大量的科研机构、文化机构和教育学校迁驻北碚，如科研机构的国立中央研究院动物研究所，植物、气象、物理、心理研究所，经济部中央工业实验所，农林部中央农业实验所、中央地质调查所、经济部矿冶研究所，以及晓庄研究所、乡村建设研究所，中国西部科学院，西部博物馆等 20 余家；文化新闻机构有中华全国文艺界抗敌协会北碚分会、中山文化教育馆、中国辞典馆、国立编译馆、国立礼乐馆、正中书局、中苏文化杂志社、教育部民众读物编审委员会、新华日报北碚发行站、复旦新闻馆、文摘出版社等 30 余家；教育院校有国立复旦大学、江苏医学院、国立歌剧学校、戏剧专科学校、社会教育学校、国术体育师范专科学校、中国乡村建设学院、世界佛学苑汉藏教理院、勉仁书院、育才学校、国立二中、国立重庆师范学校等 20 余所大中专院校。相对国民党政府的政治中心——重庆市区而言，北碚地势偏远，拥有相对自由、独立的文化活动，这就形成了一个有利于文学和文化创造的区域空间。在中国地图上不过是弹丸之地的北碚，却在抗战时期云集了众多文化人，他们孜孜于书卷，挣扎于生活，创造了丰富的文化和文学。他们居住或过往于北碚，对社会迁徙的不稳定和居住小城的苦难生活也有着丰富的感受，由此完成了对民族国家、乡村市井和自然风貌的文学想象和文化建构。沉默的小城苏醒了，北碚被叙述和创造为三种形象和身份：文学的北碚、学术的北碚和教育的北碚。一个城市的文化意义不在乎它地理空间大小，而在于它能否形成了一个自由而充实的精神空间，留下了多少文化和文学的痕迹。

作者单位：西南大学文学院

当代中国区域文学的体制化特点及研究困境

刘川鄂

中国当代文学大体可分为四个阶段：赞歌时代（1949—1966 年）；沙漠时代（1966—1976 年）；复苏时代（1977—1989 年）；多元时代（1992—1999 年）。这四个阶段的区域文学特点也有程度上的差异。

十七年是"一体化文学"的成形期。1949 年 7 月召开的第一次文代会，标志着共产党从思想上、组织上、政策上、阵地上和经济上把文艺纳入了全方位的领导。从此，像体育、商业和其他工作一样，文艺作为一条"战线"，作家作为一支"队伍"出现在当代中国社会。从中央到地方，同人性质、流派性质的文学社团销声匿迹，只剩下以地域区域命名的文学组织和期刊、出版社。对文学地方性、民族性的挖掘旨归在对整体意识形态的赞美上，它只作为意识形态的要素而存活，构成宏大叙事的不同手法和特色。如闻捷之"吐鲁番"、周立波之湖南"山乡"、柳青之陕西。

"文化大革命"十年的浩劫是 20 世纪 50 年代以来极"左"思想发展的必然结果。大革文化的命的同时也大革文学的命，发动者力图在完全摧毁旧文化包括五四以来的新文学后的废墟上来重建新的"革命文学"、"红色文学"，把一切传统要素作为革命文学对立物予以铲除，因此与传统息息相通的地方性因素亦被贬抑，结果造成了一片文学沙漠。

新时期文学初期忙于政治层面的拨乱反正和建设层面的热情讴歌，地域因素亦不重要。只有到了寻根文学潮流中，对民族传统正负面价值的挖掘必然彰显出各地域文化的特色。如韩少功之于湘楚、张炜之于胶东、莫言之于高密。但因是面向过去时代，它更是"地域"的而非"区域"的。

1992 年邓小平南巡之后，中国社会由计划经济走向市场经济，中国文学事业进入更加多元化的阶段。既有弘扬主旋律的文学，又有坚持个人化写作的严肃文学（纯文学），更有商业化的大众通俗文学大潮。它们互有借鉴，共同支撑着转型期文学的天空。转型期的中国文学，受全球化浪潮的反向刺激，本土化、民族性、地方性（包括地域、区域）成为很多作家的自觉追求。国学热即是传统热、传统热必然带来地域热，因为传统之于中国，是由地域色彩极浓的文化融汇而成的。所谓中国传统，是儒家文化逐渐占主导地位并辐射到各地域文化的过程。

区域文学作为一个有别于地域文学的新概念、学术新领域，它仍然显现的是一体化文学体制和学术体制的中国特色。当文联、作协仍然属于半官方的群团机构，当各级协会仍然隶属于各级宣传部领导，当文学成果仍然以行政区域划分高下，各地文学管理部门和学术机构自然会以区域内的文学作为整理、总结对象，并以"政绩"的方式予以张扬，此其一。其二，学术体制化需要不断寻求新的学术增长点，需要不断形成学术特色，而本地学者研究本地文学，在资源、人脉、立项、经费、获奖等方面有得天独厚的优势，它最易形成别处不可取代的特色，这也是近些年区域文学研究兴旺的现实原因。政绩与特色互相印证、相得益彰。

尽管区域文学研究有其现实价值，近些年中国学界在理论上的探讨亦颇有成就。但是，其理论根基仍然是比较薄弱的。它有很多理论困惑：

1. 区域文学史的审美个性和学理阐释。一体化文学体制下的区域文学特色，往往只能解释一体化文学体制下的文学共性。因为各区域文学是受一体化体制领导和规训的。主流意识形态统领着各区域文学，真正属于各区域的要素以不违背一体化体制的原则为前提，并不具有独立性，因而也没有独创性的区域文学。比如写一部当代湖北文学史，它只有行政区域的总结意义，并不具有专门史的意义。因为它并不在文学空间上具有不同于其他省份的独立性，它只是当代中国文学的带有一定地域色彩的一个切片。或许可从领导重视程度、管理者个人素养、组织能力等方面提供一份工作总结，真正属于"文学"的成分是很少的，其独立成史的学理阐释和文学独立性是很可疑的。

2. 区域特色和地域特色概念的含混。有学者指出："区域文学就是以区域文化为审美对象，拥有意识文化导向、地区文化限度、地缘文化特性、民族文化底蕴这四大文化内涵，地域文学的政治性需要与地方文学的地方性表达趋于一致的文学现象。"这是迄今为止最努力接近区域文学特点的概括。但具体到每一个区域的文学发展过程中如何阐释则会发现，有的特色是某区域独有的，某些则是各区域共有的，并不具"特色"，这就显得繁杂不清。另一个含混则是区域文学和地域文学概念的含混。恐怕没有哪一种关于这两个概念的解释是完全令人信服的，没有哪一个学者在具体研究中能完全区别出这两个概念。据我的理解：区域文学概念更当下、更行政化。地域文学概念更着眼文化、更注重传统。地域特色是某一地域长期以来自然而然形成的，它往往是跨行政区域的。

3. 区域文学研究中如何避免削足适履。改革开放和全球化导致了文学地域/区域风格的更加混杂更加繁复，当下中国社会，经济的、代际的、性别的差异远远大于地域/区域的差异。相较于农耕文明时代地域区域特点的相对稳定性，研究当下文学地域区域特点困难重重、矛盾多多、充斥反例。王小波的自由文学观和大白话写作，是"反区域"的。就职于天津的甘肃人杨显惠虽然写的是甘肃酒泉生活，但其作品的特点显然在对时代社会的批判性而非地方性。湖北著名作家邓一光、李修文等的写作基本上不具备人们常常概括的那些关于湖北行政区域和荆楚文化地域的特点，只有把他们放到当代中国文化多元化的环境中而非湖北（荆楚）环境中才能更清楚地看出其特色与贡献。区域文学研究常常削足适履，为地域而地域的研究是这一学术领域的常见病。

4. 区域/地域性写作的审美价值。区域/地域性写作一直是中国作家尤其是乡土作家借以显示个性的方式。就当代小说而言，韩少功的湘楚大地、阎连科的河南乡村、贾平凹的商州、方方的武汉、林希的天津、野莽的乌江流域，聂鑫森的湘潭古城，在他们各自的小说里，都渗透着独特的地域文化和新颖的艺术视角。他们用自己感知世界的方法来辐射社会，以自己独特的"地域性"使我们领略到陌生而新奇的具有艺术个性的风景。但是，只用"地域的视界"而不是"时代的"、"文化的视界"去观照和描绘地域的文学现象，只写出地域特性而忽视文学的审美共性和人类的共通性是不够的。作家通过对某一地域特性的描写，要为历史、为人类提供价值参照和评判。我国的每一处地域文化都有它的限制，越强化它，越夸耀它，就越病态。我们应该正视它，反思它，不留情面地解剖它，挖出它的毒瘤，使之更加现代化。

可见地域性只是文学风格、魅力之某些要素，但不是决定性要素，更不是必备要素。以地方特色为评价尺度，会埋没很多优秀作品。很难用"区域性"成就的角度总结王小波、杨显惠，更应该视为改革开放和全球化突破了区域限制而产生的文学成就。

文学研究的意义在于通过对前人创作经验的总结推动文学更好的发

展。今日中国之区域文学研究，总结文学"政绩"、弘扬地方特色，并不能证明它可以为产生伟大的优秀的文学提供理论资源。我倒觉得，从区域文学理论的限制和一体化区域文学体制的不足中反思当代中国文学的外部环境，反思当代中国文学成就不高的原因，倒是区域文学研究的题中之义。文学的人性探寻和审美创造比地方风习展览和方言比拼更重要。我一直认为，当代中国作家跟现代作家的差距不在单纯的文学技巧方面，而在精神向度方面。现代作家视野更高远，胸襟更开阔，人文素养更深厚。他们对中外文学、文化有更深透的理解与把握，因而不会局限于在"本土"、"中国"、"民族化""地方性"的层面上理解文学、展示文学性，因而出现了许多在审美创造上接近 20 世纪世界优秀文学的佳作。但近些年来，在文化复兴、本土化的潮流中，出现了汉语写作热、方言写作热、地域写作热，与鲁迅、曹禺、张爱玲、穆旦、王小波、杨显惠等现当代名家大师的写作路径和成功经验是相违背的。可以说，中国当代作家普遍缺乏全球视野，缺乏人类胸襟，太局限于当下性、地方性、民族性，或曰太局限于"中国经验"，是致命伤。

作者单位：湖北大学文学院

区域文化与文学研究的意义和限度

张全之

中国地域辽阔，民族成分复杂，生活和风俗习惯差异很大，这就出现了地域文化的概念。地域文化影响到作家的成长，制约着作家的审美趋向，同时又决定着作品的审美风格和基本的思想风貌。这样一来从地域角度考察中国文学，就成为一个不能回避的问题。新时期以来，有关这一课题的研究已经取得了很多有价值的成果。严家炎主编的"二十世纪中国文学与区域文化丛书"和近年出版的《区域文化与当代小说》（田中阳）都是这方面的代表作，而重庆师范大学区域文化与文学研究中心，不仅贡献了众多成果，且为推动区域文化与文学关系的研究作出了重要贡献。其他学者的研究论文也所在多有。正是在众多学者的努力下，区域文化与文学关系研究，成为一个新的学术热点。从区域文化入手考察文学，为文学的文化研究打开了一片新的视域，不仅有利于解析作品的文化构成，还有利于了解作家的文学观念和价值尺度，因而对文学研究的意义不能忽视。但我们也必须看到，当前对区域文化与文学关系的研究存在着种种值得警惕的现象，值得认真反思。

区域文化是一个相对的概念。中国自古以来是大一统国家，便于文化的交流和沟通，而封建王朝儒学治国的政治策略，使儒家文化在全国范围得到广泛传播，使各地文化具有了难以避免的共性，因而过分强调区域文化，往往忽视了中国版图内文化的同一性和整体性。在全球化的今天，人们之间的交流日渐频繁，区域文化的地域特征正在消失，所以在进行区域文化研究时就更需要谨慎，以免对区域文化的功能进行夸大，带来文学研究的过度阐释。

从创作主体来说，作家都是流动的，很少有哪个现代作家会在故土斯守一辈子。在当代中国，作家的流动更为频繁，他们往往生活在不同的文化圈之中，接受各种区域文化的影响，带有综合性。在这种情势下，过分强调出生地文化的区域性，也难免偏颇。

在研究方法上，很多论著采用了"倒推法"。那就是先确定作家的区域属性，如鲁迅生于浙东，巴金生于四川，于是就研究鲁迅与浙东文化，巴金与巴蜀文化。而浙东文化和巴蜀文化的基本特征是鲜明的，然后再到作品中按图索骥，考证他们作品的区域文化特征。这种从文化出发，而不是从作品出发的研究方法，必然带来对作品的生拉硬扯，看上去似乎很有道理，其实是强作解人。他们忽视了一个基本史实，鲁迅也好，巴金也好，在故乡生活的时间远远没有他们在其他地方生活的时间长，他们受其他地域文化的影响，比故乡文化的影响要大得多。在沈从文研究中，这种现象可能更为明显。一提到沈从文的小说，人们就会想到他出生的湘西，事实上，沈从文在都市生活的时间比在湘西生活的时间要长几倍。如果没有都市生活经验，哪里会有他的湘西小说？可能有人会强调"童年记忆"，认为一个作家的童年经验会影响他的一生，这固然不错，但这绝不意味着成年时期的生活经验就不重要，事实可能恰恰相反。沈从文的文学生涯开始于都市，他与城市显得格格不入，这其实是他融入城市的一种方式，以叛逆的姿态与城市沟通。他那些湘西小说中回荡着的是他在都市中的心灵的波动，而非是对湘西的简单记忆。

在从事地域文化与文学关系研究时，还必须明确这样一个前提：地域文化对作家的影响不具有决定性，只是作家创作的众多资源之一，有时甚至还不是主要资源。否则我们就无法解释，为什么出自同一地域的作家，创作风格和思想会有明显差异。如现代的川籍作家众多，他们的童年和少年都是在巴蜀文化圈中度过的，但几乎没有两位作家的风格和思想是一致的，他们各有特点，各有不同。作为培育他们的、具有稳定性的巴蜀文化，又是如何体现的呢？如果说郭沫若的豪迈、热情源于巴蜀文化的热烈和奔放，那么沙汀的缜密与沉实，巴金的热情和细腻，又是如何体现巴蜀文化的呢？难道有多少个川籍作家，就有多少个巴蜀文化吗？这显然是难以成立的。鲁迅与周作人从小一起成长，接受着同样的地域文化的影响，为什么创作风格判若天壤？所有这些问题，都不是区域文化这一研究策略能够解决的。

中国地分南北，风俗习惯差异很大，所以历来文人喜欢讨论南方文学、北方文学。事实上这种从地域出发对文学的讨论，都是些大而化之的说法，无法一一坐实，至少任何一个结论都会找到它的反例。刘师培认为北方文学善于析理、叙事，南方文学常于抒情，这种说法粗略一想觉得很有道理，但在现代文学史上，出生南方却长于叙事、析理，生于北方而长于抒情的作家、诗人难道还少吗？所以说，在研究区域文化与文学关系时，必须守住研究的疆域，不可随意夸大区域文化的影响力，以免带来过度阐释。而随着时代的发展，区域文化特征会逐渐消失。今天的孩子们，无论生于南方还是北方，几乎都享受着同样的文化滋养，接受着同样的教育，看着同样的电视剧，吃着近乎一样的食物。即使像春节这样重大的节日，现在不同地域的人们几乎采用非常相似的过法，所以区域文化已经成为一个历史概念，其效力会不断衰退。当这些孩子成为作家之后，可以想象，区域文化对他们的影响是微乎其微的。

当然，就中国现代文学而言，由于特定的历史条件和较为明晰的区域文化特征，开展区域文化和文学关系的研究，还是十分必要的，目前虽已渐成热点，但也还有很多值得探讨问题。我相信，在未来相当长的一段时间内，区域文化与文学关系的研究还会以强劲的势头向前发展，也必定会出现更多有价值和有影响的成果。

作者单位：重庆师范大学文学院

对于当代区域文化与文学研究的疑虑

赵黎明

中国现当代文学研究是充满着创造活力的一门学科，它总是不断扩大新的学术视野，不断开辟新的学术领域，近年出现的文学研究区域"转向"，是这些成果的一部分。就区域文化和文学本身来说，我们"古已有之"，它并不是什么新鲜事物，所值得注意的是"区域文学研究"方法论的创新。这种创新为人们打开了一个新的学术天地，一批有分量的成果陆续出现，前些年就出版了湖湘文化、晋地文化、三秦文化、吴越文化、巴蜀文化与现代文学等系列丛书。近年学界继续开拓版图，用区域文化的独特视界研究重庆抗战文化与文学、沦陷区文学、台港澳文学，等等，更使现当代文学研究呈现出蓬勃发展之势。但在这种热潮中，我本人对区域文学研究的一些基本问题还存在不少疑虑：

一 "大同世界"，还有没有区域文学？

毫无疑问，在远古和近古时代，由于自然条件迥异，交通阻隔，地域分割等因素的作用，文学的地域特色十分明显。荀子有言："君子居楚而楚，居夏而夏。"刘师培据此考察了南北文学的不同，指出了以《楚辞》为代表的南方文学与以《论语》、《孟子》为代表的北方文学的质地的差异。前者抒情言志、想象超拔，后者关注现实，重在教化，因此出现了南北两种风格迥异的文学传统。"大抵北方之地，土厚水深，民生其间，多尚实际；南方之地，水势浩洋，民生其间，多尚虚无。民尚实际，故所著之文不外记事析理二端；民尚虚无，故所作之文或为言志、抒情之体。"不独刘师培氏为然，程千帆对文学南北之分做了进一步的细化，指出所谓"方舆色彩"也有先天后天之别，"先天者原乎自然地理；后天者，原乎人文地理"。从地域文化影响文学审美风貌这一实际出发，近年来，一些古代文学研究者在"地域文化（如籍贯、古籍、风俗等）与文学"这一论域持续发掘，"地域文化诗学"逐渐浮出地表。现当代文学研究领域也出现不少"地域文化与现代文学"的学术成果。

然而，随着全球一体化的日益发展，"封土建国"时代的遗产——"地域"还会存在吗？以张扬个性为起点，却以泯灭个性为终结，对人来说如此，对于地域来说也是如此，这是现代性难以周延的一个悖论。因此，将来还有无地域之说，现在看起来大成问题。我的疑问就从这里开始。这个趋势不是无端的杞忧，乃是一种自然趋向，人们对此早有洞见。程千帆曾指出文学的南北地域差异，也会随时代进步进一步泯灭，"文明日启，交通日繁，则其区别亦渐泯"。在当今之世，"世界大同"的速度在不断加快：一是全球化浪潮冲击下的现代人的生活趋同化：西服领带，长裙短裙的衣着，高度一律化的城市建设，电气化摩托化的交通等，衣食住行几乎早就实现了世界大同；二是现代媒体覆盖下的写作形式趋同化，电影电视电脑进入千家万户，影视文化进入人们思维的深处，网络文化铺天盖地而来，网络文学影响越来越大，这种形式上高度一致化的文学已经极大地挤占了区域文学的生存空间；三是现代民族共同语也就是普通话影响下的方言文学萎缩乃至消失是一种必然现象；四是现代政党组织无孔不入，工厂机关学校农村，地方性生活方式早被一种行政模式取代，在这种情形之下，地缘上还有无所谓"地方性"，作为表现或反映生活的文学，其"区域"特性还有没有存在的可能？

二 "区域文学"应该如何定义

地理环境是影响文学风貌的一个不可或缺的因素，这是不言而喻的，环境被泰勒说成是决定文学三因说的重要组成部分。然而，具体到文学研究中，地理因素到底起到多大作用却也是一个颇为棘手的难题。当然，用政治或行政区划来衡定文学归属是一个常规的办法，在有些方面也许还颇能奏效，比如研究抗战时期国统区、沦陷区文学、解放区文学，又如研究新中国成立后的中国港台澳文学与内地文学，等等，这种方法使用起来就简便易行。但是即使这样，它的弱点也是明显的：一是它一定会遮蔽深藏在文本内部的中国文学的审美特性；二是将这种方法用之于当今文学研究，必然捉襟见肘，顾此失彼。一个简单的例子，重庆和四川过去同属四川，如今硬是用行政区划要将重庆（所谓渝文学）与四川文学（所谓巴文学）割裂开来，肯定会显得荒唐。巴渝本为一家，无论如何划分，如何人为区隔，它们的精神气质、审美风尚一定相亲相近，这是不容置疑的。此外，决定区域文学的还有人文传统、乡风、民俗、民族、语言等因素，但是何者在其中起到主要作用、何者起着次要作用，都是需要甄别的问题。最为重要的是创作主体（作家）如何吸纳它们并化为自己的血肉，最终使区域文化与文学取得联系。区域文化经过作家这个中介进入文学，进而影响文学叙事、文学风格、文体特色，这是区域文学研究的关键之点，但是用什么方法予以研究却是一个看起来简单做起来复杂的问题。另外，我对区域文学研究的还有一点担忧，即是否会因对"区域文学"的过度迷恋而产生以本土性排斥世界性的偏颇？"民间形式是民族形式的唯一源泉"的理论和实践刚刚告别不到 30 年，它是否会卷土重来也未可知。

三　区域文学研究的方法论问题

第一，如上所述，区域文化是首先作用于作家，然后通过作家创作予以物化体现的，它呈现的是一个复杂的、有机的、动态的过程。一个作家特别是现当代作家，生活的变动不居，信息源和知识结构的多元与更新，常常使他的文学书写呈现一种异常复杂的态势。因此在区域文学研究之初我们必须认识到这种审美实践的复杂性、艰难性、变化性，没有这个前提，区域文学研究必然会失之于简单、机械、盲目。

第二，区域文学不是一种直线的影响研究，不宜用"区域文化与……"这一研究范式，因此提法上"区域文化与文学研究"提法值得商榷，不如说"区域文化与文学中的某某因素"为妥。从某个作家作品中提取某种地域因素，要比断言地域因素影响了作家作品更切合实际一些。因此，我觉得，我们应该建立起一种新的研究范式，即抛弃传统的"影响研究"模式，改从作家作品之中提取地域性因素，考察其起源、变形、功能、审美价值，等等，我把这种研究方式叫作地域文学研究中的"有机研究"。

作者单位：重庆师范大学文学院

区域文学研究现状之反思

王学振

文学之有区域（地域）性，是不容否认的事实。在古代，由于人类生产能力的低下，自然地理因素在人类生活中发挥着极其重要的作用，交通的不便利、信息的不畅通导致人们社会交往、交流的困难，因此容易形成相对封闭的社会生活群落。在这种情况下产生的文学，也就相对容易具备较为明显的区域性特色。比如中国古代文学就在民族统一性之中又呈现出一定的地域性，邹鲁、荆楚、淮南、长安、邺都、金陵、河南、江西、大都、江浙、岭南、蜀中等地曾是文学家们集中活动的中心。①

进入现代以后，这种相互隔离的状况消失殆尽，文学的生产相应地也会随之发生一些变化，但由于政治性分割等人为因素，此时的文学仍有可能具有一定的区域性特色。比如由于政治、战争等人为因素的影响，中国现当代文学就形成了区域分割的格局。20世纪30年代文学中的京派、海派，就具有明显不同的区域特色。抗战文学也可以大致划分为以重庆为中心的国统区文学（大后方文学）、以延安为中心的解放区文学（边区文学）和以北平、上海等地为中心的沦陷区文学，沦陷区文学又可细分为东北沦陷区文学、华北沦陷区文学、华东沦陷区文学、台湾沦陷区文学等。中华人民共和国成立后，由于没有完全实现国家的统一，文学又分化为大陆、台湾、香港、澳门这样的格局。在不同政治势力主导下的不同区域，文化生态有着很大的差异，文学的创作、出版和发行会受到不同的影响、制约和控制，文学因此也就会呈现出不同的区域特点。

对于文学与区域（地域）的关联，前人早已加以关注。在西方，法国浪漫主义文学的先驱之一斯达尔夫人较早地提出过重视文学的地域特色

---

① 参见袁行霈《中国文学概论》第三章《中国文学的地域性与文学家的地理分布》，高等教育出版社1990年版。

的见解；法国文学史家丹纳则在他的《英国文学史》一书的引言中，明确地把地理环境作为与种族、时代并列的决定文学的三大因素之一。在中国，更早就有人就用区域（地域）的尺度来评论文学作品。我国第一部诗歌总集《诗经》中的主体部分十五《国风》，就是按照作品产生的地域来分类编纂的，《楚辞》也因为"书楚语，作楚声，纪楚地，名楚物"而具有鲜明的地域文化色彩，因此后世的《诗》、《骚》研究多有从地域的角度加以注解考释的。刘勰的《文心雕龙》就注意到了《诗经》与《楚辞》不同的地域色彩，他认为《诗经》"辞约而旨丰"、"事信而不诞"，是质朴的"训深稽古"之作，《楚辞》则"奇文郁起"，"瑰诡而惠巧"、"耀艳而深华"。关于南北文风的殊异，可以说是时有论述，代不乏人，魏徵《隋书·文学传序》、孔颖达《十三经注疏》、刘师培《南北文学不同论》中的相关论述，都是大家耳熟能详的。

区域（地域）文学研究虽然在中国有很长的历史，但是真正成为一种自觉的文学研究方法，却是20世纪末的事。改革开放以后，文学研究逐步走出了纯政治、唯政治的思维定式，出现了审美、文化等新的视角。作为文学研究中文化视角的延伸，更受到全球化浪潮催生的地域文化热的影响，区域文学研究应运而生。自20世纪90年代中期以来，区域文化与文学这一话题引起了文学界和学术界的广泛重视；迄今全国各地出版的涉及区域文化与文学的丛书、专著在百部以上，报刊上公开发表的相关论文更是多得难以统计；全国规模的"区域文化与文学研究讨论会"已由《文学评论》编辑部与重庆师范大学文学与新闻学院联合主办，在重庆成功召开了两届；近年方兴未艾的文学地理学，也与区域文学研究有着一定的关联。

如上文所述，无论是在古代还是在现代，中国文学都具有一定的区域性特质，因此尽管区域文学研究主要是借助于外来力量的唤醒而在20世纪末成为一个重要学术命题的，却具有研究中国文学的可行性和有效性，从区域的角度来对中国文学加以研究，无疑也可以拓展一些新的研究空间，更是准确把握中国文学特质的途径和方式之一。应该说，从区域的视角来研究中国文学，取得了不小的成绩。古代文学方面，陈建华的《十四至十七世纪中国江浙地区社会意识与文学》（1992）、曾大兴的《中国历代文学家之地理分布》（1995）、李浩的《唐代三大地域文学士族研究》（2002）、徐永明的《元代至明初婺州作家群研究》（2005）、戴伟华的

《地域文化与唐代诗歌》（2006）、韩结根的《明代徽州文学研究》（2006）、梅新林的《中国古代文学地理形态与演变》等著作，都给人耳目一新之感。现当代文学方面，1995—1998 年间湖南教育出版社推出的严家炎先生主编的"二十世纪中国文学与区域文化丛书"，以其视角的新颖和规模的巨大而成为迄今为止的一项标志性收获。其他涉及区域文化与现当代文学问题的个人专著中也有一些优秀之作，如《当代文学与地域文化》（樊星著，华中师范大学出版社 1997 年版）等书就产生了一定的影响。

但是区域文学研究并非已经完全成熟，而是还存在不少问题。

首先是区域文学的理论基础较为薄弱。作为文学研究的一种新视角，区域文学理应建立它的理论范式，但是目前我们却还没有能够有效地解决这一理论问题。即以"区域文学"概念的界定而言，学界就还没有取得统一的意见。前述严家炎先生主编的那套丛书，是明确以"区域文化丛书"命名的，但在周晓风、郝明工等先生看来，那只能称为地域文学研究而不能称为区域文学研究。2002 年，他们阐述了他们所理解的"区域文学"概念："'区域文学'与'地域文学'之间是有区别的。这里的区别主要表现为，地域文学研究关注的是文学的自然环境和历史传统，它的地域疆界是模糊的，它的眼光则是向后的；而区域文学研究所关注的则是文学的社会条件和现实需要，它必须在明确的行政区划的前提下讨论问题。"① "所谓区域文学，就是民族国家中以区域文化为审美对象，拥有意识文化导向、地区文化限度、地缘文化特性、民族文化底蕴这四大文化内涵，地域文学的政治性需要与地方文学的地方性表达趋于一致的文学现象。"②

此后，周晓风、郝明工先生一直按照他们自己的理解使用着"区域文学"的概念。可惜的是他们的文章虽然发表在《文学评论》等权威刊物上，却似乎没有得到学界应有的足够关注，引起必要的相当规模的讨论。看来何谓"区域文学"，并未达成共识，仍需加以研究。"名不正则言不顺"，"区域文学"的"名"尚且未"正"，理论建设就更加任重而道远了。

---

① 周晓风：《世界文学、国别文学与区域文学》，《文学评论》2002 年第 4 期。
② 郝明工：《区域文学刍议》，《文学评论》2002 年第 4 期。

其次是在部分区域文学研究中，存在研究动机不纯、研究边界随意、研究方法泛化等不良倾向。

1. 研究动机

我们之所以要从区域的视角来研究中国文学，是因为中国文学确实形成了区域分割的实际格局，不通过区域的视角不足以揭示各区域文学的独特性和中国文学的丰富性、复杂性。我们从事区域文学研究，目的也不仅仅在于对某个特殊区域的文学与文化现象进行描述，更在于由此领悟不同区域文学与文化的精神实质进而探索区域文学与文化发展的固有规律，最终到达人类文明的理想彼岸。

但是目前有部分研究者从事区域文化与文学研究，却既不是从文学与文化发展的实际出发，也不是从探索区域文学与文化发展的固有规律的美好愿望出发，他们更多的是以一种迎合、投机的心理和态度来从事所谓"研究"的，他们的研究动机就是挟区域以自重，达成与世俗功利的暧昧关系：一是以区域的名义为本地张目，迎合各级文化官僚，获取各种资助。比如在重庆和湖北，当三峡工程上马时，不少"学人"就抓住机遇，成功申报了形形色色冠以"三峡"名目的科研项目，至于这些项目是否"科学"，有无学术价值，就不得而知了。二是奇货可居，以区域为卖点，谋取学术地位。一些缺乏学术创造力的所谓"学者"，往往在区域文学研究的名义下，利用地缘优势，通过选取一些因价值不大而无人关注的区域性选题而走向"成功"。比如有人把李白、杜甫、陆游等人在巴蜀地区创作的诗歌加以简单汇编，再找几个学生胡乱作些注解，居然就凑够了篇幅，推出了一系列所谓"专著"，成为"巴蜀文学"研究的权威了。在现当代文学研究界，恐怕也有类似情况。

区域文学研究动机的不纯导致了大量无意义或者意义不大选题的产生。严家炎先生在《二十世纪中国文学与区域文化丛书》总序中指出："从区域文化的角度研究 20 世纪中国文学，并不是要为各个地区撰写 20 世纪文学史，而是要选择那些有明显区域文化特征的重要作家、文学流派或作家群体作为研究对象，探讨区域文化怎样渗透进了这种文学，为这种文学打上了多么独特的印记。这就提醒我们：撰写这类专著时大可不必求全，不必担心遗漏某些与区域文化关系不密切的流派、社团和作家。"但是后来的实际情况却是全国三十多个省、直辖市、自治区几乎都有了自己的区域文学史，有的还有好几种。这显然也是学术资源的一种浪费。我们也不是一谓地反对编撰区域文学史，但必须是以该区域的文学业已形成一定的区域特色为前提，否则每个省、市、区可以有自己的区域文学史，每个县甚至更小的区域单位又何尝不可以有自己的区域文学史？

区域文学研究动机的不纯还会导致本位主义的极度膨胀，从而使研究走向对学术理性的背叛。在一些区域文学研究中，充斥着为本地争"第一"的荒唐冲动，某些说法粗疏得经不住推敲。这样的区域文学研究显然只会造成学术精神的失落和学术成果的空泛，至多只能引起本区域心态不正的部分人的喝彩叫好。所以我们要正确对待区域文学资源，一方面要珍惜，要重视；另一方面又不能根据自己的主观意图无限夸大它，让它承载不能承受之重。

2. 研究边界

从理论上讲，任何研究都必须对其研究对象作出明确的界定，确定其研究的边界，否则研究就无从谈起。但是在实际操作中，就不是这么简单和明晰了。比如在我国的少数民族文学研究中，少数民族文学的范围就是一个悬而未决的问题，有人认为少数民族文学就是以少数民族语言文字创作的文学，有人主张少数民族文学就是反映了少数民族生活的文学，有人倾向于少数民族文学就是少数民族人民所创造的文学。

在以区域视角研究中国文学时，由于区域文学的基本理论问题未能有效解决，再加上作家流动迁徙频繁的客观原因以及研究动机不纯等主观原因，也存在一个研究边界随意的问题。区域文学的研究者也面临着怎样划定研究边界的尴尬：是以作家的出生地、流寓地为标准，还是根据作家创作的内容来确认？比较流行也比较世故的做法是"韩信将兵，多多益善"，只要是与本区域发生过一星半点联系的，都划定在本区域的文学之中。

但是我想这样确定研究边界，是随意的、非学理的。比如鲁迅曾在上海生活、写作，上海文学史固然可以写入，但鲁迅是浙江人，浙江文学史又何尝不可以写入？同样，马原是该写入辽宁文学史，还是西藏文学史？这样的例子还可以举出很多很多。这样处理起来，作家和作品的归属就成了一个问题。我觉得比较科学的办法是看作家是否与本区域的文学发生了密切的联系，其作品是否是在本区域文学特色、个性的形成中发挥了作用。如果是，哪怕其籍贯与本区域无关，也可作为本区域文学的研究对象；如果不是，即便其籍贯在本区域，恐怕也只得排除在本区域文学之外。

3. 研究方法

普遍性和特殊性的辩证统一，构成了中国区域文学发展变化的丰富内涵。也就是说，无论是在古代还是在现代，中国的区域文学都不是绝对独立于其他区域之外的，它不仅是产生于本区域的社会文化空间之中，而且也是产生于整个中国的社会文化空间之中，要面对整个中国文学所共同面对的问题，因此也就具备了中国文学的普遍性、一般性；同时，由于自然环境和人文环境的显著差异，或者是政治制度的极大不同，各区域的文学又必定会有其发展变化的特殊性、个别性。

从中国文学普遍性与特殊性、一般性与个别性辩证统一的实际状况出发，以区域视角来研究中国文学，既要将区域文学置于一个广阔的背景上加以观察、讨论，以彰显区域文学发展的普遍性、一般性；又要着重揭示本区域有别于其他区域的独特文学表现和特色，使其真正成为具有文学意义的标识。可以说，区域文学研究区别于一般文学研究的根本地方，就在于它非常强调区域的特殊性、个别性，力图揭示区域文学发展固有的规律。

遗憾的是，当下有些人打着区域文学的旗号进行文学研究，却对区域文学研究方法的独特性缺乏清醒的认识，他们依然运用着一种泛化的文学研究方法，对区域文学的特殊性、个别性着力甚少或者说几乎未有涉及。比如有些区域文学史，就只是中国文学史的局部重复与细化。作者只是将中国文学史提及的本区域的文学家增加一点篇幅，写得更全一点更细一点而已。如果硬要说有什么创新，那就是对本区域那些因成就、影响有限而无缘进入中国文学史的作家进行一些简单介绍、论列。至于本区域文学有着何种区别于其他区域的独特性，则语焉不详；区域文学发展有着什么固有的规律，则更不是他们所关心的了。他们的文学之谓，只不过是一种空间范围的划定，而不是对文学特征的把握。这样的"区域文学研究"，即便不能说毫无意义，也可以说是意义不大的。

作者单位：重庆师范大学重庆抗战文史研究基地

理论与实践

当代区域文学的理论与实践

——以重庆文学为例

周晓风

一　文学中的地域与区域

　　文学中的地域因素是指文学创作中的地域文化特色，具体地说，是指作家受地域文化的浸染和影响，在创作中有意无意选择富有地域文化特色的表现对象作为作品的构成要素，在语言艺术上表现出某些具有地域文化特色的表现方式，进而形成具有地域文化特色的艺术风格。中国早期的重要文学作品《诗经》和《楚辞》就是具有这种鲜明地域文化特色的作品。而且这种地域文化特色伴随着不同的地域区分一直发展至今。但进一步的研究表明，文学中的地域因素具有更多自然选择的色彩，在交通不便和交往不发达的农耕时代表现较为普遍，作家对地域文化特色的表现也具有某种自发性和必然性。随着工业文明和商品经济的发展，交通的便捷，教育的普及，不同文化的交融变得越来越频繁，作家的"见多识广"使得富有地域文化特色的表现对象和表现方式日益淡化，特别是现代民族国家兴起以后，强大的国家管理资源更是迫使不同地域文化融入统一的国家共同体之中，国家体制内部行政区划带来的种种社会性因素构成新的区域性力量，文学中的自然性地域因素虽然一直存在，却逐渐退居次要地位，并让位于更多具有社会色彩的区域因素。文学的区域因素日益成为影响文学发展的重要方面。

　　文学中的区域因素是指文学中的区域文化特色，是文学创作中区域文化因素作用的产物，包括区域经济发展水平、社会控制程度以及文化发展选择等因素共同作用的结果。它更多的体现了社会发展中人的痕迹，包括社会的组织、改造自然的成果以及在此基础上产生的人的思想境界和情感方式，等等，是自然选择和人为努力共同作用的结果。例如，相对于作为整体的中国当代文学而言，内地文学只是其中的一个区域的文学，台湾香港和澳门文学则属另外的区域文学。原因在于，中国大陆与台湾香港和澳门的分割不只是自然地理的结果，而是还有更多社会的和人为的因素，包括社会制度和文化认同等方面。同样，相对于作为整体的新中国文学而言，四川文学也只是其中一个区域的文学，是作为行政区划的四川省所属地区的文学。四川作为中华人民共和国的一个省，对该区域经济社会和包括文学艺术在内的科教文化等实施有效控制，同时具有推进发展的重大责任。四川省各级党委政府必然要在有关发展规划、资源配置和社会管理等方面采取必要措施，这就比过去文学艺术在地域文化背景下自然而缓慢发展更为有力，也更为有效，但由此产生的效应也比较复杂。问题的复杂性还在于，地域因素是自然形成的，区域文化则是历史地变化着的社会发展需要的产物，但区域的形成和设置常常是在地域的基础上进行的，所以地域与区域有时候是一致的，有时候则又存在不一致的情况。这就导致了区域文学与地域文学相互交织的复杂现象。

1995 年，湖南教育出版社出版了由北京大学教授严家炎先生主编的《二十世纪中国文学与区域文化丛书》。这是 20 世纪 90 年代国内较早大规模从区域文化角度研究文学的丛书。丛书的作者多为国内学界新锐，内容包括李怡的《现代四川文学的巴蜀文化阐释》、逄增玉的《黑土地文化与东北作家群》、朱晓进的《"山药蛋派"与三晋文化》、李继凯的《秦地小说与"三秦文化"》、费振钟的《江南士风与江苏文学》、魏建和贾振勇的《齐鲁文化与山东新文学》、刘洪涛的《湖南乡土文学与湘楚文化》、马丽华的《雪域文化与西藏文学》等。此外，严家炎先生在该丛书前写有一篇"总序"，提出了一些新的观点，受到文学界和学术界的广泛注意。严先生在序中提到，过去人们对于地域的理解，注意力似乎过分集中在山川、气候、物产之类自然条件上，而对构成人文环境的诸般因素则相对忽视。在严先生看来，"地域对文学的影响是一种综合性的影响，决不仅止于地形、气候等自然条件，更包括历史形成的人文环境的种种因素，例如该地区特定的历史沿革、民族关系、人口迁徙、教育状况、风俗民情、语言乡音等；而越到后来，人文因素所起的作用也越大。确切点说，地域对文学的影响，实际上通过区域文化这个中间环节而起作用。即使自然条件，后来也是越发与本区域的人文因素紧密联结，透过区域文化的中间环节才影响和制约着文学的"。① 在我们看来，严先生的上述重视人文环境的观点是相当精辟的。但我们也注意到严先生文中所说的区域文化仍主要是过去人们一般所说的齐鲁文化、吴越文化、荆楚文化、巴蜀文化、岭南文化、关东文化等。因此，这里所说的"区域"基本上仍是在传统的自然经济基础上所形成的经济文化区域，社会及人文的因素似乎仍未得到有效重视。

此外，地方文学史或区域文学史的大量出版也是近年文学研究中的一个引人注目的现象。其中较有代表性的有陈辽主编的《江苏新文学史》（1990）、陈伯海主编的《上海近代文学史》（1993）、崔洪勋、傅如一主编的《山西文学史》（1993）、王齐洲、王泽龙的《湖北文学史》（1995）、陈庆元的《福建文学发展史》（1996）、陈书良主编的《湖南文学史》（现代卷、当代卷，1998）、陈友冰的《安徽文学史》（1999）、王文英主编的《上海现代文学史》（1999）、王嘉良主编的《浙江 20 世纪文学史》（2000）、乔力等主编的《山东文学通史》（2002）、彭放主编的《黑龙江文学史》（2002）、白长青主编的《辽宁文学史》（2004）、邱明正主编的《上海文学通史》（2005）、吴海的《江西文学史》（2005）、刘晓林等的《青海文学史论》（2007）、毕光明主编的《海南当代文学史》（2008）、周晓风主编的《20 世纪重庆文学史》等。正在编写和即将出版的还有《北京文学史》、《广西文学史》、《四川文学发展史》等。中国大多数省区市几乎都有了反映其区域文学成就的区域文学史。属于地域文学史的则还有马清福的《东北文学史》（1992）、高松年的《吴越文学史》（1998）、邓经武的《20 世纪巴蜀文学》（1999）等。还有的学者运用区域文化和文学研究的观点方法研究文学流派以及台港澳文学，提出了一些新的见解。这些新见解不仅丰富了已有的文学研究，对当代文学研究的原有格局造成巨大冲击，而且区域文学研究成果的不断推出，也提出了一些新的理论问题，需要我们结合文学发展的实际认真加以思考解决。

二 作为区域文学的重庆文学

本文之所以选择了重庆文学为例，一方面是因为受笔者视野的限制；

---

① 严家炎：《〈20 世纪中国文学与区域文化丛书〉总序》，《理论与创作》1995 年第 1 期。

另一方面，重庆行政区划的几经变迁在中国当代政治地理演变过程中是一个较为特殊的个案，对于中国当代区域文学发展的影响具有某种代表性。

事实上，重庆文学一开始就是作为区域文学的概念来使用的。相反，作为地域文学的重庆地区的文学则常常被笼罩在巴蜀文学的概念之中。新中国成立之初，重庆是西南局中心所在。1951 年 5 月 4 日，重庆市召开首届文学艺术工作者代表大会，成立重庆市文学艺术界联合会，使新中国成立后的重庆文学发展获得组织规划的雏形。1953 年 4 月，西南地区作家代表大会在重庆召开，成立中华全国文艺界协会西南分会，选举沙汀为主席，艾芜、邵子南等为副主席，成员有蹇先艾、曾克、方敬、林如稷、邓均吾、李亚群、李乔等许多著名作家，与重庆是当时西南地区政治中心相适应，重庆也是当时西南地区文学中心，重庆文学也具有了作为省级区域文学的可能性。但重庆文学此后的发展却因行政区划的改变而发生逆转。1954 年 2 月，中共中央西南局撤销，四川省的行政区域也于 1955 年划定，重庆成为四川省辖市，作为省级区域文学的四川文学开始形成，重庆文学则降格为省辖市级区域文学。因此，尽管西南文协 1956 年 5 月在重庆召开作协重庆分会第一次会员代表大会，将原来的协会刊物《西南文艺》改名为《红岩》，并将西南文协更名为中国作家协会重庆分会，但很快四川文学的中心随着行政区域中心转到成都，作为省级区域文学的四川文学的地位得到巩固和强化。1959 年 8 月，作协重庆分会在成都召开理事扩大会，正式决定作协重庆分会更名为中国作家协会四川分会，并于同年 11 月由重庆迁至成都。重庆文学在此后相当长的时间里一直作为四川文学的重要组成部分而存在和发展。直到 1997 年 6 月 18 日，重庆再度成为中央直辖市，重庆作家协会于 1999 年 12 月召开第一次代表大会，重庆文学也再度开始了作为省级区域文学的发展历程。

上述重庆文学与重庆行政区划的历史关联包含了区域文学诸多信息和值得研究的问题，其中最重要的有两个方面的问题。首先，重庆行政区划的历史演变对于重庆地区的文学发展带来怎样的影响？如何评价这种由于行政区划的演变给中国当代区域文学发展造成的影响？其间是否具有某些规律性的东西？其次，重庆行政区划所包含的区域性社会政治因素和公共资源究竟是以何种方式作用于文学发展，并与文学发展构成复杂的互动关系？它与地域性因素作用于文学的因素有何区别？形成区域文学哪些是值得重视的特征？

从最表层最直接的意义上讲，重庆行政区划的历史变迁对于作为区域文学的重庆文学具有至关重要的影响。这种影响一方面表现为重庆的行政区划级别的变化直接决定了重庆文学能否作为省级区域文学的资格；另一方面表现为重庆的行政区划级别的变化在很大程度上影响到重庆文学发展所能够获得的资源、所能够达到的繁荣程度及其在全国文学发展中所占有的地位。显然，重庆在作为中央直辖市的时候，重庆文学具有作为省级区域文学的地位；重庆在作为四川省辖市的时候，重庆文学则没有作为省级区域文学的地位。这里实际上涉及两个问题：第一，人们一般所说的区域文学，虽然在广义上也可以包括地域文学，但严格意义上的区域文学实际上都是以行政区划为依据的，因而不同于地域文学；第二，区域文学所涉及的行政区划，在习惯上一般都是以省级行政区划为单位的，而不以省级行政区划以下的地市县为单位。一般也没有比省级行政区划更大的单位。中国作家协会下设若干分会（现改为团体会员），大都是以省级行政区划为单位设立（唯一例外的是延边作家协会），少数按照行业设立（如中国煤矿作家协会、中国石油作家协会等）。另外，目前中国大陆已经出版的区域文学史已有数十种之多，大多数都是这种以省级行政区划为单位的。可见，当重庆作为四川省的省辖市时，作为区域文学的重庆文学仍然存在，但却不是全国意义上的区域文学；只有当重庆作为中央直辖市时，作为区域文学的重庆文学才成为全国意义上的区域文学，也才有资格设立中国作家协会的重庆分会或者成为中国作家协会的代表区域文学的团体会员。

但更重要的是，重庆无论是作为四川省辖市还是作为中央直辖市，作为区域文学的重庆文学都是一种被地方政府给予了全面规划的、并获得相应社会公共资源的文学，并逐渐形成与其地位相适应的区域文学特征。作为区域文学的重庆文学在其发展过程中最突出的特征首先表现为它必须是重庆市社会文化事业发展规划中的文学，也可以说是一种典型的体制内的文学。早在1951年5月4日，重庆市第一届文学艺术工作者代表大会召开之际，时任西南局第一书记的邓小平就为即将成立的重庆市文联题词："人民，特别是工农群众需要更多的与他们有切实联系的为他们所乐见喜闻的作品。"这其中自然也包含了对新的重庆文学的期望和要求。1999年12月召开的直辖后重庆市作家协会第一次代表大会上，新的重庆市委市政府就对重庆文学提出更高的要求，并在人事安排和机构设置等方面给予了充分保证。2005 年 4 月，重庆市作家协会第二次代表大会召开，市领导又进一步对重庆文学的发展提出新的规划要求。据一则材料反映，在此之前，2004 年 4 月 30 日下午，在重庆市精神文明建设"五个一工程"工作会上，市委宣传部负责人与"五个一工程"责任单位负责人签订责任书，并与市文艺精品创作重点人员签订了创作协议书。此举为今后重庆市文艺创作多出精品提供了制度保证。时任重庆市委副书记的邢元敏在会上要求有关部门和文艺工作者增强责任感、使命感，以实际行动推进我市"五个一工程"的创作。重庆市精神文明建设"五个一工程"工作会，确定了重庆市"五个一工程""1310"规划，以争取在第十届全国"五个一工程"评选中取得好成绩。"1310"规划，即"十一五"期间，建立一套符合市场经济原则的"五个一工程"创作生产机制，以及与之相适应的管理制度和工作程序；累计有 3 件以上作品获得"优秀作品奖"（即参加2005 年、2007 年、2009 年三届中宣部"五个一工程"评奖，每届至少有1 件作品获得"优秀作品奖"）；还要有 10 件作品获得中宣部"五个一工程""入选作品奖"（2005 年 2 件、2007 年 4 件、2009 年 4 件）。文学艺术规划在过去一般都是"软性"的，现在也逐渐变得"硬"起来，充分体现了当代文学的体制化特征。2009 年 6 月 18 日，中共重庆市委第三届五次全委会更是以前所未有的方式通过了关于推动重庆文化大发展大繁荣的决定，其中对文学艺术发展目标的要求是：文学艺术全面繁荣。文化底蕴日益彰显，文学艺术创作机制更加健全，文艺流派、风格、体裁更加多样，高雅和大众文化协调发展，文学艺术、新闻出版、广播影视领域文化精品不断涌现，一批作品获得国家级大奖。提出的措施是：培育骨干作家，办好《红岩》等文学期刊，重视小说、诗歌、散文、报告文学等创作，加强文学评论，推动重庆文学事业取得新突破。这就不仅从一般社会发展规划的意义上对文学艺术的繁荣发展提出了要求，而且把它上升到促进重庆经济社会发展全局的高度。这不仅在重庆发展史上是前所未有的，而且在全国也是少见的。

其次，作为区域文学的重庆文学在其发展过程中另一个突出特征是区域内的社会公共资源被直接用于影响和推动文学事业的发展。这在重庆直辖前和直辖后都是一致的，区别在于所获得的资源数量和质量及其所产生的效益在重庆直辖前后有所不同。这里有一个典型的例子，能够说明社会公共资源的直接投入对于重庆文学发展所产生的效应，那就是长篇小说

《红岩》的创作过程。重庆作家罗广斌、杨益言创作的长篇小说《红岩》是重庆文学的一座丰碑，也是中国当代文学史上的一部经典作品。但长篇小说《红岩》的创作过程与此前的文学创作过程最大的不同在于，各种社会资源直接进入创作过程，而不只是通过作家的创造性思维活动内化为作家的心灵感受，进而转化为文学创作要素。许多材料都表明，《红岩》的创作一开始就是在中共重庆市委的直接领导下进行的，前后经历了大约10年的时间，直接动用了大量社会公共资源，是一次典型的"组织生产"过程。《红岩》的早期作者罗广斌、杨益言、刘德彬都是重庆解放前夕从渣滓洞、白公馆越狱脱险的革命志士。新中国成立后，他们根据自身的经历和教育青少年的需要，陆续写出《在烈火中得到永生》和《禁锢的世界》等纪实文学作品，并在重庆、成都等地作了上百场有关革命传统的报告，在社会各界引起广泛反响。几位作者受到鼓舞后，开始酝酿在此基础上写一部长篇小说，最初起名为《禁锢的世界》。1958年11月，团中央常委、中国青年出版社党委书记、社长、总编辑朱语今来到重庆，他敏锐地感觉到"中美合作所"、渣滓洞、白公馆狱中斗争事迹是向青少年进行革命传统教育的好题材，希望能把这部长篇小说写好，并且希望重庆市委给予支持。时任中共重庆市委第一书记的任白戈和市委书记李唐彬都很重视朱语今的建议，决定把这部长篇小说的创作，当作一项严肃的政治任务来考虑，并指定市委组织部长肖泽宽代表市委负责组织领导小说的创作。由于得到市委的支持，几位作者获得了许多有利的条件。比如，让作者专职从事写作，准许罗、杨查看有关敌特档案，提供在押的敌特分子了解情况。罗、杨终于在众多的敌特档案中，发现了一整套跨度长达15年之久的特务日记，使罗、杨对特务内部互相倾轧、尖锐矛盾、发展变化，以及各种人物的面貌、心理特点，有了更深刻更具体的了解。不仅进一步提升、丰富了罗、杨已掌握的素材，而且加深了罗、杨对敌特人员的感性认识和具体感受。这为罗、杨后来在小说中成功地塑造了几个高层的军统大特务的形象，提供了很好的素材。中国青年出版社在1959年8月收到《禁锢的世界》第二稿后，将它排印了60本，广泛征求意见，除了编辑部的江晓天、毕方、黄伊、王维玲等六七位同志外，马识途、沙汀、廖伯康、王觉等四川宣传、文艺部门的有关领导都认真审读了该稿。中国青年出版社汇总各方面的意见，一致认为，正如《禁锢的世界》书名，小说的基调不够高昂，把监狱里的残酷气氛和惨烈的牺牲渲染过多，而没有能把监狱当作我们地下党的第二战场和共产主义学校来写，革命先烈的英雄风貌未能得到充分的展现。于是，中国青年出版社便于 1960 年 6 月请罗广斌、杨益言来京修改作品。另一位作者刘德彬因在反右运动中被以"工团主义分子"、"严重右倾"等"错误"受到了留党察看一年、撤销行政职务的处分而剥夺了写作的权利，所以刘德彬未能参加《禁锢的世界》第三稿的写作。这也是刘德彬后来未能成为《红岩》著作权人的主要原因。罗广斌、杨益言到北京后，一面修改作品，一面学习、参观、访问。当时革命历史博物馆和中国人民军事博物馆尚未正式开馆，他们捷足先登，在那里看到了毛主席在解放战争时期写的许多重要文献的手稿，使他们大大提高了对渣滓洞、白公馆当年的局部斗争和全局关系的认识，用他们的话来说，"好像航行在迷雾里的船只，忽然看见了灯塔"，加快了第三稿的进程，并取得了很大的进步。第三稿完成后，中国青年出版社又将《在烈火中永生》的责任编辑张羽由五编室调回二编室，专门负责编发此稿。编辑部专门为第三稿开了座谈会，张羽在会上作了一个比较系统的发言。与此同时，沙汀和王觉也反复读了第三稿，又给罗广斌、杨益言提了很多修改建议。在张羽协助罗广斌、杨益言修改第三、第四稿的过程中，萧也牧和已在反右倾运动中被撤销职务的江晓天，也始终关心着这部书稿的修改加工。小说修改加工终于完成。正式发排之际，用什么作书名，又煞费苦心。当时，编辑部和作者拟有《地下长城》、《地下的烈火》、《激流》、《红岩朝霞》、《红岩巨浪》、《红岩破晓》、《万山红遍》、《嘉陵怒涛》等十多个名字。经反复斟酌，最后一致商定，取名为《红岩》，并于 1961 年 12 月正式出版。上述情况表明，《红岩》10 年的成书过程，是当代文学"组织生产"获得成功的一次实践。钱振文先生就此认为，这是一个从个人记忆和私人写作到对个人记忆的占用、改写和规范化过程。①

这在中国当代文学中绝非仅有，其中的经验及其对于体制内文学创作的借鉴意义值得进一步总结。

第三，作为区域文学的重庆文学在其发展过程中还有一个值得提到的突出特征是，由于区域发展的不平衡，区域文学与区域经济发展一样，越

---

① 钱振文：《"深描"一件被人忽略的往事——细说〈红岩〉作者们解放初期的第一次'文学'活动》，《渤海大学学报》2008 年第 4 期。

来越受到关注，所取得的成就越来越成为地方政府政绩的重要组成部分。1997 年重庆直辖以后，随着重庆经济社会的快速发展，文化建设日益受到关注和重视，重庆市文学艺术获得新的发展空间，有关管理部门为促进文学艺术发展投入了大量人力物力财力，也取得了令人瞩目的成绩，先后有 12 人次作家作品在全国获大奖（黄济人的长篇报告文学《将军决战岂止在战场》获中国人民解放军首届文艺奖；傅天琳的《绿色的音符》获全国首届优秀诗集奖；李钢的《蓝水兵》曾获全国第二届优秀新诗（诗集）奖；王群生的《彩色的夜》获 1981 年全国短篇小说奖；黄济人的《命运的迁徙》荣获第十届精神文明建设"五个一工程"；陈川的小说集《梦魇》荣获"第四届全国少数民族文学奖"；何小竹的诗集《梦见苹果和鱼的安》"第四届全国少数民族文学奖"；阿多的散文《清明茶》荣获"第五届全国少数民族文学奖新人新作奖"；冉庄的《冉庄诗选》荣获"第六届全国少数民族文学骏马奖"；冉冉的诗集《从秋天到冬天》荣获"第七届全国少数民族文学骏马奖"；钟代华的儿童诗集《让我们远行》荣获"第六届宋庆龄儿童文学奖佳作奖"；岳非丘长篇报告文学《长河精缨》荣获第二届全国报告文学奖）。但是，重庆文学所取得的成绩与直辖市的地位是不相称的，与临近的陕西、四川省相比，均有较大差距。也许，从文学本身的角度看，这种地区之间文学成就的攀比并没有太大的意义，但因为体制内文学的特殊原因，各行政区域文学成就的攀比成为类似GDP 数据一样的指标。这种指标又集中到茅盾文学奖、鲁迅文学奖、五个一工程奖等几个有全国影响的文学大奖上面。文学作为文化建设的重要内容，成为各区域发展的政绩工程。重庆市有关领导者对此深感压力很大。这里有一份重庆市作家协会负责人关于重庆文学存在不足的认识材料，其中说到：

　　　　纵向比较，我们有所进步，但横向比较，我们差距甚大，特别是用科学发展观和"314"的总要求相对照，我们有五个方面差距明显：

　　　　一是作家队伍差距明显。中国作协会员共有 8000 余人，我市仅有 110 人，占比 1.3%；北京、上海的中国作协会员均在 1000 人以上，我市仅占其 10%；四川、陕西、江苏、浙江等有中国作协会员300—500 人不等，我市仅为其 20%—30%。

二是作品质量差距明显。我市重点级作家和重量作品不多，茅盾文学奖，我市望尘莫及；鲁迅文学奖，从来无人问津。全国少数民族文学创作"骏马奖"，已两届不见重庆身影；全国优秀儿童文学奖，累累与重庆擦肩而过。

三是社会影响差距明显。在重庆市民中，很多人不知道重庆作协和重庆文学院是何单位，不知道《红岩》和《重庆文学》是何刊物，数不出多少有重大影响的大作家、大诗人、大作品。重庆文学和作协工作的影响力可见一斑。

四是服务创作差距明显。"一身两翼"为基层服务，为作家服务，具有工作不到位、情感不到位、政策不到位的情况，缺乏服务作家和服务基层的意识，缺乏应有的吸引力和凝聚力。

五是机构编制差距明显。全国作协实行独立建制的现有 15 个省市，机关内设处室一般 5—6 个，重庆只有 3 个；机关编制差距更大，广东 67 人、浙江 35 人、辽宁 31 人、四川 30 人，25—30 人的有上海、湖北、山西、江苏等省，20—24 人的有山东、吉林、陕西、天津、河北、黑龙江等省，而我市仅有 15 人；事业单位编制差距也十分明显，15 个省市作协下属的事业单位，编制最多的达到 80 余人，编制最少的也是 30 人以上，而我市仅有 15 个事业编制。

——王明凯《创新工作思路，促进科学发展》

上述材料包含的对重庆文学的认识内容其实相当丰富，但其出发点主要是从政绩的角度来谈重庆文学的不足。虽然这本身并不是坏事，甚至在一定程度上提升了人们对文学艺术重要性的认识，却从一个侧面反映了区域文学与区域政治经济和社会发展之间复杂的互动关系以及区域文学发展的一些重要特点。其中的成败得失，值得深入研究。

三　一种区域文学理论的可能与现实

相对于当代区域文学活跃的历史发展态势而言，当代区域文学理论研究明显滞后。这一方面使区域文学进一步发展受到制约，另一方面也为区域文学理论的下一步发展提供了空间。当代区域文学理论建设涉及的问题很多，目前还处于起步阶段，其中有关区域文学的概念、区域文学的研究对象以及中国当代区域文学发展的基本规律等是当前特别需要讨论和研究的几个问题。

显然，区域文学的概念是可以成立的。广义的区域文学所说的区域既包括自然地理和人文地理意义上的区域，也包括行政区划意义上的区域。前者常常被称为地域，后者则被称为区域。因此广义的区域文学包括了一般所说的地域文学和区域文学。狭义的区域文学所说的区域则专指行政区划意义上的区域，狭义的区域文学也就专指行政区划意义上的区域文学，也有的称做地区文学。例如，我们既可以从地域文学的角度谈论四川文学和重庆文学，也可以从区域文学的角度谈论四川文学和重庆文学，但巴蜀文学则是典型的地域文学概念。郝明工教授曾对区域文学概念做过一个归纳，认为所谓区域文学，就是民族国家中以区域文化为审美对象，拥有意识文化导向、地区文化限度、地缘文化特征、民族文化底蕴这四大文化内涵，地域文学的政治性需要与地方文学的地方性表达趋于一致的文学现象。①

无独有偶，吕进教授在谈到区域文化时也认为，区域文化研究是以"历史地理学"为中心展开的，并且至少有四个构成部件：地理环境、语言风俗、性格特征和文化心理。它们对于区域文学研究同样具有方法论意义。② 但在我看来，在过去未加区分的"地域文学"或"区域文学"研究的话题下，实际上存在一系列需要进一步仔细讨论的问题。在以往的文学发展历程中，人们一直重视的是在历史过程中自然形成的"地域文学"和"民族文学"，而对后起的"国家文学"和"区域文学"并未给予足够的重视。由此形成的"国家文学"、"民族文学"和"区域文学"之间的关系以及"区域文学"、"地域文学"、"地方文学"、"地区文学"等概念也一直没有得到认真辨析。显然，在上述概念中，一则偏重于自然的限定，如地域文学、地方文学，我们可以用"地域文学"这一名称作为代表；一则偏重于人为的限定，如区域文学、地区文学，我们可以用"区域文学"这一名称作为代表。而由此形成的"地域文学"、"区域文学"、"民族文学"、"国家文学"以至"世界文学"之间的关系也需要重新加以界定。而区域文学与地域文学的区别，最关键的一点，就是社会公共资

---

① 郝明工：《区域文学刍议》，《文学评论》2002 年第 4 期。
② 吕进：《区域文化视角下的重庆文学》，《西南大学学报》2009 年第 1 期。

源直接进入文学创作过程。因此，我认为，在国家文学内部，"地域文学"是一种自然形成的具有地方特色的文学，也是一种更强调回溯过去的文学；"区域文学"则是"人为的"社会行政体制下的文学，更是一种面向现实和未来的文学。文学的地域特色会随着时代的发展而注入新的内涵，却不会因为行政区划的改变而改变。区域文学则既不会丧失文学的地域特色，却又比地域文学更具有资源的优势和现实的效应。所以，和"国家文学"一样，"区域文学"研究有其不容置疑的价值和意义，其重要性正在逐步为人们所认识。这就进一步涉及区域文学的研究对象以及中国当代区域文学发展的基本规律等问题。

在我看来，区域文学研究应该从行政区划的现实出发，从中引出区域文学发展固有的规律。这既可以开拓文学研究的新视野，也能为文学发展注入新的活力。从区域文化的角度看文学，主要就是看国家和地区行政区划及其社会政治因素对文学发展的影响和作用，同时探讨国家和地区公共资源与文学之间的互动关系及其对于社会和人类自身进步的意义及其作用。相比较而言，中国当代文学是一种典型的国家文学，国家和地区行政区划及其社会政治因素对于文学发展的影响和制约作用比起任何国家和任何时代都要突出。在现代社会经济文化发展过程中，国家既是社会资源的控制中心，也是社会权力的支配中心。各级行政辖区则是国家机器在各区域的代表，具有同样的意义。在传统的自由写作的时代，人们想象文学需要摆脱政权的控制和影响。在今天，人们也常常诅咒现代国家的官僚机器，感叹国家机器使人异化，但人们还是强烈地意识到，谁也无法脱离民族国家而生存和发展。这是现代人对于国家的复杂情感。与之相似，现代文学的发展也离不开国家提供的资源。现代国家的出现，不仅使文学发展获得新的支配性力量，而且这种力量已经和正在改变着原有的世界文学版图和文学关系。国家文学现在已经成为文学发展中的新的因素并具有了崭新的意义。一方面，尽管国家文学与传统的民族文学有着密不可分的内在联系，但在所谓的世界文学体系中，构成不同文化系统文学交流关系的并不仅仅是传统的民族文学而是还有国家文学，甚至更主要是国家文学；另一方面，在国家内部，出现了民族文学与区域文学交错发展的问题。而且，与世界范围内的国别文学问题相当，国家范围内的区域文学正越来越显示出不容忽视的重要地位。这一切使得原先看上去清晰的问题变得复杂起来。其中最突出的问题是：一方面，文学需要国家及其各级地方行政组织提供资源，但国家和区域性社会政治因素对文学发展影响过大则可能导致文学性的失落；另一方面，国家文学具有高度的统一性，与区域文学发展的差异性之间构成复杂的矛盾关系。所有这一切，构成了当代文学研究新的课题。

显然，国家的概念比民族的概念有着更为宽泛的内涵，更重要的是，国家机器比之民族共同体有着更为重要和复杂的社会职能。现代国家的产生实际上反映了对于民族共同体在现代社会控制和社会管理方面的某些缺陷的弥补。这表明，在当今世界，实际上是国家而不是民族成为更为重要的社会控制力量。如果说在传统社会里，民族共同体更多体现的是一种自然的人地关系及其文化传统的话，现代社会中作为主体的人则表现出更大的创造性和选择性。因此，现代国家不仅是阶级统治的工具，也是阶级联合和全体公民共同需要的产物。现代国家也不仅仅是一个神话，而是一个具有多种社会职能的现实存在。甚至不仅是国家，人们有时候还需要有比国家更大的社会组织以适应时代发展的要求。这就是类似欧盟、亚太经合组织、独联体等跨国组织得以产生的原因所在。它们从一个方面反映出社会发展的某种必然趋势，即现代社会中的人们正在逐渐摆脱对于自然关系的依赖而创造更符合人的需要的社会组织和社会形态。这一切在文学发展中也打下了深刻的烙印。这就需要区域文学研究在全面分析国家与文学之间的复杂关系的基础上，探讨区域文学发展的规律，以促进区域文化语境下文学的健康发展。

本土化视野中的文学史思考与书写

逄增玉

毋庸置疑，当下提出文学史观照的本土化问题，或多或少受到来自异域的史学理论的影响。在近代以前，史学发达的中国人完全是按照自己的"究天人之际，通古今之变，成一家之言"的观念，去不断地书写和修补历史著述的，并在历史的撰述中形成一套完整的历史理论。当然，传统中国的史学书写，客观存在着"华夏中心主义"，因为当时中国是世界文明的发源地和辐射地之一。近代以来，率先进入工业文明的西方形成了巨大的政治、经济、军事和文化优势，并由此形成了西方人的"西方中心论"。这种夹杂着现代化和殖民化复杂内涵的历史观念，成为世界历史叙述的基本模式，甚至一度被西方人认为是放之四海而皆准的模式，日本学者将其称为"一般的或普遍的世界史"模式，当以这样的视野和观念居高临下"看东方"的时候，自然会形成西方的"东方主义"视域：第一，东方或东亚的历史是"非历史的"，缺乏西方历史的那种普遍主义本质和发展路径，比如中国和东方是否有一种独特的"亚细亚生产方式"，中国是否存在西方意义上的封建社会……长期以来，对这些问题，中外史学界一直存在争论和歧义。第二，把西方的到来（包含着殖民主义扩张和现代文明示范的双重性）视为非西方国家的近代历史起点，把此前这些国家的历史看作非历史的"空白"，把西方与东方的冲突看作"文明与野蛮的冲突"，即在来自西方的现代文明对照下，非西方国家从政治经济制度到文化风俗，都显示出非现代文明的落后，而西方的到来是将非西方国家纳入世界历史的进程，也是对文明空白的填充。第三，由此形成了西方在描述和撰写东方或东亚历史时的"刺激—反应"、先进与落后的模式，即在西方的殖民压力与文明示范的双重作用下，非西方国家开始了自己的近代史或"诞生"了近代史，甚至是现代性时间的开始，整个的近代史或现代史的起点与内容都是对西方压力与刺激的反应，是落后对先进的模仿和追赶。

这样的近代史观与历史撰述，不仅长期体现在西方人的东方、东亚和中国近代史著述中，比如，且不论带有"文化帝国主义"倾向的早期的西方人的东方著作，就是对东方和中国相当了解、抱着客观乃至友善态度的欧西学者的中国近代史著述，大致也是这样的视野和观念，而且，这样的观念在很长时期内成为一种强势话语或"文化霸权"，并在东方和中国内部得到了认同。在其影响下，中国内部出现的近代史写作，也明显存在或暗含着这样的历史观念与模式。从民国时期到中华人民共和国，从台湾到大陆，曾经对立的国共两党的史学家在描述和撰述中国近代史时，都把1840年作为近代史的起点，"在帝国主义侵略下"，已经成为耳熟能详的近代总体历史和专门史撰述的基本语句、语法和逻辑。这样的历史句型和逻辑思路下的近代史，基本线索和内容自然是把西方的军事与经济侵略、把瓜分和殖民中国的行径，作为导致帝国主义和中华民族的矛盾成为主要矛盾的原因，把反帝反殖、救亡救国、自强振兴作为最迫切的历史任务，其他的矛盾和革命夺权等任务都是由这一宏大与主要矛盾派生出来的。无疑，这样的近代史撰述和内容实质是对"刺激—反应"模式的对应，是从中国外部寻找近代史的契机和动因、逻辑与内容并提供历史的解释。

但近年来这样的历史观念受到质疑和挑战，出现了从中国内部发现和解释中国历史的声音与趋向。我以为这种趋向大致受到三个历史学家的启示和影响。首先是美籍华人历史学家黄仁宇。他的中国大历史观，是把从上古到现代的整个中国历史作为一个整体，从中国内部寻找和解释中国大历史周期变化的因素。其次是美国学者柯文，他的《在中国发现历史：中国中心观在美国的兴起》一书，认为以往的西方史学家在研究中国历史的时候，一般都把西方作为明显的或者潜在的参照系，用西方的史学经验和观念考察与解释中国历史，并形成了几套模式。而这些模式都是一种外视角，是用西方视角范围来解释中国经验。因此，柯文提出把研究的视角从中国之外转向其内部，摆脱西方的尺子和模式，以中国内部和本土的视角与经验解释中国历史，庶几才可能挖到中国历史的"真经"。最后是日本学者沟口雄三，他的《作为方法的中国》与柯文的观点有相近之处，即认为阐释与解释中国的近代史应该摆脱欧洲的标准和模式，摆脱一般的世界史模式，把中国自身存在的东西既作为解释的对象，也作为解释的方法，用中国经验阐释中国历史，以说明中国的近代既不是超越欧洲的，也

61

并不落后于欧洲，它从开始就历史性地走了一条与欧洲和日本都不相同的独特道路。以这样的视角、思路和逻辑解释中国的近代及历史现象，就会得出与以往不同的认识和结论。比如，对中国近现代的地方军阀割据势力，我们这一代人过去学过的历史，都认为是帝国主义与中国封建势力勾结的产物，是帝国主义豢养的瓜分和侵略中国的工具与"走狗"。封建性与殖民工具性是地方军阀势力的不二性状。但若摆脱这种外视角而回到中国自身，就会看到可能更接近事实的另一种解释。沟口雄三认为中国近代历史的基本立足点是十六七世纪，那时在中国发生了大的历史变化，即以黄宗羲为代表的"乡里公论"，即"地方的公事地方办"的所谓民间主导的"乡治空间"的成立、成长过程所显示的东西。在明末，最初是作为救济饥民、弃儿，赡养老人、病人等个人的善行开始的。到了清代，扩大到修路、架桥、疏浚运河等公共事业，活动范围涉及经济、社会、政治等各个领域。这样的民间公共活动，是中国的特殊的东西。其后，经过白莲教、太平天国等变动，达到了蓄积武装力量（团练）的程度，势力增强。"乡治空间"蓄积的力量，以镇压太平天国为契机，支撑起了"为了地方的军队"（即湘军等），以后发展为军事上的"省的力量"。不久，带来了辛亥革命。而辛亥革命的结果，是终止了延续二千多年的封建王朝制度，同时各省"自治"和"省治"的独立状态已然形成，出现了与中央集权分权的代表地方诉求的势力。由此导致中央集权制崩坏，国内陷入分裂割据状态。这样看来，辛亥革命后到民国时期成为"乱源"的地方军阀割据势力，其起源并非帝国主义的豢养和封建势力的作祟，而是起源于明代乡治、演变为清末地方自治的地方民间诉求，这种诉求的本质恰恰是对抗中央集权的"反封建"并终于导致分权化的辛亥革命的实现。可见辛亥革命前出现的地方势力和军队实际上都为"分权"和瓦解中央集权发挥了积极的反封建作用，并非"反动"和"封建割据"。包括以维护中央王朝镇压太平天国为动机和目的的湘军、同样为维护中央集权和国家强力而建立的政府新军，它们客观上也发挥了这样的作用。辛亥革命以后，这些地方势力演变为军阀割据，为了自身利益而向帝国主义势力依附，其性质和作用则发生了从"反封建"到"趋封建"的变化，与辛亥革命前已经不同。当然，辛亥革命前后地方势力与军阀的起源、性质是非常复杂的，这样的视角和解释也未必人人同意，无可挑剔，但这个现象和例子至少不是简单地以外视角和既成的宏大理论人云亦云，而是从中国本土和内部的经验出发进行现象与问题的解释，具有很好的启示价值。

中国中心观和从中国内部发现与阐述历史的出现，其实不只是史学观和史学方法的变化，也是近现代中国社会和历史存在的客观性和独特性为史学观的变化提供了支撑和事实。不仅沟口雄三阐述的辛亥革命走的是分权化的道路，与当时欧洲和日本所经历的"由分权到集权"的道路不同，就连后来"以俄为师"、"走俄国人的路"的中国共产党的革命，实际上也形成了自己符合中国国情的"农村包围城市"的独特的革命道路和经验，与俄国革命形似而质异。新中国成立后，中国同样以实现工业化的苏联为榜样，建立起以计划经济为主体的社会主义经济发展和国家发展模式。但是，这种"一大二公"的社会主义建设模式，同样缘于国情而发生了变化，逐渐形成自己的东西，比如苏联的社会主义计划经济轻工业和重工业比例严重失调，重工业优先，轻工业不受重视，发展滞后。而中国在 20 世纪 50 年代中期，毛泽东就在《论十大关系》中，作为国策提出了处理好重工业与轻工业和农业的关系，在经济与政治架构中从中央到省市县都有轻工业和农业主管部门（省有轻工业厅而市县有轻工业局），20 世纪 60 年代以后农村又逐渐出现了社队企业，这与当时的苏联和东欧社会主义国家的政治和经济发展道路形成了内质的区别。西方有的学者研究认为，正是这样的经济模式为中国后来的改革开放和向市场经济转型奠定了经济与体制的基础，是中国经济转型成功的重要因素之一。这样的研究和认识是"新左"还是"老左"姑且不论，至少它在一定程度上符合中国当时的经验和事实。质言之，当时中国与苏联为主的社会主义国家，在"计划经济"的相似模式下还是存在独特性的东西，就像所谓的资本主义国家也不是同一模式、其内在的差别远远超出人们的想象一样。而改革开放以后中国社会主义政体和国体下的市场经济发展模式，又是"摸着石头过河"闯出来的独特道路，不同于西方也不同于东方的印度和日本，这种溢出世界史范围的经验和模式，使中国在短短 30 年间就取得举世瞩目的经济发展成就，在经济总量上成为世界第三的大国，中国的迅速崛起、国力的极大增强，成为当今世界发展中日益引起关注、很多国家还没有做好心理准备和认识准备的巨大现象，"中国崛起论"和"中国威胁论"，就是工业革命后领先世界数百年的西方发达国家面对中国现象时矛盾心理的反映，也是无法套用欧洲和西方既成标准，无法套用"先进的欧洲、日本与落后的中国"的世界史模式衡量"中国世界"的认识焦虑和意识形态困境的反映。应该说，在古代具有自己异于世界史范畴的经验和模式的中国，在近代一百多年来的历史发展中，同样形成和具有独特的经验与模式，表面看来很多与外来因素有联系的事物，在内里却是与中国本土的东西血肉相连。这是从中国内部发现历史、用中国自己的经验作为方法去阐述中国的历史观念和认识得以出现的现实基础。

文学史是历史的一种。以往的中国近现代文学史的书写，不论是20世纪五六十年代"新民主主义论"的政治化文学史观，80年代"改造国民性"的新启蒙文学史观，还是90年代的现代性文学史观，或多或少都是"刺激—反应"的史学模式的派生和变形，都未摆脱一般的世界史模式和欧洲标准。当然，就事实而言，中国的现代文学的确在很大程度上是在西方文化的刺激和影响下诞生的，《新青年》的创刊，五四新文化运动和新文学的诞生，莫不是主动吸取域外文学营养、追踪世界文学潮流的产物，茅盾在撰写《中国新文学大系·小说二集》的导言时就说过，西方文学200年发展的潮流在中国五四时期几乎都上演过一遍，追踪世界文学潮流、纳入世界文学主潮，几乎是百年中国文学的梦想，直至20世纪80年代还提出"走向世界文学"的宏大倡导。但是，在中国现代文学的诞生和发展中，除了异域的影响外，本土的资源有无发生作用？发生了哪些作用和多大的作用？如果不用"刺激—反应"的解释模型，那应该采用什么样的、符合实际文学经验的解释模式？从哪里寻找和确定现代文学诞生与发展的动力和驱力？这些都是需要认真思考和梳理的。

鲁迅在论及五四文学成就时，曾认为五四散文的成就在小说戏剧之上——因为现代白话小说和戏剧、主要是话剧，主要是借鉴和受影响于外国文学，而散文则不然，因为中国散文一向发达丰富，是散文大国，散文的传统和资源源远流长，即便是五四新文学提出的"自我"与"个性"，在古代散文里也存在，如明代的"性灵"散文。周作人在《中国新文学的源流》里就认为新文学与古代文学存在历史和精神联系，而他所要做的工作就是为这种联系的存在进行文学现象与知识的"考古"和铺陈。我们知道，一方面，周氏兄弟早在日本留学时就有志于中国新文学的建设，为此翻译和编印《域外小说集》以为借鉴和鼓吹。鲁迅在谈到自己五四时期的小说创作时，也一再强调是得益于外国文学的影响和营养。另一方面，他们却不否认而是承认五四新文学又与传统文学存在赓续关系，从这一角度解释新文学的本土来源与构成，这一现象是饶有意义的。可惜，后来的现代文学史书写长时间地中断了周氏兄弟的这一角度和思路，过多看重外来而忽略了本土。

其实不只五四新文学与本土资源存在源流关系，五四后的革命文学、左翼文学，20世纪40年代解放区文学、50年代后的新中国文学特别是那些"红色经典"，由于它们与政治和革命的密切关系，由于中国革命和后来的社会主义道路的独特性，所以它们与异域的或外来的文学存在精神联系的同时，也愈发呈现出他国所没有的本土性。比如，对知识分子与革命关系、知识分子历史地位与形象的思考与定位，在1942年《在延安文艺座谈会上的讲话》提出为工农兵服务和文学的工农兵方向之前，其实在革命文学、左翼文学中就已经开始出现，丁玲写农民的小说《水》就被左翼批评家和领导者冯雪峰誉为"新小说的诞生"，而她此前写作的以知识分子追求自我价值的小说则被冯雪峰明确称为"坏的倾向"①，20世纪30年代文艺大众化讨论则是从理论上对这一演变进行推动。解放区文学和后来的红色经典，则固化和强化了知识分子对革命、对工农兵的依附性关系和主体地位的剔除，《青春之歌》则是这一历史演变和文学演变的集大成者，美丽的知识女性林道静只有在对革命的追求、对男性革命者的依附中才能有幸福的人生。这样的对知识分子与革命、与工农关系和知识分子历史地位的考量与表现，在苏联的革命文学和社会主义文学中、在日本的左翼文学中是看不到的。这是中国革命的特殊性所带来的现代文学的本土性内容和经验，其正面的与负面的意义都具有文学史价值。

再如，中国农民与中国历史、革命、社会主义建设、现代化和全球化的关系的丰富与复杂，恐怕是世界历史所没有的，因而也带来了现当代文学在这一表现领域的丰富性与独特性。现代文学的肇始者鲁迅就在小说中深入思考与表现中国农民的历史命运，革命文学和左翼文学开始表现农民与革命的关系，20世纪40年代解放区文学如赵树理小说、诗歌和戏剧《白毛女》与《王贵与李香香》等，表现农民与革命的水乳关系，把农民作为历史与革命的主人公和主体力量放置在文学的中心舞台。此后，土改文学、农业合作化题材文学、革命历史题材文学、"文化大革命"文学、改革文学、农民工文学和打工文学，中国农民与中国社会每一个历史时期

---

① 冯雪峰：《新的小说的诞生》，《冯雪峰文集》第2卷，人民文学出版社1983年版，第334页。

的政治经济变化都紧密联系，他们在历史中的沉浮和命运都成为文学的主要资源和表现内容，引发文学内外的无数思考、争论，始终成为文学中和社会中的主要话题与关注中心，在欧美、日韩和东亚发达国家与地区已经没有农民问题，因而也几乎不再有农民文学的时候，中国的农民和农村文学却依然存在甚至引领风骚。这是世界史的独特现象，也是世界文学的独特现象。这里有几个现象值得一提。第一，是1936年长期生活在中国的美国女作家赛珍珠，以她对中国农民和农村进行观察与描写的小说《大地》，获得了诺贝尔文学奖，赛珍珠的外国人视角、她对中国农民的描写的真实性、她的文学功力与成就是否值得获奖，曾经存在争论，但无可否认的是，她所描写的中国农民及其命运的重要性，为世界所认同，也是她获奖的主要原因之一。第二，20世纪40年代丁玲与周立波描写解放区华北与东北农村土地改革的长篇小说《太阳照在桑干河上》、《暴风骤雨》获得斯大林文学奖，表明当时的社会主义阵营同样关注中国革命与农民的关系。第三，是号称"农民作家"的赵树理的小说，其内容与形式的特殊性和本土性，成为解放区文学和整个新文学的方向。战后的日本作家和人民曾经极度推崇和热爱赵树理小说，认为这样的纯粹中国化的小说内容和形式是日本所没有的，他们从赵树理小说中想知道和了解中国革命是什么样的、中国农民与革命的关系是什么样的、中国革命为什么成功，等等，从中思考中国的革命和社会主义对于日本、亚洲国家和世界史的意义，以及东亚的革命和现代化装置与模式应该怎样，把赵树理小说和中国革命作为思考日本和亚洲道路的样板。第四，是柳青的《创业史》等表现合作化、人民公社化的小说在20世纪五六十年代蔚为壮观，在中国进入改革开放后、在进入21世纪和后现代时期，仍然在引起争议和思考，成为不绝如缕的《创业史》现象和话题。第五，是在文学失去轰动效应、日益边缘的20世纪90年代和21世纪，《白鹿原》和农民工文学、打工文学，都引起普遍关注和争议，同样成为文学的与社会的话题。中国农民的广大所导致的国情和中国"农村包围城市"的革命的独特性，导致的改革开放从农村开始的特殊性，导致的中国制造与崛起同广大农民工进城的密切性，中国农民与中国革命、社会主义建设、改革开放、市场经济和中国崛起的密切联系，都是溢出世界史的中国现象，并填充和丰富了世界史的内容。而百年来围绕农民和农村进行的文学叙事、提供的文学经验和现象，同样都具有鲜明的中国性和本土性，很难借用现成的、外来的方法和标准进行解释。

类似的问题和现象在百年中国文学史中还有许多，对我们的文学史书写提出了挑战与要求。当然，在研究和阐述中国文学的本土现象与资源、从中国内部寻找解释的视角与方法的时候，不能从一个极端跳到另一个极端——否认和漠视外来资源与影响，毕竟中国是在西方东进和"全球化"日益强化的大背景下进入近代和现代的，外来刺激是促使中国发生大变动的显赫因素之一。正确的做法是"恺撒的归恺撒，上帝的归上帝"，既不忽略外来影响，也正视本土性的东西，实事求是地梳理外来影响与本土资源的比例与源流关系。透视百年中国文学，需要弄清哪些是外来的资源，哪些是本土的，哪些是外来的资源转化为本土的东西，哪些本土的东西又上升为"世界"的并具有了"世界史"价值，哪些作家和文学始于接受外来影响后又回归本土经验（如莫言、余华等），现代和当代的文学是否形成了异于世界性的中国性和本土性，等等，在面对和思考这些问题中寻找文学史写作的原则和方法，以不断趋进文学史的历史语境和"原生态"，为历史和文学史的认识与写作打开新的窗口，拓展新的视野。

作者单位：中国传媒大学对外汉语教育学院

新编中国现代文学史亟待整合的三个板块
——从具有三重身份的小说家王度庐谈起

张　泉

　　从 20 世纪 80 年代到当下，中国学界关注文学史诸问题的热度，一直持续不衰。文学史既是一个理论的问题，更是一个实践的问题。一百多年前从西方引进的文学史概念已经沉淀为一种潜移默化的霸权，制约着文学史写作模式。由于各种文学史背后都有一套相应的意识形态，它们所描绘出的文学图景往往被纯化为单一的和清晰的"发展史"，而在历史中实际发生的文学，往往是多维并存的和界限模糊的。仅就文学史料的发掘和整理而言，由于种种原因曾被遮蔽的重要文学现象一旦浮出水面，就会打破文学史叙述与历史想象之间原有的平衡，对以往的文学史观念和文学史格局形成挑战。时代特色鲜明的现代北京作家王度庐为我们提供了又一具有样板意义的个案。

　　王度庐（1909.9.13—1977.2.12），原名王葆祥，笔名霄羽。出生于北京一贫寒的旗人家庭，曾做过店铺学徒、小学教员、小报编辑等。他自幼爱好诗文戏曲，曾在北京大学旁听，积累了丰富的中外文学知识，十几岁就开始发表杂文小品、侦探小说，后辗转西北等地谋生。1937 年，困居被日本占领的青岛，开始专事连载小说写作。抗战胜利后，天津励力书局迁往上海，开始大量印行王度庐小说的单行本。上海育才书局、上海元昌印书馆、上海春秋书店、重庆千秋书局也出版过王度庐的作品。1949 年初，王度庐举家移居东北，在中学谋得教职。随着新中国的成立，武侠言情类通俗小说退出阅读领域，直到 20 世纪 80 年代改革开放之后才解禁。2000 年，台湾华裔导演李安将王度庐的武侠小说《卧虎藏龙》（1941）搬上银幕。第二年，该片一举获得美国第 73 届奥斯卡奖最佳外语片、最佳摄影师、最佳音乐和最佳美术指导四项大奖。加之围绕王度庐作品改写本和影视改编权问题引发的纠纷和诉讼，在新中国文坛上默默无闻近半个世纪的王度庐，再度引起大众传媒的关注。不过，学术界对于他的研究还远为不够，文学史中也几乎没有他的位置。比如，从 1951 年到当下，中国内地正式出版的中国现代文学通史已有 135 部，只有《中国现代文学三十年（修订本）》（1998）等极少数著作有简单的介绍，大多数著作只字未提。造成这种状况的原因，在于王度庐沦陷区作家、满族作家和武侠作家的三重身份。通过解析王度庐既有区别又有交叉的三个身份，或许有助于我们充分估价中国学术传统，建立起适合中国国情的新的研究思路，进而深化当下有关文学史的讨论，推进方兴未艾的重写文学史工程。

一　作为沦陷区作家的王度庐

沦陷区文学是一种特殊时空中的区域文学。在从政治上为文艺松绑成为主流话语的现时代，政治层面的评价，仍是文学史接纳沦陷区文学时首先要面对和解决的问题。王度庐的所谓"鹤—铁系列"（《鹤惊昆仑》、《宝剑金钗》、《剑气珠光》、《卧虎藏龙》和《铁骑银瓶》）等重要作品，是在伪政权的机关报《青岛新民报》上连载的。如果简单化地以作品载体的隶属关系为标准①，就会对沦陷区作家作品作出负面的定性评价。只有把日本的侵华战争和殖民统治放到中国半封建半殖民地的历史语境中和世界殖民史的背景中加以考察，分析作品内在的文化认同取向，才会对沦陷区文学作出客观的评价。②

中国近现代文学是在殖民化语境中发生和展开的。1840 年英国发动的鸦片战争，打开了曾经辉煌强大的中华帝国的门户，清王朝逐步沦为半封建半殖民地社会。随着明治维新（1868）的成功，曾经也面临被殖民危险的日本，在"脱亚入欧"、迅速走上现代化道路之后，转而跻身殖民国家行列，一次次发动对外扩张战争。针对中国的标志性军事行动有 1874 年的侵台之役、1894 年的甲午战争、1931 年的九一八事变和 1937 年的七七事变等。到 20 世纪 40 年代，日本成为现代中国最大的殖民者，

① 有论者把在敌伪出版物上发表过作品的人均列入投敌附逆的作家之列。见刘心皇《抗战时期沦陷区文学史》，台北成文出版社 1980 年版。
② 参见张泉《殖民语境中文学的民族国家立场问题》，《汕头大学学报》2008 年第 2 期。

有大约三分之一的中国领土被染指，主要包括台湾（50 年）、东北（14 年至 40 年）。以张家口为中心的"蒙疆"（8 年），以北京为中心的华北（8 年），以南京为中心的"华中"（现称"华东"，7 年多），以及武汉、广州（近 7 年），海南岛、南昌（6 年多），福州（4 年多），香港和"孤岛"沦陷后的上海（3 年多），长沙（1 年多），等等。

在这些地区，日本大体上建立起三种不同的殖民体制。

第一种，台湾殖民地模式。即在通过国家间的不平等条约霸占的台湾地区，设立日本总督府（1895）。到 1937 年 9 月，正式宣布将台湾并入日本版图。

第二种，东北"满洲国"模式。即在东北占领区，建立起新的"主权"国家，定都长春（改称新京），由前清逊位皇帝溥仪担任"执政"（1932 年 3 月 1 日）。两年后，将傀儡政权的政体从"共和国"改成"帝国"，首脑改称"皇帝"。

第三种，关内沦陷区模式。即在关内的占领区，起用原中国政府的官员，陆续组建僭越中国合法政府的中国伪政权。如"蒙古联盟自治政府"（1937 年 10 月 27 日），定都归绥市（改称厚和特别市，现为呼和浩特）；华北地区的"中华民国临时政府"（1937 年 12 月 14 日），定都北平市（不久改称北京），后被日本降格为"华北政务委员会"（1940 年 3 月 30 日）；华东地区的"中华民国维新政府"（1938 年 3 月 28 日），定都南京，后升格为试图统管关内所有日本占领区的"中华民国国民政府"（1940 年 3 月 30 日），等等。

需要注意的是，上述三种殖民体制之间的关系，是所谓"国"与"国"的关系。关内几个伪政权实际上也是各自为政。各占领区的殖民当局隶属于日本的不同军兵种、派系，有各自的既得殖民利益，之间存在着矛盾和斗争。被占领地区的社会生态，特别是文化传统有其历史的惯性，异族入侵者很难在短时间内彻底颠覆。

因此，日本在不同占领区所实施的殖民思想统制有所不同，各地的中国区域文化面貌和特点也呈现出相应的差异性。特别是在关内的华北、华东等沦陷区，中国认同、中华文化认知仍具有合法性，言说环境迥异于其他日本占领区。许多沦陷区作家在异常艰苦的环境中坚守自己的文学信念和创作风格，发表和出版了大量达到相当水准的作品。由于特定的历史原因，沦陷区文学被打入另册近半个世纪。20 世纪 90 年代以后，《沦陷时期北京文学八年》（1994）、《抗战时期的上海文学》（1995）、《中国抗战时期沦陷区文学史》（1995）以及《中国沦陷区文学大系》（1999—2000）等著作陆续面世。这些研究成果表明，日本占领区的中国文学，无论是新文学还是通俗文学，仍顽强地沿着中国文学原来的路径迂曲地发展，蕴含着殖民统治无法压制的中华民族精神和民族文学要素，是中国现代文学的有机组成部分。

尽管目前对沦陷区文学加以全盘否定的观点仍然存在①，21世纪出版的文学史大多都增加了沦陷区的内容，而对于沦陷区文学的正面评价，成为改革开放以来改变现代文学总体画面的重要因素之一。

不过，现在的问题是，沦陷区文学在文学史中的比重太小，离均衡展现共时历史文学生态的要求，还有相当的距离。以中国现代文学30年而论，如果将日本占领区面积乘以沦陷时间，沦陷区文学在中国现代文学中占有相当大的份额，如果没有相应的篇幅作保证，很难完整再现半封建半殖民地旧中国的文学的历史。从作品丰厚、影响广泛的王度庐这一个案可以见出，认真梳理、全面纳入沦陷区文学，是重写文学史无法回避的重要工作，正如中国现代文学研究史专家黄修己所总结的："沦陷时期的文学，至今仍是一个研究中的薄弱环节，对某些作家、作品应如何处理，有待进一步研究、分析，虽事涉政治，却不得不加以解决。这一地区文学史研究的突破，对整个新文学史编纂水平的提高，关系不小。"②

二 作为满族作家的王度庐

中国是一个由人口众多的汉族和55个少数民族组成的多民族国家。少数民族中，人口超过百万的有壮、满、回、苗、维吾尔等18个民族。人口最少的珞巴族不足三千。

中国学界对于少数民族文学的关注，始于20世纪初现代中国学术的萌芽期。新中国成立后，大力实施民族扶持政策，少数民族历史文化的保护工作有了突飞猛进的发展。最早发出权威声音的，是德高望重的满族作家老舍。在1955年召开的中国作家协会第二次理事会上，老舍作了《关

① 陈辽：《也谈沦陷区文学研究中"历史的原则"》，《抗日战争研究》2003年第1期。
② 黄修己：《中国新文学史编纂史》，北京大学出版社1995年版，第392页。

于兄弟民族文学工作的报告》，强调收集、整理、翻译、研究、出版兄弟民族文学遗产的重要意义。① 1958 年，中共中央宣传部召开第一次少数民族文学史编写座谈会。这体现出国家在统一意识形态框架下展现和扩展少数民族文化空间的导向。20 世纪 60 年代初期，单一民族文学史的撰写工程启动。1963 年、1979 年召开的第二次、第三次全国少数民族文学史编写工作座谈会，改由中国社会科学院文学研究所主持。1983 年，中共中央同意将民族文学史编写任务移交给 1979 年成立的少数民族文学研究所。1984 年，中共中央宣传部下发《关于加强少数民族文学研究和资料搜集工作的通知》。这表明，服务于民族国家宏大叙事的民族文学史研究纳入学术范畴。现在，除撒拉族、俄罗斯族、门巴族、塔塔尔族和高山族外，多数少数民族有了各自的族别文学史。囊括各少数民族文学或几个少数民族文学的综合性文学史，如毛星主编的《中国少数民族文学》（上、中、下）（2002）等，也陆续出版了十多部。接下来的问题就是少数民族文学如何有机融入中国文学史了。

少数民族文学史是中国文学专史中的一个重要门类，同时又是中国国家文学史的组成部分。撰写通史类中国文学史时，如果缺少了少数民族文学部分，很难说是一部完整的中国文学史。其实，早在 1980 年，学术界就认识到，应当改变各种中国现代文学史基本上都是汉族文学史的状况，要真正把现代文学史写成多民族的文学史。② 尔后，呼吁和探讨中华多民族文学史问题的文章一直延绵不断，如《"中华多民族文学史观"创建并确立过程中不容忽视的若干问题》（周建江《民族文学研究》2008 年第 1 期）、《文学史观:〈中华多民族文学史〉建构的困境和出路——兼及当前的学术工作》（李光荣《民族文学研究》2008 年第 2 期）等。不过，时至今日，在实际操作的层面上，绝大多数的中国文学通史仍然只是对主流汉语文学的梳理。鉴于这样的文学史只冠以"中国"一个限定词有名实不符之嫌，有的著作干脆明确将书名写作《中国现代汉语文学史》（曹万生主编，中国人民大学出版社 2007 年版）。个别规模较大的文学史如 10 卷本《中华文学通史》（华艺出版社 1997 年版）虽加入了少数民族文学，但新添加的材料未能与原来的内容融为一体。这说明，试图构建真正意义

---

① 老舍：《关于兄弟民族文学工作的报告》，《文艺报》1956 年 7 月号。

② 丁尔纲：《中国现代文学研究会举行首届学术讨论会》，《文学评论》1980 年第 6 期。

上的国家文学史时，不但有待于各少数民族文学史自身的完善及其有机的介入，还需要进一步变革和调整文学史观念。

民族文化是多元文化的基本要素。长期的民族融合，特别是现代以来的一体化世界潮流，使得少数民族文化濒危的速度加快。但社会的发展和时代的转换并没有降低少数民族文化的重要性，而是愈发彰显出其弥足珍贵。即使在世界经济全球化步伐不断加速的背景下，整理、维护和表现少数民族文化，仍是维护文化多元共生的重要内容，仍是国家重要的文化积累和文化形象工作。少数民族文学是少数民族文化最为直观和最为集中的载体之一，他们各自的文学史都是一个相对独立的系统，有其自立于民族之林的独立的文化历史价值，同时又是中华文化共同体的组成部分。

少数民族文学纷繁多样。仅就语言媒介而言，作品文本分为民族语言和汉语两种情况。据统计，我国少数民族使用的口头语言有100多种，少数民族文字50多种，其中实际使用的文字20多种，有不少少数民族已逐步改用汉语。不管其社会发展阶段以及语言状况如何，少数民族的文学都有各自的文化传承和无法替代的民族内涵。以王度庐为例。从满洲肇始，到逐渐汉化，满族文学已有400多年的历史，涌现出纳兰性德、曹雪芹、文康等一大批民族地域文化特色鲜明的代表作家。只有将整个少数民族文学有机纳入文学通史，才能对诸如王度庐这样的现代满族文学大家作出恰当的文学史叙述和文学史定位。王度庐在通史类中国现代文学史中的缺席，也提醒文学史家在重写文学史时应重视少数民族文学维度。

三 作为武侠作家的王度庐

2009年适值北京爆发五四运动90周年。五四前夕新文化运动的蓬勃开展，西方"文艺复兴"以来的理论思潮的大量涌入，为五四文学革命作了充分的准备。在变革强国、救亡图存的强大内外驱力下，以"民主与科学"、"反帝反封建"为旗帜，西方现代人文百余年的发展成果在中国横向移植的历程，被压缩在短短的几十年之内。面对和走向世界的开放心态，"重新估价一切"的独立价值评判，以及尊重和张扬个性的"人的文学"，沉淀为五四文学精神，对中国现代思想文化和文学艺术的格局和走向，以及人的思维模式和情感方式，产生了深远的影响。

在文学形式方面，历史悠久的中国文学在五四时期经历了一次全方位的转型。白话文取代文言文，诗歌、小说、戏剧、散文四大文学体裁在叙事、结构、韵律等方面从古代走进现代，形成了与中国传统殊异、与西方潮流同步的新的文学规范和创作法则。五四时期的新文学是在批判旧文学的斗争中发展起来的。不过，激进的反传统主义也带来了负面影响，有意无意冷落了对于中华民族传统文化的梳理与继承。表现在文学上，则是认定通俗文学低下落伍、商业气息浓厚、缺乏艺术性，对其持全盘否定的立场。新中国特定时期在指导方针和政策上的失误，放大了这一偏颇与缺失。新编文学史大多贬低和排斥包括章回体小说、现代旧体诗词等传统文学样式在内的所谓俗旧文学。

新时期以来的研究表明，雅文学与俗文学的范畴不是一成不变的。在20世纪，现代通俗文学以其独特的审美教化功用参与了中国文学的现代化进程。以王度庐为例。他的小说《卧虎藏龙》讲述的是京城九门提督之女玉娇龙与沙漠大盗罗小虎之间的爱情悲剧。玉娇龙为维护家门，违心地嫁给丑翰林鲁君佩。罗小虎大闹婚宴，玉娇龙出走。她凭借盗来的青冥剑，横行江湖，又因盗"九华秘籍"而受制于女贼耿六娘。"侠义道"李慕白、俞秀莲等群起而攻之。玉娇龙得知母死家败后，施计遁迹。后与罗小虎有一夜温存，但终因门第悬殊，黯然离去。曲终人散之后，依旧是孤剑单骑。《卧虎藏龙》长于人物刻画。侯门之女玉娇龙任性刁蛮、敢作敢当，却囿于封建纲纪，只能悲伤落寞地远走大漠。王度庐的爱恨情仇故事，长处不在武打，而在悲情。玉娇龙的悲剧性格和悲剧命运，深刻揭示了侠客"情"、"侠"不能两全的命运悲剧，产生了打动人心的震撼力，因而王度庐的这类作品有悲情武侠小说之称。此外，王度庐语言幽默，具有京味儿特点。更为内在的因素则是，由于受过新文化运动的熏陶，在观念上认同五四新文学，在通俗小说中融入了新文学因素，堪称优秀的现代文学遗产，为中国小说史留下了一笔宝贵财富。

不过，消除对于通俗文学的偏见，并不是一件轻而易举的事情。武侠小说入选中学教材所引起的激烈的争鸣与讨论就是例证。① 2004 年 11 月，

---

① 见邓琳《对武侠小说进入中学语文教材的思考》（《江西教育科研》2006 年第 4 期）；慕毅飞《为〈天龙八部〉入选教材而忧》（《优秀作文选评（高中版）》，2005）；黄向荣《武侠小说入教材，是耶·非耶》（《广东第二课堂》2005 年第 12 期）；陈若水《武侠进课本，校园引争议》（《网络科技时代》2005 年第 5 期）；夏青文《武侠作品不宜入选中学课本》（《神州》2005 年第 4 期）等。

由人民教育出版社出版的《全日制普通高级中学语文读本》（必修）第四册设立了"神奇武侠"单元，节选的作品是王度庐的《卧虎藏龙》（第五课）和金庸的《天龙八部》（第六课）。反对者认为，武侠小说只是一种娱乐样式，大多宣扬善恶因果报应，不利于中学生正确价值观的形成。赞同者则肯定武侠小说蕴涵有中华文化的精粹，入选课本是一种必然。有关争论推动了武侠小说研究和教材教学改革。

此外，将中国现代通俗文学史作为一个独立的专史进行研究，相对容易，目前已经有了一批很好的研究成果，如范伯群的《中国现代通俗文学史（插图本）》（北京大学出版社 2007 年版）等。难的是如何把武侠小说等通俗文学全面、客观、均衡地融入现代文学通史。因为，后者不但有价值判断的问题，还有更为复杂的整合方式问题，亟待学术界予以重视。

总之，理想的文学史，是将文学故事合理有序地置于宏观的历史背景和微观的文本细读之中。与通俗文学家王度庐的名字紧密相连的沦陷区、满族、武侠小说这几个关键词，无疑会给文学史撰写带来新的问题意识和操作方式，从而有望改变目前对文学通史普遍评价不高的现况。

作者单位：北京市社会科学院

论当代新诗创作与地域文化的微妙关系

王　珂

一　应该客观评价地域文化对新诗创作的影响

　　一方水土养一方人，一种地域养一种文化。地域文化也潜移默化地影响着作家诗人的成长与创作。很早就有人意识到地域文化影响着文学艺术。史达尔夫人认为："我觉得有两种完全不同的文学存在着，一种来自南方，一种源出北方……北方人喜爱的形象和南方人追忆的形象间存在着差别。气候当然是产生这些差别的主要原因之一……南方诗歌与北方诗歌不同，它远不能和沉思相谐和，远不能激起思考所能感受的东西；耽于安逸的诗歌把一切有一定次序的思想差不多全都排斥在外了。"① 丹纳也认为："首先我们要对种族有个正确的认识，第一步先考察他的乡土。一个民族永远留着他乡土的痕迹，而他定居的时候越愚昧越幼稚，身上的乡土的痕迹越深刻。""古人已注意到培奥提和阿提卡两地的对照，培奥提人和雅典人的分别：一个住在平原，空气浓厚，吃惯丰富的食物和科巴伊斯湖中的鳗鱼，喜欢吃喝，脑子迟钝；一个生长在希腊最穷的土地上，单单一个鱼头，一个玉葱，几颗橄榄，就能满足，在稀薄，透明，光亮的空气中长大，从小就特别聪明活泼，一刻不停地发明、欣赏、感受、经营，别的事情都不放在心中，'好像只有思想是他的本行'。"② 但是地域文化对文学艺术的影响也是有限的，不能过分夸大它的影响。特别是针对新诗这一特殊文体与当代中国这一特殊时代，更应该客观公正地考察它的实际作用。

　　在小说、散文、诗歌等文学体裁中，诗歌是一种具有先锋性特质的文

---

① ［法］史达尔：《论文学》，载伍蠡甫《西方文论选》下卷，上海译文出版社 1979 年版。
② ［法］丹纳：《艺术哲学》，傅雷译，人民文学出版社 1983 年版，第 243—247 页。

体，它对自由的追求往往多于对法则的遵守，地域文化对它的影响属于文体外部的影响，这种影响常常因为诗歌文体特有的文体自主性和诗人主体性被削弱。诗是主情的文学，情可以因事生情，触景生情，也可以"为赋新词强说愁"。因此地理、气候等外部因素对诗人的影响可大可小。秋风秋景可以愁煞人，却不一定直接决定诗人的创作。卢那察尔斯基认为"诗中有我"："抒情诗人的任务在于始终不离个人，叙说自己和自己的私人感受，同时又使这些感受成为对社会有意义的东西……一个抒情诗人，如果他显然没有把任何私人的激情贯注到他的抒情诗里面，他的笔下就可能枯涩呆滞。"① 苏珊·朗格强调艺术家表现的不是他的真实情感而是人类情感："一个艺术家表现的是情感，但并不是像一个大发牢骚的政治家或是像一个正在大哭或大笑的儿童所表现出来的情感。"② 诗是主情的艺术，人的个体情感和人类情感都与人类文化休戚相关，说明文化会对诗人的创作产生影响。加登纳认为："每一个文化还会形成一种成熟的包含着内省与人际因素之间的平衡的人格感。"③ 这种现代文化赋予诗人更多的表现自我的权力。但是诗人如同容格所言的有创造力的艺术家，他既是自然人，更是社会人："每个具有创造力的人都是合二为一的，甚至是异质同构的复合体。他既是有个体生活的人，又是非个人的、创造的程序（creative process）……艺术家并不是一个生来就把追求自由意志（free will）作为最终目标的人，而是一个让艺术通过他来实现自身目的的人。作为一个人，他可能有自己的情绪、意志与目标，但是作为一位艺术家，他是一个具有更高意义的人——一个集体人（collective man）。他承担和呈现着人类的无意识的心理生活。为了履行好这艰巨的责任，有时他不得不牺牲个人的幸福欢乐甚至普通人生活中值得生活的任何事物。"④ 人类的无意识的心理生活在一定程度上与人类的文化，特别是传统文化有殊途同归般的相似之处，追求自由意志，强调主体性的诗人不得不受其影响。

---

① ［俄］卢那察尔斯基：《论文学》，蒋路译，人民文学出版社 1978 年版，第 154—155 页。

② ［美］苏珊·朗格：《艺术问题》，腾守尧、朱疆源译，中国社会科学出版社 1980 年版，第 25 页。

③ ［美］H. 加登纳：《智能的结构》，兰金仁译，光明日报出版社 1990 年版，第 318—319 页。

④ G. G. Jung, "Psychology and Litreature", 20th *Century Literary Criticism*, *Londen*: Longman Group Linited, 1972, pp. 165—186.

但是现代诗歌功能的多元性更会削弱地域文化的影响。现代诗歌的先驱波德莱尔认为："只要人们深入到自己的内心中去，询问自己的灵魂，再现那些激起热情的回忆，他们就会知道，诗除了自身外并无其他目的，它不可能有其他目的，除了纯粹为写诗而写的诗外，没有任何诗是伟大、高贵、真正无愧于诗这个名称的。"① 诗人奥登认为："诗不比人性好，也不比人性坏；诗是深刻的，同时却又是浅薄的，饱经世故而又天真无邪，呆板而又俏皮，淫荡而又纯洁，时时变幻不同。"② 诗人奥克塔维奥·帕斯认为诗是介于所见与所言，介于所言与保持沉默，介于保持沉默同梦幻，介于梦幻及忘却的艺术。日本当代文论家滨田正秀这样定义现代抒情诗："现在（包括过去和未来的现在化）的自己（个人独特的主观）的内在体验（感情、感觉、情绪、愿望、冥想）的直接的（或象征的）语言表现。"③ 这样的现代诗更多是诗人自己的感觉和情绪的内在体验。地域文化对这种"唯美写作"和"私人化写作"产生的影响也是有限的。

新诗文体的特殊性也决定了它受地域文化的影响是有限的。新诗生长于受到"革命"极端重视的乱世，既有高度的严肃性、精英性，更有强烈的时代性、平民性、世俗性、青年性、先锋性。甚至可以说新诗是一种既有经典意识也反对经典化的特殊文体。由于 20 世纪，特别是 20 世纪初中国处在一个革命的浪漫时代，新诗诗人又是以年轻人为主体，很容易与浪漫主义精神产生共鸣，因此浪漫主义思潮流行中国，浪漫主义诗歌成为对新诗产生最大影响的外国诗歌流派。这种影响不仅来自浪漫主义诗歌本身，也源于新诗诗人对浪漫主义诗歌的"误读"。新诗诗人夸大了浪漫主义诗歌从抒情内容到文体形式上对传统的颠覆作用，特别是夸大了诗人生存方式的"革命性"和诗体方式的"自由性"，助长了新诗诗人在做人方式和作诗方式上对"自由"的过度追求。新诗的革命性及先锋性主要既体现在"写什么"上，更体现在"怎么写"上，诗的形式上的变革远远大于诗的内容上的变革，所以把

---

① ［法］波德莱尔：《再论埃德加·爱伦·坡》，《波德莱尔美学论文选》，郭宏安译，人民文学出版社 1987 年版，第 135 页。

② 林以亮：《美国诗选序》，台湾：今日世界出版社 1976 年版，第 1 页。

③ ［日］滨田正秀：《文艺学概论》，陈秋峰、杨国华译，中国戏剧出版社 1985 年版，第 47 页。

新诗革命称为"新瓶装旧酒"的文体大革命，主要表现为语言的大替换和诗体的大解放，用白话取代文言，用自由诗取代格律诗。新诗人过分强调自己的语言独创自由和文体独创自由，"新诗从我开始"的写作观念及"弑父式"写作方式泛滥于百年诗坛。新诗生成的特殊性也决定了地域文化，特别是本土文化的影响是有限的。梁实秋在1930年12月12日给徐志摩的信中说："我一向以为新文学运动的最大的成因，便是外国文学的影响；新诗，实际上就是中文写的外国诗。"① 如果从诗的形体上考虑，如诗的分行排列、奇偶诗句间的退后一格高低错落书写、每四句分为一诗节等方面看，新诗所采用的这些形体范式都是移植外国诗歌的。所以梁实秋可以得出新诗是中文写的外国诗，即外国诗体是新诗体重要的诗体资源的结论。早期的新诗在"怎么写"和"写什么"上都受到外国诗的巨大影响。如当年的朱自清认为："自然音节和诗可无韵的说法，似乎也是外国'自由诗'的影响。""说理的诗可成了风气，那原也是外国影响。直到民十五止，这个风气才渐渐衰下去；但在徐志摩氏的诗里，还可寻着多少遗迹。'说理'是这时期诗的一大特色。"② 今天一些诗人理论家也认为新诗与古代汉诗有很大的区别。著名新诗诗人和新诗理论家郑敏1993年在《文学评论》发表了《世纪末的回顾：汉语诗歌语言变革与中国诗歌新诗创作》，认为新诗革命者宁左勿右的心态、矫枉必须过正的思维方式及对语言理论缺乏认识给新诗带来了巨大的负面影响。郑敏后来还认为新诗既没有继承古诗的传统，更没有形成自己的传统。2002年，她在《诗探索》发表了《中国新诗能向古典诗歌学些什么？》，其中尖锐地指出："中国新诗很像一条断流的大河，汹涌澎湃的昨天已经一去不复返了。可悲的是这是人工的断流。将近一个世纪以前，我们在创造新诗的同时，切断了古典诗歌的血脉，使得新诗与古典诗歌成了势不两立的仇人，同时口语与古典文字也失去了共融的可能，也可以说语言的断流是今天中国汉诗断流的必然原因……古典汉语是一位雍容华贵的贵妇，她极富魅力和个性，如何将她的特性，包括象征力、音乐性、灵活的组织能力、新颖的搭配能力吸

① 梁实秋：《新诗的格调及其他》，杨匡汉、刘福春编：《中国现代诗论》，花城出版社1985年版，第141页。
② 朱自清：《导言》，《中国新文学大系·诗集》，上海文艺出版社2003年影印本，第2—3页。

收到我们的新诗的诗语中，是我们今天面对的问题。"① 在散文《桃花源记》所描述的"不知魏晋"的"桃花源"中，在成语"夜郎自大"描述的"夜郎国"中，在阡陌相通，老死不相往来的自给自足的自然经济生存方式下，自然会流行封闭式的"洞天文化"。今天，那样的时代已经一去不复返了！现在是区域合作形成经济共同体的开放时代，经济全球化的浪潮汹涌，人员的流动和文化的交流都十分频繁。但是经济的全球化并不可能带来文化的全球化，相反会刺激保护本土文化的积极性，特别是激发文化自身具有的自我保护潜能。经济的发展也会为保护地方文化，特别是弱势文化提供坚实的物质基础。改变文化难，改变自然更难，不管人类具有多么大的改造自然的能力，都不可能真正实现"人定胜天"的梦想。如三峡大坝实现了浪漫诗人毛泽东"高峡出平湖"的梦想，巫山仍然是巫山，长江仍然是长江，壮丽的三峡仍然存在。但是又不得不承认人的迁徙流动、自然的被人为改造都会对人、对自然产生巨大的影响，使地域文化发生变异。如三峡大坝的出现在一定程度上使三峡地区保守的峡谷文化走向了开放，甚至在很大程度上瓦解了重庆拉帮结派的码头文化，具有全国眼光甚至全球视野的现代大都市文化正在建立。人的流动也会改变他已有的生存观念及文化结构，影响到他的文学创作。在这个计划没有变化快的"动感"时代，探讨地域文化（区域文化）与文学的关系更需要既传统又开放的心态，更需要有面对风云变幻的时局的多种预案，既不能死守"祖宗之法不可变"的信条，也不能迷信"数风流人物，还看今朝"的教条，不能以随波逐流争当时代的弄潮儿为荣。

在研究地域文化与当代新诗创作的关系时，更应该坚持客观、辩证的原则。因为当代新诗创作出现了八仙过海、各显神通的局面：不同诗人的生存方式迥异，同一诗人的生存地点及生活环境变化无常，诗歌流派和诗歌传播手段也多种多样，特别是诗的写作功能出现了前所未有的多元化。如打工诗歌把反映民生疾苦视为己任，这类诗人的写作是重视写作伦理的"底层写作"。一些生活在具有现代社会甚至后现代社会特征的大都市的诗人把新诗写作当成了"资产阶级的下午茶"，他们的写作是重视艺术的"唯美写作"。正如中国在经济发展上存在地区差异一样，如有发达的东

---

① 郑敏：《中国新诗能向古典诗歌学些什么？》，载吴思敬主编《诗探索》第3—4辑，中国社会科学出版社 2002 年版，第 24 页。

部地区和欠发达的西部地区之分，在文化的发展及新诗创作上地区间也有差异，但是先进与落后并不是完全由经济决定的，甚至还出现了马克思所说的文学艺术与经济发展的不平衡。如浙江既是经济强省，也是诗歌强省。甘肃是经济穷省，却是诗歌大省。东北地区不是经济发达地区，诗歌创作和诗歌出版却比东南地区繁荣。东南地区没有一家公开的诗歌刊物，东北的《诗潮》、《诗林》等多家诗刊却坚持了多年。西北地区是中国最贫困的地区，新疆石河子市办的《绿风》也坚持了二十多年。因此可以结论说：当代新诗创作不仅与经济有关系，更与地域文化有关系。但是地域文化对新诗创作的影响是十分复杂的。现在已经不是一个可以任意奢谈地域文化，特别是"土著"的自然风情对新诗创作产生了巨大影响的时代。正是因为这个原因，在 20 世纪 80 年代，"西部诗歌"成为地域诗歌的杰出代表，不仅得到了新诗理论家孙克恒、李震等人的高度重视，也得到了新诗界及学术界的公认，杨牧、周涛、章德益被公认为"西部诗歌"的"三剑客"，被称为"新边塞诗派"的三大代表诗人。西北师范大学还专门成立了"西部文学研究所"。但是 20 年后的今天，不仅西部文学研究所已不存在，"西部文学"及"西部诗歌"这个概念也淡出人们的视野，因为生活在西部的诗人与生活在东部的诗人在创作上的差异几乎荡然无存，特别是在 20 世纪 90 年代，20 世纪 80 年代出现的明显的地域文化差异被"个人化写作"风潮无情剥夺。诗人在职场上的南北、东西大流动也消解了南北诗歌之间、东西诗歌之间的差异。因此 20 世纪 90 年代新诗研究界就很少有人像 80 年代那样以地域文化为标识研究新诗。甚至到了 21 世纪的今天，当代诗歌的地域文化研究仍然不受重视。虽然也有一些理论家在研究中重新重视地域文化，如 2008 年南京一些理论家专门研讨了新诗创作的"南方精神"，发表了一组论文，2009 年还出现了两家以"南方诗歌"命名的研究机构——湛江师范学院的"南方诗歌研究中心"和茂名学院的"南方诗歌研究所"，但是对于近年出现的强化新诗的"南方"特色的研究热，很多人持否定态度。出生于成都，长年生活在北京的诗人孙文波的说法颇有代表性："看到网上又有人谈论中国当代诗歌的南方精神……似乎总是南方出生的诗人更关心地理带来的中国当代诗歌的差异问题……是不是由于中国的主要影响力都是由北方传播开来的，因此处于南方的诗人不免在心理上感到在现实中存在着文化的中心与边缘的区分。也就是说，从历史的角度来看，处于南方的诗人一直在心里有一种对文化中心不在自己生活的地域的焦虑。因此这种焦虑使得南方诗人对地域差异的敏感，以及由此造成的文化影响力，成为他们要叙述问题的内在驱动力……在我看来，作为一个文化共同体的诗人，尤其是最好的那一部分诗人，他们共同的创作实际上对这一文化的所有地域都是有所感知的。他们总能够在非风格化的意义上写出自己选择的题材的最精微感受。因此也就不是在地域的意义上，而是在文化的支配力上的意义上达到最有效地作为一种文化的最优秀的价值。从这一意义上来说，所谓的南北精神，在这样的诗人身上是贯通了的。"①

事实确实如孙文波所说，近年谈论诗歌的"南方精神"的诗人和诗论家几乎都出生甚至一直生活在南方，像孙文波这样的在多个城市和多个地区生活过的诗人一般不愿意承认地域（地理、气候环境）对自己创作产生了巨大影响，他们更趋向于承认迁入的居住地区的文化，包括流行文化甚至经济大潮产生的商业文明对自己创作产生了较大影响。如 20 世纪90 年代是先锋诗人大流动、生存环境大变化的动荡年代，环境变化，特别是诗人的文化生态巨变是诗人的诗风及先锋诗创作观发生变化的重要原因。惟夫从安徽去西藏、阿信从兰州到甘南、伊沙从北京到西安……他们从经济发达地区到落后地区工作和生存，很快就产生了强烈的"生存重于一切"的生活观念和平民意识，尽管为诗神而写作变为为生活而写作，但是他们的写作仍然追求崇高的精神和纯洁的艺术，反对完全与世俗合流。如伊沙既提出了诗要"说人话"的口号，也以《生存不是借口》为题反对诗人的遵从流俗的退却，认为"从商中需要的那种孤注一掷在从文中同样需要，以生存为借口的人是这时代时髦的懦夫和孬头"②。写作常常成为诗人们在落后地区生存时聊以自慰或者追求自我实现的成功人生的生存方式。如伊沙《我为什么写诗》所言："只有在诗歌的赌局中我才能找到自己。我全部的真情、勇气、才华与智力都可以发挥到极致的游戏，我可以玩到最佳的游戏。那便是自己的游戏。我必须也只能玩在自己的游戏中，哪怕它无人喝彩。"③

从经济落后地区到发达地区的诗人的诗风更有变化，更会受到当地文

①　孙文波：《读诗笔记》，《诗歌月刊》2009 年第 10 期。

②　伊沙：《一个都不放过》，青海人民出版社 1999 年版，第 366 页。

③　同上书，第 3 页。

化的影响。杨克20世纪80年代长期在《广西文学》担任专业诗人和诗歌编辑，90年代初期到了当时中国经济改革的主要城市广州，开始关注普通都市的现实生存，写了大量"告知当下存在本相"的诗歌。他说："90年代以降，我的诗歌写作大略可分为一大一小两个板块，其主要部分我将它们命名为'告知当下存在本相'的诗歌，从人的生存和时代语境的夹角楔入，进而展开较为开阔的此岸叙事，让一味戏剧化地悬在所谓'高度'中的乌托邦似的精神高蹈回到人间的真实风景中，从另一种意义上重新开始对彼岸价值的追寻。另一类是艺术上的有意'怀旧'之作，力图在热衷于标新立异的今天，以保守主义的态度守护几千年来诗之所以成其为诗的那些因素……我的诗之所以发生些许变化，自有其内在与外在的原因。90年代伊始，一次很偶然的机缘，我由生活了13年的南宁调往广州，那时南宁还是一个温馨恬静的城市，它被抛进经济大潮的波峰浪谷之中是1992年后的事情，而广州用我诗的语言来说无疑是当时中国的商品新都。恰逢其时，我人生轨迹的改变与中国社会十分重要的转型时期胶着在一起，尽管我是个生活适应能力相当强的人，但置身于物质洪水的大市场中，我还是非常敏锐地感觉到了那种由根子里发生的蜕变……那种压抑本能和欲望来对抗现代文明的写作态度，恰恰是不真实的。肉体上皈依却精神上逃离，必然导致人格分裂的状态。所以我不以善与恶来简单地看待一切，作为一个持民主自由多元观念的现代人，我不反对大众，也向往优裕生活。"①

杨克在广州写了很多"告知当下存在本相"记录都市生活场景的先锋诗，如《杨克的当下状态》写于1994年12月16日。韩东1994年10月受聘于广东省青年文学院，为合同制度作家。他的诗风也发生了变化，如1994年11月25日写的《深圳的路灯下……》。说明他们具有共同的生活经历和诗歌感受，更证明沿海开放文化对他们的创作产生了较大的影响。

二　西部诗歌：地域文化影响新诗创作的个案

尽管地域文化，特别是地理因素对新诗的影响在当下有减弱之势，但

---

① 杨克：《对城市符码的解读与命名——关于〈电话〉及其他》，汪剑钊编：《中国当代先锋诗人随笔选》，中国社会科学出版社1998年版，第121页。

是在 20 世纪最后十多年，影响仍然存在。这里以西部诗歌为个案，试图呈现出地域文化对当代诗歌创作影响的多样化和复杂性。

"西部诗歌"是 20 世纪 80 年代中国诗坛出现的一个最能代表地域诗歌的专用名词，指按地域划分的西部地区的诗歌。广义的"西部诗歌"指中国的整个西北地区，不仅包括新疆、青海、西藏、甘肃和宁夏，还包括内蒙古和陕西以及四川的西北部地区；狭义的"西部诗歌"特指大西北地区（新疆、青海、西藏、甘肃、陕西和宁夏）的本土诗人写的现代汉诗。20 世纪八九十年代，是西部诗歌最为繁荣的时期。在这个时期，西部诗人辈出，按地域分：新疆：80 年代早期有杨牧、周涛、章德益，同时期的还有石河、郑兴富……90 年代有曲近、贺海涛、沈苇、黄毅……西藏：80 年代有洋滔、马丽华……90 年代有惟夫、李双焰……青海：80 年代有昌耀，90 年代有燎原、马丁、牛八、建青……甘肃：80 年代有李老乡、林染、何来、姚学礼、李云鹏、阳飏、张子选、高尚、武承明……90 年代有阿信、桑子、胡杨、王若冰、叶舟、毛树林、扎西才让……陕西：80 年代有商子秦、渭水、马怀白……90 年代有秦巴子、黄默、白麟……宁夏：80 年代有屈文焜，90 年代有杨梓等。还出现了王久辛、师永刚、马萧萧、曾有情等西部军旅诗人和刘亚丽、匡文留、娜夜、完玛央金、惟色、万小雪等女诗人。在 20 世纪 90 年代初期，西北大致形成四个有地域特色的中心，按照宗教意味的浓淡依次排列为：以雪域文化为代表的西藏，以高原文化为代表的青海，以草原文化为代表的甘南，以绿洲文化为代表的新疆。武承明一生都致力于西部诗歌创作，在他的诗集《敦煌飞天·自序》中说："生在西北、长在西北的我，对于大西北情有独钟。学习在西北、工作在西北的我，对于大西北感受特深。一任筏子客运气吹囊，麦客赤臂挥镰收割，山妹子大胆地走出山旮旯，牧羊女多情地采摘星叶花……我都觉得他们纯真、善良、豪爽、洒脱，极富西北儿女的粗犷个性。特别是当你走进西北，走进这块美丽的热土，你就会觉得一切显得博大、神奇、玄秘、美妙而真实，古渡、瀚海、塞关、烽墩、古城、断垣、洞窟、壁画、飞天、千佛、牧女、雪雕、沙暴、闪电……组成一幅幅西北独具的原始而神奇的写意画，令观者陶醉，让游者神往。此时此刻，你肯定按捺不住内心燃烧的一把火，点燃诗的火炬，反照西部世界对心灵世界的震颤。"① 只有长期生长于这块神奇土地上的诗人才能如此真实地体验出这种情感。中国诗歌学会将 1998—1999 年度诗人奖授给了昌耀，给予了高度评价："昌耀是不可替代的，如青铜般凝重而朴拙的生命化石，如神话般高邈而深邃的天空，我们深深地感谢他，留给诗坛一个博大而神奇的认知空间。"② 正是大西北成就了一位优秀诗人。昌耀 1936 年 6 月 27 日出生于湖南省常德市，1950 年 4 月考入 38 军 114 师文工团，1953 年 6 月在朝鲜前线负伤。1955 年申请赴青海参加西北开发，1957 年因为在《青海湖》1957 年第 8 期发表了《林中试笛》被打成右派。"此后仅得以一'赎罪者'身份辗转于青海西部荒原从事农垦，至 1979 年春全国贯彻落实中央'54 号'文件精神始得解放。"③ 直到去世，他都没有离开青海。诗人潞潞认为昌耀的诗是他的命运所铸成："很多人读过昌耀的诗后，都被昌耀诗的悲壮、苍凉震慑，岂不知这些诗正是昌耀独特的命运所铸成。生活给予昌耀的并不是一顶诗人的桂冠，而是诗人的荆冠。"④ 韩作荣称昌耀为"诗人中的诗人"："读昌耀的诗，你会发现真实的人生之旅，被放逐的游子寻找家园的渴意及灵魂的力量……当俗常的日子将诗意埋葬，人的颅骨内已生出厚茧，昌耀正用锄头一样古老的汉字，敲醒未曾泯灭的诗心。"⑤ 昌耀的创作高峰主要在 20 世纪 80 年代后期，具有浓郁的西北地域色彩的《内陆高迥》是这一时期的代表作，创作于 1988 年 12 月 12 日。这一时期正是西部诗歌繁荣时期，昌耀堪称当时西部诗歌的"领头羊"。

在众多的西部诗人中，林染既具有西部男子汉剽悍粗犷的个性，更是一个典型的抒情诗人。作为西部诗歌的主要大将之一，他的功绩在于提出了"西部氛围"说，他主张："从传奇色彩的西部中国现实出发，又超越西部中国的现实，让浸透在这片莽山野里独特而繁复多彩、又略带原始野性的历史、宗教、社会哲理、民俗风情、今天的和趋向未来的神话通过强

① 武承明：《敦煌飞天》，兰州大学出版社 1995 年版，第 5—6 页。
② 耿林莽：《昌耀没有走远》，《太原日报》2000 年 4 月 10 日第 5 版。
③ 昌耀：《后记》，载《昌耀的诗》，人民文学出版社 1998 年版，第 421 页。
④ 潞潞：《独特而坚定的创造者》，《太原日报》2000 年 4 月 10 日第 5 版。
⑤ 韩作荣：《诗人中的诗人》，载《昌耀的诗》，人民文学出版社 1998 年版，第 2—3 页。

化象征，揭示出其投射在现代人心中的美学思想来，这应该是西部诗的主旨。"① 他创作出四乐章六部分的史诗性的抒情诗《塔里木河的波涛》、系列组诗《遥远的西天山》等颇能与神秘旷达的西部氛围相吻合的优秀作品。20 世纪 90 年代初期他写了大量爱情诗，西北风情使林染的爱情诗不落俗套。他的爱情诗格外注重选取具有西部本土特色的意象，如鹰、野兔、积雪的山峦等。从西北师范大学历史系毕业后就长期工作生活在甘南大草原的阿信擅长写草原，尤其擅长写生命在博大精深的草原中的种种情绪和体验，揭示白云一样流淌草原的精神。阿信的诗呈现的草原平凡而奇伟、真实而神秘、形象而抽象，常常具有虚幻的美。正是草原使阿信成为优秀诗人，1988 年发表了《无鹰的天空》，1989 年发表了《仰望鸟群》，1991 年发表了《高原深处的风》，1992 年发表了《草原》，1995 年发表了《在草地上》，1998 年发表了《天高地远》……2008 年出版了诗集《阿信的诗》。

　　但是今天富有地域特色的西部诗歌早已失去了当年的风采，像林染、阿信这样"扎根"于一地，执著地写生存地的风土人情的诗人在今天越来越少了。越来越多的诗人离开了素朴的乡村进入了繁华的城市，越来越多的都市梦歌取代草原牧歌或乡村歌谣。草原牧歌或乡村谣曲更多受自然地理及地域风情的影响，都市梦歌更多受人文地理及文化氛围的熏陶。因此现在的地域文化研究，更应该重视"文化"而非"地域"。

作者单位：福建师范大学文学院

---

① 绿风诗刊社：《西部诗人十五家》，1985 年内部印刷，第 9 页。

从区域文学与文化角度来看
解放区文学的复杂性

袁盛勇

在理解中国左翼文学和共和国文学发展的历史进程时，解放区文学（含抗日根据地文学和后来各解放区文学）无疑是非常重要的一环，因为，解放区文学即使在现代文学发展史上也是非常独特的一环，更何况它在 1949 年 7 月之后，由于全国政治正在经历着前所未有的结构性变动，在文学上以中华全国文学艺术工作者代表大会（第一次文代会）的召开为标志，解放区文学最终被规定为传统学科意义上的当代文学的新方向，而且被规定为是唯一正确的方向，以延安文学为代表的解放区文学也就必然由"党的文学"转换为一个新的民族—国家型文学。在这意义上，重新清理和研究解放区文学就可以为人们更好地理解现代中国文学的革命化和党派化进程找到一个恰当的历史性基座。而此种清理倘若从区域文学与文化的角度予以考察，就更有可能让人们对解放区文学的复杂性做出更为富有历史和文化意味的重新审视。

在一般意义上，解放区文学与国统区文学、沦陷区文学共同构成了20 世纪 40 年代中国现代文学的版图。这三大文学板块的构成其实并非现代文学自然发展的结果，而是因应了一种政治上和军事上的需要，是战争动荡时代的历史化产物，它们在本质上不仅是一种区域化的文学或文学现象，更是一种政治意识形态化的产物，这在解放区文学上表现得尤为明显。解放区文学中的区域化和意识形态化色彩究竟处于一种什么样的状态，它们是怎么形成的，到底体现了哪些历史的必然，有何历史性的文学与文化缺陷。我想，如果把这些问题追溯和还原得比较清楚了，那么，人们对解放区文学的理解无疑也就会更加深入了。

在我看来，解放区文学并非如某些人想象的那样简单，也并非如以往某些研究者揭示的那样单薄，它有着某种在单纯之中凸显而出的复杂性特征。解放区文学的复杂性主要值得我们从以下几个层面去加以认知和还原：

首先，解放区文学与国统区文学以及一度存在过的沦陷区文学发生了一种复杂的历史性呼应。如果放到一个较大的历史场域来看，中国现代文学中的三大板块是构成了某种历史性的文化生态的，是一种多元化的存在，当然，此种存在尤其是沦陷区文学的存在确乎是一种历史的耻辱，但是，即使对于沦陷区文学而言，并非所有的沦陷区文学都是没落的，其间有着丰富的文学场景和历史意味值得回味。上述三大文学板块之间的呼应在一定时期里带有较大的民族主义思想和民族文化特征。但是，解放区文学有其自身的区域化和政治化特征，它的独异性在后来显现了它的超越性特征。

其次，解放区文学的文化特征在其内部显现了一种同一性。但是，新的文学与文化形态跟各根据地和解放区原有的文艺和文化形态发生了某种深刻的关联，新的历史性呈现让以往默默生长并有可能枯死的东西再度在新的意义上觉醒了。解放区至少存在着两种文艺和文化形态。现代的和传统的，官方建构的和民间的似乎又杂糅在一起，但是在价值层面上的等级化特征非常明显。

再次，解放区文学的文化特征在其内部存在某种区域化的差异性。这个差异性的存在又时常提醒人们不能把解放区文学理解为一种死板的同质化存在，同一性和差异性构成了解放区文学复杂化存在的整体。

最后，从文学观念的发展嬗变来说，解放区文学的复杂性主要在于它的形成经历了一个动态过程。应该把解放区文学的形成理解为一种是在党的政治权力与文化观念主导下，通过延安文人和民间力量的多向度努力而不断建构出来的东西，换言之，延安文学不是生而具有的，而是在历史进程中予以历史性地形成的。

对解放区文学复杂性特征的认知，其实必然包含一种历史性的审视和剥离。

作者单位：重庆师范大学文学院

区域文化精神与现当代文学

京派作家的文化观念与文化资源

刘　勇

事实上，京派作家是一个相当松散的群体。所谓"京派"，是指20世纪30年代主要在北平活动的一批从事新文学创作的小说家、诗人、散文家和文艺评论家，有周作人、冯至、废名、陈梦家、方玮德、林徽因、孙大雨、孙毓棠、林庚、曹葆华、何其芳、李广田、卞之琳、梁遇春、方令孺、朱自清、吴伯箫、萧乾、沈从文、凌叔华、芦焚、汪曾祺、李健吾、朱光潜、梁宗岱、李长之等。虽然这些作家历来被文学史视为一个文艺群体，但实际上他们只有一些比较松散的文艺小圈子，既没有正式结社，也没有共同发布过任何文学宣言，并且不同的文艺小圈子之间也没有特别密切的联系。其中比较有名的文艺圈有：以周作人的苦雨斋和《骆驼草》杂志为中心的作家，主要成员有周作人、废名、冯至、梁遇春等；由林徽因主持的被称为"太太的客厅"的沙龙，主要成员有林徽因、叶公超、闻一多、陈梦家、何其芳、卞之琳等，主要是留学欧美的知识分子，不少原来是"新月派"的成员；由朱光潜主持的"读诗会"沙龙，主要成员有朱光潜、梁宗岱等，主要也是留学欧美的知识分子；以《大公报·文艺副刊》为中心的圈子，主要通过参加副刊编辑会聚会，沈从文、萧乾是主要召集人。

这些文艺小圈子存在着一定的交叉，比如卞之琳、何其芳，既经常光顾"太太的客厅"，也是"读诗会"上的重要成员；如废名，既经常出入周作人的苦雨斋，也频繁进出西式沙龙。但总体来说，京派作家的内部差异非常明显，这首先体现在所受教育不同而产生的差异，像苦雨斋文艺圈中的作家传统士大夫的味道比较浓一些，其他西式沙龙中的作家就比较洋化一些，后者的活动也掺杂了较多的西方元素。其次也体现在代际不同产生的差异，京派作家中既有较早参与新文化运动的周作人、废名、冯至等作家，也有20世纪30年代成长起来的卞之琳、何其芳等新一代青年作家，代际之间在文学观念、审美趣味与个人追求等方面都有显著的不同。

这样一个松散的团体，为什么后人却认为他们具有相似的文学风格和审美追求呢？为什么直到今天，文学史研究始终将他们认定为一个流派，一个整体？在我们查阅的大量资料中，有关京派的研究颇为丰富，但京派这一文学流派的命名问题，却始终没有引起足够重视。在我们看来，理清这一问题对准确把握整个京派文学的本质内涵是具有关键作用的；而要解决这些问题，首先就得回到问题产生的原点，即京派作家界定的标准。

一 有关京派作家的界定问题

有关京派作家的界定是学术界一直争议的问题，争议的焦点聚集在究竟哪些人属于京派？和"京"的关系密切到哪一步才能入"派"？学术界意见纷纭，莫衷一是。试举其中几个比较典型的例子如下：

第一，张恨水。张恨水 20 世纪 30 年代就生活在北平，创作了《春明外史》、《金粉世家》、《啼笑因缘》等连载小说，不仅北京城妇孺皆知，而且红遍上海、南京等地。这些作品表现的都是北京市民的生活，但有学者坚决不把他纳入京派作家，称"张恨水的不少作品尽管京味十足，天桥、大栅栏、小胡同，如此等等，留给人们以深刻的印象，再给他乔装打扮，但谁都会认出他不是京派作家。"①

第二，老舍。土生土长的北平作家老舍，将一生都倾注于表现北平市民世界，以北京为背景、为题材、为描写重点的作品不计其数，但像老舍对北京那样钟情、痴迷、执著的人却是很少的，几乎没有人能像老舍对北京文化那样透着心的熟悉、那样地道的描写。老舍与北京，是一个人与一座城、与一种文化的关系。然而，很少有人认为他是京派作家的重要代表，甚至认为他是京派作家的也不多。

第三，"九叶"诗人。这批诗人与抗战时期的西南联大有着深厚的渊源，抗战胜利后也与北京及周边几所著名大学关系密切，像穆旦、袁可嘉都在朱光潜主持复刊的原京派杂志《文学杂志》上发表过作品。但他们毕竟形成于上海和云南，不在北京，且与原来京派作家的关系是远距离的。

---

① 许道明：《京派文学的世界》，复旦大学出版社 1994 年版，第 4 页。

上述这些作家算不算京派？学术界将其纳入京派的有之，将其分出京派的也有之，提出广义的"京派"与狭义的"京派"加以调和的也有之。比较权威的选本，如吴福辉编选的《京派小说选》（人民文学出版社1990年版）和戴光中编选的《大学名士的清谈——"京派"作品选》（华东师范大学出版社1994年版），都没有提及张恨水、老舍和九叶派。①

而我们看那些被文学史纳入京派的诗人、散文家、小说家、剧作家以及批评家的主要代表，他们绝大多数都是"外乡人"！1934年，京派与海派论战最剧烈的时候，鲁迅在化名"栾廷石"发表的《"京派"与"海派"》中指出："所谓'京派'与'海派'，本不指作者的本籍而言，所指的乃是一群人所聚的地域，故'京派'非皆北平人，'海派'亦非皆上海人。"②

1938年，沈从文这样回忆京派的文艺活动："北方《诗刊》结束十余年……北平地方又有了一群新诗人和几个好事者，产生了一个读诗会。这个集会在北平后门慈慧殿3号朱光潜先生家中按时举行，参加的人实在不少。北大有梁宗岱、冯至、孙大雨、罗念生、周作人、叶公超、废名、卞之琳、何其芳诸先生，清华有朱自清、俞平伯、王了一、李健吾、林庚、曹葆华诸先生，此外尚有林徽因女士，周煦良先生等等。"③ 这里提及的作家几乎都不是北京本地人。实际上，从整个京派的发展历程来看，真正是北京本地人的京派作家很少，大多数来自五湖四海：周作人是浙江人，朱光潜是安徽人，废名是湖北人，沈从文是湖南人，李健吾是山西人，梁宗岱是广东人，冯至是河北人，林徽因是福建人，何其芳是四川人，王了一是广西人……这些作家的成长背景和知识结构有那么大的差异，他们在作品中复活的也往往是各自家乡的风情民俗、儿时记忆，为何会被归入同一个"北京"的文学流派呢？大量描写北京的张恨水不算京派，在北京出生的本土作家老舍不算京派，倒是一些在北京描写自己家乡风情的外乡作家——如写《故乡的野菜》的周作人、写《边城》的沈从文、写《竹林的故事》的废名——倒算京派！这不是一件很奇怪的事情吗？

---

① 不过，吴氏的《京派小说选》选录了汪曾祺的4篇小说。汪曾祺和九叶派中的穆旦、郑敏等同为西南联大的校友。由此推理，吴氏应当认为九叶派也算"京派"的。

② 鲁迅：《"京派"与"海派"》，载《申报·自由谈》1934年2月3日。

③ 沈从文：《谈朗诵诗——一点历史的回溯》，载《沈从文全集》（第17卷），北岳文艺出版社2002年版，第247页。

如果我们再深入考察京派这一流派的形成，更觉得它的形成与众不同。在现代文学史上的诸多流派，如文学研究会、创造社、语丝社、湖畔诗社、沉钟社、中国诗歌会，等等，都与具体的文艺社团紧密联系，都有自己的共同的艺术宣言或主张。而与京派作家相对立的海派作家，表面上似乎松散，实际上则是一个比较独立的文艺小圈子，主要成员施蛰存、杜衡、穆时英、刘呐鸥等，是同一个文艺圈里的成员。这些现代文学流派形成的特征，却是京派所根本没有的！这是非常耐人寻味的。

这是不是说，现代文学史上实际并不存在京派这一文学流派呢？不，我们认为它是存在的，但同时我们也认为，这一流派的形成有其独特性，不像其他文学流派那样受到人事交往的巨大影响和牵掣，它的形成及命名，更多的是来自这批作家在文化观上的共通与近似，这是京派作家之所以被人们视为一个文学流派的关键所在。正是在这样一种相近、相通的文化观的巨大辐射下，京派作家内部因生活经历、知识背景、审美倾向的不同而存在的差异被融合、被忽略了。也正是由于京派是出于这样一种高度的文化自觉而形成的，不受限于某个具体的文艺圈子，所以京派能够海纳百川，坚持多年，拥有比其他文学流派更为丰厚、更为深广的内蕴，产生了深远的影响。可见，如果忽略了京派的文化观的话，我们就难以准确了解京派本身了。那么，京派的文化观主要包含哪些方面呢？我们认为，这主要由三个方面构成：一是自然人性观；二是古典审美情结；三是中立包容、沉稳宽厚的文化姿态。

二　京派的自然人性观

在现代文学史上，海派与京派双峰并峙。海派文学源自现代工业都市，注重表现大都市的"文明病"和都市男女躁动迷惘的心灵状态，往往展示电影、jazz、摩天大楼、飞机、汽车等现代工业产物，表现现代都市生活所特有的喧闹、繁忙、速度、色彩以及沉湎于其中的享乐、淫逸情绪。乡村生活几乎不在他们视线中，即使提及也多少带有一丝轻慢。京派文学则相反，更多源自乡村生活，具有特别强烈的牧歌情调，多表现对村野世界的向往和对都市文明的反讽。

可以说，京派作品中始终呈现着这样两种鲜明对立的世界：一是乡村世界，一是都市文明。京派作家笔下的乡村世界是：故乡的习俗，田间坟头的民谣；竹林掩映中的茅舍，清澈的菱荡，傍着河岸的古柳和农家；吊角楼的灯光映照着河中绰约的帆船，有水手燃亮废缆来照路上岸；沿着青翠幽静的山峦，一条清冽的河缓缓流过，守着这河、这山的，有一条小船、一个老人和一个少女……京派作家对自然村野的审美表现体现了一种田园牧歌式的情怀。他们对于都市文明的表现则明显带有一种批判的眼光，实际上也是为了衬托自身对乡野世界的向往。这也许非常奇怪，京派作家大多是高层知识分子，但他们的审美趣味崇尚的却是"乡下人"。沈从文就这样明确说过："请你试从我的作品里找出两个短篇对照看看，从《柏子》同《八骏图》看看，就可明白对于道德的态度，城市与乡村的好恶，知识分子与抹布阶级的爱憎，一个乡下人之所以为乡下人，如何显明具体反映在作品里。"① 周作人在评论废名小说《竹林的故事》中也流露出这样一种对田园生活的向往："我不知怎地总是有点'隐逸的'，有时候很想找一点温和的读，正如一个人喜欢在树荫下闲坐，虽然晒太阳也是一件快事。我读冯君的小说便是坐在树荫下的时候"，"冯君所写多是乡村的儿女翁媪的事，这便因为他所见的人生是这一部分。"②

这两种世界的不同，实际上流露出了京派作家共有的一种自然人性观，他们认为：人的自然本性淳朴而善良，只有亲近自然、贴近乡野的人性才是和谐完美的，而人的恶与丑陋是过于喧嚣杂乱的现代社会以及虚矫的现代文明造成的。所以京派作家用饱蘸情感的笔，复活了关于故乡的记忆：大自然怀抱中宁静和谐的生活，善良淳厚的优美人性；粗糙的灵魂、单纯的情欲，新鲜而奇异；热烈的放荡，粗俗的撒野，映现出未被文明污染的真情实性。他们笔下的乡村世界，在温和与宽容、青春与衰老中，有哭亦有乐，有血亦有泪，有爱亦有憎，然而并不现出生的黯然与狰狞，有的是生的一份欢喜、一份坦诚、一份庄严、一份期待、一份对命运的默默承担。相对于古朴、宁静的乡村世界，是鄙俗、喧嚣的都市世界；相对于女性、老人和儿童稚拙、无机心的世界是成人、上等人虚伪、冷漠、尔虞我诈的世界。在后一个世界中，有自作聪明的市民、故作姿态的绅士、高深莫测的教授、怯懦庸碌的官僚、俗不可耐的太太和矫揉造作的小姐。

京派作家之所以形成这样一种奇异的自然人性观，有多方面的原因，

---

① 沈从文：《沈从文小说习作选·代序》，上海良友图书印刷公司 1936 年版。
② 周作人：《〈竹林的故事〉序》，北新书局 1927 年版。

最重要的无疑是以下两点：

第一，这与他们当时远离政治中心和商业中心有关。20 世纪 20 年代末期，国民党政府迁都南京，整个国家的中心南移，大批作家也南下上海等地，原先作为国家中心的北京一落为国防的边陲。迁都的一个影响就是，"没有工业和其他支柱产业的北平，文化教育遂成为最重要的事业，成为城市的命脉……1931 年，北平的高等学校 26 所，几占全国之半"①。1933 年左右，胡适、徐志摩、闻一多、沈从文等南迁的作家，先后重返北平任教。他们重返北平的一个原因是他们不堪纷繁芜杂的现代都市生活，不喜欢频繁论争的上海文坛，而希望到一个安静的地方做学问，搞创作。文化积淀深厚、重点高校众多的北平，于是再次成为吸引他们的地方。一批刚从欧美留学归国的作家，如林徽因、朱光潜、李健吾等，在国外受过专门的学术训练，倾向于回国后能在一个相对安静的环境里继续做学问，北平对他们来说自然也是比较明智的选择。还有卞之琳、何其芳、李广田、常风、林庚等新一代的校园作家，就读于北京高校或刚刚毕业，也自然而然成为京派的重要成员。

正是由于远离政治中心和商业中心，远离混乱不息的论争，京派作家在北平这个"大学城"才容易沉静下来思考有关宇宙和人的终极问题。关注人本身，特别是探索人性问题，成为京派作家共有的特点："京派批评家的文学视野所关注的，主要的不是社会或历史的进程与规律，而是个体的人、是主体对生活的体验与领悟……在京派作家的文学功用观中，人的因素也占据着极为重要的地位——文学对社会施加影响同样是通过人，通过对国民的每一个个体的人格塑造来达成的"。"'人'——个体的'人'，就成为流派批评的文学本质论与文学功用论的交汇点，成为他们将自己的社会关怀与文学理想联系起来的重要枢纽（或者中介环节）。"②因为对大都市有着深刻的拒斥，他们不约而同地将对理想人生、美好人性的向往寄托在了自然上："从审美情趣上看，'京派'小说家几乎没有一个人不心仪陶渊明，这种选择使他们在自己的作品中也表现出对田园牧歌情调的倾心向往……但他们的田园牧歌风的小说比西方的自然派作品更讲求自我的逃遁，更讲求情感的客观投影，因而有某种类似非个人的性质，

---

① 杨东平：《城市季风》，台北东方出版社 1994 年版，第 140 页。
② 黄健：《京派文学批评研究》，三联书店 2002 年版，第 118 页。

'万物与我为一'的理想正是它的注脚。"①

第二，对传统文化的崇尚与追随，也是京派作家形成自然人性观的一个重要原因。京派作家大多是学者出身，对传统文化表现出极大的热忱，并且对传统文化的吸收也有共通之处，那就是：他们比较注重古代文化中的道家和禅宗，普遍崇尚自然、注重内心体悟。周作人在《中国新文学的源流》中把新文学分为"载道派"和"言志派"两类，早已表明了对儒家文化的排斥。五四退潮以后，他逐渐退出社会论战，埋头于苦雨斋中，隐逸思想就更重了。他为废名的长篇小说《莫须有先生传》写序，大段引用《庄子》来评价废名，认为废名"文章已近道"，并认为庄子的话是"关于好文章的理想"，② 道家思想的影响是非常清晰的。沈从文的作品在描写人与命运与社会冲突过程中表现出来的顺其自然、心情淡泊，道家文化的影响是不言自明的。而废名本人就著过一本名为《阿赖耶识论》的佛学著作（该书一直到 1998 年才由辽宁教育出版社出版）。就小说创作而言，从 1925 年出版的短篇小说集《竹林的故事》，到 1928 年出版的短篇小说集《桃园》，再到 1932 年出版的长篇小说《桥》，代表了废名小说创作所经历的三个阶段，也展现了废名小说禅宗意味的不断加重、田园风情不断增浓的过程。长篇小说《桥》在废名所有的作品中，被认为是"最具禅意的一部"③。这部长篇其实有着废名以往小说创作的连缀和延续，故事还是从《柚子》就开始的那个爱情故事，场景也类似竹林、桃园、菱荡那些幻美迷蒙的场景，但人物的性格和命运更具抽象化，更多投入了作者自身的心理体验，诚如朱光潜所说，《桥》里的"主要人物都没有鲜明的个性，他们都是参禅悟道的废名先生"④。正是因为《桥》融入了"妙悟"、"静观"、"明心见性"、"直指人心"等佛教思想，并运用语句的"跳跃"和"断绝"来构成大片想象空间，精心营造出唐人绝句的意境，才体现出那种安于自然、悠寂闲适和宁静淡远的乡土田园之美。

必须指出，传统文化中的道家和禅宗这两支，与京派的自然人性观有非常接近的地方，但它们所指向的历史语境是有一定区别的。道家和禅宗所面对的，是以农业文明为基础的传统中央集权制度；京派的自然人性观

---

① 黄健：《京派文学批评研究》，三联书店 2002 年版，第 269 页。
② 周作人：《〈莫须有先生传〉序》，开明书店 1932 年版，第 8 页。
③ 罗成琰：《废名的〈桥〉与禅》，载《中国现代文学研究丛刊》1992 年第 1 期。
④ 孟实（朱光潜）：《桥》，载《文学杂志》1937 年第 3 期。

所面对的，则是以现代工业为基础的正在转型的现代国家。所以京派自然人性观的价值，不仅在于他们延续了传统文化的某些精髓，更在于他们从所面对的新的历史语境出发，对传统文化作出了某些创造性的重释和革新，为传统文化的现代转化作出了积极贡献。

三　京派的古典审美情结

20 世纪 30 年代，当左翼文学、意识流小说、心理分析小说、新感觉派等世界文学思潮在上海文坛轮番登场时，北平文坛特别是京派作家群则显得步履从容，略显"滞后"，他们的创作实践和理论研讨普遍存在着一种浓厚的古典审美情结。

这里所说的"古典"，比较宽泛，不定指古典主义，而是针对当时风行世界的现代主义文学思潮的"现代"来说的。京派兴起的时期，正是现代文学如日中天的时候，达达主义、超现实主义、表现主义、未来主义等 20 世纪新生的文学流派横扫欧美，诗歌中的艾略特、奥顿，小说中的伍尔夫、乔伊斯、左翼小说、日本新感觉派小说、心理分析小说，都风靡一时。这些文学思潮和文学创作虽然主题不同，风格各异，但普遍表现出来的一种倾向是对传统文化的叛逆与重估，充满了狂热、虚无、歇斯底里。尼采在数十年前"重估一切价值"的呐喊，在现代文学中得到了淋漓尽致的呼应。这股现代主义狂涛巨浪的涌现，既有文学内部发展的原因，也是第一次世界大战重创西方文化的结果。一战的悲惨结局，使欧美社会占主流的人道主义思想和启蒙主义思想遭受重创，各种虚无主义的思潮汹涌澎湃，在美国、法国、希腊、意大利、俄罗斯等地掀起一股非理性的文学巨流。

这种风潮在 20 世纪 20 年代就已经波及中国，郭沫若即受影响者中最著名的一个。创作《女神》时期的郭沫若，不但深受惠特曼浪漫主义的影响，而且受到了同时代的表现主义和未来主义的感染。[①] 郭沫若不少惊世骇俗的行为，与这批现代主义者多有共通之处。比如，1924 年，法国老作家法郎士去世——当时有人认为他仅次于托尔斯泰，超现实主义者出

---

① 比较详细的研究可以参看罗钢《历史汇流中的抉择——中国现代文艺思想家与西方文论》，中国社会科学出版社 1993 年版，第 129—144、150—153 页。

版小册子《一具死尸》加以庆祝："跟你一样的人，尸体啊，我们不喜欢他们！"（艾吕雅）"随着法郎士的消失，可以说是人类的奴役的消失。这一天，人们埋葬了狡猾、传统主义、帝国主义、投机主义、怀疑主义、现实主义和毫无心肝，希望这一天成为节日！"（布勒东）"刚刚死掉的这一位（……）轮到他化为灰尘！作为一个人，他留下的已没有什么，但一想到：无论如何他曾经存在过，就让人愤慨！"（阿拉贡）①1928 年，郭沫若撰文批判鲁迅："我们再不要专事骸骨的迷恋，而应该把阿 Q 的形骸与精神一同埋葬掉"；"（鲁迅——引者注）蒙蔽一切社会恶"、"麻醉青年"，是"反动的煽动家"，比"贪污豪绅还要卑劣"；"他是资本主义以前的一个封建余孽。资本主义对于社会主义是反革命，封建余孽对于社会主义是二重的反革命。鲁迅是二重性的反革命人物。以前说鲁迅是新旧过渡时期的游移分子，说他是人道主义者，这是完全错了。他是一位不得志的 Fascist（法西斯蒂）"！②郭沫若比布勒东、阿拉贡这批作家大几岁，但大致是同代人，都有相近的气质和情绪。进入 20 世纪 20 年代末期，现代主义潮流在上海得到了更为热情的呼应，《无轨列车》半月刊在 1928 年 9 月的创办以及其对法国现代主义文学的译介，为中国拉开了一个现代主义文学发展的新序幕。刘呐鸥、戴望舒、施蛰存、杜衡、徐霞村等作家会集在《无轨列车》的周围，积极探索现代主义创作，成为倡导现代主义的一个集团。

与海派不同，现代主义虽然也影响了京派的少数作家，如废名、何其芳、卞之琳等，但在他们的创作实践中都被压缩到了微弱得难以辨认的程度，并且他们对现代主义的吸收主要停留在技术层面上，而拒斥现代主义文学那种虚无、绝望、狂热的思想。与海派作家追赶新潮的兴趣相比，京派作家普遍鄙薄、浮躁、时髦，更看重中西的古典作品。他们的创作实践也体现着这样一种倾向：周作人的小品文平和、冲淡，清新、典雅，既有六朝文章和晚明小品的韵味，也有古希腊文学的理性节制和启蒙主义的人道主义的情怀；废名的小说中既有唐人绝句的意境，也有屠格涅夫的优雅；卞之琳、何其芳、李广田、林庚、曹葆华等人的诗篇，融合了晚唐

---

① 转引自昆德拉《帷幕》，上海译文出版社 2006 年版，第 182—183 页。详细背景介绍可参见［法］皮埃尔·代克斯《超现实主义者的生活：1917—1932》，山东画报出版社 2005 年版，第 145—155 页。

② 郭沫若：《文艺战线上的封建余孽》，载《创造月刊》第 2 卷第 1 期。

诗、南宋词与象征主义的韵味。

京派作家多以师生关系为联结纽带，如周作人之于废名、梁遇春，沈从文之于萧乾，他们在讲坛上传授知识，在聚会中交换观念，精神资源是相近的。中国的经典作品中，他们比较看重《论语》、《庄子》、六朝文章、禅宗、晚唐诗、宋词、晚明小品等，偏重于散淡唯美的作品；西方的经典作品中，他们比较看重古希腊文学、莎士比亚、卢梭、屠格涅夫、契诃夫、乔治·艾略特等。这些都是前现代主义的文学作品，没有现代文学那种虚无和狂热。朱光潜就这样说过："我从许多哲人和诗人方面借得一副眼睛看世界，有时能学屈原、杜甫的执著，有时能学庄周、列御寇的徜徉凌虚，莎士比亚教会我在悲痛中见出庄严，莫里哀教会我在乖讹丑陋中见出奥秘，陶潜和华兹华司引我到自然的胜境，近代小说家引我到人心的曲径幽室。"① 提到的都是中西的经典作品。京派作家追求的是内在的精神契合，而不是外在的先锋符号。那些刚留学归国的作家，对中国古典文化的热爱更加突出。梁宗岱1931年致信徐志摩："我五六年来，几乎无日不和欧洲底大诗人和思想家过活，可是每次回到中国诗来，总无异于回到风光明媚的故乡，岂止，简直如发现了一个'芳草鲜美，落英缤纷'的桃源，一般的新鲜，一般地使你销魂。"② 林徽因也如此，在卞之琳的回忆中提到："林徽因一路人，由于从小得到优越教养，在中西地域之间、文化之间，都是来去自如，也大可以在外边出人头地，但是不管条件如何，云游八方后还是一心早回到祖国，根不离国土，枝叶也在国土上生发。她深通中外文化，却从不崇洋，更不媚外。她早就在《窗子内外》里说过一句'洋鬼子们的浅薄千万学不得'。她身心萦绕着传统悠久的楼宇台榭，也为之萦绕不绝，仿佛命定如此。"③ 他们在创作中也积极汲取古典文学的营养，废名就说过："就表现的手法说，我分明地受了中国诗词的影响，我写小说同唐人写绝句一样，绝句二十个字，或二十八个字，成功一首诗，我的一篇小说，篇幅当然长得多，实是用写绝句的方法写的，不肯浪费语言。"④

京派作家的古典审美情结，还表现在他们在中西文化交汇的语境中，

① 朱光潜：《从我怎样学国文说起》，《我与文学及其他》，开明书店1943年版。
② 梁宗岱：《论诗》，载《梁宗岱批评文集》，珠海出版社1998年版，第20页。
③ 卞之琳：《窗子内外·忆林徽因》，《卞之琳》，人民文学出版社1995年版，第128页。
④ 废名：《废名小说选·序》，人民文学出版社1957年版，第2页。

始终以中国古典文化为主体来吸收西方古典文化的影响。那些以沙龙为场所碰撞思想、交流观念的京派作家，一方面比较容易关注西方文学发展的语境，同时又对中国传统文化有很深的了解和眷恋。他们的古典审美情结不是单一地来自传统文化，也不是生硬地吸取西方流行元素，而是建立在对中西文化广泛吸收的基础上。比如卞之琳、何其芳、李广田、林庚、曹葆华等诗人，在诗艺上都借鉴了艾略特的作品。他们的诗歌也把都市生活纳入文学表现中，但并不像新感觉派那样"汇集着大船舶的港湾，哄响着噪音的工场，深入地下的矿坑，奏着 JAZZ 乐的舞场，摩天楼的百货店"，而只是着力于表现故都的红墙、灰瓦、黄色落叶、土色道路、过街驼铃、沿街叫卖等传统意象。他们借鉴的只是西方的现代主义诗歌技巧，最终诗人想要表达的还是传统情绪。同样的情况也出现在京派的小说创作中。如废名的《桥》，不少学者都指出这部长篇小说中隐藏着许多现代主义小说的意识流动、视角转换等手法，但小说本身呈现的是一种中国风格的诗意和禅趣，现代主义的手法非常隐晦，不仔细甄别根本看不出来。究其原因，是因为京派作家非常注重自身的文化身份，在中西文化交汇的语境中始终贯彻以中国古典审美趣味为主体的基本立场。废名就这样说过："在艺术上我吸收了外国文学的一些长处，又变化了中国古典文学的诗，那是很显然的。就《桥》与《莫须有先生传》说，英国的哈代、艾略特，尤其是莎士比亚，都是我的老师，西班牙的伟大小说《堂吉诃德》我也呼吸了它的空气。总括一句，我从外国文学学会了写小说，我爱好美丽的祖国的语言，这算是我的经验。"[①] 京派的这样一种文化自觉，无疑是非常可贵的。

四　京派的文化姿态

前述的自然人性观和古典审美情结，都属于京派作家文化观的内在蕴含，现在我们再阐述其文化观的外在形态，即中立包容、沉稳宽厚的文化姿态。这主要表现在以下两方面：

第一，京派作家普遍比较中立包容。周作人虽是新文化运动的元老，五四时期参与过对复古派的论战，但兴趣主要在学术上，传统士大夫从容

---

① 废名：《废名小说选·序》，人民文学出版社 1957 年版，第 2 页。

不迫的气质特别明显。这就是为什么他不像鲁迅一样奔赴上海，而选择留守古都北平；这也是为什么他虽曾在《语丝》上与"现代评论派"作家唇枪舌剑，却能够尽释前嫌，力邀胡适北上任教。这种保持中立、包容异己、向往自由的倾向，同样出现在沈从文、杨振声等人身上，也同样出现在留学欧美归国、热衷学术研究的林徽因、朱光潜等人身上。京派作家一向很少介入论争，所办刊物也很少登载评论文章，基本以文学创作和学术研究为主。1930 年创刊的《骆驼草》一般被认为是京派文学兴起的标志，它刚创刊，远在上海的鲁迅致信友人章廷谦，认为这份自称要延续《语丝》传统的小刊物实际上丧失了《语丝》的"活泼"，缺乏观点鲜明的介入现实社会的姿态。① 1934 年以林徽因为召集人成立的学文社及《学文》杂志，也采取了一种不问世事的姿态，主要刊载学术论文和创作，是相当学院精英化的杂志。同年由卞之琳主编的《水星》杂志，仍然只发表创作，不发表时事评论。1933、1934 年影响甚大的京派与海派论争，上海作家如鲁迅、苏汶、曹聚仁、胡风、姚雪垠等都积极参与，京派作家除了沈从文积极应对之外，其他作家都采取了一种远观的中立态度。

第二，京派作家的作品比较沉稳宽厚。京派作家没有海派作家那种狂热、浮躁、歇斯底里的情绪，他们不美化人生和现实，但承认人生自有一种价值和意义，对生活和世界抱有一种理解的善意，而与海派文学中弥漫的那种及时享乐、人生虚无的观念完全不同，显得沉稳而又宽厚。沈从文笔下的湘西世界呈现出一种田园牧歌式的宁静、长河泛舟式的舒缓，同时又具有一种原始萌动的生命力，有永恒的承诺和美好的誓言，气魄宏大。废名小说中构建的唐诗意境清新隽永，让人久久回味。周作人的小品文中弥漫着一股浓厚的人道主义情怀，对喜怒哀乐、鸟兽虫鱼、花草树木等都抱有一种宽容的同情；萧乾的小说和游记淋漓尽致地表达了对人世疾苦的深切悲悯与感怀；凌叔华的小说则借儿童的视角表达对整个世界的包容和期待……这些作家真切地关心世界，坚持人性的价值，他们的创作中充满了对世界万象的关怀和期待，他们的作品使人沉稳深思，而不是心浮气躁。

京派作家这种文化姿态的形成，受到了两个方面的滋养和浸染：一是

---

① 鲁迅：《致章廷谦信》（1930 年 5 月 24 日），载《鲁迅书信集》（上），人民文学出版社1976 年版，第 255 页。

学院文化；一是北平文化。

新文学的发生从一开始就与北京的学院文化密不可分。钱理群曾撰文指出学院文化与现代文学在"发生学"上的血肉联系："1917年初蔡元培就任校长以后对北京大学所进行的一系列教育改革，与新文化运动的发动，几乎是同步的，改造后的北京大学自然成了新文化运动的中心。""当年蔡元培先生登高一呼，很短的时间内，陈独秀、李大钊、胡适、鲁迅、周作人、钱玄同、刘半农等一大批五四新文化运动、文学革命的倡导者，影响一个世纪的民族精英都云集于北京大学，这固然是由许多具体的人事关系促成，有一定的偶然因素；但也标示着时代知识分子精英的新的选择与流动趋向。"① 五四前后，北京特定的学院文化培育了一大批著名的教授作家，他们中的大部分虽然都在新文化运动退潮后南下，但留下的一部分人以及相关的文学与文化品格，为后来京派文学的兴起打下了基础。1928年迁都南京以后，当国民政府在南方大力发展工科、实科教育时，北平高等教育界却采取了通才教育的教学模式，加之自由主义教育以及重视研究的风气，北平的大学酝酿着一股沉潜的学风。北平大学文学系在课程设置和建设上也特别重视文学写作实践以及西方文学的介绍，还将新文学引入了大学讲坛。此外，京派作家多以高校为聚合点，师生关系是其聚合的基本纽带，同人刊物则是其创作的试验园。这种相对封闭的文艺圈关注的东西集中在学术和创作上，人际关系相对单纯。这样，京派作家身居文化古都，浸染于经院学风，更容易产生了从容宽厚的文化心态和浓厚的艺术独立意识。

北京（平）文化的影响也是十分重要的。北京作为辽、金、元、明、清五朝古都，大气、大度、包容性广、接纳性强，整座城市弥漫着深厚的文化底蕴和浑融的古典气息。无论是结构对称、方正典重的宫殿街衢，还是四合院式的规整严实的平民建筑，都给人一种中古社会的从容迂缓的稳定感，展示了一种东方情调的人生境界。这些作为"外乡人"的京派作家在来到北平这座历史古都后，都有一个从陌生到接纳的过程。周作人在他晚年的《知堂回想录》中，就回忆起他刚来北京时，感受到北京街道上牌坊的那种气魄，数十年念念不忘。沈从文是在北京

---

① 钱理群：《现当代文学与大学教育关系的历史考察》，载《中国现代文学研究丛刊》1999年第1期。

构筑他的湘西世界的，著名的《边城》就完稿于北京，这些小说创作之所以那么大气、壮阔，远远超出湘西世界的本来面目，已有研究指出这实际上暗含着北京文化的影响。对于何其芳、卞之琳等年轻一代诗人而言，北平的古墙、街道、槐树、四合院等直接成为他们的诗歌意象，他们时刻思索着有关北平这座城市的记忆和忧伤。林徽因、凌叔华等女作家也在散文中不断提到对北平的爱，特别是人情的宽厚、建筑的肃穆和民俗的淳朴。不难看出，这些外乡人在习惯北平生活的过程中，不知不觉地浸染了北平文化那种博大而又纯良的养分。

五　对老舍价值的再思考

没有人会否认老舍是"京派"文学的经典代表。

在 20 世纪中国现代文学的历史进程中，老舍最能担当得起这样的双重价值：既是民族的，又是世界的。新加坡学者王润华曾经这样描述：有学者认为有资格说老舍作品的人，首先要能喝北京地道的"豆汁儿"及欣赏"小窝头"，并需要和老舍有"共同的语言"；但又不尽然，只有爱吃新加坡和马来西亚盛产的被称为热带水果之王的榴莲及欣赏咖喱饭的人，才配谈老舍的《小坡的生日》。喝过"豆汁儿"，吃过"小窝头"，或懂得北平话的神韵，了解它的幽默，明白它的"哏"的人，都不懂得老舍《小坡的生日》的重点和价值在什么地方，所以《小坡的生日》在中国，始终没有引起中国读者的注意和批评家的好感。①

其实，广大中国读者，包括那些喝过"豆汁儿"，吃过"小窝头"，或懂得北平话的神韵，了解它的幽默，明白它的"哏"的人在内，究竟又有多少人能够真正懂得和理解老舍作品的北京文化意蕴呢？毫无疑问，老舍是最能体现北京文化鲜明特征和精神本质的代表作家，人们从《骆驼祥子》到《茶馆》里留下了那些关于北京风俗民情的深刻记忆，人们都不会忘记《离婚》中那位幽默的"你总以为他的父亲也得管他叫大哥"的张大哥，人们怀念着北京丰富胡同 19 号老舍故居的"丹柿小院"，那里的红门廊、灰瓦房、半人多高的大鱼缸——人们甚至感念着老舍人生的

① 王润华：《华文后殖民文学》，台北文史哲出版社 2001 年版，第 37—38 页。

终点——北京德胜门外的太平湖——那是一个世纪乃至永远的伤痛!

但是,老舍所蕴涵的北京文化意蕴有多深厚呢?他所产生的文化影响有多久远呢?我曾多次听到中国现代文学馆馆长舒乙这样概括自己的父亲:老舍是一个北京人,是一个满人,是一个旗人,是一个穷人。我们如何理解这个生长在北京的满人、旗人和穷人呢?这个满人、旗人和穷人对北京又有着怎样的感受和理解呢?

再有,以老舍为代表的"京派"并不一定都是老舍那样地地道道的北京作家,"京派"与"京味"其实是有很大区别的,实际上更准确地说,老舍是"京味"作家的杰出代表。对于这一点,我们又有多少理解呢?认识这一点对我们今天建设与发展北京文学及文化又有什么重要作用和意义呢?

如果说北京是老舍写作的源泉,那么更应该说北京是老舍生命的源泉。老舍作品中那些真实的地名是他生活最真切的记忆,它"为老舍的作品增添了强烈的真实感、立体感和亲切感"①。这是老舍作品作为"京味"文学经典的重要标志。然而,人们也注意到这样一个事实:"老舍生在北京,长在北京,一生六十七年中在北京度过四十二年,最后在北京去世。不过,在他从事写作的四十一年里,大部分时间却并不在北京,只有解放后十七年是真正在北京度过的。不论是在伦敦,在济南,在青岛,在重庆,在纽约,他都在写北京。他想北京,他的心始终在北京。"② 这就是说,北京在老舍心中不仅是生活的永恒记忆,而且是他生命中永远的梦想和追求。对老舍来说,北京不仅是真实描写的现实生活,而且寄予着无比的热爱和无限的遐想。老舍笔下的北京人和北京城,看起来是那么真切,那么实在,但字里行间却透露出浓烈的主观情感,充溢着深厚的理想。老舍是最善客观写实的"写家",同时又是最富于情感和理想的抒情家。北京在老舍的笔下已经超越了社会地域与风俗人情的记忆的意义,而生成为一种永恒的梦想,升华为一种崇高的境界。

在老舍笔下,北京是具体的,更是完整的;是现实的,更是理想的。在老舍的梦想和追求中,有一种重要的东西,这就是平民精神。北京人身

---

① 舒乙:《老舍作品中的北京城》,《老舍研究论文集》,山东人民出版社1983年版,第152页。

② 同上书,第151页。

上所体现出的那种平民精神在老舍作品中随处可见，这种平民精神有一种宽容性和亲和力，它随意自然，淳朴实在，大大咧咧，对谁都一团和气，但骨子里又有一种自尊、刚毅和高傲。这种精神不仅在老舍笔下许多人物身上都有表现，而且首先在老舍本人身上就有着充分的印证。据王蒙先生清楚的记忆，在"文化大革命"腥风血雨的大批判会场上，老舍批谁全都称对方"您"，语调是平缓儒雅的。[1] 我认为，对于老舍作品中的平民精神，除人们以往主要谈及的有关内容之外，还有三个方面是应该引起重视的。首先是对人的看法，第二是满人秉性，第三是宗教精神。

老舍的小说给北京增添了无尽的魅力。"老舍使京味成为有价值的风格现象的第一人"[2]，这种魅力体现在哪里呢？

首先是老舍使"京味"文学具有一种独特的魅力，甚至是一种魔力，这种魔力首先就是对北京文化的阐述。北京文化是非常丰富的，但它的基调是宽厚、深广、雄浑，不管怎样改朝换代，它都透着一股天子脚下、皇上身边的那种从容不迫、四平八稳，尤其是它对其他文化有一种天然的吸引力、包容力和同化力，无论是哪方文化，到了北京，就会在不知不觉之中有一种对北京文化的认同与归顺。最经典的例子就是老舍在《正红旗下》描写的那位老王掌柜，他本是胶东人士，"在他刚一入京的时候，对于旗人的服装打扮，规矩礼节，以及说话的强调，他都看不惯、听不惯，甚至有些反感。他也看不上他们的逢节按令挑着样儿吃，赊着也得吃的讲究与作风，更看不上他们的提笼架鸟，飘飘欲仙地摇来晃去的神气与姿态。可是，到了三十岁，他自己也玩上了百灵，而且和他们一交换养鸟的经验，就能谈半天儿，越谈越深刻，也越亲热"。"他不再是'小山东儿'，而是王掌柜，王大哥，王叔叔。他渐渐忘了他们是旗人，他变成他们的朋友"。[3] 这就是北京文化的亲和力，它在不动声色之中，潜移默化之际让你归顺，让你神往，让你五体投地。老王掌柜"越想家，越爱留在北京。北京似乎有一种使他不知如何是好的魔力"。老舍对北京文化的这种精彩阐述，直到今天依然得到无数在北京的外乡人的深深认同，多少北京的外来者，他们对北京有一千种不满，有一万个意见，但是要让他们

① 傅光明：《老舍之死采访实录》，中国广播电视出版社 1999 年版，第 5 页。
② 赵园：《北京：城与人》，北京大学出版社 2002 年版，第 9 页。
③ 舒济、舒乙编：《老舍小说全集》第 8 卷，长江文艺出版社 1993 年版，第 333 页。

离开北京，那是万万不可能的。

其次，不但老舍的小说在人物形象的塑造、风俗民情的描写和语言艺术的表现等方面，充分显示了"京味"的鲜明特色，而且老舍小说的个性特色也是明显受到北京文化的影响和制约的。就拿语言来说，老舍小说的北京方言是老北京中下层市民阶层文化的结晶，是小胡同、大杂院文化氛围的体现，它有着独特的文化历史的韵味：淳厚质朴、谦和温婉、机智幽默，在语感上是光华明亮的，在语速上是不紧不慢的，所谓"嘣响溜脆"、"甜亮脆生"的一口"京片子"，通常被看作是北京人的身份证。读着老舍小说纯正的北京方言土语，毫不怀疑老舍最有资格代表北京人和北京城的文化，你听听他的小说《老字号》里的那段文字：

> 多少年了，三合祥是永远那么官样大气：金匾黑字，绿装修，黑柜蓝布围子，大机凳包着蓝呢子套，茶几上永远放着鲜花。多少年了，三合祥除了在灯节才挂上四只宫灯，垂着大红穗子，没有任何不合规矩的胡闹八光。多少年了，三合祥没打过价钱，抹过零儿，或是贴张广告，或者减价半月；三合祥卖的是字号。多少年了，柜上没有吸烟卷的，没有大声说话的；有点响声只是老掌柜的咕噜水烟与咳嗽。①

的确，多少年了，老舍小说的北京方言土语始终像老字号"三合祥"那样纯正地道，但是，老舍之后，直至近年来的一些"京味"小说，虽然还是"京味"，但是与老舍为正宗的那种"京味"相比，就不同了，味儿变了。主人公虽还都是北京人，但那是老北京的后代或出身、成长在北京的新北京人，他们的生活环境和文化氛围也变了，离小胡同远了，离大杂院远了，"三合祥"没了。你听听张辛欣小说《北京人》中人物的对话，听听陈建功小说《鬈毛》里那帮哥们儿的那通穷侃，再听听王朔诸篇小说的语言，人物满口的"潮"、"帅"、"砍"、"棒"、"份儿"、"盖"、"狂"、"野"等新北京话，用作家自己的话来概括，就是"一点正经没有"。这在某种程度上体现了北京文化的发展变化。无论如何，这种新方言是鲜活的，是有表现力的，用《鬈毛》主人公的话说："他们说

---

① 舒济、舒乙编：《老舍小说全集》第8卷，长江文艺出版社1993年版，第328页。

的全是实话，决不假模假式的装孙子。"这种坦白、率真，毫无讳饰的特点，或许正是当代新北京话的魅力，是对老舍语言的发展，而这些在根本上体现的是文化对文学的影响。

最后，不能不说到"京派"与"京味"的关系，学术界基本认同"京派"不完全等于"京味"①的说法，我认为甚至可以说"京派"完全不等于"京味"。可以说，这是一个悖论，但又是一个很有启发的命题：从20世纪30年代的"京派"直到今天的"京味"，一旦过于追求自我与个性，过于看重地方色彩与风味，它的局限也就充分表露出来，尤其是眼前的那些"京味"十足的作品，在那些纯正的京版语言、刻意表现的京城市民社会生活及风俗民情的背后，透着一种单薄和虚弱——它缺乏那种宽厚的人性关怀，那种深层的文化意蕴，那种犀利的社会批判——而这正是"京派"文学的文化底蕴。

在这个悖论中，协调得最好的可能就是老舍了。

作者单位：北京师范大学

---

① 许道明：《京派文学的世界》，复旦大学出版社1994年版，第4页。

地域文化精神与中国新文学现实主义思潮

——论"浙江潮"对新文学现实主义思潮的引领意义

王嘉良

在五四新文学作家中，以启蒙意识的自觉焕发出以启蒙为导向建构新文学体系的执著精神，以及以开放性的眼光汲取世界文艺新潮，显然以浙江作家群为甚。他们一登上五四文坛，便目光四射，在多种文学领域里探寻，遂有新文学建设的广泛建树，才使"浙江潮"的整体涌动构成一道亮丽的风景线。

对此，足以引起我们注意的是，浙江作家以首创者的姿态开拓新路，并非仅仅只是基于一种实践的精神、探索的精神，更重要的是来源于他们对文学新潮的敏锐感知与把握，因而总是能够挺立潮头，引领文学潮流。在五四新文学建设期，浙江作家以广纳博取的精神汲取世界文学新潮，担纲组建各种新文学社团，开始了体现现实主义、浪漫主义、现代主义等诸种文学思潮的理论探索，为中国新文学指示了未来发展的前景。这当中，鲁迅作为启蒙主义文学大师，周作人、沈雁冰领衔文学研究会及标举"为人生"的现实主义旗帜，郁达夫作为创造社的中坚开创浪漫主义文学的先河，徐志摩担纲新月社并开始唯美主义文学创作等，都显现出卓然特立的姿态，显示出他们以首创者的姿态在文学领域里显示了开拓新路的潜能。此种潜能，在新文学的各个时期都有不同程度的承续与张扬，"浙江潮"引领中国新文学潮的态势也呈现出持续发展的趋向。这里就有一个问题值得深究：何以在一个独特地域涌出的作家群体会有如此自觉的文学思潮探索意识，因而总是能够引领潮流之先？

就一般意义而言，我国的新文学主要是通过对世界文学新潮的自觉认同及其自身蕴有浓烈的启蒙意识来确证其现代性的。对新兴文学思潮的探究与形成，亦来自于"外援"与"内源"两重因素。如果说，五四新文学作家对"外援"的影响与接受是一种共性，作家们吸纳西方文学思潮是在 19、20 世纪之交中外文化交融背景下的整体性行为，那么，一个地区的作家有强烈的思潮接受意识，其"内源"性自觉中就更多体现了地域作家群体的个性因素。启蒙意识的自觉以来自"小传统"地域的浙江作家为甚，这恰恰体现了这个地域文化传统积累之深，同时也印证了五四新文学精神内核中的确潜藏着一种自觉性的变革因素，从而使外来思潮的接受成为可能。因为任何一种外来思潮的传入并被接纳，都须有"内源"性的策应作为前提，正如有学者指出的："在现代中国，国外鼓动的革新仍必须作为'传统内的变化'而出现。因为即使与传统最惊人的决裂，仍然是在继承下来的中国方式和环境的日常连续统一体中发生的。"浙江地域文化传统的变革精神，已具备呼应外来先进文化/文学思潮的条件，恰恰印证了这一点。

浙江新文学作家引领潮流之先，在相当程度上是取决于"小传统"地域潜在的文化基因。这一地域自宋、明以来，文化思想十分活跃，以浙东学派为代表的先进文化思潮，高举变革的旗帜，与墨守成规的"大传统"文化构成尖锐的对立，同样显出与传统的"惊人的决裂"。而且，"'浙东学派'和'浙东学术'。在我国宋明时期的思想文化史上占有主导地位"①，甚至可以说它长时期处于中国文化的制高点上。这种中国文化传统中的"传统内的变化"的出现，且其一度引领文化思潮，对后来我国文化的整体变革是至关重要的。20 世纪初崛起的新一代浙江学人曾发出如此感叹："浙江省文明之中心点也，吾浙人其果能担任其此言乎"②，便包含有浙人的自豪感和承担责任的紧迫使命感。此种感受，并非盲目乐观，也非徒作空言。事实上，这个"文明之中心点"，是历史所造就的，已为人们所广泛认知。杜维运引证章学诚关于"浙东史学，自宋元数百年来，历有渊源"之说后，对其发展历程作出了精当阐述。他指出："永嘉之周行己、郑伯雄，及金华之吕祖谦、陈亮，创浙东金华、永嘉两派之史学"，"元明之世，浙东史家虽趋衰微，而其统不绝"，"至清初黄宗羲出，则骤成中兴之新局面"，所以，"数百年间，师教乡风，前后相维，若脉可寻"。③ 他谈的是"浙东史学"，没有涉及以王阳明为代表的浙东心

---

① 王凤贤、丁国顺：《浙东学派研究》，浙江人民出版社 1993 年版，第 2 页。

② 公猛：《浙江文明之概观》，《浙江潮》第 1 期。

③ 杜维运：《清代史学与史家》第四章《黄宗羲与清代浙东史学派之兴起》，台北大东图书公司版，第 164—165 页。

学思潮，若将其也涵括在内，则浙东文化学术思想之"前后相维"，更清晰可见。对于浙东的"文化中心"地位，也早有历史定评。近代文化巨匠梁启超认为，明清时期"文化中心之江浙等省"学术繁盛，是"因为这地方是人文渊薮，舆论的发纵指示所在"；特别是出于浙东的"残明遗献思想"，已处在文化思想的引领地位，并一直对后世尤其是近代产生深刻的影响："最近三十年思想界的变迁，虽波澜一日比一日壮阔，内容一日比一日复杂，而最初的原动力，我敢用一句话来包举它，是残明遗献思想的复活。"① 他所说的"最近三十年"，正是近现代文化思想转型时期，正可以说明出于"传统内"的先进文化思潮也是促成文化思想向着现代转型的"原动力"之一。

由上述可见，20世纪初先进文化/文学思潮的形成，外来思潮的影响不能低估，但传统积淀的因素依然不可忽视。两浙文化传统的熏染，总是使得浙江学人在审视文化、文学思潮时怀有一种深沉的历史感，在承续传统中开阔其推进文学新潮的思路。《浙江潮》同人追踪"乡先贤"以"文明之中心点"自策自励是一例，另一个典型例证是周作人在探索中国新文学源头时将其追溯到晚明。其在《中国新文学源流》中就认为"民国以来的这次文学革命运动"是"明末的新文学运动"的重演，举证便有浙籍启蒙文学先驱，甚至认为其绍兴同乡张岱"集公安、竟陵两派之大成"，对推动明末文学潮流贡献最大。② 以这样的思路去看取文学新潮，遂有以鲁迅、周作人为首的两浙作家群承续先贤发出反封建思想革命的呐喊，也才有他们自觉呼应、接纳外来先进文学思潮推进新文学的发展。质言之，用"拿来主义"的态度融合世界文学新潮，又有效地承传"传统内"的变革思潮，体现出"在继承下来的中国方式"中推动新潮，这才有浙江作家在新文学思潮建构方面卓然独步的辉煌，也形成他们建构新文学思潮体系的显著特色。

文学思潮包含广泛的内容，浙江新文学作家对文学思潮的选择也各有不同，但最重要的文学思潮不外乎现实主义、浪漫主义、现代主义三种。对这三种文学思潮的传播与张扬，浙江新文学作家多有建树，而且大多居

---

① 梁启超：《中国近三百年学术史》，《梁启超论清学史二种》，复旦大学出版社1987年版，第123页。

② 周作人：《中国新文学源流》，北平人文书店1934年版，第57页。

于领衔者的地位。"浙江潮"引领中国新文学潮的经验，同样值得汲取与借鉴。

就对中国新文学施加重大影响的文学思潮而言，最先以世界先进文学思潮叩开中国文学现代化大门的，无疑是现实主义。19、20 世纪之交，中国新文学在其孕生过程中寻求着现代性转机，各种西方文学思潮纷纷在中国抢滩登陆，现实主义是被率先引进的。梁启超在《论小说与群治之关系》中最早提出"写实派"和"浪漫派"，并介绍说写实派乃是"欲摹写其情状，而心不能自喻，口不能自宣，笔不能自传。有人焉和盘托出，彻底而发露之……感人之深，莫此为甚"。这里的"写实派"已有了现实主义的某些特征，标志着现实主义作为思潮意义的最先传人。可惜梁氏垂青于政治小说，"写实派"在当时并未引起讨论，创作的成果就被淹没在近代启蒙思潮中。中国文学现实主义潮流的选择与吸纳，并使之在新文学建构中产生重要作用，还需要新文学者作出极大的努力。

探究中国文学现实主义大潮的形成，挺立在这股潮头的就有"浙江潮"的弄潮儿，而且正是他们的热情鼓吹，倾力提倡，遂有其在现实主义文学思潮中无可漠视的引领地位。

对于现实主义文学思潮的引进、倡导，我国新文学先驱者从一开始便给予了极大关注，其中通过对西方文艺思潮的系统介绍推崇现实主义的是陈独秀和沈雁冰。他们不约而同地描述过文学思潮的走向应是循着"古典主义—浪漫主义—现实主义—新浪漫主义（现代主义）"之路行进的轨迹，认为 20 世纪中国最需要接受的是现实主义文学。[1] 而沈雁冰（茅盾）对现实主义的选择，更显出坚定、执著的姿态。这并非是一种随意性的选择，恰恰是其对各种文学思潮经过反复比较，筛选以后作出的抉择，其抉择的依据正是 20 世纪现实主义文学思潮的时代适应性。正如其后来所表述的："'五四'以来短短的文艺已经从事实上证明，有以浪漫主义出发的，有以未来主义象征主义出发的，甚至也有以不知是什么主义出发的，但时代的客观的需要是写实主义，所以写实文学成了主潮。"[2] 另两个浙籍新文学先驱鲁迅和周作人都对新文学的"思想革命"特质作过精当阐

---

① 陈独秀：《现代欧洲文艺史谭》，1915 年《青年杂志》第 1 卷第 3 号；沈雁冰：《新文学研究者的责任与努力》，1921 年 1 月《小说月报》第 12 卷第 1 期。

② 茅盾：《浪漫的与写实的》，1938 年 5 月《文艺阵地》第 1 卷第 2 期。

述，他们基于新文学革命最初是从"思想革命"角度切入，目的是在用文学实现思想启蒙，启发人的自觉，投入争取人性解放和民族解放的斗争，这就决定了他们对社会现实关注，现实主义便成为一种最可取的选择。正如当年周作人在谈到文艺思潮选择时所指出的："中国的特别国情与西欧稍异，与俄国却多相同的地方，所以我们相信中国将来的新兴文学，当然的又自然的也是社会的人生的文学。"①

浙江新文学作家何以如此厚爱于现实主义？大而言之，当然与他们以开阔的胸襟接受世界文艺新潮不无关系；但若是就独特性而言，这依然关联着文学传统的延续性和地域文化精神的承传性。传统现实主义研究以及中国新文学现代化的研究往往过于注重中国新文学在走向现代途程中的创伤性（traumatic）经验，相对忽视对中国文学自身积累的经验和传统内部新质储备的探寻。事实上，后者恰恰是不可或缺的，是非常重要的。对于浙江新文学作家引领现实主义文学潮流来说，也是如此。

首先是现实主义精神与中国文学传统及中国作家的传统文化心理结构的契合。作为文学思潮，现实主义是在中国新文学中显出强大声势的，但作为创作方法，写实主义却一直在于中国传统文学中。用写实的方法进行创作，在创作中体现了积极参与现实的精神，也可说是传统文学的主导倾向。这是由中国知识分子的传统文化心理结构决定的。中国传统文化是儒、释、道三家并存，而以儒家文化为正统。传统士人历来就有参与现实的精神，所谓"修、齐、治、平"乃是读书人的伦理规范。由此也便有了文学参与社会、参与现实的传统。我国的现代作家（特别是第一代作家）固然大都眼光向外，勇于接受世界文学新潮，但他们除了精通"西学"外，同样也有深厚的"国学"根底，上文阐述过传统文化对浙江新一代学人的滋养已不难看出。由于对传统文学精神的承传已不自觉地内化在他们的意识深处，涉及文学思潮的择取，他们秉承前人遗教，重在现实主义一头，便是势所必然。从社会文化背景来看，五四运动摧毁了中国传统的政治秩序和文化秩序，知识分子赖以安身立命的精神立场崩溃了，便对新的文化精神、意识形态产生了强烈的需求，中国20世纪的文化演进过程也可以说是知识分子寻求文化秩序和精神支柱的过程。所以，中国新文学作家大抵有着开放的文化心态去吸收各种新思想。而中国是带着浓重

---

① 周作人：《文学上的俄国与中国》，1921年9月《小说月报》第12卷号外。

的忧患情绪进入 20 世纪的，忧患情绪成为中国新文学的天然底色①，因而注重"入世"精神的现实主义思潮也成为他们的一种必然性选择。

其次是地域文化精神的驱动。新文学的"新质"滋生固然得益于外来文化思潮的滋养，但中国文学在近现代化过程中逐步累积的"新质"储备因素也不可忽视。现实主义文学思潮的形成亦然：除了中国文学受外来思潮的影响作出的自我调整以外，还有就是作为与"大传统"对立的"小传统"提供的精神养分，即作为"小传统"地域的浙江区域文化场恰恰提供了一种新陈代谢的新质储备机制并将自身也纳入了"新质"的范畴。两浙文化传统养成了务实的现代精神，使这个区域文化场域当然具备传统所具有的适宜现实主义生长的条件，同时还存在着"大传统"所不具备的现实主义生长的得天独厚的优势。两浙文化传统内蕴的现实主义精神，突出地表现在两浙史学精神和浙东理学对"经世致用"思想的传承。梁启超特别推崇浙东学术，就在于浙东学术的代表人物"抛弃明心见性的空谈，专讲经世致用的实务。他们不是为做学问而做学问，而是为政治而做学问"，即使他们的理想一时难以实现，也"宁可把梦想的'经世致用之学'依旧拖诸空言，但求改变学风以收将来的效果"。② 这一概括极为精到，也点出了浙东学术独特的价值所在。浙东先贤王阳明就秉持"五经亦史"、"随时变易"的文化史观，阐明事与道、史与经的统一关系，对儒家经典以有力的挑战；清代章学诚更提出叛逆性的"六经皆史"的命题，试图打破千百年来的"尊经"传统。③

对"史"的强调与尊崇，其内隐的是越地文人的崇实精神，昭示出他们与现实主义审美规范的一致性，而对"史"和"实"的重视，恰恰符合现实主义精神，显示出浙江学人对现实主义的体认就具有了外显和内隐双重的一致性。另一方面，浙东理学鼓吹的经世致用思想，还直接呼应着时代社会的变革。明清之际，由于资本主义的萌芽，浙江地区重商言"利"之风日炽。朱舜水力倡"学问之道，贵在实行"，"圣贤之学，俱在践履"。④ 黄宗羲也认为："世儒不察，以工商为末，妄议抑之。夫工因圣

---

① 参见谢冕《辉煌而悲壮的历程》，谢冕主编"百年中国文学总系"之"总序一"。

② 梁启超：《中国近三百年学术史》，见《梁启超论清学史二种》，复旦大学出版社 1987 年版，第 106 页。

③ 王凤贤、丁国顺：《浙东学派研究》，浙江人民出版社 1993 年版，第 217、391 页。

④ 转引自滕复等编著《浙江文化史》，浙江人民出版社 1992 年 6 月第 1 版，第 348 页。

王之所欲来，商又使其愿出于途者，盖皆本也。"① "工商皆本"务实思想的提出是经世致用思想的集体演练，它完全不同于中原腹地的"农本"思想，显出了"小传统"地域人们思想的开阔性和务实精神的进一步张扬。于是就有近人章太炎的大声疾呼："文章经世之业，立言亦期有补于世。否则古人著述已厌烦多，岂容更益简编，撑床叠架为哉！"② 其对文学的"经世"功用就有了更深切的体认。"经世"是与"治国"相对应的，对文学来说，经世致用就是强调文学的功利性要求。文学的功利性内涵已经被现代人所置换，更多地承担的是社会救亡的功能。这些传统积淀的因素，为新文学作家的现实主义接受创造了先机，浙籍作家自然更得风气之先，其引领潮头也是势所必至。

关于浙江新文学作家的现实主义兴奋点与关注点及其为中国新文学现实主义的开拓与发展所作出的努力，可以从多种视角作出阐述，因为现实主义有多种表现形态，各种形态的表现视角、价值取向都各不相同，笼而统之的叙述很难作出准确的价值判断。③ 我们这里从形态论角度切入，探究由浙江作家鲁迅、周作人、茅盾领衔的三种主要现实主义形态，即思想启蒙型、人道关怀型、社会批判型，论定其独特的成就与贡献。这三种形态恰恰反映了现实主义作为一种文学思潮在中国新文学发展过程中的三个阶段，因此从这一角度切入，也可以昭示出浙江作家在整个新文学现实主义发展进程中持续不断地把握现实主义的思潮特色。我们的研究自然也要从区域文化场域的角度探讨浙江独特的区域文化对现实主义的体认，从中概括出地域文学对整体文学的推动意义。

一 鲁迅开创启蒙现实主义

中国近代文艺思潮的重要特色之一是"革弊启蒙，务实重用"④，思想启蒙是主潮，其中有现实主义的传入，但没有到形成思潮意义的高度。然而，思想启蒙是 20 世纪中国知识分子的普遍心态，现实主义是 20 世纪

---

① 黄宗羲：《明夷待访录·财计三》。
② 章太炎：《文史通义·与史余村》。
③ 关于从现实主义形态论角度切入的可取性研究视角及对各种现实主义文学形态的分类，拙著《中国新文学现实主义形态论》（文化艺术出版社 2002 年版）中，有详尽论述。
④ 叶易：《中国近代文艺思潮史》，高等教育出版社 1990 年版，第 11 页。

中国文学的主潮，于是，"思想启蒙"和"现实主义"的结合便是一种历史的宿命。中国新文学作家最初从思想启蒙的层面接受现实主义，又以现实主义的理论和创作进行思想启蒙，这种产生在"特别国情"中的启蒙思潮与文学思潮的联姻也算得顺理成章。但在现代中国，它只有在五四文学中才有过一次精彩的出演，出现了初具启蒙现实主义的文学形态，此后虽有时断时续的启蒙话题的重提，但已不复有此类思潮性的文学现象。个中所映照的，既是启蒙作为一种重要思想思潮步入中国现代化历程的艰难，同时也是探寻现实主义文学思潮在中国生成与变异的有益话题。

就文学思想与文学创作实绩体现启蒙现实主义特质而论，从浙江走出的中国新文学奠基人鲁迅无疑是最典型、最杰出的代表，也是理所当然的20世纪中国最伟大的启蒙现实主义作家。考察鲁迅选择现实主义的动因及其坚持的现实主义文学观的核心，不难看出其所主张所遵循的现实主义紧紧联系着思想启蒙要求，而其创作所提供的则是典型的启蒙现实主义范式。鲁迅谈到自己是在"启蒙主义"的驱动下开始小说创作，这可以看作是他选择此类现实主义的直接动因；而这种启蒙意识的形成，恰恰是其长期思想累积的结果，其中包括地域文化精神的驱动。

"启蒙"作为一个术语、一个文学运动和思潮，有着各种不同的解释。当康德将启蒙界定为"人类脱离自己所加之于自己的不成熟状态"①时，就注定了福柯所说的启蒙是启"现代性"之蒙不无道理，启蒙的过程实际上就成了使人摆脱"蒙昧"状态、接受理性洗礼并步入现代化的艰难历程。这个过程的确是相当漫长的，不但至今未有终结，即便就中国的文化思潮言，其源头也可以推衍很远，断然不是始自五四，实际上从16世纪明中叶资本主义开始萌芽时，便已有了启蒙文化思潮的萌生。这当中，作为"小传统"地域的浙江可谓得风气之先。也许当"浙东学派"健将章学诚率先提出"六经皆史"的叛逆性命题时，就已经注定了浙籍作家在后来的中国社会文化思想领域中的领军地位。早在鸦片战争之前，浙人先贤就已经开始了启蒙工程的建构。龚自珍虽然在鸦片战争后不久就与世长辞，可他的影响却越来越显著，激发了一代浙人乃至整整一代中国知识分子。梁启超认为"数新思潮之萌蘖，其因缘固不得不远溯龚（自

---

① ［德］康德：《答何谓启蒙？》，《历史理性批判文集》，商务印书馆1991年版，第2页。

珍）、魏（源）","语近世思想自由之向导，必数定庵"。① 可见龚氏在当时的文坛和思想界影响之大，无人能望其项背。后来者如章太炎对龚氏思想的承传和对章学诚"六经皆史"的推崇，依然清晰可见浙江地域启蒙思潮的香火不绝。正是在这样的背景上，不妨说，以鲁迅为代表的一代浙江新文学作家，接过先贤的启蒙之棒，进行不懈的启蒙思潮探索，恰恰是这一地域启蒙工程建构的延续。近代启蒙运动以来，"启蒙"理想一直积淀在中国知识分子内心深处，这对于早就苦苦思索中国的前途和命运的鲁迅而言尤其是如此。早在《文化偏至论》、《摩罗诗力说》等文中，鲁迅就把思想革命的重点放在"立人"上，这对其日后的文学选择产生了至关重要的作用。《呐喊·自序》谈到自己"弃医从文"的动机就在于意识到改变国民精神是"第一要著"，可见其选择、确立现实主义文学思想是基于自觉的思想启蒙要求，把艺术的关注点落在促进人的精神改造上，将文学作为促进人的精神健全的有力武器，于是就有其用文学建构启蒙工程的辉煌成就。

在五四文学的整体视野中，鲁迅开创启蒙现实主义文学，显示出独标高格的品位，也昭示着浙江作家引领文学思潮的意义。"五四时代是传统国民性大裂变的时代"。② 陈独秀、李大钊等新文学先驱们都是从文化批判入手，探求国民性改造的途径，这可以说是五四新文学群体的重要思想特色所在。然而在这个群体中，像鲁迅那样对思想启蒙与现实主义文学的关系做出如此清晰的描述，像鲁迅那样以毕生精力用文学实现改造国民性的途径，恐怕没有第二人。鲁迅并不像陈独秀、胡适那样，光提倡理论或是有理论的先导再从事创作的"尝试"，而是在"思想启蒙"目的下对于现实主义的自觉的选择，因而在理论阐发和创作实践两个方面都有所重。其运用的两种主要文学样式小说和杂文，早在五四文学初期就已先声夺人，令其他作家望尘莫及，且其创作都抱有明确的思想启蒙目的，作品的启蒙意义尤为显豁。正如其自述：小说要描绘出"现在的我们国人的魂灵"；谈到杂文创作时说"'中国的大众的灵魂'，现在是反映在我的杂文里了"。③ 可见这两种文体正是其表达改造国民性思想的重要载体。在鲁

---

① 梁启超：《论中国学术思想变迁之大势》。

② 任剑涛：《从自在到自觉——中国国民性探讨》，陕西人民出版社1992年版，第70页。

③ 鲁迅：《准风月谈·后记》，《鲁迅全集》第4卷，人民文学出版社1982年版，第403页。

迅一生中，改造国民性思想以五四时期反映最为突出，将这一思想融化在创作中，就有典型的启蒙文学的产生；而由于鲁迅的加盟及其在创作上的重重投入，也无形中浓化了五四文学的启蒙氛围，提升了整个启蒙现实主义文学群体的创作品位。鲁迅是当之无愧的中国启蒙现实主义文学的典型代表。

二 周作人引领人道现实主义

在各种现实主义文学形态中，人道现实主义也是重要的一种。人道主义特别能够同现实主义联姻，是取决于这两种思潮在精神上的趋同性。现实主义理论家卢卡契说：人道主义的核心原则是"对人的完整性关心"，"在伟大的艺术中，真正的现实主义与人道主义是密不可分地结合在一起的"。① 中国新文学的人道主义现实主义是在对欧洲现实主义思潮与人道思潮的双重接受中开始成型的。五四前后，新文学倡导者热切寻求革新中国文学之路，"别求新声于异邦"成了他们的自觉诉求，体现民族忧患意识与社会责任感的现实主义便成为他们的首要选择。于是，当巴尔扎克、托尔斯泰等欧洲 19 世纪现实主义文学同卢梭、孟德斯鸠、费尔巴哈的人道主义思潮和人本主义哲学一起介绍到中国时，便对这两者产生了同样的亲和力。据史料记载，在当时译介的外国作家作品中，表现人道主义内涵的占据了2/5 强，仅托尔斯泰的作品就有 30 余种。② 人道主义思潮对新文学先驱者有极大的诱惑力，这势必会同他们革新社会与文学的强烈需求形成直接的精神呼应至。基于如此的理论自觉，在中国新文学创建阶段，人道主义思潮一度成为被人们广泛关注、普遍接受的思潮，由是遂有人道主义思潮与中国新文学的联姻，也才有人道主义与现实主义的初次结合。

标志着人道主义和现实主义结合结出的最重要的硕果，是"人的文学"的建构，而论及这一文学理念的建构，不能不提到浙江作家周作人的贡献。1918 年周作人的《人的文学》发表，在文学界产生了极大的轰动，胡适称赞它"是当时关于改革文学内容的一篇最重要的宣言"③。今

---

① 《卢卡契文学论文选》第 1 卷，中国社会科学出版社 1980 年版，第 300 页。
② 《中国新文学大系·史料索引》，上海文艺出版社 1981 年影印本，第 357—381 页。
③ 胡适：《中国新文学大系·建设理论集·导言》，上海文艺出版社 2003 年影印本，第 29页。

天看来，恐怕意义远过于此。周作人在《人的文学》中作出如是解释："用这人道主义为本，对于人生诸问题，加以记录研究的文字，便谓之人的文学"，强调人道主义是新文学之本；该文还第一次阐明了"人是文学的描写中心"，要求作家用"严肃、真挚"的态度，忠实地"记载世间普通男女的悲欢成败"，这是从现实主义层面上给出的意义。将这两者联系起来，已明显见出人道主义现实主义理论的雏形。诚如温儒敏指出的："'人的文学'口号，将新文学所要实践的内容与性质初步明确了下来，现实主义思潮也因接纳人道主义精神而进入理论建设阶段。"① "人的文学"观念的确立，将"人"的意识确定在人道主义理论范畴内考察，又用与之相对应的现实主义形式表达，使中国新文学与欧洲 19 世纪现实主义文学真正产生了精神上的联系；这一文学形态注重文学内容和性质的更新，体现出新文学文本意识和结构系统的日渐成型，它已从只重思想启蒙的"启蒙文学"向着具有实质内涵的"人道文学"转化，标示着中国新文学真正的"文学自觉时代"的来临。

应当指出，周作人对人性、人道的推崇，其深层意识中有越文化场域较早的"人的意识"自觉的内源性体认与策应。越文化场域内蕴藏着丰富的人道因子，早在晚明时代就引发过对"人"的思考，周作人也多次提到晚明的"人学"思潮，甚至一度将其看成是中国新文学的"源头"。这种思考的持续发展，一旦遇合在新文化大潮中，就会凸显，五四前后，现实主义和人道思潮的译介达到高潮，周作人正是最早较为系统引进、介绍西方理论的作家。早在南京江南水师学堂就读时，他就开始了文学翻译活动。据统计，自 1904 年至 1926 年，共译介外国小说 76 篇，其中大多是俄国、日本以及波兰、匈牙利、瑞典、丹麦、亚美尼亚、西班牙、以色列等东北欧弱小民族的现实主义作家作品。② 他在理论研究方面也做了许多工作，如在《日本近三十年小说之发达》的演讲中，较为系统地介绍了"写实主义"的理论；其译著表现出一个鲜明的倾向，便是同情于"被侮辱被损害"的民族，关注的是"抵抗压迫，求自由解放的民族"的作品，看重的是这些作家和作品"有一种共通的精神——这便是人道主

---

① 温儒敏：《新文学现实主义的流变》，北京大学出版社 1988 年版，第 21 页。
② 张菊香、张铁荣编：《周作人研究资料》（下），郭延礼：《中国近代翻译文学概论》，湖北教育出版社 1998 年版。

义的思想"①，这显然同其现实主义的选择视角有关。此后，他继续在这一命题上探求，形成了其完整的人道现实主义文学理论体系：《人的文学》构筑了"人性论—人道主义—个性主义"的一体二翼思想模式，即以人道主义为核心，提倡合理的人性，发展人的个性，建设"人的文学"；由他起草的《文学研究会宣言》将文学定位为"是于人生很切要的一种工作"，宣示了他的明确的现实主义文学主张；他在《平民文学》一文中提出作家应该以严肃、真挚的态度，面向平民，记载"普遍的思想与事实"，创作出"以真为主，美即在其中"的人生艺术派文学，这可视为他对"人的文学"的具体内涵的深层揭示，也反映了他对现实主义文学理论认识的深化。至此，周作人的以人道主义为核心的现实主义文学理论体系，已得到清晰昭示。他对于现实主义的贡献就在于：不仅在中国新文学作家中对现实主义理论作出较为系统、全面的阐释，还在于以其丰赡的文学思想对于建构人道现实主义文学理论有着别的作家无可取代的地位，他对中国新文学现实主义的创造性贡献是无可置疑的。

三 茅盾领衔社会批判现实主义

批判现实主义被普实克称之为欧洲"正宗"现实主义，它在 19 世纪的欧洲"悄悄"兴起，并迅速风靡世界，且仍为 20 世纪作家所推崇，就在于其蕴涵极强的批判性与社会参与功能。就如人们所说，"理性的批判"是"法国文学中最富活力、最有影响、冲击力最大、生命力也最强的部分"②。综观其精神内质，最突出的便是用理性精神浇铸的"社会批判性"：从人在社会中的处境变迁入手，广泛描写复杂的社会关系；其社会批判，包含着道德批判和政治批判，关涉人的德行、品性、善恶、是非，也涉及社会状况、政治体制、国家制度，等等，现实主义由此获得了丰富的表现力。

如果要在中国现代文学史上找到一个比较典型的社会批判型现实主义作家，恐怕大家最容易想到的便是浙江作家茅盾。茅盾在文学理论上信守现实主义是人所共知的，其创作也是一种典型的现实主义范式。冯雪峰曾

---

① 周作人：《〈空大鼓〉序》，《苦雨斋序跋文》，上海天马书店 1934 年版，第 67—68 页。
② 艾珉：《法国文学的理性批判精神》，北京大学出版社 1991 年版，第 2 页。

经指出，在中国现代文学的现实主义创作中存在着两个传统：一个是以描写"老中国儿女"为重注重历史批判的"鲁迅传统"；另一个便是以反映当代社会为主的"茅盾传统"，并由此形成用文学表现时代性和社会性的茅盾创作"模式"。^① 此为确论。由此昭示的意义是，茅盾作为中国现实主义作家的一种典型代表，正是在现实主义的当代性和社会批判性上显出其特色的。而茅盾在理论上和创作实践上对现实主义的有效把握，恰恰反映了此种类型的现实主义较为成熟的一面。

普实克认为茅盾"所用的是欧洲正宗的现实主义方法"^②。追溯茅盾的文学理论接受源及其对外来文学思潮的选择、消化过程，大体上可以看出其吸纳世界文学新潮逐渐走向同欧洲"正宗"现实主义的认同。他最初对现实主义的接受集中在丹纳等的实证美学和对巴尔扎克、托尔斯泰等欧洲批判现实主义作家作品的研磨上。由此显示出其汲取现实主义文学思潮，侧重点是在现实主义的社会批判性一面，这就形成了他创作的鲜明特色。注重社会批判和理性批判，正是茅盾倡导的现实主义同其他形态现实主义很不相同的地方。其创作所显示的鲜明的社会批判和理性批判精神，体现了社会批判型现实主义的特长与优势，也展示了这位富有才情的作家独具的气度与胆魄。茅盾初涉创作就有不俗气魄，一出手便是长篇小说，且震撼文坛。从 1927 年到 1949 年，在 20 余年里，他写了 8 部长篇，5 部中篇，50 多个短篇，还有大量的散文创作及戏剧、诗歌作品，叙写了近半个世纪中国社会的历史变迁，其创作堪称为一部现代中国社会的编年史，显示出社会批判型现实主义文学的诸多特点与优点。

探究茅盾对现实主义的独特选择，地域文化精神的驱动因素也不可忽视。茅盾的创作具有丰富的文化含量，体现出显著的地域文化意义，其创作的乡镇、小县城背景往往渲染出杭嘉湖水乡的浓重氛围，在地域文化层面上，吴越文化造就的人格、气质，乃至提供的环境、背景，都是鲜明昭著的。然而对于茅盾来说，强烈的社会参与意识又总是使他的创作紧紧联系着时代与社会的脉动，这更关联着其融合地域人文传统的对于传统文化思想的吸纳。青少年时期的茅盾聪慧好学，他日后之所以成为一个博古通

---

① 冯雪峰：《中国文学中从古典现实主义到社会主义现实主义的发展的一个轮廓》，《文艺报》1952 年第 15 期。

② 李岫：《茅盾研究在国外》，湖南人民出版社 1984 年版，第 736 页。

今的大家，特别是对古代文化/文学典籍能作纵横捭阖的评述，实在是从小打下的底子。这种深厚的传统文化积累，对茅盾整体文化思想的构成，影响自然是深巨的。传统文化特别是传统文化中的儒学文化，其核心内容是经世致用，是讲究修身齐家治国平天下，这无疑对茅盾成年以后形成积极"入世"的文学观和文化观，产生潜在的深刻的影响。另一层因素是维新文化思潮的直接影响。就近代中国维新文化思潮的流布看，浙江地域无疑是维新文化氛围最浓重的省份之一。这显然是积淀深厚的两浙人文传统所致。宋、明以来，浙江的启蒙文化思潮一直呈现持续发展态势，在甲午战争前后，当维新思潮在全国蔓延时，浙江便涌现一大批维新人士，他们上承黄宗羲、龚自珍等浙籍文化先驱的遗绪，又回应全国维新运动，在传播新文化、新思潮方面曾作出过有声有色的表演，在全国引起过较大反响。个中翘楚者，便有汤震、汪康年、章太炎、张元济等人，他们大都是茅盾的同乡杭嘉湖地区人。因此，在19世纪末20世纪初，处在传统文化的浸润之中，又置身在一个充溢着"维新"、"启蒙"的文化氛围里，青年茅盾便有可能直接或间接地从两浙人文传统中获得新的文化滋养。在中国传统文化中占据主导地位的儒学文化，与中西交融中形成的维新文化，因其有很强的渗透力，而且它始终与亟待改造的中国社会现实与社会思潮相契合，所以很容易为中国近现代知识分子所接受，并将其同近现代文化思潮融合，产生出积极的思想文化效应。20世纪的中国文学，现实主义一路领先，内中就蕴涵着中国新文学作家积极入世精神的张扬。茅盾便是彰显此种精神的突出代表。

作者单位：浙江师范大学人文学院

长安文化与当代秦地作家

赵学勇

引　言

文学活动与地域文化的关系问题，古代中国学者已多有涉及，魏晋南北朝之后，讨论的力度逐渐加大，直到近代刘师培、梁启超等人的著作出现，才将此命题系统化。19世纪初的西方，斯达尔夫人《从文学与社会制度的关系论文学》和泰纳《〈英国文学史〉序言》的问世，将文学活动与地域文化的联系引向了更深入的讨论。在泰纳看来，影响文学活动的地域文化其实主要体现在精神领域，他在一系列著作中都从"种族"、"环境"和"时代"的层面解析精神文化，且把由其生成的精神现象看作是文学创造基本的和最终的力量。刘师培在《南北文学不同论》中，也认定地理人文环境对文学会产生巨大影响，地域文化对作家具有决定性的意义。循泰纳、刘师培等人的理路，本文将着力研讨长安文化之于当代秦地作家在现代性语境中所播撒的种种影响及深层的精神联系，并以此探悉秦地作家文化心理结构转型与重构的契机。

陈寅恪较早提出过"长安文化区"的概念①，他是偏重于从政治地缘进行划分的。"长安文化区"这一概念的提出无疑是极富启示性的，后来有人或从建筑史，或从交流史，或从经济史等角度进行区域文化的划分，也往往视"长安文化"为重要的文化地理。那么，该如何厘定长安文化的基本内涵呢？综合上述各种观点，我们认为，所谓长安文化不仅是一种空间概念，同时也是一种时间概念。以空间范畴而论，长安文化是以地理意义上的长安为中心而形成的文化综合，如有人就把长安文化看作是"以都城长安及其周围如周都镐京、秦都咸阳为中心的中国

---

① 　参见陈寅恪《唐代政治史述论稿》，上海古籍出版社1997年版。

古代文化"①，前者陈寅恪将长安文化以"区"论之，亦是一例，都特别强调长安文化在地理边界上的延伸性和宽泛性。从时间范畴而言，长安作为周、秦、汉、唐等十余个王朝的都城，在漫长的历史演变中其基本文化母体的内涵也在不断地充实和更新，陈寅恪认为，长安文化在唐以前一直处于发展和上升阶段，到唐宋之交的文化革命时刻开始衰落，但其影响却一直延续到现代。因此，在时间范畴上长安文化亦具有延伸性和宽泛性。基于时间和空间双重范畴的考虑，厘定长安文化的基本内涵就不能以一个时期的文化形态为规范，而应该检视所有历史时段所呈示的总体特征。

任何一种文化都会在物质和精神两个维度上体现出来，出于命题的需要，关于长安文化的讨论我们更重视从其精神维度上考察。长安文化的源起可以上溯到西周早期，这个时期是长安文化的胚胎孕育期，经过东周的发育，长安文化具备了大致的雏形。周代的长安文化雏形与秦文化合流之后，就形成了长安文化的基本母体。此文化母体在汉、唐这两个封建鼎盛时期，经过各民族间极为广泛的交流和渗透，逐渐演化成以周秦文化为内核，又融合了楚越文化、齐鲁文化及西域边疆文化等不同异质文化的结构，到唐代已达到极盛，终于形成了一种多元并存的综合性的精神文化形态。特别值得关注的是，长安文化兼容了儒家文化的济世思想、道家文化的天人理论、佛家文化的悲悯情怀，这些精神质态与开拓奋进意识、以大为美意识、历史言说意识等结合之后，就形成了长安文化的基本精神核体。尽管长安文化在不同的历史时段可能会表现出不同的图景，但都会显示出它一以贯之的精神核体，并从精神文化的维度上体现出来。而长安文化的精神核体一旦形成，便具有了稳定性，它"具有强大的自我更新能力，能适应千百年时代的变迁，不断将本民族精神与时代精神相调节，将各种营养消化于自己的肌肤中，并且抗衡企图改变民族基本精神的外来影响"②。这些精神核体不仅在古代众多作家如司马迁、李白、杜甫等的诗文中有饱满的表现，而且在 20 世纪的作家，尤其是在当代秦地作家的创作中亦有真切的释放。它的影响均及于题材的选择、主题的提炼、表述的方式、风格的形成和语言的传达等

---

① 赵文润：《西魏北周时期的长安文化》，《人文杂志》1993 年第 3 期。
② 黄新亚：《长安文化与现代化》，《读书》1986 年第 12 期。

文学的众多层面。而史诗规模的构架、恢弘气象的追求、宏大叙事的营造，以及对厚重底蕴的格外器重等，是长安文化精神之于当代秦地文学生成的最为直接的美学规范。

另外，根据长安文化不同的传播和接受方式，大致又可以将它区分为士层和民间两个文化系统。这两个文化系统，对儒家文化、道家文化、佛家文化及地域性文化等进行了不同的择取与重构，在内容上既有交叉互渗，在价值判断上又迥然有异，但都影响着当代秦地作家的创作。长安士层文化的源头可追溯到先秦，确切地说，应该是远在孔子校订《诗经》之前。《诗经》中的"雅"和"颂"，无疑是士层文化的见证，"颂"作为祭祀周人祖先的歌功颂德之作，代表了统治阶级的文化正统；"雅"作为官僚贵族之间的应答之作，或抒怀吟咏之作，其寓意之曲折和趣味之高雅当然与市井、草根之作泾渭分明。长安由于在封建社会长期处于政治、经济、文化的中心地位，这种士层文化作为一脉，在精神向度上经过后世文人士大夫的承袭与张扬，遂成为古代中国文学知识分子主要的创作资源之一。与士层文化相对应，长安民间文化的酝酿期也是在先秦，《诗经》中的"秦风"一类典型地体现了其精神底蕴。士层文化较为关注精神界面与制度界面，而民间文化则更倾向于人的心灵世界和风俗道义。长安士层文化曾几度成为古代中国的文化主流，深刻地影响了历代知识分子的人格构成和精神状态。长安民间文化，作为身处社会底层的弱势群体的精神寄托，以乡土文化、神秘文化、侠义文化和秦腔文化为其基本形态，同样深刻影响着中国传统文化的整体风貌。

在这样的文化背景上，纵览20世纪秦地作家的文学活动，可以发现，他们虽不像秦地古代作家一样长时间引领文学思潮的主流，但因为秉承了长安文化的精神核体，在创作的美学范式上仍别具格调，于"京派"、"海派"等流派之外独标神韵。本文的立意不是要梳理长安文化与历代文学知识分子创作之间的渊源脉络，而是要探查长安文化与当代秦地作家之间的精神联系。当然，关于这个问题可以从多种视角切入，但为了避免停留在浅表层次的现象描述，本文力图从"传统与现代"、"城市与农村"两个维度，以及"题材选择"、"主题话语"、"风格追求"和"叙述方略"等方面进行探析。

一 乡土与农民:当代秦地作家的题材选择

如果将长安文化作整体观,我们会发现它是一种建构在农耕文明积淀基础上的综合形态的文化,这种文化在质态上与唐宋之际在东南沿海地带逐渐兴起的以商业活动为主体的城市文化有着天然的分别,农业文化的稳定性和持久性造就了长安文化最基本的性格特征,即"农"成为了秦地人原初的精神边界与范畴。这样,"农"的行为意识、"农"的审美趣味、"农"的精神取向也相应成为秦地作家基本的文化心理结构。冯友兰曾指出:"农的眼界不仅限制着中国哲学的内容,而且更为重要的是,还限制着中国哲学的方法论","农所要对付的,例如田地和庄稼,一切都是他们直接领悟的。他们纯朴而天真,珍贵他们如此直接领悟的东西。这就难怪他们的哲学家也一样,以对于事物的直接领悟作为他们哲学的出发点了"。① 这种文化心理结构的传承是如此的夯实,以至于有些当代秦地作家如贾平凹,尽管在城市生活了很久,也无法从根本上有效转型,不能以城市人欣喜的心情看待瞬息万变的城市万象。贾平凹在物质文化繁荣的城市依然对遥远的山地故乡有着深切的凝望,他在这种眼神中有着更多的对长安文化的依恋,而当两种文化,即城市文化与乡土文化发生剧烈的碰撞时,他宁愿复归到乡土文化中去,从中寻找灵魂的栖息地,他说:"慰藉这个灵魂安宁的,在其漫长的二十年里是门前那重重叠叠的山石和山石上圆圆的明月……山石和明月一直影响我的生活,在我舞笔弄墨、挤在文学这个小道上时,它又在左右我的创作。"② 贾平凹的文化心理的确具有极大的代表性,当代秦地作家大多出身于农家,从他们睁眼看世界的第一刻起,触摸和体验到的就都是"农"的形状、"农"的味道和"农"的颜色,当他们从事创作时,农民、农村和农业生产活动自然就走进了他们的文学空间,成为他们主要的题材选择。

乡情、乡思、乡恋,在路遥的小说世界中,构成了重要的审美内容。他曾说:"我是农民的儿子,对中国农村的状况和农民命运的关注尤为深

---

① 冯友兰:《中国哲学简史》,北京大学出版社 1985 年版,第 32 页。
② 贾平凹:《山石明月和美中的我》,《钟山》1983 年第 5 期。

切。不用说，这是一种带有强烈感情色彩的关注。"① 路遥的"关注"，不是"爱"与"恨"的交织，更不是"怨"与"哀"的诅咒，而是以赤子之心的依恋，把自己融入生于斯长于斯的黄土地。尽管秦地作家在20世纪90年代之后，对长安民间文化浸润下的农村和农民不乏冷峻的反思和自觉的文化批判精神，如杨争光笔下的村社，但因为骨子里对这块大地的过于挚爱，血脉中流淌着长安文化的余热，终究难以建构起像鲁迅一样的对传统文化的反思力度和深度。

乡土文化的稳定性和持久性又与城市文化的时尚性和短暂性形成了鲜明的比照，也许是出于一种警惕和提防心理，当代秦地作家于城市文化的体验，更多的是城市文化中的消极与颓废，是城市文化对行为主体的人格异化与灵魂腐蚀。这也就不难理解，为什么出现在秦地作家文学空间的"城市"常常与"海派"作家笔下的城市大相径庭。"城市"不仅对秦地作家而言是陌生的，而且即使"城市"出现在他们的文学空间，也往往是喧嚣的、肮脏的、纷乱的，是一个"异化"之地。在《白鹿原》中，我们看到的西安城是一个死尸遍地、臭气熏天、瘟疫横行的地方，绝不是安身立命的好去处。同样，在《废都》中，闯入城市生活的他者如庄之蝶，是不甘沉沦又难以自拔因而苦闷异常的文人，他们已被城市异化，不断咀嚼着失去自我的悲哀。路遥是一个执著于探究城乡交叉地带行为主体精神流变的作家，在《人生》中，主人公高加林尽管有过城市经历和体验，但后来他终于明白，他的精神家园还是在农村。这其实也昭示出秦地作家深层的文化心理结构，即他们离不开"乡土"这个精神家园，在面对"城市"与"农村"的抉择中，他们会毫不犹豫地选择"农村"。

乡土和农民作为秦地作家在题材上的整体性抉择，一方面是由于秦地作家敏锐地发现了长安文化关于乡土所提供的丰厚的话题资源；另一方面，他们也觉察到了长安文化对秦地人持久的塑捏意义，文化在三秦大地上似乎具有更柔韧而永恒的力量，使一切行走于这片大地上的行为主体不得不将长安文化作为他们行为的原点和支点，并由此而生发出一种强烈的身份认同感。秦地作家对乡土文化有着相当复杂而矛盾的情感，他们深知这种文化在全球化的今天绝不会是主流，但对这种古老文化的眷恋又使他们在文化的质态上追加了过多的乌托邦式的幻想，也因而在20世纪的

---

① 《路遥文集》第2卷，陕西人民出版社1993年版，第376页。

"文化寻根"热潮中很快就凝聚成了一个阵营——陕军东征。毋庸置疑的是，当代秦地作家多多少少有种"文化保守主义"的迹象，这实际上也涉及五四以来一直争论的"现代与传统"的话题。五四启蒙者曾力主废除传统、全面西化，改革开放之后"西化"之风复燃，而伴随着"西化"滋生的流弊却足以触目惊心，这样，原本就对城市文化和西化现象怀有戒备甚至排拒心理的秦地作家一如既往地挖掘传统，在乡土文化中寻找题材也就成为情理之中的事情了。但终究城市化和现代化是中国社会发展的总趋势，这种趋势不是地域性力量可以逆转的，秦地作家迟早要告别农村而走向城市，长安文化所提供的一切资源也必须经历一个现代化的过程，而未来秦地作家的领航者也必须在传统文化的现代化方面把握住精神实质，才有可能再攀文学的新高度。

二 悲悯与进取：当代秦地作家的主题话语

如果说当代秦地作家在题材的选择上，更多地是从乡土文化，即长安民间文化着眼的；那么，在主题话语的生成上则同时倚重长安士层文化系统，具体说，就是承继了其士层文化中的悲悯、济世情怀。"悲悯"是作家之于人类悲剧性存在的一种独特的心灵感受和精神把握，是个体建构在对群体命运的思考和感受基础上的崇高情感，其价值在于对人类苦难和悲痛的担当与救赎，《诗经》"秦风"中的《采薇》、《苕之华》、《何草不黄》等篇章已透露出浓厚的悲悯情怀，这种传统在司马迁的《史记》中得到了强有力的阐释与补充。有唐一代，抒发悲悯情怀更成为咏史诗的基本母题，那些随历史的风云变幻而产生的悲剧命运及由古今之变所带来的幻灭感，在李白、杜甫等的诗文中都得到了真切的表达。

当代秦地作家承继了司马迁、李白等古代作家的流风余韵，也无不在他们的作品中注入那种悲剧性的人生体验，揭示由于人性的种种邪恶而造成苦难的真相。他们不仅对一切道德高尚心地善良而命运多舛的人物充满了同情，而且即使面对那些心灵卑琐、行为恶劣的小人也同样充满了悲悯，写出了他们无奈、寂寞而凄惶的心境。他们看到了世人所面临的苦难，对人类由于人性缺陷而遭致的灾难报以同情和怜悯，并希望通过自己的努力，暴露出真相，目的在于能使人们警醒，并设计了真正走出苦难的社会蓝图与人生图式。① 此外，当代秦地作家身处社会的大变迁、文化的大转型之中，他们所坚守的乡土文化正遭遇空前的颠覆，商业文化的枝蔓已延伸到长安文化的末梢，这同时在他们的文化心理深层滋生了一种浓重的忧郁感和彷徨感，也使他们更快地觉察到文化传统的日渐沦丧，以及精神家园的日渐颓败，并因之强化了他们悲天悯人的情怀和精神返乡的决心。以悲悯为主导意识，使当代秦地作家相应远离了肤浅，远离了游戏写作，一种厚重感油然而生。路遥对底层人的创伤、屈辱和苦难的展现的确是刻骨铭心的，他笔下的人物都在进行着痛苦的个体性生存价值的实现，他同时以缱绻之心为其笔下的乡土群体提供了精神尊严，给那些受伤的心灵以精神抚慰。

某种意义上说，"悲悯"是中国文学基本的审美情感之一，屈原之后，大凡有成就的作家似乎都具备这种品质。我们在此所谈论的"悲悯"，则多指长安文化所孕育出的一种艺术精神，它除了一般意义上悲天悯人的情怀之外，还渗透着大同意念与乌托邦幻想，以及由此而来的现代性焦虑。这里的现代性焦虑，主要表现为鸦片战争以来潜意识支配下一定程度的民族失败感、民族国家主权的危机感和现代化进程中滋生的失望感。但当代秦地作家并非以救世主的姿态出现，也没有着意成为民族寓言的讲述者，他们的本意是要代弱势群体立言，为那些持久的沉默者诉说，以促使人类的大同与和谐早日到来。于是，这种悲悯在秦地作家的笔下更像是一种仪式，一种类似于宗教般的虔诚与倾诉。而且，为了升华这种悲悯情怀，秦地作家又往往将其与另一种重要的精神资源，即与进取精神相结合，也因此使这种悲悯超越了同情与怜悯的表象，最终使读者接受其生存的理由和劫后的痛思。

作为长安文化母体的周秦文化，以进取精神著称。我们今天所能看到的《诗经》"颂"当中的《生民》、《公刘》、《绵》、《皇矣》、《大明》等诗，就叙述了自周人始祖至武王灭商的全部历史，这也是一部奋斗史和进取史。秦国在东周早期是个地处西部边地的小国，后秦穆公、秦孝公等历经数代不断地开疆拓土、勇猛精进，终于至秦始皇而统一六国。其后的汉武帝、唐太宗亦以进取精神为垂范，缔造了两个文明史上的泱泱大国。所以，进取精神是长安文化中不可或缺的重要资源。

---

① 参见摩罗《不灭的火焰》，中国工人出版社 2002 年版，第 256 页。

20世纪五六十年代，秦地作家的进取精神集中表现为民族国家想象及其构建，其最明显的表征就是对新中国建立前的历史的重新讲述，以及对新中国现实的由衷肯定，前者如杜鹏程的《保卫延安》，后者如柳青的《创业史》。在《保卫延安》中，洋溢着昂扬的进取精神，这种进取精神因与主流意识形态具有高度的一致性，并借此获得了充足的合法性。主人公周大勇的坚强的信仰力量，正来自于他对观念中的新中国的憧憬，也来自于他对新生活的激情想象。而在《创业史》中，梁生宝和他的互助组艰难的创业历程，体现了我们这个苦难民族自力更生、发愤图强的顽强意志，奏响了一曲新中国成立初期慷慨激越的主旋律。

进入新时期，这种进取精神又在长安民间文化中找到了更广阔的土壤，值得关注的是，当这种进取精神与本土性神秘文化、侠义文化和秦腔文化汇聚之后，便呈现出鲜明的地域风致。首先，从人物谱系来看，秦地作家多倾向于展示硬汉人物的精神世界，这些硬汉人物往往具有超常的行动能力和担当苦难的勇气，他们可以顶着各种逆境和困境，甚至是天灾人祸也要去实现其社会理想，决不轻言放弃人生信念，如《平凡的世界》中的孙少平，《白鹿原》中的白嘉轩。其次，是对底层群体另类生存状态的展示和强力意志的张扬，像高建群的《最后一个匈奴》、贾平凹的《五魁》、《白朗》、《美穴地》等，阅读此类作品，极易使人联想到《史记》中的《游侠列传》和《刺客列传》，这些作品中的人物类似于侠客，但不一定有过人的技击能力，他们呼唤身心的双重自由，率性而为，是底层社会中用行为言说的一群，他们与三秦苍凉辽阔的大地是融为一体的。再次，是狂欢式苦难图景的依次展现，苦难似乎在秦地小说中是生存的常态，人物在苦难中成长和成熟，正如同基督教徒必经历洗礼，并伴随着秦腔文化激越苍劲的情感宣泄。也正是在苦难图景的喧腾中生命得以升华，信念得以延传，民族向心力得以凝聚，从而使这种苦难图景的展现具备了大众狂欢的色彩，像《西去的骑手》中主人公马仲英、《关中匪事》中主人公墩子的成长和成熟就是如此。

三 恢弘气象与史诗品格：当代秦地作家的风格追求

中国传统文论在涉及文学与地域文化关系的命题时，其实主要是关注文学风格的形成及其审美效应，如梁启超《中国地理大势论》中有："燕赵多慷慨悲歌之士，吴楚多放诞纤丽之文，自古然矣。自唐以前，于诗于文于赋，皆南北各为家数。长城饮马，河梁携手，北人之气概也；江南草长，洞庭始波，南人之情怀也。散文之长江大河一泻千里，北人为优；骈文之镂云刻月善移我情者，南人为优。盖文章根于性灵，其受四周社会之影响特甚焉。"① 作家总是在一定地域中存在的，故其文学风格难免要携带大量地域文化的信息，不能不昭彰文学风格的地域性。我们在此研讨当代秦地作家的风格形态时，则略去作家的个体风格不论，主要窥视长安文化之于秦地作家的总体美学规范，尤其是现代化语境中当代秦地作家对这种美学范式的承继与融通。

长安作为历史悠久的都城，事实上在秦汉之际已培育出都市精神，汉武帝时期由于物质文化和经济实力的不断增长，使处于上升阶段的帝国意气风发，踌躇满志，而其时的社会风气之于文学的直接影响，是造就了闻一多曾总结的"以大为美"的审美趋向，这种审美趋向遂被作为长安文化的一个标志性传统一直延续下来。"以大为美"的审美趋向在汉赋中得到了完美、有力的表达，从《汉书·艺文志》所辑录的一千余篇汉赋来看，或歌颂王朝的威仪，或铺陈帝都的形胜，或渲染游猎的盛大，或夸饰宫殿的奢华，不仅体制大、规模大、立意大，而且弥漫着一种大气、一种豪气和一种霸气。司马相如的《上林赋》、《子虚赋》，班固的《西都赋》，扬雄的《甘泉赋》、《羽猎赋》，张衡的《西京赋》等都是此类文体的杰作。"以大为美"的审美趋向，在汉大赋中被具体化为雄浑壮阔的气势、奇谲飘逸的格调和疏朗跌宕的文采。汉赋中"以大为美"的审美趋向在唐代则更是演变为"盛唐气象"，成为后世作家毕生追求的理想境界。南北宋之交的叶梦得在《石林诗话》中关于杜诗的评论，就有"气象雄浑"的断语。南宋的严羽在《沧浪诗话》中指出唐、宋诗人之所以有差距，其最大的美学分别就是"气象不同"。而所谓"盛唐气象"，在美学风格上则主要指雄浑和豪放，这种美学风格特别在盛唐的边塞诗中得到了酣畅的展现，它也是一个时代的性格形象，是中国诗歌最为天籁的音调。从长安文化的主导审美趋向来判断，无论是汉代的"以大为美"，还是唐代的"盛唐气象"，我们都可以将其风格形态概括为"恢弘气象"。

---

① 梁启超：《中国地理大势论》，载刘梦溪主编《中国现代学术经典·梁启超卷》，河北教育出版社 1996 年版，第 707 页。

汉唐之际所形成的恢弘气象作为一种风格形态，早已根植于秦地作家的潜意识之中了，千百年之后，我们仍可以从当代秦地作家的创作中发现它强旺的生命力。

20 世纪 50 年代初期，《保卫延安》一经问世，便以其雄浑壮阔的美学风格震惊了文坛。当时的评论界虽然已经很熟悉茅盾《子夜》所开创的"社会剖析小说"范式——"大规模地、全景式地反映刚刚逝去不久的、甚至是正在发生中的社会现实，表现各种矛盾斗争中的阶级和人的创造气魄"①，而当他们面对《保卫延安》这个特殊的文本时，仍为其强烈的进取精神和英雄主义基调深受感染。《保卫延安》的确对其时的接受者来讲，是一个既熟悉又陌生的文本。说它"熟悉"，是因为它在很多方面都表现得与《子夜》极其相似，如两者均有历史性的巨大内容、宏伟的结构和尽量追求客观的叙述；而说它"陌生"，是因为它在文本中有一种特殊的"气象"，这种气象与司马相如的汉大赋如出一辙，都尽显文本的肆意狂欢，事实上其美学效应比《子夜》范式显得更大气、更荡气回肠，以至于评论家一时难以找到恰当的风格术语来概括，只停留在"史诗性"这个话语场进行讨论。那个时代的研究者因为局限于意识形态解读，习惯性地从社会的整体语境进行分析，尚不能联系地域文化进行深入的探察，所以对《保卫延安》所呈现出的地域性风格语焉不详。现在看来，《保卫延安》正体现出长安文化对当代秦地作家的美学影响，即恢弘气象的风格追求。我们在上文谈到的"以大为美"和"盛唐气象"都是一种文本的狂欢式释放，其文本中昭彰的积极的人生态度和昂扬的社会精神，以及豪迈劲健的文学话语，标识出典型的汉唐式狂欢。《保卫延安》是当代语境中汉唐式狂欢的再一次释放，因为它深刻贯注了长安文化的神韵，所以，在"十七年"文学中，我们难能见到同时代不同地域的作家在风格形态上能与《保卫延安》相类似，尽管那是一个以史诗性文本和革命浪漫主义为规范的时代。

《保卫延安》发表 5 年之后，柳青的《创业史》在《延河》杂志开始连载。这部小说在结构上的宏伟壮美，气势上的阔大恢弘，堪称新中国成立以来的小说之最，它也是新文学史上屈指可数的多卷本系列长篇小说之一。《创业史》问世之后，成为文坛上的一个重大事件，当年参与研究的

---

① 钱理群等：《中国现代文学三十年》，北京大学出版社 1998 年版，第 222 页。

人数之众、研究规格之高就是在今天来看都是罕见的。在《创业史》风格形态的认知上，研究者普遍将其看作是一部"史诗性"的、"纪念碑式"的作品。关于"史诗性"，洪子诚有过精彩的判断，他说："'史诗性'在当代的长篇小说中，主要表现为揭示'历史本质'的目标，在结构上的宏阔时空跨度与规模，重大历史事实对艺术虚构的加入，以及英雄形象的创造和英雄主义的基调。"[①]《创业史》的史诗性在生成的维度上与《保卫延安》具有异曲同工之妙，正如冯牧所言，《创业史》"是一部深刻而完整地反映了我国广大农民的历史命运和生活道路的作品，是一部真实地记录了我国广大农村在土地改革和消灭封建所有制以后所发生的一场无比深刻、无比尖锐的社会主义革命运动的作品"[②]。冯牧的确发现了弥散于《创业史》中的是一种历史言说的激情，一种探索"农民的历史命运和生活道路"的历史哲学意识。柳青怀着悲悯而振奋的心情，深刻关注着一个在苦难中长大的农家子弟如何在乌托邦想象中去艰苦创业，由梁生宝的个人奋斗到人民公社的群体创业，叙述者在历史的言说中完成了对新中国的由衷肯定，并确认了新秩序产生的历史必然性。

无论是《创业史》，还是《保卫延安》，作品中那种历史言说的激情都是有目共睹的，其史诗品格也是评论界所公认的。这个现象不能不让我们萌生疑问，为什么秦地作家如此热衷于历史言说？当然，除了柳青、杜鹏程所处时代的整体语境，即那是一个激情燃烧的时代，是一个讲史的时代之外，恐怕还很有必要从长安文化中进行追溯，因为新时期以来的秦地作家同样热衷于历史言说。历史言说意识是长安文化形成中极为重要的思维方式，它关涉一个群体的社会经验的沉淀和文化身份的确认。前文提及《诗经》"颂"当中的《生民》、《公刘》、《绵》、《皇矣》、《大明》等诗，叙述了自周人始祖至武王灭商的全部历史，已注入了浓厚的历史言说意识，由此开了风气之先，这种历史言说意识在随后漫长的岁月里被不断强化和深化，至司马迁更是把这种意识推向了极致。司马迁在《报任安书》中所阐述的"究天人之际，通古今之变，成一家之言"的史学观和文学观，千古而下，深刻影响着秦地作家的创作，故此我们不难理解，史诗品格的追求始终是当代秦地作家一个无法绕开的风格情结。

---

① 洪子诚：《中国当代文学史》，北京大学出版社1999年版，第108页。
② 冯牧：《初读〈创业史〉》，《文艺报》1960年第1期。

　　柳青的《创业史》和杜鹏程的《保卫延安》以其鲜明的美学风格赢得了人们的敬重，更为重要的是，他们也为当代秦地文学奠定了基本的美学范式，即文学风格形态上的"恢弘气象"和"史诗品格"。新时期以来，特别是进入 20 世纪 90 年代，这种美学范式得到了全面的张扬，《平凡的世界》、《白鹿原》、《废都》、《浮躁》、《八里情仇》、《最后一个匈奴》和《热爱命运》这些标志秦地重量级长篇小说的适时发表，引起了评论界的极大关注，研究者不能不惊叹在中国文学整体滑坡和委靡的境遇中，在文坛盛行"私人化写作"的整体氛围中，当代秦地作家却能以刚健、清新的文风独领风骚，人们似乎又一次看到了渴望已久的"魏晋风力"。需要注意的是，新时期秦地作家所追求的史诗品格，某种意义上讲，也是一种历史意识的体现，这种历史意识的存在就是要透视历史本质，还原历史真相，所以，此类具有史诗品格的作品不一定要塑造英雄形象和创造英雄主义的基调。以此观之，我们也会发现，《白鹿原》、《最后一个匈奴》等作品所追求的史诗性，是民族秘史，是民族文化史与人性史、心灵史的融会。而贾平凹的一些中长篇和杨争光的一些中短篇，却是"立足于非史文化意识，主要描绘正史圈外的原生态野史，构成一种审美形态的'非史之史'"①。当然，生成当代秦地作家"恢弘气象"和"史诗品格"风格形态的元素，除了长篇体式、历史言说之外，其所体现出的积极的现实主义艺术精神、劲健雄浑的文学话语等，也都是不可忽视的重要方面。秦地作家在其创作中表现出的这种美学追求在当代文学史上意义重大，《保卫延安》、《创业史》的经典范式不仅影响深远，而《白鹿原》、《平凡的世界》等作品则在新时期多元文学格局中也构成了一种巨大而独特的存在。

四　宏大叙事与传奇演绎：当代秦地作家的叙述方略

　　在小说文本中，叙事是最大的现实，离开了叙事则一切都无从谈起。而所有的叙事均涉及两个问题，即"讲什么"和"怎么讲"，我们在此重点分析长安文化背景中当代秦地作家"怎么讲"的问题，也即叙述方略

---

　　① 肖云儒：《史诗的追求和史诗的消解——陕西小说历史观追溯》，《小说评论》1994 年第10 期。

的问题，显得尤为重要。

法国理论家利奥塔在"后现代"研究中提出了"宏大叙事"的概念，他认为后现代主义的"基本态度"是"不相信宏大叙事"，利奥塔之所以如此抵触宏大叙事，是因为在他看来，宏大叙事中含有未经批判的形而上学的成分，它赋予了叙事一种霸权。[①] 毋庸置疑的是，利奥塔的观念中多少有某种意识形态偏见，他关于"启蒙"和"革命"的质疑，却正反映出极端化的自由主义者在"去中心"之后的迷惘与焦虑。我们的正题当然不是与利奥塔进行商榷，而是企图从利奥塔"不相信"的"宏大叙事"中洞悉一种影响最为深远的叙述方式。"宏大叙事"既是一种叙事观念，又是一种叙事方式，而且还是一种叙事策略，过去的研究者大多忽略了其后两种维度，因此在"宏大叙事"这一术语的使用上也是流弊丛生。本文因为论证的需要，实际上是在三个维度上使用这一术语的。从叙事观念而言，所谓"宏大叙事"，可以从利奥塔的反向来理解，即是对重大社会历史题材的把握，在主流意识形态主导下以哲学的和历史的眼光透视此类题材的深广度，全景式地钩沉社会内容和历史内容，以复现多层次的社会生活画卷。很显然，宏大叙事是建立在作家崇高的使命感和责任感基础上的一种叙事理念，它也是现实主义文学最为重要的叙述方式。宏大叙事的缘起与中国文以载道传统的关系极为密切，中国文学史上的经典之作大多具有宏大叙事的胎记。

作为长安文化精神核体的济世思想和悲悯情怀，本质上走的是重群体和整体的思维路线，加之道家文化中天人理论的渗透，使长安文化倾向于对事物的宏观把握，而这种倾向因为与历史言说意识具有更多的契合点，两者融合之后极容易形成宏大叙事。在古代中国，长安几度成为权力中心，也同样通过其文化系统培育出了胸怀全局、积极参政的行为主体，而当这些行为主体一旦走上"立言"的道路，宏大叙事必然成为他们的选择。《史记》叙述了从轩辕黄帝到汉武帝数千年间政治、军事、制度、文化、外交以及种种人物的历史轨迹，倘若不采纳宏大叙事的叙述方略从历史的全局宏观把握，司马迁又如何能完成这一浩大的叙述工程？安史之乱后的杜甫，亦以宏大叙事的眼光看待这段历史的悲剧，故能创作出"三

---

① 参阅朱立元、李钧主编《二十世纪西方文论选》下卷，高等教育出版社 2002 年版，第398 页。

吏"、"三别"这样的旷世之作。当代秦地作家正是承续了宏大叙事这一传统，故而能够在当代文学的叙事中显示出其创作群体的凝聚力量，也才能将汉唐神韵在当代语境中重新释放。

在《白鹿原》中，其情节的时间跨度从辛亥革命、第一次国内革命战争、抗日战争、解放战争，一直到新中国成立，涉及大量的国事与民事，以及耕种、婚丧、教育、人际交往等民生事件，情节不可谓不浩繁。由此观之，作为一种叙述，宏大叙事的情节构成，往往具有较大时空跨度的大型化的情节规模。秦地作家因为深受《史记》的影响，强调讲史的格局，常以中心人物组织其情节结构，在情节的运作上也是以事带人，从而强化了文本的故事性。从人物形象的谱系来看，宏大叙事在全力创造典型形象的前提下，亦需创造类型化的形象，还是在《白鹿原》中，作家出于表明其文化立场的需要，创造了朱先生、黑娃等类型化的人物，这些人物虽然缺少性格的丰富性和生动性，但却能很有效地实现作家的文化指向。因为这些类型化人物"易于辨认，只要他一上场就会被读者感情的眼睛而不是视觉的眼睛所觉察"①。这些类型化人物的存在，对于营构宏大叙事很有意义，因为他们能与社会群体的价值想象相一致，从而深化读者的价值认同，换句话说，宏大叙事的"互文性"往往体现在社会的整个价值体系和观念体系之中。

在叙事学视野中，叙述主体具有举足轻重的意义，因此，当我们谈及当代秦地作家的叙事时就不能不研究其叙述主体。作为小说文本的叙述主体，是由小说的作者、隐含作者、叙述者构成的特殊关系。小说的作者是现实的人，处于文化网络中的人，但他可以超越现实，虚构种种可能的世界，从而建构一种诗意的人生样态。《白鹿原》的作者陈忠实是生活在长安文化背景中的现实的人，他的人生阅历、知识结构和美学经验，早已框定了他的文学眼界，因此他的创作决不会等同于张恨水或者张爱玲，对宏大叙事的偏执，是长安文化赋予他的一种地域气质。营构宏大叙事同样离不开叙述者和隐含作者的存在，有意味的是，作为当代秦地作家美学旨趣体现者的叙述者，却是清一色以第三人称全知全能的视角叙述的，他们甚至对限制性叙述都不采纳，但从文学接受的经验来判断，采用全知叙事却

---

① 福斯特：《小说结构》，转引自王先霈等《文学批评术语词典》，上海文艺出版社1999年版，第201页。

可以立体、交叉地观察被叙述的对象，叙述者可以从一个叙述位置任意移向另一个位置。宏大叙事因为既要反映生活的全景，又要从这种全景中揭示历史的本质，故全知叙述成为他们必然采用的一种方式。如在《保卫延安》中，叙述者时而置身于我党我军的领导人之间，时而迂回到国民党高级将领之间，时而在战场，时而又在后方，时而在凝视我军将士的惺惺相惜，时而在观察国民党党棍与军阀之间的尔虞我诈，叙述者的无处不在为读者宏观、清晰地把握全景、全貌提供了极大的便利。而隐含作者的确立，拉开了现实的作者与小说价值体系的距离，替代了作家直接干预作品的主观情绪，承担起了种种读者对作家的非公正性诘难，也使作家的价值观更接近于受众，符合大众的情感欲望和价值标准。① 以《创业史》的阅读经验而论，我们总是能感觉到一个隐含作者的存在，他凝视着梁生宝的创业行为，凝视着梁三老汉等一系列人物的守旧、自私和固执，并最终对所有人物进行了裁判。这个隐含作者实际上也聚合了柳青所有关于真、善、美的价值想象。

当代秦地作家的叙述方略，在宏大叙事之外，其传奇演绎也非常值得关注。鲁迅曾这样阐释"传奇"："传奇者流，源盖出于志怪，然施之藻绘，扩其波澜，故所成就乃特异。"② 在鲁迅看来，传奇的根本在于叙述奇人怪事，而叙述中也不免夸饰与奇特。传奇演绎在长安文化中根深蒂固，由来已久，《诗经》"颂"中的《生民》、《公刘》、《绵》、《皇矣》、《大明》等这些叙述周人始祖及后辈艰苦创业的叙事诗，本身就是一部传奇故事，充满了神话意味，可视为传奇演绎的肇始。传奇演绎在《史记》中格外引人注目，《史记》虽以"实录"精神著称，但在叙述具体历史人物时却处处可见那些特异性的事件，这些特异性事件是《史记》艺术魅力的必要构成，如在《五帝本纪》中就叙述了舜帝、周人始祖后稷等经历的传奇人生，对其他人物，即使是一些布衣、草根群体的叙述也同样注重其经历、言行的传奇性。传奇演绎的叙述观念，发展到唐传奇可谓登峰造极，鲁迅在《中国小说史略》中曾专列三章，详细考察了传奇叙事的源流。

当代秦地作家不可能无视长安文化中传奇演绎的叙述传统，实际上这

---

① 参见 W. C. 布斯《小说修辞学》，华明等译，北京大学出版社 1987 年版，第 84 页。
② 鲁迅：《中国小说史略》，百花文艺出版社 2002 年版，第 47 页。

种叙述传统从《保卫延安》到《西去的骑手》都体现得非常鲜明。如果稍作分析，就会发现秦地文学中传奇演绎的共性特征，一是无论凸显"纪实性"还是铺展"虚拟性"，这种传奇演绎都追求非常态的奇特性和实质上的浪漫性；二是这种传奇演绎都表明了其非正史性和非正史意识。这两个叙述特征在本原上均与长安民间文化系统有关，即乡土文化、神秘文化和侠义文化使然。宏大叙事与传奇演绎在当代秦地作家的创作中是作为叙事的两极存在的。《保卫延安》、《创业史》、《白鹿原》、《西去的骑手》、《最后一个匈奴》等作品不仅追求宏大叙事，在壮阔的文学视野中多层次地展现生活真实和历史真实，同时以传奇演绎为叙事的另一维度，对一些奇闻逸事进行记录和推衍，尤其是对一些以地域性的风俗习惯、人情人事为依托而具有奇幻色彩的故事进行推衍。如果将《白鹿原》中的传奇演绎全部进行转换或者删除，其艺术性、可读性必然要大打折扣。仅以《白鹿原》的开篇为例，"白嘉轩后来引以为豪壮的是一生娶过七房女人"，体现了典型的传奇演绎的思维方式，将故事的奇特性置于最醒目的位置，以引起阅读者的最大关注，看到这段文字，读者会产生极大的新奇感，随之滋生阅读下去的兴趣。实现了这个意图之后，叙述者开始对白嘉轩奇特的婚姻展开演绎就具有了合理性与合法性。当然，在《白鹿原》中，宏大叙事与传奇演绎是经常进行交替、转换的，从而使接受者不断遭遇期待挫折，也同时不断获得阅读的快感和满足感。

结　语

无论从何种意义上说，长安文化都给当代秦地作家提供了丰富的精神文化资源，借助这种资源的滋养，秦地作家获得了自我表达的内容与形式，获得了自我确认的艺术内涵与文学品格。面对复杂多变的生活万象与多元文化并存的当代境遇，秦地作家仍对置身其中的长安文化有着强烈的认同感与归属感。在这样的背景情态下，长安文化对当代秦地作家的创作产生了极为深刻的影响。

总体看来，当代秦地作家的叙事是以长安文化为底蕴的，这既是秦地文学的立足点，也是其叙事艺术展开的坐标。秦地作家对长安文化在现代化语境中的阐释与重构，是其文学精神生成的基础，也是其创作的根植与血脉所在，正是在这个意义上，秦地作家的创作才承载了丰厚的文化含量与意义深度。在题材的选择上，秦地作家将眼界一直延伸到乡土和农民精神状态的深处，而这种乡土叙事动机的产生，在很大程度上却是缘于他们对长安民间文化的怀旧与想象，并携带着对传统乡村现代化转型的深切焦虑。在主题话语的生成上，秦地作家承继了长安士层文化中的悲悯情怀和进取意识，由此培育出了一种深刻关注现实的文学精神，民族国家想象、底层群体生存状态的展示，及狂欢式苦难图景和生命强力意志的反复呈现，是这种文学精神的基本历史向度。在叙述方略上，秦地作家以宏大叙事和传奇演绎为叙述的两极，其渊源正在于长安长期处于权力的中心而在其文化中生成了一种美学规范，即以叙述的宏大与奇观为极致。长安文化的沉雄阔大，造就了当代秦地作家的襟怀与气度，表现在风格形态上，则被具象化为"恢弘气象"和"史诗品格"，秦地文学亦借此在多元格局中得到了身份确证。

虽然当代秦地作家迄今已成绩斐然，但就目前的力作而言，似乎还没有穷尽艺术探索的可能，更有推陈出新与完善的余地和空间。例如，如何使长安文化与当代秦地文学显现交相辉映、相得益彰，如何在文化的多元碰撞、融会并存中，强化秦地文学的艺术张力与表现力，使长安文化真正成为秦地文学之根，不仅成为文学寄生的土壤，而且成为文学得以滋润的源泉。各种途径显然是敞开的，一方面，需要通过当代秦地的优秀作家作品对长安文化进行更有力的整合、提炼和阐释，从而提升长安文化的现代精神内蕴，赋予长安文化以丰富的艺术表现形式和意义。另一方面，需要把长安文化置于多种文化的汇流中，追踪它既成的特性与衍变的命运，在新的文化阐释中获得更多表述与反映的可能性。再一方面，当代秦地作家对长安文化的自觉认同和接受也至关重要，这里既有历史传统作用力的因素，也有地域意识与文化倾向的因素，这就使得以长安文化为创作背景的秦地作家，总是能够凸显其鲜明的地域特色，并使长安文化最终成为他们想象力和创作激情的来源。

作者单位：陕西师范大学文学院

通俗的变异:沦陷时期的上海文学

张　曦

　　1937年夏,抗日战争全面爆发。随着日军铁蹄的侵入,中华大地四分五裂,敌占区、大后方、沦陷区、解放区、作战区……在整整8年的战争光阴里,因着战事的不断改变,各种名称也层出不穷。总的来说,全国划分为几大政治区域:国统区、解放区、沦陷区,这几大区域各自被割裂开来,也完全撼动和改变了原有的文化布局,原来的文化中心如上海、北平,随着文化人的大批流亡而相对沉寂,原来的边缘地区,如重庆、武汉、延安等地,则同样因为文化人的流入而活跃。本来就有着鲜明地域特色的中国现代文学,因战时形成的地缘政治文化的制约,在文学的整体发展方向和具体风貌上均体现出相当大的差异性。在同一时期,就如1943年,赵树理的《小二黑结婚》、《李有才板话》相继在解放区的华北新华书店出版,并作为实现了毛泽东“延安文艺座谈会上的讲话”为工农兵服务精神的作品而受到高度推崇;与此同时,天才奇女张爱玲在上海文坛横空出世,接连发表了次年结集为《传奇》的《沉香屑》、《茉莉香片》、《倾城之恋》、《金锁记》、《琉璃瓦》等主要代表作,其封闭而奇异的叙写,在沦陷上海绽放了一朵颓靡美艳的恶之花;也在这一年,作为七月派作家之集大成者,最得胡风“主观战斗精神”的文艺思想精髓的路翎,由生活书店出版了《饥饿的郭素娥》,并开始创作被称为“伟大的诗”的《财主和他的儿女们》;而华北沦陷区与张爱玲并称为“南玲北梅”的梅娘则在稍早的1942年写出了代表其创作高峰的《鱼》、《蟹》和《夜合花开》;鬼才徐訏出版的多部充满异国情调的浪漫主义小说,使他在1943年居国统区畅销书榜首,以至于被出版界称为“徐訏年”;大后方的茅盾由桂林书店出版了《霜叶红于二月花》,诗人艾青在桂林文化供应社出版了预示着胜利曙光的《黎明的通知》,同样在桂林,出版了“七月派”诗人田间《给战斗者》,稍早的1942年,则有九叶诗人冯至作为“生命沉思者之歌"的《十四行集》在桂林明日社出版……割裂的政治区域，导致了这些作品在题材、风格、精神取向等方面的迥异，乍一看似乎各自为政，毫无关联，但当我们仔细研读，却可恍然这些体现着鲜明区域文化特色的作品，各自代表了晚清以降关于文学发展的种种设计与想象。现代文学所可能具有的不同发展方向，在这里有了一个个具体的落实。当我们意识到这一点，我们就能发现，这些看似毫无关联的、受制于不同政治背景和社会制度的不同风格题材的作品，无论其眼光向内转向传统抑或向外更彻底的西化其实内在仍有着相同的根源；虽深深打上乱世的烙印，但又共同承接了五四以来新文学的传统。或者说，新文化传统微妙而深刻地改变了不同区域文学的走向，使我们在似是而非之间，在似乎最远离这一传统的文学里，仍能看见和嗅到它熟悉的身影与气息。

在这篇文章里，我将着重探讨沦陷时期的上海文学，它主要是一种通俗化、大众化、商业化的文学，但是，在言论受到压制、生命受到威胁的乱世危机之中，它所乐道的"日常生活永久人性"，却显示出不那么"通俗"不那么"商业"的意味，它在艺术创新上取得的不俗成绩，亦体现出新文学在上海 20 余年的发展，已经深刻的渗透和改变了通俗文学的格局。

一

沦陷区上海文学的"通俗化""商业化"取向，既有其深厚的传统，在这一特定时期，又具有了某种不得已而为之的苦衷。1941 年底的"沦陷"，其要害在于"租界"的消失，这是一个重要的事件。自 1941 年 12 月 8 日日军进占租界，这块历来为政治家、革命者、不同政见者提供荫蔽的"治外法权地"彻底不存在了，抗日爱国文学赖以活动的这块"孤岛"终于"沦陷"。日本侵略者次日即查封商务、中华、世界、开明、大东五大书店，检查各店存书，规定取缔书刊条例，包括宣传共产主义、有抗日言论、写有"东三省"字样的书籍图表，都在禁书之列，孤岛时期那些激烈的宣扬抗日言论的报纸、刊物，如《正言报》、《大美晚报》、《奔流新集》、《文苑月刊》等二十余种报刊，均被查抄、或被迫停刊。同时日军对抗日爱国作家实行种种迫害，许广平、朱维基、陆蠡、夏丏尊、赵景深等先后被拘捕或传讯，陆蠡更遭杀害。作家们为躲避迫害，纷纷离沪流亡，留居上海的如柯灵、王统照、唐弢等只能闭门隐居，沉默以对。启蒙—救亡文学的空间基本上丧失殆尽。

在这样严酷的时局下，能"平安"度过"沦陷"而继续发行、出版的，仅有陈蝶衣主编的《万象》、周瘦鹃主编的《乐观》和顾冷观主编的《小说月报》这样几份杂志，它们的背景都是商业公司①；而出版物则为程小青的侦探小说"霍桑探案"丛书几乎占据市场近半的份额。不论出版社还是杂志社，它们之所以能够一方面为当局所"容忍"，另一方面与日伪保持距离——拒不刊登向日伪献媚邀宠的文字，更与日伪炮制的"和平文学"、"大东亚文学"泾渭分明，甚至根本看不到有日伪背景的作家的名字——这跟它们注重编者个人趣味和读者市场、淡化政治色彩的办刊意识有关：沦陷前并不高喊抗战，沦陷后也与汉奸文学保持距离；既不向政治送秋波，也不与之公然对立唱反调，而关注市民读者所关心的日常生活、男欢女爱以及种种与个人生存相关的社会问题。此期最著名杂志之一的《大众》，就明确地将"不涉政治"和表现"日常生活永久人性"为办刊宗旨②。他们关心读者之所好、重视为读者喜爱，目的是为了扩大销量、获取利润，并将此视为对自己的肯定，《万象》自创刊之日起，销量逐月稳步上升，编者兴奋地宣称："这实在是太使人兴奋的事，本刊的销数，由五千递增到二万，现又突增至三万五千……"③ 它们尊重读者意见，常常为了读者的建议作适当的调整，有自己的不同想法、要求、苦衷，均向读者一一细加说明，同时也以自己的口味和取向，对读者作潜移默化的影响……应该说，对读书市场的占据和商业背景，使它们能够在艰险的世道获得生存，比较起其他刊物，这类刊物发行时间一般较长：《大众》、《春秋》自创刊之日起便一直印行不辍，成为极少数坚持到出版条件最为艰苦的抗战结束的 1945 年 8 月的杂志之一；《万象》也只是在柯灵被捕后一度停刊，不久又即复刊。同时在沦陷区这种特殊环境里，它们还成为抵制日伪言论渗透的一方园地，更为启蒙—救亡文学提供了一定的空间，《万象》自 1943 年为柯灵接编后，遂成为新文学作家在上海唯一聚集的园地，而《春秋》等杂志，更奉大后方的爱国作家茅盾、巴金等

---

① 例如《乐观》的主办者是上海九福制药公司，《小说月报》则是联华广告公司。
② 见 1942 年 11 月《大众》创刊号之《征稿简章》和《发刊献辞》。
③ 陈蝶衣：《编辑室》，《万象》第 1 卷第 11 期。

为正统。^① 在出版界，几个著名的出版公司被查封后，此期主要是一些名不见经传的、以营利为目的的小出版社，印行的作品也以市民读者喜爱的通俗小说、戏剧为主。^②

　　商业化文学在沦陷上海取得支配性地位，也反衬出日伪炮制的"汉奸文学"的不得人心、软弱无力。即便一些有日伪背景的刊物也没有什么政治言论：例如汪伪政府的宣传骨干朱朴在1942年创刊的"文史半月刊"《古今》，目录上虽"高官"、"名流"云集，但总体上弥漫着一种消沉颓唐、名士气、文人气极重的复古气味，而且钩微锁沉、无所不谈就是不谈政治。此期影响较大的综合性刊物《杂志》，背景系日方的新中国报集团，但是社长吴诚之、主编罗烽等，则均为奉共产党之命打入敌后搜集情报的地下党员、原左联成员。他们除了发表少部分应景文字和有日伪背景的作家作品外，主要是积极扶植新市民文学、注重文艺评论，表现了较为严肃的态度，甚至以含蓄的形式宣传马列主义文艺理论思想。《文友》、《文协》是有较多汉奸言论的刊物，但是其文学作品所占分量很轻；真正富于文学色彩的应推另一较有影响的"纯文学"杂志《风雨谈》以及主编柳雨生以敌伪资金接收的太平出版公司，在推出一批有价值的作品的同时，也推出了少许真正堪称"汉奸文学"的作品和书籍；不过总的来说，与商业化文学相比，因为不得人心，它们不论在数量上、作家上、对读书市场的占领上都大为逊色。

　　1943—1944年是沦陷上海文学的复苏年、繁荣年。这时一个值得注意的现象是一批文学新人登上文坛，出版了一批带有同人性质的文学杂志，其中影响较大的有诗人路易士、南星等主办的《文艺世纪》和《诗领土》，前者"以研究及介绍世界文艺并从事整理我国历代文艺的遗产以及创新文艺为宗旨"，尤其注意于纯文艺理论的翻译和研究，发表了不少颇有水准的文艺理论作品。后者在标榜尊重诗歌风格多样化的同时，鼓吹"现代诗"，成为此期极为凋落的新诗的唯一阵地，"诗领土社"还出版了几部诗集和有一定探索性的小说，弥补了此期文学的空白；另外即是马博良、郑兆年的"兆年书屋"发行的《文潮》、《潮流》和《碧流》月刊，

---

　　① 《春秋》自第2卷起，就陆续将巴金、茅盾等的作品选段作为"前置词"郑重地向读者予以推荐，暗示了一种渴望光明和解放的心愿。
　　② 沦陷期间共出版各类文学书籍约200种，其中有75种为通俗小说、戏剧，其余较多的为新市民作品及翻印的五四新文学作品，出版界之低迷可见一斑。

它们或以纯文艺相标榜（这个纯文艺与《风雨谈》的"纯文艺"表现出不同倾向，主要是新文学的人道精神和写实主义，而且吸收一部分华北作家的作品），或以青年读物自诩，《碧流》有很多颇具思想性和现实针对性的杂文，具有一种锐意进取和新鲜的气息。但是很快沦陷区的物质条件恶化，物价飞涨，纸价更如脱缰野马，成为百物之首①，这些杂志基本上只出了几期就停刊了，故影响也极为有限。

综观沦陷时期上海文学的总体格局，我们可以归纳它的一些具体特色：

一、此期文学主要是一种"报刊文学"，而且很少纯文艺报刊，大部分是一些综合性刊物②，报刊作品很多，新书单行本很少，3 年内仅出版文学书籍约 200 种，而且还有不少是翻印沦陷前的作品。此期也几乎没有什么流派、社团，同人杂志极少，名作家也不多，但却有很多名刊物、名编辑，每种杂志所表现出的价值标准和艺术趣味，几乎都明显地体现出编辑者的个人兴味，深深地打上了编者个人的印记，并声气相投地吸引了相对固定的作家群落，表现出各具特色的创作倾向：例如《紫罗兰》的女作家群、言情作家群、《大众》的新市民作家群、《万象》前期的通俗作家群和后期的新文学作家群，等等。这些体现出编辑作者在迎合读书市场的同时，已经开始以自身的趣味和价值取向影响着读者、塑造着新的读书市场。

二、文化价值中心的离失，造成价值、道德、伦理诸方面的灰色迷雾，极大地吸引着市民读者对自身生活的探究兴趣；而"不谈政治"的氛围更使个人（其具体身份体现为"市民"）生存际遇和情感欲望的表现成为此期文学的主要内容。此时最受欢迎、走红一时的作家基本上以"新市民作家"为主，从某种意义上，新市民作家可说是将五四以来带有意识形态性质的"人"的观念和商业化社会催生的重实际利益现实生存

---

① 《文友》第 2 卷第 12 期《战时的文化建设问题》（徐颂华）有这样的描述："事变以来，中国文化的没落，足令人浩叹。整个文化节，差不多陷于停业的状态。其中打击最重的，要算出版界，主要的原因，是由于纸价的飞涨，一般文化商人，宁做囤积生意，不愿干文化的事业……战时以还，上海物价高的是纸，事变前，白纸每令二元，今年正月涨至 7000 元，又跌至 5000 元大关，即以目前价格而言，也有 2500 倍了。以如此巨大的纸价，想谋文化的发展，其困难自非片言所喻……现在上海物价最低也比事变前涨了二三百倍，而文化人的待遇，尚不及 50 倍。"

② 以《万象》为代表，谈世界猎奇、战局报道、科学知识、生活常识的栏目，占了相当数量。

的个人观念结合得最好的一群，在这些作家笔下，前者赋予后者以价值和意义，后者使前者显得具体切实。其中尤以张爱玲、苏青、予且名噪一时，他们都是表现市民人生、揭发市民人性的好手。

三、文学论争很少，文学理论和批评也较薄弱，这方面着力较多的仅有《杂志》、《诗领土》等少量刊物和掀起"通俗文学运动"的《万象》。在三个方面它们几成共识：第一，在新文学已被普遍认可的前提下，对其重新审视和评价，出现相当数量的总结性回顾性文字，并质疑"精英文学"，尤其反对"新文艺腔"。第二，肯定旧文学所含有的积极因素，回归传统去寻找传统中所包含的有生命力的东西，"国故与新知"一类栏目是许多综合性刊物的一个具有相当分量的项目。第三，对通俗文学寄予厚望，致力于提升通俗文学的现代品质，认为它是沟通新旧文学，并使五四以来的种种现代化观念深入大众的唯一途径；通俗文学自信力的提升，对其品质格调整体上的雅化具有重要意义。此时的文学评论虽不多，但出现了向内走的趋势：即从关心写什么、意义何在，转向关心怎么写、关注文学作品内部的堂奥。他们的见解很好地消化了五四以来的欧化小说格式，注意从旧小说中吸取有益的因素，并相应地出现了一些富有个人风格的作家作品。

四、从文体来说，重视故事情节的小说、戏剧繁荣，清谈忆旧和表现个人生活意趣的散文盛行，针砭现实的杂文、锐意创新的新诗和纯文学评论则异常低落。

五、文学翻译出现一个引人注意的现象就是，又开始恢复晚清民初的"意译"风气，而不是五四以来的"直译"。此时的翻译大多以"改写"或"改编"为主，即只保留一个原著的故事"外壳"，其他如人物、地点、事件包括背景都完全中国化了。尤其在戏剧方面，由于欧美电影被禁放，大量改编的欧美戏剧迅速被搬上舞台或银幕，对沦陷上海"戏剧热"的出现具有很大作用。

二

从以上的分析，我们似乎很容易得出沦陷期上海文学是一种通俗文学的结论。而事实上我之所以不太愿意使用"雅—俗"这对概念来描述沦陷上海文学，的确是因为此期文学面貌在似是而非之间，悄然出现了不同

于战前通俗文学的诸多新质。当我们深入探究就会发现，由于启蒙—救亡
文学的显性空间的消失，它只能以隐形的形式渗透到商业化文学中去，以
娱乐性、文学性、消遣性和纯文学等为掩蔽，曲折地表现出来。而此期文
学面貌改变的更大根源是它对新文学"人的文学"传统的吸收，即通过
作者自我意识的张扬，赋予"情色男女"、"俗世悲欢"以个人化的理解
和把握，正是这一现代性意识的渗透，使置身商业机制之下的文学体现出
相当的活力与艺术上的极大可能。

从某种意义上说，新文学的所有传统，都极大的依赖于出版事业的繁
荣。上海由于有远东第一都市的雄厚实力，并有历来富饶的江南鱼米之乡
为四邻，在战争中虽然受到较大的打击，但除了战争后期即 1945 年，它
的情况和大后方及其他沦陷区相比，还是要算是最好的。只要不与当局公
然唱反调，作家编辑还能拥有一个能够生存的写作园地。环境的逼迫使得
此时的上海作家有着强烈的避世心态，但时代的风云如此激荡，读者们也
不免会对时局抱有格外浓厚的兴趣。在这样的时代要做一个完全不问
"世事"的"卖文者"是不可能的，他们的文字中不可能不带有时代的气
息，于是，"此时的上海文学期刊就出现了特有的'春秋笔法'。这种
'春秋笔法'表现在两种文体上：一是世界热点地区的通讯报告；一是借
古讽今的'故事新编'。40 年代的中国是当时世界战争的重点地区，深有
意味的是此时上海的文学期刊上几乎找不到一篇写中国战争的通讯报告，
而世界其他地区的战争通讯报告却充塞于每一份文学期刊上……在这些报
告中，作者写实事，写故事，几乎不加任何评论和分析。我们可以体会到
编者作者的良苦用心。他们既要关心时政大事，却不愿意得罪当权者；它
们既要表露对时政的看法，却不愿意给人留下把柄。然而读者翻开杂志却
能感受到时代气氛，从文章的阅读中理解作者的写作意图。这确是特殊环
境中的杂志编辑法和文章写作法。与这些通讯报告的隐晦相比，'故事新
编'要率直的多"①。最著名的作家有谭正璧、平襟亚，他们借鉴了鲁迅
《故事新编》历史题材小说的写作法，更明确地表达出一种影射现实的精
神，谭正璧的《琵琶行》以屈事鲜卑的秦氏父子的下场说明了"这都是
向人谄媚的结果"，是对卑躬屈膝的汉奸者流的一记棒喝；《永远的乡愁》
以李清照昔日的幸福美满，对比今日的颠沛流离，直指日本入侵带给中国

---

① 《论四十年代上海〈方形刊物〉》，《中国现代文学研究丛刊》2001 年第 2 期。

人的深重灾难;《阿房宫》则借项羽的残暴导致迅速的毁灭的结局,表达出对日本侵略行径必遭失败的信心。① 平襟亚以"秋翁"为笔名创作的"故事新编",内容涉及 20 世纪 40 年代中国社会的各个方面,并结集为《秋翁说集》② 出版,其中《张巡杀妾飨将士》,将张巡当年坚守睢阳城、拒不投降敌人的事迹编成了当代的故事,不难见其现实讽喻的意图。

此期文学对启蒙—救亡传统的吸收还有很多种。比较直接的,如柯灵主编的《万象》发表了一大批新文学作家作品,例如罗洪的连载长篇《晨》③ "以吕大成一家为中心,铺展开纵横交错的枝蔓,直接描绘了孤岛时期上海社会'一方面是荒淫奢靡,一方面是严肃的工作'的特殊历史景象"④。隐晦些的如陈蝶衣主编的《春秋》,在《创刊词》里已透露出孔子著《春秋》之"微言大义"的用意,自第二卷起,每期都以大后方作家如巴金、茅盾、老舍等作品选段为前置词,例如这样的句子:"等候等于自杀……勇敢的人不等候,而要跑到时间的前面去。我们等着太平日子自天而降,我们便只能得到失望。"⑤ "夜更加冷了! 这么长的夜,还不见一线白日的光亮,不晓得要到什么时候才是它的终结? 枯坐着等是没有用的,不会有人来叩门,我应该开门去看看天空的颜色,我应该去寻找晨光的征象。"⑥

这些话出现在抗战已接近尾声但也是最为艰苦的 1945 年,对于人们精神上的鼓舞,可说编者和读者是彼此心照不宣的。

这些貌似远离政治的文学还容纳了有着鲜明意识形态色彩的左翼文学,使之以市民化、商品化的面目渗透至敌伪杂志,为自己的目的服务。日本法西斯打着"反共"的旗号,但是它的两份重要刊物《杂志》与《女声》,其实都被左翼作家所掌握。他们以巧妙的形式,例如《杂志》通过对新市民小说的重视、《女声》通过对妇女阅读趣味的迎合,持续传达一种"左派"的精神品格,呼吁文学为现实斗争服务,呼吁作家们不

---

① 载《春秋》创刊号,第 1 卷第 4 期。

② 平襟亚:《秋翁说集》,上海万象书屋 1942 年 10 月出版。

③ 此文未经连载完毕,即因罗洪遭受宪兵队迫害而终止,罗洪潜入后方,战争结束后将其写完,定名为《孤岛时代》。这是她在 20 世纪 40 年代的唯一一部长篇小说。

④ 陈青生:《年轮——四十年代后半期的上海文学》,上海人民出版社 2002 年版,第 113 页。

⑤ 老舍:《过年》,1945 年 1 月《春秋》第 2 卷第 2 期。

⑥ 巴金:《长夜》,1945 年 2 月《春秋》第 2 卷第 3 期。

要忘记了自己的使命和责任，也鼓励妇女自立自强，不断追求和奋斗。

通过对启蒙—救亡传统的吸收，战前即已存在的一些通俗小说的类型实在已有了很大改观：我们看见了"不谈爱情"的言情小说、充满现实人生悲感的"滑稽小说"、渗透人道同情的"狭邪小说"和直斥日伪政策的"黑幕小说"、"侦探小说"。不像在华北、东北沦陷区，色情、艳情小说还有相当地盘，上海则是几乎不见其踪影，相反，倒是出现了一大批洋溢着都市理性和现代文明意识、以"日常生活"为内容的颇具现实主义作风的市民小说。

相比较而言，对新文学"人的文学"传统的继承，则不是那么明显，但是还是能够理出一些线索来，正是它们构成了此期文学不同于任何一个时期和地点的文学的面貌，并提示了一种新的可能性：

一是对五四"人"的命题的发挥，应该说，开埠以来，上海市民阶层中一直存在着一种以个人的现实生存和实际利益为价值重心的"个人观"，并且和五四以来的个人观形成对照："人"的发现尽管是五四最重要的事件，但是这个"人"在多大程度上是指向绝对的、孤独的"个体"，却要大打折扣。因为"一个人只有作为社会的人才能发现自身的意义……中国现代思想中的个人观念与对集体的归宿感的联系是非常显然的"。[1] 在那个时期，"个人、个体和个位等观念成为较之国家、社会、家庭等集体性概念更为重要的概念，但这并不意味着这个时代的人们已经普遍的相信绝对的个人是唯一值得注意的事情，毋宁说，个人的解放是通向群体、社会和国家的真正解放的基本条件。"[2] 战争以前，前一种个人观尽管存在，但一直处于某种隐形地位、战后它才浮出水面，处于显性位置，并且获得了一种意识形态上的意义：沦陷区人民已被"国家"所遗弃，国家的"缺位"使个人的牺牲和努力突然变得没有意义。人们发现必须自己面对一切，包括死亡和日常生活的种种磨难。可以说，"正是在经历了连最起码的基本生存都将失去的'死亡'的威胁后……劫后余生的沦陷区作家，重新关注被遗忘、忽略的'身边的东西'，发现正是这个人的琐细的日常生活构成了最基本、最稳定、也更持久永恒的生存基础，

---

① 《汪晖自选集》，广西师范大学出版社 1997 年版，第 39 页。
② 同上书，第 48 页。

而个人的生存又构成了整个人类（国家、民族）生存的基础。"① 于是"日常生活"代替了抽象的乌托邦，"永久人性"代替了对人的种种理论界定，而成为人们关注的重心，个体的生存现状可以被"理直气壮"的对待，并形成对那种过于明确的道德伦理生活教条的解构，昭示了一种新的伦理和新的美学。

个人对自我有限性的深刻认识，导致了极具沦陷区特色的"个人主义"：这个世俗的、身体的和物质性的个人是绝对的也是短暂而脆弱的，自我之外不存在别的更大的目的；这种对个人生存、个人幸福的极端重视，使此期作品表现出更大的伦理包容力和更丰富多样的人性内容，个人明确地成为先于本质的存在，保全自我不再是怯懦和妥协的行为，而具有严肃性和尊严。应该承认，个人的本体性价值被认识、被确立，是一个前所未有的事，一个进步。这种个人观对于文学是有非常积极的意义，但是止于个人的现实生存和实际利益，却导致了它的先天不足：它或者体现为视个人现实生活、实际利益高于一切的利己主义，因而显得平面和静止、孤立和封闭，难以使"个人"成为一种具有深度的存在；或者通过对所谓"新派"、"洋派"人物的讽刺和"自由恋爱"带来男女关系的混乱及其对于传统家庭伦理的破坏的检讨，在个人与外界的和解中，导向对于传统的、世俗的伦理道德观的妥协和认同，"对于 40 年代文学中传统道德观、家庭观、妇女观的回归，学术界皆有同感"。② 同时这两者在深层都受到"功利主义"思维方式的左右而具有一致性。因此如何突破这一局限、建立具有超越性质的"个人观"就成了一个非常重要的问题，张爱玲的成功也正在于她深刻地表现出这种功利主义"个人观"的精神残缺等诸多失陷。

二是关于"新文艺笔法"和通俗小说关系的清理。在白话文、欧化句式、新小说样式等已被普遍认可、新文学的主导地位已经牢牢建立起来的基础上，沦陷上海文坛出现了一种对新文艺笔法的质疑和重估旧文学价值意义、重视通俗文学的潮流，这对于现代文学获得本土化的品格与自身的拓展、进步，是有重要意义的。《杂志》第 10 卷、第 11 卷连续登载了关于"新文艺笔法"的讨论，它始于署名李默的《论"新文艺笔法"》，

---

① 钱理群：《"言"与"不言"之间》，《中国现代文学研究丛刊》1996 年第 1 期。
② 孔庆东：《超越雅俗》，北京大学出版社 1998 年版，第 164 页。

它赞美旧章回体小说简洁传神、明白如话的长处，认为"文章不一定尽如说话，但'语'和'文'绝不能距离太远"，指出新文艺"腔势尽使在外边，不从事激情势的需要表现，而在词句上发泄完结，看了令人感到肉麻而已"的毛病，并明确地提出了"巴金长篇中一种新文艺式滥调的害人"，① 从而引起诸多作家参与讨论，大多对新文艺笔法之滥以及与主题中心游离的毛病有同感，但他们却也并不赞成回到旧形式、章回体中去，因为以感官如此敏锐的现代人，表现如此丰富的现代生活，则"从前简劲的文艺笔法，用以表现古人简朴的生活经验，还可左右逢源；但用来表现现代人的生活，就不够应用了"，"也就是非另创一种文艺笔法，以适应现代人所需要的表现形式不可"②，并指出"时下的一般新文艺作品倒是患了另一种毛病，就是写得太简陋。人物没有逼真的容貌，显著的个性，其背景也缺乏时空的特征，不知道在必要的场合去做放大的特写，对于中心题材做细密的构思——不充分"③。而一些人朦胧意识到问题在于作者独创性的丧失："'腔'决不是风格，风格是个人的笔法，腔却是一窝蜂的模仿。"医治的办法之一便是"尊重个人风格，创造风格"。④ 可以说是触到了问题的实质。

事实上，对新文艺笔法的否定性继承，注重个人风格的建立，以及一定程度上对旧小说笔法的利用，这正是沦陷上海文学一部分优秀作品的共同特色。比较而言，《万象》发起的"通俗文学运动"声势更为浩大，它对打破五四以来文坛新、旧，雅、俗泾渭分明的局面，提升通俗小说的地位和品格，起到了很好的作用，更重要的是，尽管它在理论上似乎仍然局限于视通俗文学为沟通新旧文学的桥梁和以大众化形式传布新思想的最好载体，但是此期很多作品已经明显地突破了这个套子，体现出更丰富和深厚的内涵。此期不少文学作品呈现出这样的质地：以"人道主义"等包括市民感兴趣的情欲、欢场、赤贫题材；对舞女、妓女、下层人物的悲悯同情，常常敌不过对其生涯的好奇和趣味盎然。也就是说，他们在作者笔下已经不只是一个被同情、被启蒙的对象，他们身上的某些值得人注意的新的品质，突破并拓展了作者的主观理性，也就是说，尽管作品里呈现出

① 李默：《论"新文艺笔法"》，《杂志》第 10 卷第 5 期。
② 冯三昧：《新文艺的内容与形式》，《杂志》第 11 卷第 2 期。
③ 丁三：《文艺的表现技术》，《杂志》第 11 卷第 2 期。
④ 望鼎：《新文艺腔医治法》，《杂志》第 11 卷第 2 期。

来的属于作者自我的精神力度似乎不那么显明,但是另一种源自原始生命和生活深处的强大而生动的品质,凸显了一个"道德"的模糊地带,构成了沦陷上海文学的又一"异状"。最典型的例子例如周天籁《亭子间嫂嫂》,其主人公不断走出作家的知识分子视角和较为"正统"的价值判断,表现了一种来自底层民间的智慧和生命力,以及对生存本身的伦理合法性的承认。

三是作者自我的定位问题。先请看如下一段编者言:"编者原是不学无术之人,初不知高深哲理为何物,亦不知圣贤性情为何如也,故只求大家以常人的地位说常人的话,举凡生活之甘苦,名利之得失,爱情之变迁,事业之成败等等,均无不可谈,且谈之不厌,并特地声明'新文艺腔过重者不录'。既不谈抽象深奥的大道理,也要求率性而发,重在趣味,三讲究谈个人生活。"(《天地》发刊词,苏青)这种"放肆"和故意的自我"贬低",其实暗含了一个否定的对象:那就是五四——包括之前的小说界革命——以来以"启蒙者"自居的文学定位,现在他们要扯下罩在文学脸孔上过于庄重的面具,恢复其活泼的俗世姿态。稍微严肃些的也不过是:"我们不谈政治,不言哲理,不作大言之炎炎,唯为小言之詹詹。以提倡文艺为归,以介绍知识为的。使人们在春秋佳日中,继续不断地读到我们的刊物,而一抒胸襟,多少得到些益处,这就是我们的唯一希望了。"(《春秋》发刊词,陈蝶衣)"在如此窒息与废乱的氛围中,许多声音都在喧嚣,我们还有若干不甘缄默的人,要求一个发言的园地。"(《杂志》复刊声明,吴诚之)

即使是《古今》这样有日伪背景的刊物,也一再强调:"古今之出版并非为什么提倡学术、宣扬文化等等大题目,不过为我个人遣愁寄情之举……本刊完全是一个私人刊物,一个百分百的自由意志的刊物……"(朱朴《古今》第九期《满城风雨话古今》)

以一个常人、世俗中人的身份来发言,变成了一种共同的立场。沦陷上海文学因而变成了一切"发言"者的文学,个人因为意识到自己是一种"说话的存在",充满了由于文化价值中心失落而导致的对世界发言和命名的渴望:

　　世间一切动物,凡是有一张嘴的,总要饮要食,除此之外,更要说话。鸟啾啾而言,马萧萧而言,蛙格格而言,至于我们人类,就应该侃侃而言。只要有一日活着，我们便一日要饮食，也一日要说话。不论何时何地，我们总不能长期沉默，一语不发……

说话有时候，有地方，然而也有不限于一定时候或一定地方的，这便是一种适合于永久性的说话，以及一种有益于日常生活的说话。

我们今日为什么不谈政治？因为政治是一种专门学问，自有专家来谈，以我们的浅陋，实觉无从谈起。我们也不谈风月，因为遍地烽烟，万方多难，以我们的鲁钝，亦觉不忍再谈。

我们愿意在政治和风月以外，谈一点适合于永久人性的东西，谈一点有益于日常生活的东西。

我们的谈话对象，既是大众，便以大众命名。我们有时站在十字街头说话，有时亦不免在象牙塔里清谈；我们愿十字街头的读者，勿责我们不合时宜；亦愿象牙塔中的读者，勿骂我们低级趣味。①

"说话""小言""常人"，成为此期作家们自我定位的三个"点"：文学的主体不再是高高在上的"启蒙者"和代言人，而是一个"常人"，一个有着生老病死的忧惧、充满日常生活琐事的烦恼、并独自面对自己的生存和欲望的普通人；写作也有了更明晰更亲切的内容，那就是一种"说话"，有话则长、无话则短，而且这"说话"的内容，非一切高深大题目，而是"小言"，何谓小言？与世俗的生活、情感、欲望密切相关，可以说从这三个方面，作家们作为且仅仅作为发言者的地位，第一次被明确的承认，而改变了五四以来以启蒙者、精英者自居的写作者立场。

同时我们也应看到，这种个体发言者身份的确立，不是带几分"无知者无畏"的轻狂，就是隐含了几许"言与不言"之间的苦衷，"万方多难、遍地硝烟"的严酷现实无可避免地成为此期文学的黯淡背景，对个人衣食住行、情爱名利的关注背后免不了那份苍凉与无奈、空虚和自嘲。所以以这样的精神状态和自我定位，真正力透纸背的，仍然是苍凉和空虚、无奈与自嘲，这也构成了沦陷上海文学最具美学魅力的整体性风格基调。

作者单位：《学术月刊》杂志社

---

① 《大众》发刊词。

黄土地文学图志的审美书写

——秦地文学的地缘风貌

冯肖华

地缘与地域，是两个不同指质的概念。前者指因地质结构而生发缘起的某些相关事象物象，其特征均与固有的地缘相粘连；后者则指客观存在的一块地方，或一块很大的地方，不具备其生发属性。从这一角度讲，秦地文学就是缘于本土特有的地质地貌所形成的鲜明的地缘特色，其生发性、生成性与普泛的地域文学似有区别。本文旨在探讨秦地文学因地缘而衍生的文学观及其特有的文学图志。

一　地缘特性与文学观的生成

文学风格，是识别作家的重要依据，地域文学风格同样是识别地域文学的重要标志。一种成熟文学风格，往往与该文学的生发地结有深厚的渊源，因而有其地域的黏滞性和风格潜在的相对稳定性。正如布封所言："知识、事实和发现都很容易脱离作品而转到别人手里，它们经过更巧妙的手笔一动，甚至会比原作还要出色些哩。这些东西都是身外物，风格却是本人。因此，风格既不能脱离作品，又不能转借，也不能变换。"[①] 20世纪陕西地缘文学的整体风格，正是作家们缘于该地域诸因素，不能移位，无法转借和变换的创作见解，艺术表诸相对稳定性的审美体现。这里，地域与作家之缘是为重要，一个"缘"字，表明二者的相生相连，人与地缘、地与文缘、文与美缘的内在美学风格体系。从这一角度讲，陕西文学就是缘于本土特有的地质地貌，所形成了鲜明的地缘特色，其生发性、生成性与普泛的地域文学似有区别。

---

① 布封：《论风格》，《译文》1959 年第 9 期。

　　陕西现行版图如有论者描述为"跪着的武士",然而远古时的陕西却是峻峰叠峦、湖泊荡漾的另一番景观。李健超先生在《陕西地理》一书中这样描述:"陕北原来是一个内陆湖盆,后来经过漫长的地质年代,在起伏不平的古地形上,堆积了厚度不等的黄土,而使地面趋于平坦。"沧桑岁月又经长年暴雨的冲刷和水流的切割,逐渐形成了沟岇支离、梁脊分明的川、原相间的地貌形态。关中在传说中曾丛岭连绵至河南嵩山。一次在暴雨水患中,炎帝神农金剑劈石,开山退水,遂形成如今的百里平川河道状。陕南也因亿万年前的地壳运动,秦岭跳跃式上升,横亘东西,阻拦了北方寒冷气流南侵,遏止了东南暖湿季风北行,成为南北气候的分界岭。这种远古时的地壳运动,固然是地质变迁的历史演绎,但其蕴含的人文景观却是显见的。比如从周人的"居岐之阳,实始翦商",秦孝公的"拥雍州之地,并吞八荒之心",秦始皇的"依据关中,统一宇内",到李渊父子的"定都长安,广推霸业"等图谋,无不得益于陕西地缘之利,可以说,独特的地缘首先在地利上成全了他们。不论是圣贤王帝,还是黎民百姓,其形而上的意识形态始终与形而下的草根意识息息相关。数亿年的沧桑造就了陕西山、川、原具备的地理环境,成为人们宜农宜牧又宜渔的生息之地。尤其是秦汉以来称渭水平原为陆海,近蜀、土膏、沃野,"肥美的周原,苦菜也香甜"。优越的自然生存条件,无疑给陕西人文景观的形成提供了地缘上的先天因素。加之陕西固有的"四关"、"三山一漠"的地理优势("四关",指陕西境内东区的潼关、西区的散关、南区的武关、北区的萧关;"三山一漠",指陕西境内东边的华山、西边的关山、南边的巴山、北边的毛乌素沙漠),如同天然的防护带、保险圈,将陕西置于一个生态肥美、安然恬静、不忧茶饭、不惧外来的温室里。陕西独特的地缘势必于文化形态中,转化为印有这种地缘特色的生存理念,如陕人的厚重、刚强、务实、安分、知足、守土心理,以及不善进取的意识。文学是生活的文学,又是地域的文学;而地域的特有缘故,又衍生了独特的地缘文学。陕西文学就是这种因地缘而人缘文学的集中映现。

　　从文化学角度看,地缘文学是自然环境、社会环境和历史沿革的综合产物。一部中国文学史因地缘所导致的作家创作趋向甚为明显,比如北方黄河流域区带中形成的以《诗经》为代表的现实主义,较多体现着儒家正统思想观,而南方长江流域区带形成的以《楚辞》为代表的浪漫主义,则较多体现着道家思想。李白多居长江流域,傲岸不驯,"安能摧眉折腰事权贵"，自信"天生我才必有用"，一副浪漫主义情怀。杜甫则久住黄河流域，本又生于北方（巩县，今属河南），在乱世之中，仍忠心耿耿，念念不忘"致君尧舜上"，当遇挫后，感叹悲怀，丝毫无有李白的"天生我才必有用"的浪漫。可以看出，李杜的文学观莫不与不同地缘有关，是地缘人文景观长期熏染所致。可以这样说，在一个地域内，因地缘聚生着血缘黏连的群体，而血缘又成为人缘的纽带，于是地缘、血缘、人缘典型地构成了地域政治、经济、文化、伦理、宗教等特有的相因观念，使得此地域与他地域因地缘而生发了许多不同。20世纪陕西地缘文学观正是在这种维度上逐步天成，其主要类征为：（1）因以农为本缘起的写实文学观；（2）因地貌特质缘起的内守文学观；（3）因历史积淀缘起的重文学观；（4）因帝都文明缘起的使命文学观；（5）因衣食富足缘起的善美文学观；（6）因地理价位缘起的史诗文学观。这些文学观作为陕西文学创作的深层底蕴，普遍发散于几代作家的创作中，成为他们把握生活、结构作品的指导性理念。比如，陕西的文学源头是以土为本的农耕生存形态，"土"成了生命之本，"耕"成为产生物质文明和精神文明的唯一手段，这个文明过程，其文化内涵就是"守土文化"或"守土文明"。以土为本，日出而作，日落而归，虽然岁月沧桑人渐老，但黄土浑厚不见瘦。这种典型而又独特的地缘因素，折射在文学创作上，自然形成了严谨、写实的现实主义文学观。从老辈作家柳青，到晚辈作家路遥，其因"地"而"缘"、因"土"而"缘"的根脉终未改观。再者，陕西辉煌的地缘政治和文明的地缘历史，对后人都产生了巨大的影响，奠定了陕西学人重文重教尚德的向学之志。柳青的痴迷文学，路遥的以文殉身，无不源于此地缘积淀，从而潜移默化地再造了作家们使命文学观的神圣与庄严。这些标识是20世纪陕西特有的地缘文学观的丰富内涵，它与江南小桥流水文学形成了鲜明的反差。

二 地缘文学的风格审视

魂牵梦绕的草根文学图志，是20世纪陕西地缘文学的质核，作家们代际绵延，口口相传，用心编织着一幅幅具有浓郁草根意味的谱系图，从审美的角度予以观照，可概之为四个"图式"。

特征一：黄土地图式。

正如中国东北的黑土地、南方的红土地一样，黄土地是陕西地缘的一种地质色彩，土呈橙黄，质软疏松，团粒密细，壤质肥沃，最宜种植，是中国重要的产粮区。科学考证尤其是关中各地土壤以雍州黄壤为上，具有较好的成土母质，有别九州之壤，所以史称"八百里秦川"。这种缘于黄土特有的地质地貌，给了陕西人以得天独厚的生存优越感，从这一角度看，黄土地心结首先具有地质学和生存学的意义。我们说，文学是地缘的文学，而地缘的文学又是人文的文学，它蕴含着人们世代"生于斯，长于斯"的一系列人文理念和与生俱来的情感。黄土地因其地缘的富饶牢牢地拴挽住了陕西人，滋润着陕西人衣、食、住、行的温饱生活范式和以农为本、农耕立命的生存理念。流传在陕西乡间的"金窝窝，银窝窝，不如咱这土窝窝"；"七十二行，庄稼为王"；"好出门不如赖在家"；"三十亩地一头牛，老婆孩子热炕头"；"八百里秦川尘土飞扬，三千万人民乱吼秦腔，捞一碗长面喜气洋洋，没有辣子嘟嘟囔囔"等谣歌，典型地反映出陕西人执著于黄土地的恋家情怀。这种缘于黄土地地缘而生发的黄土地文化，正如费孝通先生所言是"五谷文化"，是几千年汉人种庄稼的悠久历史培植的中国社会结构，它的特点是"人和土之间存在着特有的亲缘关系"，"人粘在土上"，"人们跟着也必须定居、聚居在一定地方，过着一种自给自足的生活"。[①] 如此说来，作为 20 世纪陕西地缘文学的审美表现，其黄土地心结便自然成为作家们共而歌之、情感共诉的首选视域。倾诉黄土地的养育之情，寄寓作家深厚的恋乡情怀，是黄土地心结的基本内涵。这一点，从以农耕文明的乡土中国大视域来看，具有深厚的永恒的根基和渊源。这不仅是陕西作家，也是绝大部分中国作家从心理意识上与之不易割舍的创作理念。所以，诺贝尔文学奖获得者、德国作家利希·伯尔认为："你们中国人有一种对土地的健康意识——人属于脚下这块地。"外国人的这种感觉是对的，很准确，他透视到了中国文学的现实主义是在乡土中滋生的深层道理，它不仅以乡土题材的形式表现出来，更重要的还承载着乡土的情感、乡土的哲学意识、乡土的思维方式。所以，作家们的行文谋篇、结构布局或自然而然，或自觉不自觉地蕴含了浓厚的"恋乡意识"，表现出对乡土传统伦理的赞美与倡诵。评论家周政保在给

[①] 《费孝通选集》，天津人民出版社 1997 年版，第 161 页。

贾平凹的信中称陕西作家为"土著",认为他们在农村度过了青少年,血管里流着地道的农民的血液,感受着中国农民的文化心理和风俗,与那些"落难公子"型作家(某种原因在农村待过,称农村为"第二故乡",不时写农村)的作品不同,家乡意识特别浓厚。贾平凹说他是"山里人,山养活了我,我也更懂得了山。后来我进了城,在山里爱山,离开了山,更想山了"。(贾平凹:《山地笔记·后记》)路遥说:"我本身就是农民的儿子,我在农村长大,所以我对农民像刘巧珍、德顺爷爷有一种深切的感情,通过他们寄托了对养育我的父老兄妹的一种感情。"①类似典型的黄土地地缘观念,普遍反映在陈忠实、邹志安、京夫、王宝成等作家的创作中。在《故乡麦月天》中,王宝成由衷地赞美故乡:"没有比你更沉痛的经历!没有比你更温暖的土地!没有比你更坚强的意志!"邹志安的《迷途》,描写了一个借调进城工作的农村青年,在经历了种种被人利用、愚弄后,他产生了回归黄土地的想法,从此便觉有了安全感和生活的力量。钟情黄土地,执著黄土地,这种心理定式在《白鹿原》、《最后那个父亲》、《女儿河》、《最后一个匈奴》、《山祭》、《水葬》等作品中都得到充分表现。

由于黄土地养育了作家,对此过多过重的挚爱又制导着作家的审美价值取向。在他们的作品中,普遍出现了重乡轻城、倚乡疏城的取向及对黄土地的偏袒,对城市现代文明的鄙视,对黄土地人们终日劳作的赞美,对城里人享受行为的谴责。很显然这是一种狭隘的农民文化意识的烙印。正如周政保所说,贾平凹"很少对他挚爱、深恋着的乡土诉诸直接的批判(也许根本不忍心批判)","于是我们可以看到,贾平凹之于乡土的爱心及忧虑不安","已经包含了他那复杂矛盾的处于二元状态的乡土情感"。②既热爱乡村又向往现代文明,守望乡村传统道德精神,又趋同城市改革开放的新风尚,这种二元乡土情结在《人生》、《平凡的世界》、《白鹿原》等作品中均有表现,这说明陕西作家黄土地心结的质变过程。在一次陕西长篇小说创作促进座谈会上,陈忠实说,过去人都说陕西作家从农村来的,有生活,并为此洋洋得意。应该说,过去的作品大都是仅仅描摹生活

① 路遥:《路遥中短篇小说·随笔卷》,陕西人民出版社1995年版,第446页。
② 周政保:《优柔的月光——贾平凹散文的阅读笔记》,《贾平凹作品精选》,陕西人民出版社1992年版。

的表层现象，如关中农村的风俗习惯、人情，等等。但他越来越感到关中这种土地比陕北、陕南都沉重，比有山的地方都沉重。对这块古老的土地，它的历史积淀，它上面的社会和人，人的心理和意识，等等，到底知道多少？研究得够不够？作家所具有的知识是否足以认识这块黄土地？作家京夫也说，对这块土地的独特性我们认识了多少？我们陕西的作家在这块积淀下来的几千年的文化黄土层上到底打了多么深的深井？① 这些理解，可以看作是陕西作家更深认识黄土地和打开黄土地图式，走向多维创作视域的开始。

特征二：父老乡亲图式。

承前所述，黄土地养育了"三秦"人民，提供了得以生存的物质基础和精神渊源。作为生息在这一土地上的父老兄妹，又以勤劳朴实的创世精神回报着黄土地的养育之恩，因此，凝聚着黄土地精魂的"三秦"人民，便成为地缘文学审美表现的又一主要对象。从柳青、杜鹏程、王汶石到路遥、贾平凹、陈忠实；从邹志安、京夫、赵熙到高建群、王蓬、王宝成；从杨争光、程海、叶广芩到蒋金彦、爱琴海、王观胜等，几代作家同构共筑，塑造着一组组性格各异、形态迥然的父老兄妹形象。如老辈守土为食的白秉德（《白鹿原》）、孙玉厚（《平凡的世界》）、梁三老汉（《创业史》）；传统文化的守望者白嘉轩、朱先生（《白鹿原》）、徐父（《蓝袍先生》）、"父亲"（《最后那个父亲》）；家族礼教的传人与受害者徐慎行（《蓝袍先生》）、白孝文（《白鹿原》）；新辈立志创业者梁生宝（《创业史》）、孙少安（《平凡的世界》）、金狗（《浮躁》）；走出黄土地、渴望新生活的孙少平（《平凡的世界》）、高加林（《人生》）；经历婚姻、爱情悲剧的茶花、华生（《八里情仇》）、翠翠（《水葬》）、翠芹、蔡葡萄（《女儿河》）、田小娥（《白鹿原》）；混沌人生、生死逐流的甘草、八墩（《棺材铺》）；性格丰富多变的黑娃（《白鹿原》）、五魁（《五魁》）、白朗（《白朗》），等等。这些人物，从总体上看，作家的审美视角是清晰的，一方面情感深重地展示了他们的勤劳、善良、正直、质朴和生命过程中的沉重与悲哀，一方面严正揭示出他们疏离现代文明的守旧面。同时，作家们在年轻一代身上，寄寓了摆脱现状，走出困境，融入现代文明的热切愿

---

① 《增强拓宽意识，推动长篇创作——陕西长篇小说创作促进座谈会纪要》，《小说评论》1985 年第 6 期。

望，勾画了他们追求理想的丰富内心世界。

被誉为深情"父老歌"的邹志安，在一系列定向性作品中，从两个方面展示父老兄妹的生存过程，即满怀深情地描写农民勤劳吃苦、忠厚善良的传统美德和饶有兴趣地关注农民的爱情婚姻世界。以《眼角眉梢都是恨》、《迷人的少妇》、《骚动》三部农民爱情心理探索系列长篇，在这个领域内具有整体性展示。《肥皂的故事》和《喜悦》两个近似姊妹篇的小说，作者于前者写一个在公社拖拉机站当保管的长林，偷拿了公家一块当时农家很少用过的时尚肥皂，被父亲以"子不教，父之过"的古训而毫不容情地批评；后者写淑芳和巧巧拿着婆婆给的 15 元钱买衣服因钱不够未能如愿的故事。两个故事平实直白，前者反映父亲虽身处艰难岁月，但不失正直正派之美德；后者则揭示出在劫后余生年代，青年一代不去抱怨穷困拮据的现状，而是满怀信心以自身努力去实现夙愿的踏实求真的品行。可以说邹志安试图从新老两代农民中，勾勒出这种固有的精神美，传达出美好精神的延续与传承意义。再后来的《关中冷娃》和《冷娃新传》是作者将传统美与现代精神有机结合的新探索。作品逼真地刻画了关中青年薛冷娃外表"冷"和"楞"的性格侧面，以及内含着的魄力与胆识。当选队长，大胆推行责任制，遏制不正之风。作者讴歌赞美了青年一代适应时代、积极向上的美好品行。作为深谙农民苦乐的邹志安，他心知"中华民族的传统美德和人类的优秀品质，不少都集中在中国农民身上"，"我们就是要写他们的事业和前途，发现和表现他们身上存在的真善美"，他认为这是自己的一种"偏见"。其实，这一认识与其说是偏见，倒不如说是对农民的深切感知，所以笔下的父老歌才唱得那样的深情，对父老兄妹的情感世界才体察得那样真切。以《睡着的南鱼儿》为标志引发了邹志安全面触及农民爱情婚姻描写的大视域，《眼角眉梢都是恨》、《迷人的少妇》、《骚动》系列长篇，成功地填补了这一领域描写的缺失，为一大开拓。作者突破了过去父老歌的深情赞美，转而对父老兄妹悲剧命运的深切关注。不难看出，作者痛感于父老兄妹人性的压抑，生存环境的落后蒙昧，其悲剧意识不言而喻。

以三秦父老为抒情主体，不仅是邹志安的作品，可以说是整个陕西作家的共同愿望。柳青在《创业史》"题叙"中写道："庄稼人啊！在那个年头遇到灾荒，就如同百草遇到黑霜一样，哪里有一点抵抗的能力呢？"路遥在《平凡的世界》扉页中写道："谨以此书献给我生活过的大地和岁月。"陈忠实的小说卷首引言中说："小说被认为是一个民族的秘史。"这些注脚莫不在说明对黄土地上的父老乡亲生存状况的深切关注和情感寄托。柳青对梁三老汉那犹豫、徘徊和最终转变的耐心等待和殷切希望,路遥对孙玉厚勤劳正直而无有多大本事的无奈和深切理解;陈忠实对白嘉轩本分守信而又冷酷无情的肯定与否斥等,其字里行间都有着深沉的黄土地父老歌。贾平凹说:"作为他们的作家,要写出他们的苦乐在哪里,我的责任是为了他们,也是为了我自己。我的作品让他们明白,也让闹市里好吃好喝的又有好时间的大肚子男人和束腰身的女人看了,虽然嘲笑我写的东西落后,但看了知道在他们之外,还有那么一群人和落后的地方。"(《一封荒唐的信》)三秦父老兄妹有了他们是一种骄傲,其生存状态、情感悲欢才得以再现;反过来说,他们的创作又得益于父老兄妹那无尽的乡音之魂。二者相承,使得20世纪陕西地缘文学中的父老歌愈加浑厚深沉。

特征三:三秦女性图式。

在20世纪陕西地缘文学中,对黄土地女性生活的描写体现了作家们情有独钟的审美意识。以贾平凹、王蓬、杨争光、路遥的创作最具特色。就其历史文化沿革而言,三秦女性于不同文化背景下,其生命演绎也呈现出不尽相同的色彩。陕北的贫瘠与荒寒,文化背景的驳杂与粗放,使陕北女性形成了两个特点:一是吃苦耐劳,具有男性的粗犷情怀;二是对感情的执著与渴望。男人们终日守土守命,除了黄土就是风沙,在无望的毫无诗意的空间里日出而作,日落而归,尽管如此也未必能家温饱饱。无奈之下便离乡走西口,于是女人便成了男人的替代,背负着沉重的劳作和感情的思念,在漫漫长夜中忍受着孤独与煎熬。悲戚哀怨的"绣荷包"、"走西口"、"信天游"便成为她们情感解脱和释放的载体。"正月里娶过奴/二月里走西口/这就是天遭荒寒/受苦人痛在心上/哥哥你要走西口/小妹妹实难留。"(陕北民歌:《走西口》)这种感情是独特的,是陕北特定地缘中女性守土、守家、守夫惯常情感世界的自然流露,是典型的陕北女性式情结。"想你哩想你哩/口唇皮皮想你哩/三哥哥想你哩/头发梢梢想你哩/三哥哥想你哩/眼睛仁仁想你哩/舌头尖尖想你哩/想你想的心头乱/煮饺子下了一锅山药蛋。"(陕北民歌:《想你哩》)这淋漓尽致,毫不掩饰,粗犷而又细腻,泼辣又有动感的感情表达,是理性的关中女性所不曾有的。陕北女性这一纯洁、火辣、痴情的情感世界在作家笔下得到了很好的表现。路遥笔下的刘巧珍土而不俗,自卑而不自贱,不知书却达礼。她爱高加林，是一种痴爱，但绝不是乞求，始终有一种自己的尊严，她可以为高加林而死，但须以爱情为前提。她恨高加林，更多的是怨而不怒。在高加林离开她后，她并未像某些农村姑娘那样感到失恋的痛苦，以至于忍气吞声，或在命运面前认输，抑或寻死觅活，而是从失恋中痛感到文化知识对普通农村女性的重要性，于是以已嫁之身暗中扶助高加林，毫无报复之企图。刘巧珍的美德，支撑着高加林生活下去的信心。淳朴的刘巧珍，可爱的刘巧珍，一个陕北痴情女性的典型，倾注了路遥无限的爱。正如作者所言："像刘巧珍、德顺爷爷这样的人有一种深切的感情，我把他们当作我的父辈和兄弟姊妹一样，我是怀着一种感情来写这两个人物的。"在她们身上"表现了我们这个国家、这个民族的一种传统美德，一种在生活中的牺牲精神"。关注女性婚姻爱情状态，在路遥作品中构成了一个特有领域，如《风雪腊梅》中冯玉琴名为招工、实为招妻的意与愿违的不幸婚姻；《月下》中兰兰的爱情被人误解而蒙上了隐隐作痛的阴影；《痛苦》中小丽的爱情由热恋到疏离，学业得到但爱情失去的痛苦经历；《青松与小花》中献身教育的吴月琴；《平凡的世界》中田润叶的婚姻悲剧，田晓霞的生命悲歌；郝红梅的心理压抑与精神的低迷；香莲的勤劳与哀婉的痛变结局等等，全方位、整体性地展示了她们的爱与恨、悲与喜、甜与苦、愁与乐的生活本相和一个个陕北女性丰杂而多异的婚变世界。作为黄土高原长大的路遥，他深知情爱对于陕北女性的重要，他更感知到在那种守家、守夫、守土的环境中，女性得以快乐生存的内因所在。因此在作品中这样写道："没有爱情，人的生活就不堪设想，爱情使荒芜变为繁荣，平庸变为伟大；使死去的复活，活着的闪闪发光。"这种理解是深刻的，正是陕北诸多民歌情感世界的真谛再现。陕西第三代作家杨争光在《镇长》中描写了环境与女性情爱、性爱的相因关系。陕北的环境枯燥而残酷，人的属性被环境剥光了，所有能激活人意兴的也就只有性了。镇长说："在那个地方，女人就真他娘像个女人，女人就那么让男人动心，男人们和她们厮守一辈子，也没有个够。"在陕北干黄干黄的没有生命的路上，她们永远循环在原初的基点上，固然很苦，却又自得其乐，活得充实自足。否则，又怎么能承受如此的痛苦与生的困惑呢？

地缘特性的差别，陕南则少了许多诸如陕北的荒寒与苦痛，得天独厚的山水绿茵，养育了岭南女性的灵秀娟美和飘逸柔婉，深山锁封了她们的犷放与开阔，河泊隔断了她们的遐思和野念，她们成为禁中守望的闺秀、贤妻良母，演绎着不善张扬、循规蹈矩的理性生命过程。贾平凹、王蓬的作品在展示陕南女性的生活与情感世界方面，形成了又一独特而具整体性的领域。贾平凹被视为描写女性的高手，他的许多作品，如《黑氏》、《人极》、《冰炭》、《美穴地》、《阿香》、《七巧儿》、《任氏》、《镜子》、《满月儿》等都呈现了他关于女性文学的审美观。《满月儿》是贾平凹最初描写女性的作品，从月儿的活泼，满儿的文静，到后来作者的笔触日渐深沉，其女性形象的描写也日渐丰杂多样，商州世界中女性的温柔和刚强性格被勾画得淋漓尽致，极为鲜明。作者多方面关注了她们的情爱、性爱、家庭关系、坎坷经历和人生追求，揭示了她们在改革大潮冲击中人性的觉醒和对未来的向往，寄托了美好的希望。20世纪90年代后，作者背负着现实与理想、传统与现代相撞击的心理压抑，创作视角出现了较大的变化，即以生存意义的追求为核心，以女性为描写对象，以性意识为焦点，其悲剧意识和幻灭意识日渐浓重，刻画了诸多命运悲惨爱则不能、罢之不得的女性形象。有论者将贾平凹笔下的女性归纳为三种类型：一是野性未脱，天真烂漫，富于幻想的深山少女；二是经受人生风雨，甚感迷惘的沉思的女性；三是冲破传统锁缚，大胆向往美好人生的少女。我以为三类系列，体现着作者不同的情感关怀，前者热情赞美，为之而歌；次者深深忧伤，为之而哀；后者热切肯定，为之鼓呼，合起来展示了贾平凹女性世界的基本轨迹。如同路遥描写陕北女性一样，贾平凹的笔力也同样着眼于她们的情爱与婚变，所不同的是更多了些路遥笔下少有的性爱，如《远山野情》、《黑氏》、《冰炭》、《天狗》，等等。作者将这些大山深处锁缚着的女性的野性之情、野性之性与禁中守望的生活巨细相糅合，与生命过程相伴随，因而映照出灼人灿烂的生活美与生命美。贾平凹写活了女性，女性使贾平凹作品增色。

擅长描写岭南女性，同样具有深切的女性情结的还有作家王蓬。他的小说以其岭南特色引起人们的注意，被王汶石界定为"别添了一种深厚雄沉的韵味"。在王蓬的审美视野中，一个男人眼中的女性世界应该是斑斓的。从早期的《沉沦》，到后来的《油菜花开的夜晚》、《黑牡丹和他的丈夫》、《山祭》、《水葬》、《银秀嫂》、《沉浮》以及《桂花婆婆》、《涓涓细流何处归》、《汉中女子》，构成了岭南女性的悲喜生命组曲。在这些内涵不一的长、中、短篇作品中，王蓬以融入乡土的深情饱满之笔，描写着这片土地上的善良拙朴的乡亲，淳厚浓郁的乡情，寄托了深厚的人文关怀，尤其勾勒了深山女性的诸多生存状态，深山中传统节烈观对女性的合理生存愿望的束缚，以及大山隔断了现代文明的悲哀。在远离现代文明的大山深处，其传统婚姻观念根深蒂固和不可理喻，其五花八门捆锁婚姻自由的各种陋俗陈规仍不鲜见。《水葬》中的翠翠，《山祭》中的冬花，《沉浮》中的"她"，《油茶花开的夜晚》中的珍儿，《桂花婆婆》中的巫桂芳；《涓涓细流归何处》中的黄丫丫等形象，无一不展示着陕南女性诸多悲哀的生存样态，寄寓着作者王蓬的几多感伤。面对这些典型形象的塑造，贾平凹感慨地说"尽写出些鲜活女子"。

如果说路遥、杨争光、高建群写出了陕北女性粗犷泼辣而又痴情的个性情感形态，贾平凹、王蓬写出了陕南女性禁中守望、灵秀善良与大山锁缚悲哀命运情感形态的话，那么，柳青、王汶石、陈忠实则写出了关中女性旧时代深受封建礼教迫害和新时代参与社会主义建设的精神风貌。众所周知，关中是封建礼教、儒家思想因袭的重地，妇女处在男权社会中不以大用，或置于解闷消遣的尤物地位。在关中男性意识浓厚的土地上，男人对女人之情尽量少有或无有更好，视女人为传宗接代的工具，或达到男人们获得某种政治目的的器物。历史上讨伐董卓，貂婵成为利器，李隆基位衰，杨贵妃成了羔羊，如此事象，不一而足，关中女性的悲哀也就历史地铸就了。《白鹿原》中田小娥想做一个普通庄稼院媳妇的人生愿望无法实现；鹿兆鹏媳妇想过正常女人的夫妻生活不能如愿；已做定了庄稼院媳妇的仙草，从来就没有得到过白嘉轩的情爱；平日里被视为掌上明珠的女儿白灵之求学愿望也被严酷的父亲白嘉轩无情地斩断，关中女性悲哀沉重的情感无望被陈忠实活脱脱写了出来，并从关注女性人性愿望的高度，撕开了看似儒雅礼仪、节烈忠孝有序背后的畸形性史、情史和婚史。作者的深沉描写达到了极致。

时代的进步，人的解放，首先在于女性尊严、价值、地位的提升。柳青笔下的徐改霞、梁秀兰（《创业史》）；王汶石笔下的张腊月、吴淑兰（《新结识的伙伴》）；杜鹏程笔下的韦珍（《在和平的日子里》）、郑大嫂（《平常的女人》）；魏钢焰笔下的赵梦桃，她们以时代所赋予的参与社会奉献的自尊、自爱、自强的精神面貌在作者的笔下得以充分的展示。梁秀兰的未婚夫杨明山是志愿军一名炮长，在朝鲜战场挂了花，脸上留下了病愈后的斑斑伤痕，蛤蟆滩庄稼院的女人们怀着崇拜英雄的心情，却被相片脸颊上的瘢痕弄得不好说话，都有点儿败兴。英雄的母亲思念负伤儿子成疾，茶饭不思，希望儿媳秀兰过去看看她。未过门而去婆婆家，这在20世纪50年代的农村是件背风离俗之事，其阻力是显而易见的。然而这位新时代的秀兰姑娘，觉得"家乡的终南山就是上甘岭，杨明山就是在那里反击美国侵略者，保卫山脚下平原上的一片和平景象！婆婆思念儿子成疾，想看看她这个宝贝儿媳妇，她却在过门没过门的旧乡俗上思量！简直糊涂！怕生人看做啥？秀兰想，她是光荣的志愿军的未婚妻，谁爱看谁看！看！看！她就是她！她将在北杨村表现出磊落大方；她绝不允许女性的弱点在她的行动上显露，惹人笑话，给亲爱的明山哥哥丢脸！"① 这里，秀兰的勇气，不允许女性庸俗弱点的显露，完全源于时代的造就，其典型性体现着新的社会女性新风尚。可以说，从梁秀兰到刘巧珍，对女性形象诸多生存状态和生命体验的描写，是陕西作家深厚的"三秦女性图式"的质核，这个图式是久远的。

特征四：秦风民俗图式。

一般认为，作家的创作个性，取决于他所处的地域环境，"一方水土养一方人"就包含着作家的地域属性。在陕西作家中，除红柯小说集中描写新疆边塞生活外，绝大部分都以本土生活为主要描写对象，构成了陕西文学中特有的秦风民俗风貌，体现出作家们浓厚的民俗心结。比如，贾平凹离不开商州，那是他创作的命脉；路遥离不开陕北黄土高原，那里是他创作的灵魂依附地；陈忠实离不开关中，那里是他本根的栖息地；王蓬离不开陕南，这是他灵智得以充分体现的地方。地缘的神奇，绝非单单一个生活地的问题，而是作家们情感深处的一种"结"。当年的老辈作家柳青，最为典型地昭示着这种图式的内涵。新中国成立初年，柳青本应在北京工作，可他就是离不开故土，落户陕西皇甫一个只有四五百户人的小村庄，这种典型的、地道的落户扎根，绝非一般意义上的深入生活之概念所能囊括。在这里，他将全部心血、情感献给皇甫的老百姓，连同妻子、孩子的事业一并融入其间。人们这样称颂他："生活甘清俭，文章勤苦吟。源泉义气重"，"村野扎根深。父老心中根千尺，秦风到处说柳青"。② 这是什么呢？是乡情图式心结。从他择定事业，踏上文学道路之初，便与秦地古道热肠结下了不解之缘，延安之巍巍宝塔、湍湍延河水是这种图式心

---

① 柳青：《创业史》，中国青年出版社1987年版，第335页。
② 《柳青纪念文辑》，人文杂志辑刊，第4、11页。

结缘起的源头；米脂三年是这种图式心结的深化；长安 14 年，柳青从心、境、情与之相生相发达到同化，并凝聚成迷恋浓郁的"渭河情结"。从此，渭河两岸、黄土高原之乡情成了他文学创作的气脉，任何外界舒坦优越的环境，都无法改变他对家乡故土的迷恋与痴情，任何艰难困苦都无法销蚀乡情给予他的内驱力。家乡黄土的芳香、乡音的悦耳、乡情的开怀、乡俗的诱惑使他魂牵梦绕，游刃其间，无论生活巨细，人物勾勒，还是风土人情，信手拈来，无不神形俱肖。梁三老汉是柳青，柳青成了地道的梁三老汉。1959 年，柳青去延安养病，有人建议他去青岛或北戴河。柳青说："你不知道，一切疾病，除了生理因素外，精神因素是很重要的。我回到延安，住的地方，吃的东西，睁开眼睛或闭上眼睛都是舒服的，世界上没有一个地方能给人精神上这样的满足。"是的，他仿佛和王家斌、梁三老汉、石得富一同来到延安，沉浸在浓浓的乡情之中。晚年，当柳青离开家乡去北京治病时，深情地说："我生在陕西，战斗在陕西，写作在陕西，没想到，现在我不得不去北京。"说到这里，这位倔犟的人强忍着的泪水滚落而下。①

秦风民俗图式，说到底是个人感情的结，柳青的心结影响着同代和后辈作家，形成了一个个同源异趣的情感结。作家们的心结所指首先展示着陕西浓厚的地缘生活情态，柳青笔下延安、米脂、皇甫稻地生活；王汶石笔下渭河两岸村舍乡间生活；杜鹏程笔下秦岭深处及宝成铁路生活；路遥笔下陕北城乡及铜川矿区生活；陈忠实笔下关中秦川白鹿原上生活；贾平凹笔下商州山区风情生活；王蓬笔下汉江两岸青山绿水生活，无一不是秦地风貌的体现、秦地地缘特色的韵味，它如同陕西的羊肉泡馍、油泼辣子棍棍面那样的芬香和意味深长，与他地域的生活鲜明地区别开来，这正是地缘特色的质核，是秦风民俗的总说。

陕西文学的秦风民俗还表现在特有的地缘性人物塑造上。所谓地缘性人物塑造，是指作家笔下的人物，不仅外貌形态是秦地的，而且心理素养和内涵也是秦地的。比如梁三老汉式的对襟褂子长烟袋和憨厚勤劳、守旧固执的性格；梁生宝式的白毛巾包头短烟袋和孝敬继父、超越父亲的胆识；徐改霞、吴淑兰、张腊月的既腼腆羞涩又大方泼辣的理性行为；白嘉轩的本分仁义、勤劳持家的秦式生活风范；孙少安、孙少平、高加林秦地

---

① 蒙万夫等：《柳青传略》，陕西人民出版社 1988 年版，第 170—171 页。

式守土与弃土感知的自觉选择；田小娥、银秀嫂、翠翠、黑氏、师娘、小月、白香等女性的秦地式受制于礼教压抑而又努力的对自身幸福婚姻、爱情的寻觅与追求，对现代文明的渴望与投入。概而言之，这些众多的人物系列，从老辈到小辈，从男性到女性，从目不识丁到略通文墨，都典型地体现出秦地人两个特点，讲实际，重体验，而后选择相应的人生行为的特点，这是陕人重实务实心理积淀在创作中的逼真的映现，它如同秦岭般的永恒，如同渭水般的长流不息。

　　文学的地域特色写出了与该地域相关的地缘特点，文学因地缘而有特色，地缘是文学构成特色的先决因素。比如江南缘于水乡，才有了小桥流水般秀致的文学风格；边塞缘于大漠，形成了风霜剑刀般粗犷的文学风貌；陕西缘于黄土地，才赋予了文学的浑厚与质朴。所以，陕西文学秦风民俗的另一重要标志便是扑面而来的一派地缘风貌："天气阴沉，满天是厚厚的、低低的、灰黄色的浊云。巍峨挺秀的秦岭消没在浊雾里；田堰层叠的南塬，模糊了；美丽如锦的渭河平原也骤然变得丑陋而苍老。"（《风雪之夜》）这是 20 世纪 50 年代关中农村的一派繁忙景象。"高高的山峁上，一个小女子吆着牛在踩场。小女子穿了一件红衫子。衫子刚刚在沟底的水里摆过，还没干透，因此在高原八月的阳光下，红得十分亮眼；山风一吹，简直像一面迎风招展的红旗。"（《最后一个匈奴》）这是陕北高原人文景观的描写。"路到山上去，盘十八道弯，山顶上一棵栗木树下一口泉，趴下喝了，再从那绕十八道弯下去。山的两边再没有长别的树，石头也很分散，却生满了刺，全挨着花条儿覆盖在石上，又互相交织在一起。花儿都嫩得浸出水儿，一律白色，惹得蝴蝶款款地飞。"（《商州又录》）这是陕南风情。可以说，在陕西文学中，这种因地缘特征而来的地域色彩，各尽其妙地、各显本色地活画出陕北高原、关中川地、陕南水乡的特有风貌，其浓郁、传神、地道的地缘色彩，不用标示作家的名讳，也能辨别出秦地文学的秦风韵味，绝对迥然于京津、江浙的文学风格。总之，黄土地图志、乡亲父老图志、三秦女性图志、秦风民俗图志，是 20 世纪陕西地缘文学特有的审美图志谱系。

三　地缘文学审美视域的缺失

　　在上述篇幅中，论述了 20 世纪陕西地缘文学的四大文学图志及基本审美特征。但是，作为蕴含源远流长的历史文化遗产的本土地域文学而言，应有的审美视域的多样与放阔仍是远远不够的。黄土地、父老乡亲、三秦女性等的涉指说明，文学整体视野的拘谨和作家个体审美追求的扎堆儿，直接影响了地域文学的多元多样。歌德在论题材对文艺的重要性时说："还有什么比题材更重要呢？离开题材还有什么艺术学呢？如果题材不适合，一切才能都会浪费掉。正是因为近代艺术家们缺乏有价值的题材，近代艺术全都走上了邪路。""艺术家们很少有人看清楚这一点，或是懂得什么东西才使他们达到安宁。"① 这里，歌德指出了题材的艺术学母题问题和艺术家们的题材意识问题。那么，这些问题，我以为正是20世纪陕西地缘文学中"女神"与"诗神"的审美视域缺失，形成了在地缘与创作中女性文学和诗歌创作两大领域的弱化，使其文学的审美视域无有了更丰富的"抒情"和"阴柔"（李泽厚），"根情"（刘勰）和"缘情"（陆机）的绚丽与多彩。

首先，"女神"视域的审美表现和群体性别意识的弱声。

秦地女性文学有着悠久的传统。20世纪以来，秦地女性文学的发展呈现出女性作家个体风姿妖娆而群体弱声的特点，在文学发展的个别阶段不乏出类拔萃的在全国有影响的代表性作家出现，而女性作家群却一直面目模糊，阵势不现。造成这种现象的原因：一是明显地受到传统观念的影响，女性写作未受到重视；二是由于女性作家的创作题材基本上与陕西男性作家的题材选择相背离，女性写作被辉煌的乡村文学所遮蔽；三是陕西城市文学的不发达，使以城市生活为主要描绘对象的女性作家显得形单影只。当人们在谈到陕西文学时，论及最多的是在国内外有较大影响的陕西男性作家及其创作。实际上，陕西的女性文学不仅有着悠久的传统，而且在现当代中国文学史上也不时有其亮丽的身影。她们在陕西的文学队伍中虽然说不上与男性作家平分秋色，但她们所创造的文学功绩，仍然不能忽视。不过，值得注意的是，尽管也有女作家极具个体张力，然而，就女性群体创作状况而言，陕西当代女性文学确实没有在陕西这个文学重镇里阵势显赫，景象辉煌。陕西的女性作家也没有因这里有众多的文学大家而"沾光"，反而由于种种原因，她们的身影在某种程度上被无意识地遮蔽，她们的声音显得比较微弱，其整体表现与陕西这个文学重镇似乎不大协

---

① 《歌德谈话录》，人民文学出版社1978年版，第11页。

调。著名文学评论家李星在谈到陕西的女性主义写作时有这样一番话："在地处亚洲大陆腹地的陕西，像其他现代主义文学流派一样，女性主义写作在陕西的回应也十分微弱，以至专业界长时期找不到一个女性文学的代表作家。"① 笔者以为，李星的这番话是很有见地的。

在我国的文学发展史上，20世纪陕西地缘文学有着悠久的传统，而女性文学的地缘特性也源远流长。早在我国晋代时，武功人苏蕙（字若兰）就以其独特的文学创造为世人所瞩目。她织锦作《回文璇图诗》以寄丈夫窦滔。其诗以五色丝织成，为一幅方阵组诗，共841字，纵横回环，交叉进退，均可成诗。她的创意之作，不仅在当时影响巨大，而且到了唐代还受到武则天的称赞，说它："五色相宜，莹心辉目，纵广八寸，题诗二百余首，计八百余言。纵横反复，皆成章句。其文点画无缺，才情之妙，超今迈古。"② 当然，从艺术价值的角度看，苏蕙的《回文璇图诗》因过于讲求词义组合不免使艺术性受到影响，但是，作为一位女性诗人，能在艺术形式上大胆创新，实属难能可贵。唐代是我国诗歌的黄金时代。当时的长安既是皇都，亦是诗人云集之地，这其中就包括数量不菲的女性诗人。唐代陕西境内的女诗人为数不少，虽然她们的诗歌题材和营造的意境大都局限于伤离惜别，缺少大气势，然而，由于受时代诗风的影响，她们仍然表现出较强的艺术个性和情感自由，以她们特有的诗歌特色加入到了盛唐之音的合声之中。在女性诗人队伍中，既有像武则天、上官婉儿、杨玉环等处于高位或显位的人，也有大量的宫女诗人；既有女道士的低吟唱和，也有平民女子的爱情表白，甚至还有娼妓那浓情艳意生活的摹写……这其中著名的女诗人，就有鱼玄机和薛涛。鱼玄机自称"女郎本是长安人，生长良家颜如玉。"她聪慧有才学，善作诗，有《鱼玄机诗》一卷传世。她的诗大都为寄情之作，描写女性内心世界真切入微，情感率真，具有较强的艺术性。如《迎李近仁员外》一诗写道："今日喜时闻喜鹊，昨宵灯下拜灯花。焚香出户迎潘安，不羡牵牛织女家。"其中把对爱情的大胆追逐毫不掩饰地予以表露，情真意切，诗意盎然。女诗人薛涛与当时的大诗人元稹交往甚密，留下了大量的唱和诗，其诗情意绵绵，回味

---

① 李星：《陕西的女性主义写作——唐卡、周暄璞小说印象》，《中国文化报》2003年2月13日。

② 杨鸥：《格格作家——记叶广芩》，《人民日报》（海外版）2001年10月31日。

悠长。她的代表作之一《春望词》中有"花开不同赏，花落不同悲；若问相思处，花开花落时"等句，体现出诗人对真善美的执著追求。明清时期是中国古代女性文学发展的繁荣阶段。在人数众多的女性作家队伍中，江南的女作家就占绝大多数，而在数量不多的北方女作家中，清代陕西的王筠不仅是陕西女作家的领军人物，而且也是当时我国北方女性戏剧家的杰出代表。王筠天生有北方人慷慨的性情，自恨身为巾帼，不能与男性抗衡，所以，她创作了戏剧《繁华梦》，"她将自己整个的人格完全倾泻在这本戏剧中，为女性一吐数千年来的柔懦之气，的确可与《桃花扇》、《燕子笺》相颉颃"。①

20 世纪是我国女性文学蓬勃发展的时期，陕西的女性文学也取得了长足的发展，女性作家在各种文学领域都有所建树，显示出坚实的创作实力。在散文创作方面，李佩芝和李天芳被认为是 20 世纪八九十年代陕西散文界的"双雄"。李佩芝在编辑工作之余，写了大量的散文作品，结集出版的作品集就有《失落的仙邸》、《别是滋味》、《今晚人梦》等。在李佩芝的散文中，常常交织着两个美好的世界：一个是外在的使她能轻松坦然地生活的祥和真实的世界；一个是自己的内心世界，作者在这个世界里不断反省自己，追求灵魂的充实与安宁。作者时时期盼的是外部世界的平和、真诚和信任，而当她看到现实与自己的期盼每每发生冲突时，她只能退守于自己的一方天地，在一己生活的小天地里寻找安宁与静谧。这是一种淳朴的情感需求和朴素的近乎于田园式的生活愿望。她的散文的题材富于生活化，笔力散淡、清丽、柔和、意境优美，给人以温馨的艺术感受。李天芳著有散文集《山连着山》、《延安散记》、《打碗碗花》、《种一片太阳花》等。李天芳善于思考，长于借景抒情，她的散文具有着哲理性品格，作者往往在一种毫不做作的平静语气中阐发自己的所感所悟其作品自有一种动人的艺术魅力。在这一时期，张虹的散文创作也显示出不凡的艺术功力，受到了读者的广泛欢迎。近几年来，陕西的女性散文创作新人辈出，如鲁曦已出版了《寻梦》、《心雨芳菲》等散文集，引起了较大的反响。在 2004 年 4 月为其召开的作品研讨会上，省内外作家、批评家给予了较高的评价。杨莹出版了名为《品茗》的散文集，张亚兰出版了名为《野草花》的散文集，等等。还有宝鸡的严晓霞、咸阳的李碧辉等的散文

---

① 康正果：《风骚与艳情》，上海文艺出版社 2001 年版，第 127 页。

创作也颇具发展潜力。在诗歌创作上，陕西当代的女性诗人数量不多，但所取得的创作成就却不容忽视。20世纪80年代，青年女诗人梅绍静就连续出版了《唢呐声声》、《她就是那个梅》两部诗集，其中《她就是那个梅》获得了全国第三届诗集奖。刘亚丽、柳琴（刘秀琴）也是这一时期创作活跃的女诗人。柳琴于1991年出版了诗集《多情岁月》。她的诗思绪灵动，感情自然真挚，语言优雅，表现出作者较好的艺术素养。青年诗人唐卡是吟唱爱情的歌手，诗集《沼泽地的吟唱》是她爱情诗的集中巡礼。报告文学在我国新时期获得了新的发展，陕西的女性作者从事报告文学创作的人数不多，但仍有影响全国的女作者，她就是冷梦——以一篇《黄河大移民》而获得了全国第一届鲁迅文学奖。在小说创作领域，陕西的女性作家中成就最大的应是叶广芩。多年来她潜心创作，从中篇到长篇，甚至直接用外文写小说，显示出不凡的实力和扎实的艺术功底。她的小说，内蕴丰厚，情感沉稳，文辞优雅，叙述从容，具有大家风范。她所创作的系列家族小说，如《黄连厚朴》、《梦也何曾到谢桥》、《采桑子》等，被认为是当代小说阵营里的大餐，耐人寻味，使人惊喜。其中中篇小说《梦也何曾到谢桥》获得了全国第二届鲁迅文学奖，长篇小说《采桑子》又入围第六届茅盾文学奖提名，这些本身就说明叶广芩小说的艺术价值和巨大影响力。有论者论及《采桑子》和作者时这样写道："她的作品中那样一种既投入又清醒、既细致生动又从容舒展的叙述，哀婉深沉、悠远悲凉的情调，将人们引入一种特殊的氛围，随之领略人们所不熟悉的那样一个特殊人群的悲欢离合和生存状态，深入体味那曲折复杂的人生况味。"[①] 叶广芩的创作和所获得的声誉，是陕西女性文学的骄傲，是陕西女性文学的辉煌。在20世纪90年代前后，女作家李天芳（与晓雷合作）创作出版了长篇小说《月亮的环形山》，小说以现实主义手法表现了20世纪60年代中期一批大学毕业生走上教育工作岗位后在工作、爱情、家庭、人际关系等方面产生的烦恼、苦闷、痛苦和不幸。小说一经出版，便得到了广泛好评。女作者孙君仙克服重重困难，顽强创作，出版了《白雪》、《镜子》等长篇小说，受到了文学界的关注。长期以来，女作家贺抒玉也一直笔耕不辍，既写诗，又写小说和散文，2004年年底，中国文联出版社出版了《贺抒玉文集》。贺抒玉的作品，清新质朴，生活气息浓

---

① 谭正璧：《中国女性文学史》，百花文艺出版社2001年版，第332页。

郁。特别值得注意的是，近年来，一批年轻的女作者初露头角，显示出强劲的创作势头和个体张力。青年作家唐卡，由作诗而写小说，并且一发不可收拾。2001年，她出版了第一部长篇小说《你是我的生命》，尔后又有《荒诞也这般幸福》、《楼顶上的女人》等作品。她的小说以现代都市生活为题材，叙写自己的独特感受。如在《楼顶上的女人》这部小说中，她以女性细腻、清纯、诗意、深情的笔触，记叙了两个有同性恋情结的年轻女子情感生活中的种种纷扰和困惑，表现了社会转型期现代都市生活的喧闹和人们情感生活的贫乏、虚浮所形成的巨大反差。这部小说称得上是现代都市人情感的艺术化记录。青年女作家周暄璞近年来陆续出版了长篇小说《夏日残梦》、《我的黑夜比白天多》等。评论家李星对唐卡、周暄璞的创作给予了较高的评价，认为她俩"是继李天芳、叶广芩之后，20世纪60年代末70年代初出生的陕西的两个年轻的女作家，无论是对生活的感觉，还是艺术的表现，语言的技巧与内涵，都达到了很高的层次。从她们的创作中，我发现了陕西前代女作家所没有的新质，自觉的女性话语或女性角色意识"。① 实际上，这是年轻一代女性作家在创作观念上的突破。应该说，在陕西年轻一代女作家中，她们对文学的追求是虔诚而执著的。女作者王晓云为了写出一部反映都市中"小姐"生活的小说，她的"心灵始终就在动荡之中，随时准备接受批评和轻视，对于"小姐"生活和她们的现状作了大量的调查，甚至和她们做朋友"②。正是以这样的态度、勇气和胆识，写出了长篇小说《梅兰梅兰》，作品中真实地描写了当代社会的一个隐秘阶层——"小姐"们的辛酸和无奈的命运选择。著名文学评论家李星先生认为这部小说："饱满而飞扬，如歌如哭，如泣如诉，诗意浓郁。"③ 在扶持文学新人方面，《延河》文学月刊从2005年1月号起开辟了"陕西60、70年代作家小说"展栏目，其中就刊登有年轻女作者的新作。这些现象表明，陕西的女性文学极具潜力，值得期待。

考察20世纪后半期的陕西女性文学，我们可以得出这样的看法：这一时期的陕西女性文学是不自觉的女性主义文学，即女性文学的特征并不明显。我们说是不自觉的女性主义文学，是因为陕西的女性作家们在其创

---

① 李星：《陕西的女性主义写作——唐卡、周暄璞小说印象》，《中国文化报》2003年2月13日。

② 王晓云：《给李星的信》，《陕西文学界》2004年第1—2期。

③ 李星：《给王晓云的信》，《陕西文学界》2004年第1—2期。

作中尽管有性别角色的流露，如人情的氤氲，情调的温婉，等等，但这是一种无意识地表露。在她们的主观意识中，还未真正地从女性主义立场上对女性的生命样态、生存体验、人生遭际、历史心迹以及男女两性关系等进行有意识地考问探寻。因而在女性作家的作品中，女性的性别意识淡泊，缺乏女性作为书写主体的以女性感受、女性视角为基点而挖掘的女性经验。这种状况，到了出生于 20 世纪 60 年代末 70 年代初的唐卡、周暄璞、王晓云等年轻女作家们这里才有了改变。这些年轻的女作家们的可贵，正在于她们从创作一开始，便自觉地站在现代女性主义的立场上，对女性的生存状态、命运遭际、身心欲求进行追寻和思考，力图加以艺术展现。因此，她们所涉及的女性话题异常尖锐，所描绘的女性生活也更为复杂和耐人深思。

尽管陕西女性文学在其发展的过程中不时有重量级作家和作品出现，但就整体态势而言，陕西的女性文学呈现出的是个体风姿妖娆而群体弱声的特点。也就是说，在文学发展的个别阶段，甚至有国内外知名的作家出现，而陕西女作家群却面目模糊，阵势不现。这里之所以说是在文学发展的个别阶段有名作家出现，是在考量了我国现当代文学发展的阶段性特征后提出的看法。比如，在"先锋派"文学潮流中，基本没有陕西女性作家的声音，在"寻根"的作家队伍中，缺少陕西女性的身影，在"新生代"的阵营里，仍然见不到陕西女性的名字，甚至在近两年崛起的"80后"文学新人中，还是难见陕西女性的踪迹。这是一个耐人寻味的现象。陕西是文学大省，是中国当代文学的重镇，这几乎是人们的共识。但是，缘于陕西辉煌的文学厚土上，出现这样的女性文学现象其原因何在？笔者以为至少有三个方面的原因：一是明显地受到传统观念的影响，女性写作未受到重视；二是由于女性作家的创作题材基本上与陕西男性作家的题材选择相背离，女性写作被辉煌的乡村文学所遮蔽；三是由于陕西城市文学的不发达，使以城市生活为主要描绘对象的女性作家显得形单影只。这种城市文学氛围的缺失使陕西女性文学在群体上未能形成气候。

陕西素有"黄土文化"之宗的称谓。因而在这块土地上传统观念就显得根深蒂固。男尊女卑仍然是不少当代陕西人所坚守的观念。经济发展的相对缓慢，女性的经济独立意识不强，农村女性由于繁重的家务劳动和教育的落后，几乎不可能有条件有机会成为作家。这样，农村女性从事写作的客观条件就受到了极大限制。英国女作家伍尔芙说过："当中产阶级妇女开始写作时，她自然就写小说。"① 伍尔芙认为中产阶级女性写作是她们有一定的生活条件做基础。这种说法虽然不一定适合于中国女性，但从这一番话中我们也许能受到启示，即经济因素确实对女性写作起着重要的作用。从世界范围来看，女性文学几乎等同于城市文学，女性作家大多活跃于城市这个舞台上。这种现象至少说明，城市中两性间的相互认识理解与和谐共存的氛围远比乡村显得宽松和浓厚。20世纪陕西地缘文学的主要成就或者说作家的主要题材来源是农村生活。考察那些在全国有一定影响的陕西女性作家的履历，我们会发现，她们大都属于"外省人"，而真正属于土生土长的陕西籍的女作家很少。这种状况至少说明了女性作家们的文学题材选择不会主要是农村生活，或者是说她们由于缺少乡村经历，难以从事农村题材的创作。这样，仅仅从题材上，女性作家与男性作家就形成了天然的分离。因此，在20世纪陕西地缘文学中难以见到女性作家有关农村生活的鸿篇巨制尽在情理之中。我们说陕西的女性作家偶有佳作，但因为处在这样一个以农村题材为特征的又有实力雄厚的作家群的巨大包围之中，女性作家身影的被遮蔽也就理所当然。

评论家邢小利就认为："陕西文学的优势和特点是对乡村生活和农民性格的描写和表现。陕西作家大多是从农村走出来的，所谓'城籍农裔'，因而他们对农村社会特别熟悉，对写农民生活和性格驾轻就熟，相反的，对现代文明和城市生活较为陌生，以审美的眼光打量现代文明和城市社会尚缺乏经验和足够的心理准备，因而对之时有恐惧甚至排斥。"② 就陕西当代女性文学而言，由于缺乏城市文学创作的浓厚氛围，她们的写作就显得形单影只，很难形成群体性气候。女性作家惯于描写的城市生活成为搁浅之船，无法乘风破浪。这种状况在历史进入21世纪后已在开始改变，尽管比较缓慢，但毕竟出现了较好的势头。对陕西当代女性文学作上述的考量分析，并不是要把形势估计得令人沮丧。而是想就目前的现状理清思路。应该看到，陕西女性作家的群体态势已经初现，只是她们还在路上。她们的成功或者辉煌，有待于她们自身的意志坚持和不懈努力，有待于社会的关心和名家的悉心呵护与扶植培养。或许，在不久的将来，陕西的女性文学会走出整体弱声、面目不清的尴尬境地，以群体优势而亮相

---

① 刘炳善：《伍尔芙散文》，中国广播电视出版社2000年版，第537页。

② 邢小利：《"城籍农裔"三代说"陕军"》，《羊城晚报》2004年12月18日。

于中国文坛。

其次，"诗神"视域审美表现断落与缺失。

众所周知，中国就其文学概念而言，素以"诗的王国"称谓，以唐代诗歌为鼎盛，体现了中国诗创作的高峰，与此同时也是陕西地域诗歌创作的高峰。然而，这一丰厚充溢的文化渊源，诸多诗神精神却并未承续至当代文坛，诗歌创作在当代陕西文学中近于断流，这不能不使人深思。我们不仅要问，20世纪陕西地缘文学中小说、散文何以长足发展？近年来的影视文学又何以迅猛生长？而具有绝对优势，得天独厚的唐代诗歌的盛况又何以消退？对于这个问题，小说家晓雷认为："诗与受众疏离，似乎已成为一种定论，但这是时代的进步？抑或是诗的退步？作出结论却为时尚早。在人类社会已经迈入信息网络时代，电视、录像、影碟和卡拉OK这些精致的玩意置放在每户人家的客厅和卧室，有那么方便而多样的情感宣泄和身心休闲方式，要人们都去写诗、谈诗、依恋诗，似乎是一种额外的苛求。"① 这里，晓雷虽然从时代变革层面表述了诗创作弱化的时代原因，但诗之所以是诗，更在她的精神内涵。所以，诗人曾卓曾说过，当诗不能养活诗人时，诗人却必须以血肉养活诗。古今中外靠诗养活自己的人是很少的。但在任何时代，诗人都必须以自己的血肉养活诗，也只有依靠诗人自己的血肉，诗才能获得生命。我以为这是诗文之所以是诗的奥秘所在，陕西诗坛几代诗人都曾在不同的历史年代里，以其自己的生命血肉在养活诗，显示着诗人应有的品格和精神。比如，贺抒玉、李佩芝、李天芳、毛琦、党永庵、李汉荣、梅绍静、曹谷溪、马林帆、王德芳、闻频、子页、朱文杰、刘新中、塞北、秦巴子、杨莹、渭水、苑湖、王琰、和谷、耿翔、尚飞鹏以及柳琴、唐卡、刘亚丽……在探讨新诗的渊源断流中，诗人们从不同角度究其历史的和现状的弊失。古典诗词学家雷树田认为："新诗已被人戏称为'失歌'、'式歌'、'势歌'、'死歌'。陕西诗歌要活起来，要写出真情实感，就必须继承古典诗歌的传统。只有这样才无愧于长安这个'诗都'。②"歌词家党永庵认为："新诗的危机在于失掉了入乐歌唱的功能，因此在今天诗远不如歌词更像诗，新诗要走出困境必

---

① 晓雷、党永庵、雷树田、渭水、张孝评：《在陕西诗歌研讨会的总结发言》，《陕西文学界》2000年第1—2期。

② 同上。

须加强音乐性。"① 渭水认为："诗要走向影视，走向市场，干预现实才有出路，这是一场革命。"② 评论家张孝评认为："诗歌与其它艺术种类相比是从个性出发的，而诗歌的阅读与评价标准却是社会性的，因此诗歌要发展必须在个人化与非个人化之间找到一个切合点，从独特走向普遍。"③ 这些观点，集于要害，我以为是着眼现实，着眼时代的存在关怀不够，诗人胸怀大志、大事、大情之感动源的缺失，俯视大时代、焦聚弱势大群体，心存大普世感情宽广心理世界的缺失。致使诗歌创作未能穿越"自我"、"小我"，身边琐事，情感一隅的小空间，甚至于金钱、物欲、娱乐、休闲的泥淖中翻滚与羁绊。正如小说创作之于"黄土地"的狭隘视域所裹挟一样，失去了应有的大气和大真，自然也就无有了大爱和大恨，与前辈柳青偶尔抒之的诗歌也不能齐比。

我们知道，柳青是不大写诗的，据统计，柳青在从事小说写作期间，曾先后创作了四首短诗和一首悼亡长诗，写作背景均在 1968—1976 年间，即"文化大革命"期间。从诗作的问世看，是在那个歌者不能，写者辍笔的年代，善以小说称著的柳青却例外地长歌低诉，这不能不认为是作者主体意识的明确取向。从诗作的思想内容看，几乎都是抒发沧桑变故，危安迁转时的内心感受，因而构成了一种忧愤悲喜的色彩。倘若将作者及作品与其写作背景予以宏观观照，分明折射出一个作家在特定环境下的一种积极的心理定式，而非逆境中常见的那种自嘲旷达，超然世外，隐逸醉歌，却是在长期艰苦创作中形成的真与假、善与恶、美与丑相对抗、相斗争的凝重、凛然、刚正的心理积淀，是柳青主体政治信仰、情绪和心境，以及人格旨趣的结晶，具有深层意义上的崇高美。这时期的诗作，也常伴随着粗犷、坚硬、深厚的特色，给读者以积极的心理效应，毫不逊色于小说《狠透铁》及《创业史》。尤其是诗作中的积极心理定式，是一种"三维融合型"，即对党的文学事业的拳拳心理机制；对妻儿教诲上的深明大义的心理机制；对一生创作的诗化概括的心理机制。这三者互补融合，使得他为数不多的诗作明朗晓畅，旨趣高扬，浩气荡人。譬如表现共产党人气节的诗句"谁料趁大乱，庞涓陷孙膑，牛棚非猪圈，宁死守党性"；表

---

① 晓雷、党永庵、雷树田、渭水、张孝评：《在陕西诗歌研讨会的总结发言》，《陕西文学界》2000 年第 1—2 期。

② 同上。

③ 同上。

现主体政治信仰和情绪心境的诗句"堆中三载显气节，棚里满年试真金"，"儿女待翁登楼栖，晚秋精耕创业田"；表现对文学事业拳拳之心的诗句"遥传京中除四害，未悉曲折泪满腮"，"病下床走起来，问讯医师期何远，创业史稿久在怀"；还有寄语儿女人生道路的诗句"襟怀纳百川，志越万仞山。目极千年事，心地一平原"（给女儿刘可风婚前寄语），等等。这三者互补渗透构成了柳青诗作中"三维融合型"的积极心理定式。可见，陕西地缘诗歌的振兴，仍然还是一个"写什么"和"怎样写"的问题，一个旧话新谈的问题，即关注大事、大情、大爱的写作，需要真情、真爱、真心去感受，使20世纪陕西地缘文学的"诗神"审美视域缺失得以提升，给文学审美视域平添其"抒情"、"阴柔"、"根情"、"缘情"的绚丽。

作者单位：宝鸡文理学院中文系

逍遥于"出儒"与"入儒"之间
——孔孚山水诗与儒家文化

贾振勇　魏建

孔孚原名孔令桓，是孔子的后裔，生长于圣城曲阜。初读孔孚山水诗，你会觉得那些玲珑剔透、含蓄隽永、短小精悍的诗篇，几乎没有儒家"诗教"的影子，也看不出其内在质素与儒家精神的明显承传，相反，却处处流溢着"出佛出道/亦马亦牛"的另类风韵，以及在现代艺术层面上展示的生命灵致和美学风度。况且，他总说"诗是道家的事"。① 然而，孔孚从小就耳濡目染故乡文化的长期积淀。那庄严、肃穆、凝重的儒家文化，既然已经内化为齐鲁大地以外的中国人的文化心理结构，怎能不左右生于斯、长于斯、歌哭于斯的诗人孔孚呢？孔孚新山水诗为我们提供了一个"接线"② 的有趣的文化话题，他的"接线"与儒家文化传统究竟是一种怎样的精神联系呢？

一

我们知道，以儒学为旗帜的传统理性精神，在塑造中华民族性格和文化心理结构方面起着极为重要的作用。在这种精神的规引下，"厚人伦，美教化"等原则被尊奉为文学艺术的终极目的。然而，文学艺术有着不同于意识形态等其他外在规范的规律和特征。在"厚人伦、美教化"等原则所规定的话语系统中，文学艺术的本质特征和规律必须承担现实的、社会的、政治的职责和义务，"文以载道"便是这种美学观念的直接体

---

① 《孔孚集》，中国社会科学出版社1996年版，第555页。

② 在20世纪中国，山水诗传统几乎断绝，孔孚继承古代山水诗衣钵，开创了山水诗创作的新局面。研究者们将这一现象称为"接线"。我们认为，这不仅是一个创作问题，更是一个值得研究的文化问题。

现。这种观念时至今日，仍以各种变体延续着坚韧的生命力，有着不同凡响的影响力和延展性。孔孚对此有着深刻而鲜明的认识："我们的儒家，从某种意义上说，就是'文化强人'。他把诗引入歧途，就不止是'二百多年'了。这里有个社会背景之下长期形成的民族文化心态问题……命里注定，儒只能走圣贤路，迈着方步。儒家是不愿意飞的。"① 孔孚新山水诗的崛起首先是对这种"文化强人"的反拨和超越。

在充满灾难和忧患的 20 世纪中国，新文学自诞生之日起，便以悲壮的襟怀，承担起兼济天下的使命，感到忧世、拔剑起蒿莱，闪烁出极为感人的人文光彩。但是，它的功利目的负面效应也束缚了文学艺术内部规律性特征的调整和发展。山水诗传统的中断，一个重要原因就是，它难以适应追寻新世纪曙光的现代人的思想和感情。五四时期的文化激进主义者揭竿而起，打倒"山林文学"，高唱文艺救世之歌。然而，它的功利价值趋向却扼制了文学艺术自身的健康发展，相对束缚了文学艺术的性灵，新文艺拖着启蒙与救亡的沉重的翅膀。正如孔孚所说："我们的新文学运动是从'反载道'开始，这确是一大功绩。但是不久，就又回到了'载道'。而且气氛似乎越来越浓。后来更强调配合中心任务。作为主要以美为特征的山水诗，自然难以承担这一任务。"②

孔孚新山水诗及其美学观念对这一传统的背叛历程就是以向"诗教"的发难为开端。孔孚如此解释："写山水诗其实也是'为人民'的。大可不必担忧。这与'载道'、'诗教'不同。诗的力量，在'感'，而不在'教'。如果说'教'，那也是寓于'美感'之中，一种特殊的'教'，潜移默化。过分地强调'教'，诗往往流于概念，难免滞顿。"③ 纵观 20 世纪新诗史，大多数诗人往往借鉴外来文学艺术的思想观念进行创新，汉语新诗创作的"不中不西"的倾向一直是一大疑难病症，也就一直难以立足世界文学之林。孔孚既反中国传统的"诗教"，又十分强调中国传统美学的精神力量，以地道的汉语言表达纯正的东方美学精神，确立了新山水诗在当代文学界独树一帜的地位。

孔孚新山水诗对中国古典诗歌理论和山水审美意识继承上溯到道家美

---

① 《孔孚集》，中国社会科学出版社 1996 年版，第 494 页。

② 同上书，第 370 页。

③ 同上。

学思想。这是孔孚新山水诗获得独立地位的文化基石和理论根据。他坚定地认为："中国诗歌美学精髓，主要在道家那里。遗憾的是未能得到很好的发扬。"① 在中国传统文化体系之中，道家美学思想作为儒家美学思想的对立和补充，相反相成地共同塑造了古代中国文学艺术的审美理想。如果说，儒家强调为社会、政治服务的实用功利目的，强调情感的抒发应符合世俗社会的价值标准，那么，道家强调的是人与外界对象的超功利的无为关系，强调的是一种内在纯粹的精神和美，并且，强调艺术创造过程和欣赏过程中的带有神秘色彩的美感规律。如果说，儒家对后世的影响在"内容"方面，即写什么，那么，道家则更多地在"形式"方面，即怎么写。显然，道家比儒家更能抓住文学艺术的内在规律和特征，显示着一种空灵的人格境界和审美态度。孔孚新山水诗深得道家美学思想的个中三昧。孔孚曾这样解释道家美学思想："'恍惚'恰恰是一种美呀！道家的'道'，就是'恍惚'。'道之为物，惟恍惟惚，其中有象。恍兮惚兮，其中有物。'在于有无之间，似有若无。"② 毫无疑问，道家美学思想更具有艺术生成力和原创力。自由、洒脱、超然、遗世而独立的道家美学精神，构成了孔孚新山水诗深厚的传统精神根基。所以，孔孚新山水诗的"接线"，不仅是题材、主题的续接，同时也是道家美学精神的现代复活。

禅宗是孔孚新山水诗所倚重的另一大精神支柱。禅宗传入中国后，经与儒、道结合，成为最"中国化"的佛教派别。禅宗之所以兴盛，一个极为重要的原因就是，它从高深莫测的宗教文化领域走进了世俗生活状态和文学艺术的广阔天地。"直指人心，见性成佛"，佛心即是平常心。无论是平民百姓，还是文人雅士；无论是山野民歌，还是诗词歌赋；无论是狗屎之橛，还是名山大川，佛无处不在，无处不有。佛心无雅俗文野之分、高低贵贱之别，禅宗的这种世俗化价值取向，使人们对艺术化人生境界的向往超过了对宗教教义的迷恋，因为天国和极乐世界就在人间。对中国传统文化来说，禅宗的贡献不是改造社会的力量，而在于深刻影响了后世的人文精神和文学艺术创作倾向。以禅喻诗，以禅论画，"当头棒喝"，"见山见水"等，都给后人的艺术创作以极大的启示。

孔孚新山水诗与禅宗的内在联系至少表现在以下几个方面：一、佛教

---

① 《孔孚集》，中国社会科学出版社 1996 年版，第 493 页。

② 同上书，第 322 页。

荒诞不经的想象力和幻想力与诗的创意有通之处。二、佛门所喜用的神秘主义思维方式也是孔孚之所爱。三、禅宗所追寻的境界与孔孚新山水诗所追求的，有相似点，需要"灵觉"去发现"空灵美"。四、对于佛，孔孚新山水诗表现了人乎其内，出乎其外的艺术精神。应该指出的是，禅宗思想往往寓于中国传统诗话中，这种诗话传统对孔孚新山水诗的影响也是相当大的。

我们知道，禅宗精义与老庄哲学在对待人生和自然的态度上，有着极大的相似之处。它们都采取一种准"泛神论"的视野，追求个体与自然的融会，追求"物我两忘"的人生境界，都希冀从山水自然之中汲取灵感和妙悟，借以摆脱俗世的烦扰和束缚，追寻心灵的自由和解放。从某种意义上说，佛道之间更具有一种强大的自然亲和力。孔孚新山水诗之所以能构成对儒家美学思想的反叛，也正是从佛道美学精神中获得了力量。

孔孚还钟情于中国历代诗论、诗话和山水画传统。关于前者，他的《溯观——读〈沧浪诗话〉札记》可见其浸染之深，这里不再论述。我们重点谈论一下后者。在中国古典文艺领域，历来讲究诗画相通，所谓"诗中有画，画中有诗"，即是诗画相通的高级境界。中国古典山水画的特色在于，它不是追求外在世界的写实和形真，鄙夷模拟，而是在对自然景观或人物的高度概括和把握的基础之上，力求表达出一种内在风神韵律，展现高度人文化、精神化的自然山水，蕴涵着传统文人画家的审美情趣、审美理想和价值趋向，表现了独与天地精神相往来的人文精神世界。孔孚说过："我写山水诗，很重要是受惠于绘画。"① 的确，阅读孔孚新山水诗，你仿佛沉浸在八大山人、苦瓜和尚那些简古空灵、萧散神远、优雅孤傲的山水意境之中，寥寥数笔，不着痕迹，令人心旷神怡，身不能至心向往之。孔孚山水诗似乎是描绘纯粹客观的山水自然，表现一种"诗情画意"或"观念意绪"，但是，如同朱耷、石涛的几块石头，几只翠鸟，几棵枯树，这一草一木、一虫一石之中容纳了大千世界，蕴涵了宇宙人生，含不尽之意于言外，传达出一种生活的风神和人生的理杨，孕育了一种气韵生动的精神境界和人文遐思。这异曲同工之妙之中，显示着孔孚新山水诗浸润日久的深厚的中国文人的一处独树一帜的人文精神。

---

① 《孔孚集》，中国社会科学出版社 1996 年版，第 365 页。

二

应该看到，孔孚新山水诗对以儒家"诗教"为代表的美学观念的叛逆，并不表现为狂热的反理性传统倾向。孔孚曾经说过："虽然我坚决反儒，但由于受儒家影响太深，刮骨很难。此外也还有一层意思：不想尽刮。我的老祖宗那里还是有一点好东西的。比如早期儒者从《周易》之以'乾'为首卦那里受益，贵刚尊阳的思想，就刮不得。"①

孔孚在新山水诗领域所反叛的是"载道"的十字架和"诗教"的束缚，而不是别的。在孔孚新山水诗的世界中，尽管礼仪之邦温柔敦厚之风更多的为"与天地精神相往来"和"赞天地之化育"的风姿卓绝、萧散空灵所代替，但是，孔孚毕竟是孔子后裔，这种精神血脉是什么也代替不了的。孔孚是一个"入世"极深的诗人，正如他的一位老友所言："表面看，他的诗是虚无缥缈，远离尘寰，其实对人生他所希冀的是大入大出。"②

这可谓是以出世的精神做入世的事业，无为而无不为。在某种意义上说，孔孚新山水诗的"出佛出道，亦马亦牛"的精神风韵，恰恰表面了儒家"赞天地之化育"的源初人文旨归。孔孚反"诗教"，实质上是为了剥离自五四以来新文学的功利传统强加于文学艺术之上的枷锁，是为了剥离异化的儒家教条对儒家源初人文精神的根本精神向度的遮蔽，是为沉重的现代中国文学艺术寻求灵动的翅膀。

孔孚新山水诗一方面构成了对儒家"诗教"的僵硬的美学观念的反叛，另一方面也构成了对儒家源初人文精神的现代复归。"出佛出道，亦马亦牛"是对人生的大入大出，是在领悟了佛道精义之后对人生入世精神的一种高层次的肯定，是与儒家源初人文精神旨向殊途同归，是离经不叛道的一种艺术价值努力。

孔孚新山水诗出现在有着数千年文化传统的 20 世纪的齐鲁大地，体现出丰厚而空灵的人文情怀，显然不是偶然的。尽管儒家文化精神历经数千年的风风雨雨，几遭扭曲异化，但是，在产生它的齐鲁大地，其灵魂不

---

① 《孔孚集》，中国社会科学出版社 1996 年版，第 468 页。

② 张蕾：《漫说孔孚的诗和诗论——在孔孚诗歌研讨会上的发言》，《孔孚山水诗研究论集》，山东文艺出版社 1991 年版。

死。它的根本精神向度可以被遮蔽、可以被扭曲，但它的丰盈的人文情操却深深地浸润着这块土地，一遇到适宜的风气流转的机会，它就显示出不屈的生命力。孔孚新山水诗秉承这种地气之灵，以与"诗教"截然对立的面目追求着真正的人文精神。表面上看是反儒家，而事实上是借此刮骨疗毒，只是要刮去那些僵滞的教条，恢复儒家未被异化的人文精神。所以孔孚才说："不想尽刮。"

孔孚这种对传统文化游刃有余、从容不迫的拿来气度，他的新山水诗世界和诗论体系，都表明他的创作历程是一次在儒释道互补互摄的文化传统和人文精神之河中的"逍遥游"，是传统文化精神的凤凰焚于烈火之后的再生。这一再生是在强大的颇具灵性的理性主义精神氛围中传统人文精神的灵魂转世。

从某种意义上说，孔孚的新山水诗是向"虚"处走的灵觉艺术。这种向"虚"处走的艺术方式也深刻体现了孔孚新山水诗的文化底蕴和价值倾向。孔孚新山水诗标举"东方神秘主义"，在诗论方面，提出了"灵觉"、"减法"、"用无"等诗学术语，并且一以贯之于新山水诗的创作之中。孔孚新山水诗以传统人文精神为深厚的文化根基，经过儒释道的互补互摄，开辟了新山水诗艺术的新境界。孔孚新山水诗借助佛道精神，入乎其内，出乎其外，凭借"灵觉"的艺术翅膀，实现了儒家源初人文精神的现代再生。

三

怀着某种理解和印证的意图，我们选择了《蜀岗平山堂后石涛埋骨处默立》（以下简称《默立》）来分析孔孚新山水诗的文化底蕴和艺术价值。《默立》一诗不仅体现了孔孚新山水诗独特的文化内蕴和艺术技巧，不仅是向"虚"处走的一个典型注脚，还是孔孚新山水诗承传儒家源初人文精神的一个典型例证。

也许就在脚下/那支笔/冷得/发抖//万人争看/山色有无中

真正的诗歌，倾诉着人的灵魂的颤动，表达着人的存在的共同精神。所谓欣赏，不过是灵魂在某种程度上的契合与共鸣。诗意的交流，是一种

"非对称性"交流，诗歌作者的意图和语境在诗歌成为制成品后，会逐渐淡化，留给读者的是富于"空白"的诗歌本体。对于缺乏艺术灵气的凡胎俗眼来说，俯身于诗歌的灵魂之上，体验到的往往是头晕目眩，诗性的智慧只能靠诗性的心灵来感悟。阅读孔孚新山水诗，似乎应该讲究"灵视"，讲究"六根互相为用"，心中有灵觉之光。

孔孚崇尚钱钟书所言"理之在诗，如水中盐、蜜中花、体匿性存，无痕有味，现相无相，立说无说"① 的境界，追寻的是"无鳞无爪"的"远龙"，在诗艺上"求隐，求纯，求异，求简，求淡"，在精神向度上，追求超然尘世之上的人格独立。孔孚山水诗往往慧眼独具，曲径通幽，令人耳目一新、豁然开朗。《默立》一诗，正体现了上述诗学操作原则：以尽可能少的语言材料和结构特征，将朦胧、复杂的内在意蕴和外在具象，组织成有内在秩序和内在韵律的艺术整体，使之形成富于含混和张力的诗境，体现出"道器合一"的艺术旨趣。从而道"不可道之道"，名"不可名之名"，"不立文字"又不离文字，几近于"羚羊挂角，无迹可求"之境。故阅读这样的诗歌，让人难以循法人意入境，只能以心会心、意会神领，在充满隐喻和象征的语言结构之中，寻求言外之言、弦外之音和象外之旨，得鱼忘筌，开拓新的语义世界和精神境界。

全诗从"虚"处着眼，选择了那些富于象征和暗示的语言符合，避免了指称性和描述性语言符号的过于"实"，摆脱了日常语言的硬性规定和对应关系，形成了一种虚虚实实、实实虚虚的语言表达策略。诗人身临其境，满目山水，却不刻意造境，避免过实的外在物象的描述，而是营建一种含混而充满张力的诗境，"情、理、虚、实"的氤氲相生，阴阳化合，天人合一，诗性智慧如汨汨山泉，沁人心脾，余韵无穷。

"也许"一词虚实相应颇具其妙。身历国破家亡之变的"苦瓜和尚"石涛，身世浮尘雨打萍，从宫廷王室裔到山川草野小民，沦落天涯，生前凄凄惶惶，生后孤魂游荡。然而，就是这么一个开有清一代感伤主义之精神先河、继往开来之文人画风的大师，却湮殁于赫赫然的蜀岗平山堂一个角门的下面。鲜有凭吊，唯有乱石重叠、杂草丛生、哀虫悲鸣，令人饮恨而吞声，抚一抔黄土而长啸，扼腕而长叹。而"冷得/发抖"，一个"冷"字境界全出。一种茫然而沉实的沧桑巨痛跃然纸面，力透纸背，令人在缥

---

① 钱钟书：《谈艺录》，中华书局 1984 年版，第 231 页。

缈虚浮的意境的思绪之中生发出一种沉痛的深渊体验。仿佛，石涛那笔墨恣肆、意境苍远的山水人物画卷中潜藏的孤独、寂寞、悲凉，以及不屈不挠而又感伤至极的人格精神，也通过这一"中介"传达精神。深深地震撼我们的灵魂，勾起我们难以名状的深重思索。

"万人争看/山色有无中"，一方面，诗人啸傲山水之际，对于扬州"热"了醉翁先生、东坡居士这样官方色彩浓厚的名士，而"冷"了苦瓜和尚这样的草野隐士，愤愤不平，不平则鸣，一鸣惊人。另一方面，我们以为，在山色有无、万人争看中，诗人（隐于诗中的叙述主体）仿佛与石涛那颗哀伤愤慨、傲岸不驯的艺术灵魂在进行一种深刻的精神对话。石涛一生"搜集奇峰打草稿"，令山水与自己神遇而迹化，胸中自有丘壑。有一颗"法自我立"的画胆。诗人寄情山水、虚观全龙、笑傲江湖，有一颗"抟虚宇宙"的诗胆。石涛以独特风格的精深造诣，一反陈习，开一代画风，令后世折腰者无数。诗人以"无鳞无爪"的现代东方"远龙"，自立门户，追随者日众。正是在这样一个超越物理时空局限的艺术精神对话中，全诗向我们传达出一种复杂、自信而又难以言传的巅峰体验。在这个真实而又虚无的"宇宙"之中，仿佛一只精神不死鸟扇动美丽的羽翼向我们翩翩飞来。在这里，诗人那浓烈的人文情操、浓郁的入世情怀，那灌注着诗人热血的人文山水，在诗歌的高峰体验之中，留下了深深的印痕。

钱钟书曾致信孔孚："你的作品完全可以摆擂台、开门户、独立自主，不待任何人的借重也。"① 孔孚新山水诗确有独特的艺术魅力，它的"灵觉"之光出现在凝重敦厚的齐鲁大地之上，显得格外耀目。孔孚山水诗看似遗世而独立，实际上包蕴着诗人流动着热血的灵魂。诗人以无比的赤诚，钟爱着人文化、精神化的自然山水，在自然山水的吟咏歌哭之中，寄托那份"以出世的精神，做入世的事业"的人文情操。孔孚新山水诗展现了一齐鲁文人的真诚的人格世界的追求，绝不囿于腐儒酸儒的本本主义的教条主义，而是借古开今、推陈出新、独出心机，以反儒的姿态恢复了儒家"士志于道"的源初人文动机，孔孚新山水诗以独无重复的艺术个性和艺术情思，获得了与天地精神相往来的自由超脱。

作者单位：山东师范大学文学院

---

① 钱钟书：《致孔孚》，《时代文学》1992 年第 6 期。

台湾民间文学的地域文化个性

陶德宗

作为中国最大的海上离岛，台湾是一个风情迷人的地方，在漫长的历史岁月中，勤劳、勇敢、智慧的台湾原住民和源源不断的大陆移民一起开发建设了美丽的台湾宝岛，共同创造了独具特色的台湾文化。在这座巨大丰厚的地域文化宝库中，最为珍贵的宝藏之一便是风情迷人的台湾民间文学。与大陆民间文学一样，台湾民间文学也主要是由自然神话、风景传说、宗教故事、英雄传奇和民间歌谣等共同构成一个五彩缤纷的文学世界。它既具有鲜明的地域文化个性，也内蕴着深深的大陆情结。

文学是文化的重要构成，任何区域的民间文学都必然受到特定的自然环境、社会结构、人文心理与文化源流的深层影响，因而具有丰富的地域文化内涵，折射着特定地域的文化个性，从而成为人们管窥特定空间文化风貌与个性特色的重要窗口。

与大陆民间文学一样，台湾民间文学中也有不少关于天地形成、日月出现、人类诞生、洪水为患的神话传说。这些神话传说有着与大陆此类传说基本相同的题材、主题与价值追求，但同时也高扬起了鲜明的台湾个性，即突出表现了台湾先民与自然的关系以及他们对令人恐怖的自然灾害的特定思考与解释。

在人类抗灾能力极为低下的古代，曾多次遭遇洪水造成的毁灭性灾难，对铺天盖地而来的洪水人们既无力抵抗也不能作出科学的解释。劫后幸存的人们往往怀着巨大的恐怖追忆着灾难并凭自己的想象解释着灾难的前因后果。因此，在中外各民族中都流传着洪水的神话，这正是大自然的沧桑巨变在人们心中恐怖记忆的遗存与折射。来源于《圣经》并流播全球的"娜亚方舟"的故事，就说是上帝为惩罚人类的罪恶，决定用洪水毁灭人类。唯有善良的娜亚一家得以逃避这场毁灭性灾难。他们乘坐方舟在洪水中漂流一年方找到新的生存空间。他的三个儿子也分别成为北方民族、闪米特人和非洲含米特人的始祖。在古希腊和罗马的洪水神话中，也是说因为人类罪孽深重，上帝才决定用洪水处罚人类。普罗米修斯警告人间的儿子丢卡利特并造船相救。滔天洪水淹死了那些罪孽深重而又不肯迷途知返的人们，唯有丢卡利特夫妻二人幸免于难。

中国大陆也有大量关于洪水的传说并几乎无一不与神有关，如巫山神女与长江三峡的神话传说就是如此。西王母的女儿瑶姬悄悄跑出天庭，深深迷上了三峡美景，但她又看见 12 条恶龙正在激烈争斗。狂风和暴雨混合在一起，使巴蜀大地一片汪洋，人畜与动物淹死无数。瑶姬以神力劈死了 12 条恶龙，但它们巨大的身躯又变成了巨大的山峰，挡住了洪水的出路。于是，江水暴涨，巴蜀大地再度被洪水淹没。瑶姬请来大禹，大禹化黄熊奋力猛击山峰，但无济于事。在这紧张危险的时刻，瑶姬又请来雷公等多路神仙与大禹一起猛击山峰，终于将其劈开，有了长江三峡。巫山神女的传说，虽然与历史上的洪水有关。在巨大的自然灾害面前，三峡先民渴望有神奇的力量来帮助他们战胜洪水，消灾除难。于是，人们就按照自己的意愿和希望，把巫山神女塑造为三峡人民心中一位充满爱心、为义献身、法力无边、惩恶扬善、救助苍生、有求必应的当地神仙。即使是历史人物夏禹，人们也按照自己的意愿对他作了神格化处理。

上述例子为代表的中外洪水神话，分别是各国各民族各地域人民对远古时期洪水为患的文学记录。其间既有恐怖的记忆、无奈的浩叹，同时也内凝着顽强的生存意志和生命意识，以及对人与自然应和谐相处的期望。从中我们还可以看出，这些中外洪水神话，大都表示了这样一种观念，即历史上那曾给人类带来巨大灾难的洪水，主要是因为人类自身罪孽深重招来上帝惩罚所致。而洪水的退却和人类的再生，也主要是得力于神的帮助。这种神、水、人的结构范式，深沉的原罪意识和对神的顶礼膜拜，深刻反映了在科技蒙昧时代，人们在既面临着自然灾害的巨大威胁，又无法对自然现象作出科学解释，更无力去抗拒和改造自然之时的一种心理思维定式，在威力无比的大自然面前，人显得太渺小太软弱了，于是，在毁灭性的灾难过去以后，惊魂未定的人们痛定思痛，只能把灾害形成的原因和解脱灾害的希望均归结于神的力量。他们相信在人与自然之上确有这种力量存在，并深信这种力量既可让人类毁灭，也可使人类重新获得新生。

与世界各地和祖国大陆的洪水神话一样，台湾的洪水神话也是台湾先民对自然沧桑巨变的恐怖记忆。一万多年前，由于全球气候变暖，海平面上升 100 多米，大地上洪水滔滔，台湾正是于此时变成四面环水的岛屿。在这种沧海桑田的巨大变迁中，台湾先民比一般区域的人们更直接、更深刻地感受到了洪水的可怕，因此对那场恐怖的记忆与追溯也更真切和深刻。

与祖国大陆和世界许多区域的洪水神话相较，台湾各土著民族的洪水神话虽然千姿百态，但其明显的共同点是基本没有如上所述的那种常见的神、水、人结构，而是更多的直接表现了人与自然的矛盾冲突。如台湾洪水传说之一是讲在远古时期大蛇与巨鳗为害人间，发动洪水淹没了平原和小山。死里逃生的人们跑到高山之巅和动物相处，团结起来与蛇、鳗搏斗。蛤蟆从水中去帮助人类偷取火种未成，山羊翻山越岭再去又遭挫败。在水、陆两路受挫之后，由小鸟从空中飞去，终于取来了火种。为驱逐各河道的蛇、鳗、野猪与大螃蟹等诸多动物一齐下水与蛇、鳗拼死相斗，终于使河道畅通、洪水消退，人们得以重建家园。又如阿美族的洪水神话讲的是洪水铺天盖地而来，人与动物均被洪水吞没，仅有两对兄妹幸免于难。其一是比洛卡拉乌与玛洛基洛克这一对兄妹坐在木臼中死里逃生。其二是基赫与巴特拉乌这一对姐弟凭借一块壁板活了下来。后来他们分别结为夫妻，子孙繁衍，分别成为阿美族的"木臼传人"系统与"壁板传人"系统的两个始祖。这些洪水神话虽与大陆和世界上其他地区的洪水神话一样，在追忆那毁灭性灾难的过程中笼罩着一种恐怖而茫然的气氛，但基本上没有那种将洪水灾害归咎于人类自身罪恶的原罪意识，也很少有神的参与和宗教性解释以及对神灵上苍的乞求，而是着力表现人力与自然的对立、人对自然灾害的克服以及人与自然复归于相对的和谐。在叙述方式上，台湾洪水神话也表现出略于洪水为害的过程，详于人与洪水的拼搏和重建家园之斗争的特点。台湾洪水神话的这些个性特色，使其蒸腾着一种从历史纵深处延伸过来的悲壮、顽强与坚韧的地域文化精神。

关于人类的起源问题，对于处于科技蒙昧时代的人们来说曾是百思不得其解的千古之谜。先民们关于这一神秘问题的大胆想象，不仅创造了关于人类起源的丰富多彩的神话传说，而且衍化为众多民族各自不一的图腾崇拜。

综观多彩多姿的人类起源神话，较为流行与普遍的是天神造人系列传说。即不少民族都把自己的诞生归功于上帝或一个威力无边的巨神，这既是一种大胆奇异的想象，一种天真烂漫的原始气息，同时也是不同民族的祖先借神以树威于人的一种理性选择。如《圣经》中就说人是上帝用泥土造成的。上帝用泥土先造了一个男人，然后抽出男人身上的一根肋骨造成了一个女人。而这一对由上帝创造的男女就成了人类的始祖。中国大陆最流行的是女娲造人的神话。几乎与《圣经》中的传说完全一样，女娲也是用泥土创造了人类。从这两个流传很广的故事可以看出，尽管东西方文化有较大差异，但在人类起源传说上，两者却不约而同地走向了天神造人系列并成为这一系列最具有代表性的传说。

台湾民间也有关于人类起源的种种传说，这种种传说构成了一个令人目迷五色的神话世界。台湾原住民的每一个部落，都有关于本民族来源的神话传说，个性色彩非常鲜明，但异中有同的是，台湾各民族关于自己的起源传说，很少走进以大陆传说和《圣经》故事为代表的天神造人系列，而是共同开辟了一个大自然造人的神话新天地。如泰雅人和雅美人就认为自己的始祖是石头生的，台湾人则认定自己的始祖是百步蛇孵化而生的，阿美人认为自己的始祖是巨树生的。这些石头生人、灵蛇生人、巨树生人乃至台湾其他少数民族的南瓜生人、茂草生人等种种传说，表面观之确实各不相同，但实质是同一的，即各民族都认定自己的祖先是大自然生育的。于是，台湾的人类起源传说，就挥手告别了在祖国大陆与西方最流行的天神造人系列，而成为相对独立的自然育人系列。这一系列所强调的是人类就是自然之子，人类与自然是血浓于水的母子关系。台湾各民族的先民们似乎都认为自己没有必要借天帝和巨神来抬高自己的身价并示威于人，而只是需要更多的亲近与维护自然这一万物之母。在东西方皆众声喧哗热衷于天神造人的时候，台湾各少数民族关于自己祖先诞生的传说都不约而同的趋于大自然。这种选择显然与台湾在大自然的沧桑巨变中成为海上孤岛，台湾先民披荆斩棘、休养生息在与大陆相对隔离的岛屿之上的生存方式和由此而形成的自然崇拜与海岛情结有着明显的因果关系，并由此折射出台湾地域文化与大陆文化的同中之异。

太阳是万物之灵，它既让人感到威严，又使人想特别亲近；月亮皎洁温柔，最能使人对月生情，想象飞天。日落月出，昼夜交替，寒来暑往，四季迎送，春华秋实，万象更新。这一切与人相伴的自然现象，其核心显然是太阳，没有太阳，其他物象也不会存在。尽管大旱给人带来了灾难，尽管酷热使人难耐，但太阳、月亮与人类和万物这种犹如父母之于儿女的关系，也使人类祖先逐渐形成了一种深深的日月情结。这种情结的内在驱动与强力扩散，遂使日月成为世界各地神话传说的一大母题，并衍生出众多奇异动人的日月神话。这种民间文学现象在我国海峡两岸也表现得非常突出鲜明。如在大陆就有夸父追日、羿射九日和嫦娥奔月等千古流芳的神话传说。这些传说既是大陆先民对神秘的宇宙天体与气候变化现象的奇特想象，又折射着中华民族英勇顽强，执著坚韧，为义献身等民族精神传统。

台湾的日月神话也是丰富多彩并有着丰富文化内涵的。与大陆的日月神话相较，它似乎少了一些英雄巨人色彩，而多了一点人间生活气息和地域文化个性。如阿美族的日月神话是说太阳与月亮原来是一对夫妻。月亮是丈夫，太阳是妻子，但妻子作风不好，生活淫荡，使得丈夫非常气愤，于是就避开妻子，独闯人间，结识了稀叶竹利达，两者相爱，结为夫妇。人间温情，使他不愿复归天庭。妻子独居天上，看到在人间的月亮与稀叶竹利达又歌又舞，顿生爱慕之心，于是也从天而降，苦苦追求月亮，但月亮仍一点也不喜欢太阳，太阳只好重返天上。稀叶竹利达虽然很爱月亮，但后来也像太阳一样作风放荡，致使月亮痛苦不满。失望的月亮只好重返天上，同时发誓永远不与太阳见面。从此日昼月夜，程程追赶，却永难相见。将太阳与月亮置于这样一个爱情生活故事之中，以此解释昼夜交替、日落月出等自然现象，既充满了民间生活气息，又由此表达了阿美人的爱情观，这显然是台湾地域文化个性在日月神话这类民间文学中的生动表现。

台湾民间文学中丰厚的地域文化特色更多地表现在风景传说上。台湾山水优美、风光迷人。优美奇特的山水往往激发人们的心理行为，产生飞越奇异的联想，并将自己的社会理想、道德观念、价值追求和爱情标尺深深寄寓其中，自然而生动地附着在台湾的山水草木之上，从而使台湾大量的风景传说无一不成为一种文化附载。美丽的风景、飞越的想象、浪漫的情韵，使台湾的风景传说摇曳着迷人的文学风姿，散发着浓浓的地域文化的馨香，如台湾最为有名的日月潭传说就是这样。

相传台湾中部有一个水社湖，湖水清澈，优美平静。但有一天，突然飞来两条恶龙，强占此湖为家。它们太贪心了，居然抢走了每天都要从湖上经过的太阳和月亮，把日月当作两颗明珠整天在湖里抢来夺去。日月被抓，天地无光，人们无法劳动和生活。为救回日月，青年英雄阿里巴自告奋勇、挺身而出，在水社妹的帮助下到湖边来射杀恶龙。为不让负伤的恶龙咬坏太阳和月亮，水社妹将精心制作的两个绣球投向湖中。恶龙看见两个彩绣球，一下吐出日月来抢夺绣球，阿里巴乘机放箭，两条恶龙身负重伤逃向清水溪。由于恶龙负痛翻滚不定，清水溪一下变成了浊水溪。阿里巴和水社妹拼命把太阳和月亮往天上抛去，可总也抛不上天。后来他们找来高大的棕榈树，在农历 8 月 15 日那一天，把太阳和月亮高高顶起，终于将它们送回了天上。这时，人们发现这水社湖北半边已变得像日轮，南半边已变得像新月，于是人们就把它称为日月潭。阿里巴和水社妹为防恶龙再来作乱，紧紧抱着棕榈树守护着日月潭。久而久之，阿里巴变成了一座傲然屹立的高山，人间称它为大尖山；水社妹变成了一座小山，好像在深情凝视着潭水，人们称它为水社山。自此以后，每年农历 8 月 15 日，当地的人民都要聚集在日月潭边来纪念阿里巴和水社妹。青年男子用长长竹竿争相抢托姑娘抛向空中的绣球。这种被称为托球舞的民间歌舞，据说也是为了纪仿阿里巴与水社妹抢救日月的行动而逐渐形成的。

以日月潭传奇为代表的台湾风景传说是台湾民间文学的重要构成部分。山石无言，皆人称之。台湾风景奇丽，景景皆有故事。富有艺术创造力的台湾人民因山水草木而联想，由想象而成传奇。他们把自己对台湾山水的深爱连同自己的社会理想、人生追求、道德取向与海岛情结——融入到动人的风景传说之中，使之成为台湾民间文学中最具地域文化特色的风景线之一。"古今沿革，有时代性；山川浑厚，有民族性"。黄宾虹先生此语①，也可视为是对台湾民间文学与台湾地域文化之关系的最好注释。

作者单位：重庆三峡学院文学与新闻学院

---

① 黄宾虹：《九十杂述》，转引自李侃《中国地域文化丛书·序言》，辽宁教育出版社 1991 年版。

论 20 世纪 90 年代台湾小说中
"酷儿书写"的现代性

罗显勇

美国哈佛大学学者王德威在他的著作《被压抑的现代性：晚清小说新论》中提出的晚清文学中"被压抑的现代性"一说，一段时间曾颇受学界注目。王德威对五四以来形成的单一现代性，线性前进的时间观和优胜劣汰的进化论史观提出批评，他认为自太平天国前后至宣统逊位的 60 年间的晚清文学，历来一直被视为传统逝去的尾声，或西学东渐的先兆，对其定位均在其向现代文学的开端即"五四文学革命"发展的过渡性意义。而晚清，则是一个处于现代化的关键时刻，存在着太多的蜕变可能，这些可能性相互角力与竞争，体现在文学中，便是晚清小说中千奇百怪的创作实践所体现出来的多重现代性。这一时期的文学体现出众声喧哗、多音复义的特点，不但在具体的文学实践中充满种种实验冲动、与丰沛的创造力，而且在文学生产的诸方面均透显出现代性的多重可能，这一点尤其体现在蔚为大国的晚清小说中；然而，五四以后，"感时忧国"的写实主义传统渐形确立，逐渐窄化并压抑了晚清文学中的种种现代性向度，同时也不断压抑着五四及 30 年代以来的种种"不入流"的文艺实验，且其影响一直延续至今，因此，需要对晚清文学的现代性给予重新认识和评价。

王德威的这一论说的影响不仅涉及对 20 世纪中国文学的看法，也触动了现代汉语学术史、思想史的一些重要命题，比如，什么是现代性？近代以来的中国的现代性问题有何特殊之处？反思 20 世纪 90 年代台湾小说中"酷儿书写"的成因、蔚然成风、对台湾小说家的艺术创作心理的形塑以及"酷儿书写"面临的种种艺术上的缺憾，台湾的"酷儿书写"是否是汉语写作中五四文学革命以来"被压抑的现代性"隐讳而曲折的流露？当台湾"酷儿书写"以新词语和新意义出现，不仅会在话语领域引起冲突和波澜，而且会经过种种中介进入社会实践，甚而成为社会变动的思想动力，形成一种独特的在地文化模式。那么，台湾的"酷儿书写"的现代性具体表现在何处？它对在地的文化心理层次有何重要的意义？

台湾小说中的"酷儿书写"，早在20世纪60年代就在白先勇的《月梦》、《青春》、《满天里亮晶晶的星星》等小说中进行了尝试，而后林怀民的《蝉》，李昂的《回顾》、《莫春》，朱天心的《浪淘沙》、《春风蝴蝶之事》，白先勇的《孽子》，玄小佛的《圆之外》，光泰的《逃避婚姻的人》、《青涩的爱》等小说对"酷儿"主体性特质进行了大胆的书写。但是就整体而言，20世纪90年代以前的台湾小说中的"酷儿书写"，不管是在质量和数量上，都显得单薄，即使是最负盛名的男性"酷儿"经典小说《孽子》虽然在发表的当时曾经引起台湾社会文化心理的强烈震撼，但囿于当时保守的社会舆论，对《孽子》的相关研究多集中于家庭伦理、父子关系、青少年成长等主题或现代主义叙事与美学形成的探讨，而小说中暗含的"酷儿"情欲、性别操演等主体性意识，则被评论家们有意无意地忽略了。

到了20世纪90年代，台湾小说中"酷儿书写"形成一股不可忽视的创作风潮。李慧敏的《开刀》、凌烟的《失声画眉》、李岳华的《红颜男子》、曹丽娟的《童女之舞》、《关于白发以及其他》、林裕翼的《白雪公主》、朱天文的《荒人手记》、苏伟贞的《沉默之岛》、董启章的《安卓珍尼》、《双身》、纪大伟的《膜》、《牙齿》、邱妙津的《鳄鱼手记》、《蒙马特遗书》、杜修兰的《逆女》、朱勤的《花影：男性版》、张亦狗的《淫人妻女》等"酷儿"小说在官方所设的文学奖中频频获奖，暗示了一种新的创作风潮——对主流价值观的颠覆挑衅的禁忌性书写、对"酷儿"自身主体性存在的边缘化情欲书写——得到了主流文学的承认与接纳。

一 "酷儿"的落地生根及台湾作家对"酷儿"的形塑

"酷儿"一词来自英文"queer"，台湾大学外文系教授张小虹等人译作"怪胎"；在台湾大学外文系就读的洪凌与纪大伟将之译做"酷儿"。"酷儿"一词的出现，带动了对"queer"或"queerness"的讨论，翻译者们对"酷儿"内涵和外延之理解、与他们在翻译过程中所表现出的特殊的性别政治观，在20世纪90年代上半期出现的最重要的一份"民间"文化研究刊物——《岛屿边缘》中有过详细的论述。在台湾，"queer"

这个跨国、跨地域的文化现象与研究倾向，几乎全面地形塑了一种新形态的文字快感。

在西方理论界，"queer"最早出现在著名女权主义者劳瑞蒂思（Teresa de Lauretis）提出"queer theory"的概念之中，在 1991 年《差异》（differences）杂志的一期 queer Theory: Lesbian and Gay Sexualities 专号里，首先使用"queer"这一用语的劳瑞蒂思认为，"酷儿"如今已不再被视为一种游离于主流的固定的性形式之外的边缘现象，不再被视为旧式病理模式所谓的正常性欲的变异，也不再被视为北美多元主义所谓的对生活方式的另一种选择，"酷儿"已被重新定义为他们自身权利的性与文化的形式，即使它还没有被定型，还不得不依赖现存的话语形式，为打破此一僵局并弃绝旧有的话语，"queer"概念的一出现提供了可能的出路。从著名性别研究者威克斯（Jeffrey Weeks）的研究中，我们得知从 20 世纪 60 年代以来，登上历史舞台的女权运动和"酷儿"运动可以被解释为对当代世界中的一种主体形成形式的反叛，是对权力的挑战，是对个人定义方式、把个人定义为某种特殊身份、固定在某种社会地位上这种做法的挑战。

"queer"的内涵及运动倾向中，首先表现为对社会的"常态"、"主流"挑战。在运动的语言中，"queer"是极激进的一种策略，特别是提倡大声自豪的公开现身（outing）在所有人面前，并且挑战任何主流霸权，这一挑战"主流"、"常态"的策略行为其实也同时挑战了国家主义式的单一认同取向。从福柯（Michael Foucault）的《性史》（History of Sexuality）到其他结构主义学者的研究累积，松动了原本僵化已久的二元对立思想，对于性及性别的思考注入多元性，"queer theory"的出现及发展更是为学术圈中性别研究去边缘化添上了浓墨重彩的一笔。

queer 国的国民绝不断称一种新的身份认同，而是主张：我是 queer，并且拒绝任何狭义的身份认同；我在边缘与主流之间游移：我拒绝任何既有的分类，我不要你的认可，别在我的面前，我们 queer 自然会站在你面前。

台湾自 20 世纪 80 年代末以来，社会上普遍显出一种众声喧哗的局面，在社会运动、学术研究及论述圈中，许多先前受到压抑的运动与族群纷纷抬头，并逐渐巩固各自的身份认同与发言空间，因而一连串有关主体性（subjectivity）的研究风潮就此展开，从女性主义、酷儿研究到性别议题、后殖民主义等研究都在强调认同（identity）与主体（subject）的重要性。在这个新的研究思潮里，台湾的"酷儿"社群在文学、电影、戏剧和学术领域方面尤其占据了重要的位置，台湾的"酷儿"运动历经十年的发展以及学院论述与社会运动的结合，逐步从个人情欲的私领域（privates phere）将认同政治议题转向公领域（public sphere）。台湾的"酷儿"研究在大量学舌（colonial mimicry）西方理念后，杂糅（hybrid）了东方及台湾在地经验模式，形成在台湾的社会运动史上有异于其他社会运动的模式，讨论的层次已经不在于欧美的思潮究竟适不适用于台湾社会，而是台湾的酷儿研究在台湾的可能性——在这块东方之岛的边缘土壤中孕育的酷儿，是以怎样的方式被喂养着？又会让这个东方之岛的人民接受的程度及方式为何？

二　自我流放与出走

20世纪90年代台湾的"酷儿"小说不仅自视"酷儿"主体的边缘化，更试图表达出对于父权中心的反抗，即对现存真理、约定俗成的语言、文化与历史的形成脉络、性别认定的二元对立、经典的树立等的反抗。面对如此封闭的父权中心，台湾的"酷儿"作家采取一种边缘化的写作以对抗中心的策略，即以"出走"的行动叛离中心找寻自己、以激烈的"自杀"的手段对中心提出抗议、以"谐拟"的方式来颠覆中心的建构，甚而以同志自觉的主体意识策略性"攻占"父权中心位置。

纪大伟在《台湾小说中男性"酷儿"性与流放》一文中以"流放"为主题，一路从林怀民《蝉》、白先勇《孽子》、陈若曦《纸婚》到陈映真《赵南栋》、顾肇森《张伟》、许佑生《岸边石》、朱天文《荒人手记》再到杨丽玲《爱染》，讨论台湾小说中男性"酷儿"恋爱与流放的连接。"酷儿"的"漂泊离散"究竟只是个人问题？还是有其他因素纠葛其中呢？纪大伟指出"酷儿"被"放逐"的程度不能用距离衡量，而必须检视其放逐的形式。因为他认为"流放"可分为两种，一是"外在的流放"，如被赶出家门或逐出校门；一是"内在的流放"，这是贴近于法律上或文化上的隔离检疫，就算没有被赶出家门，也算是被放逐了。最后，纪大伟指出，一个人性爱对象的选择，不只是单纯个人的心理认同或心理防卫，同时也是社会抗争、历史压力、文化禁制下复杂互动的产物，它与其他社会上种种的意识形态一直是纠缠不清的。

挪威剧作家易卜生（Henrik Ibsen）的《玩偶之家》中，女主角娜拉（Nora）历经万难，自父权中心的家庭中出走，她的行动，对当时力求变革、突破的中国青年产生莫大的鼓舞——即对中国传统家庭制度的反抗；到了 20 世纪 70 年代的台湾文学，王文兴以长篇小说《家变》书写中国现代知识分子从传统的伦理孝道中"出走"，探寻心灵的流浪与无所归依。可见"出走"文学俨然成为对抗传统父权、传统意识的重要母题。书写者往往透过消极的"出走"，以达到正面抗议的积极目的，并寻得作品中主人翁的定位。董启章《安卓珍尼》中，叙述者——"我"为了逃开丈夫父权中心的宰制，以寻找一种也许不存在（仅仅存在文献里）的物质——"安卓珍尼"（Androgyny）为理由，逃离丈夫、家庭，藏身于山林里。在山林里，为了找寻这取名"安卓珍尼"的自体生殖的全雌性动物，"我"在经历了种种艰难的等待和寻觅的同时，也一点一滴清除父权文化在"我"身上留下的种种痕迹，包括象征强势的父权力量的丈夫所强迫灌输的价值观。

作品的主人公"我"选择暂时远离尘嚣，"和丈夫隔绝一段时间，也许是我上山的主要原因"。从心理学的角度来看，"我"选择逃离丈夫，其实是一种渴望追求自我的表现，而这种追求是经由"我"自觉的省思而来的。然而，逃离了男人建构的文明与家庭的"我"，并未摆脱被男人猎捕的宿命，她在山林里遇到了另一个男人，尽管他看起来似乎没什么恶意，尽管他默默不说话，"我也不能够排除他会忽然侵害我的可能。他越是单纯，便越有这种可能性，因为他最值得信赖和最不值得信赖的地方，是他的本能反应"。果然在小说最后，山里的男人以暴力让"我"（女人）就范。因为山林里的这个男人要借"我"的身体繁殖生命，让自己的种子在女人身上开花结果。

即使在文明与蛮荒两个不同的处境，"我"面对的是一场同样的战争：倘若女人（雌性）不能够独立于男人（雄性）自我生存与繁殖的话，不可避免地将一再重演女性在父权下的"就擒"和"就范"的过程。因此，"我"在追寻、肯定"全雌性"自体生殖的"安卓珍尼"的同时，也是在找寻自我的定位。而"安卓珍尼"这个"雌雄同体"的物种实在是对于父权社会的重大冲击与考验，它预演了女性在自生自保的要求下，是可能独立于男性而生存，并且传宗接代的。女性主义学者安竺·瑞琪

（Adrienne Rich）即认为要摆脱父权的霸权，不但女人必须反抗男人的宰制，更要女人可以看见彼此间的情感连接与欲望流动。她提出"女性酷儿连续体"（lesbian continuum）的观念加以说明此种关系："包含各种女人认同女人的经验范围，贯穿个别女人的生命也贯穿历史，并非仅指女人曾有或自觉地欲求和另一个女人性交的事实。"因此，"女性酷儿"强调女人应该认同女人，而此种认同包含了情欲、性欲、政治，等等。

"我"从自我角色认同错误，逐渐对"父权中心"所建构的文明社会产生怀疑，从而确认他们所塑造出来的女性角色、女性形象，其实不是"我"（女性）真正的自己，于是选择从丈夫身边出走、从家庭出走，去找寻那个也许不存在的物种——"安卓珍尼"。最后，"我"找到了这个全雌性自体繁殖的生物，并说"我便是安卓珍尼"，"我"牵着安文（"我"丈夫的妹妹，亦是"我"爱恋的对象）的手，一起走向新世界。因此，这个不需要依靠男人而生存并且传宗接代的"雌雄同体"的物种，无疑是对于父权社会"男欢女爱"的最大挑衅与挑战。

三　自戕："漂浪青春"的灵魂游移

面对强势的父权中心，"出走"是一种消极而温和的抵抗方式，然后主人翁从中找寻自我的定位。不过，也有以激烈如"自戕"的手段，来表示对于父权中心的愤恨与不满。杜修兰的小说《逆女》即是一例，小说中，詹清清与丁天使两人相爱却得躲躲藏藏，喜欢一个人却不能光明正大地说出来，甚至还要制造出有男生追求、有男朋友的假象，唯一的理由就是害怕"酷儿"身份被戳穿，害怕社会歧视的眼光，即使不识字如丁天使的母亲，虽然不明白什么是"酷儿"，不清楚它被社会如何定位，但是从小到大所被教导、被灌输的父权思维仍然让丁母觉得"酷儿""听起来好像脏兮兮的……"丁母尚且如此，何况深受父权文化教养、熏陶的其他社会精英及大众呢？

最后，詹清清与丁天使被勒令退学，在这些人的认知中，"酷儿"不仅会"破坏校誉"，而且就像是一种"传染病"，会不断地传染开来，所有人无不恐惧害怕到了极点，所以"必除之而后快"。教官两前一后像是押解犯人一般穿过校园，一路上的同学，"不认识我们的是讶异，认识我们的鄙夷，那一双双的眼，那一张张的脸，无法看清，却又仿佛可以感觉到她们会随时逼近啐一口唾沫到我们的脸上"。就如叙述者所言,这种无形的、道德上的批评与歧视甚至胜过法律的制裁,不必经过审判就能宣告罪行,身份一旦被揭穿,"身前身后钉在脊背上永远拿不下来的罪牌,是比死刑更残酷的无期徒刑",所以住校以后,虽然詹清清与丁天使两人有更多的相处时间,但是伴随而来的却是更大的被人识破的压力。

越是被排挤、孤立,两人就越是只能紧紧相依,相互取暖,"彼此的不安全感,遂用性来试探两人对爱的真诚度,以自己的身体作承诺"。然而,身份一旦被揭穿,就连相互取暖这简单的"奢望"都将被剥夺。被退学后的詹清清开始变得精神不稳定,最后选择以割腕自杀来结束她年轻的生命,在她的遗言中,愤怒的对父权霸权提出最严格而凄厉的怒吼:"我们并不伤害别人,为什么他们却要伤害我们?"

四 边陲发声:在戏谑与挑逗中欣赏与自恋

邱妙津在《鳄鱼手记》中自恨而悲情的书写笔调,不仅为作品抹上了浓厚、沉重得近乎喘不过气的悲剧色彩,同时更指涉父权社会对"酷儿"的无知、恐惧、压迫和窥视的心态。在作者的另一部小说《蒙马特遗书》中,叙述者近乎自虐的自我告白亦令人感到震撼与惊悚。《蒙马特遗书》引用了安哲罗普洛斯的电影《亚历山大大帝》中一个典型的乱伦情节:"亚历山大从小爱他的母亲,后来和母亲结婚,母亲穿着一袭白色新娘礼服因反抗集权政治被枪杀,亚历山大一生只爱这个女人。"对叙述者而言,也许她不曾意识到这个画面的乱伦暗喻,但她却不由自主被它吸引,而致命的吸引力则来自于对父权秩序及弗洛伊德男性沙文主义式的"俄底浦斯情节"的拒绝,但是一方面她又坚持"清规戒律"的存在,无法冲破心灵的束缚而痛苦不已。从《鳄鱼手记》因为不能对自我身份的认同而衍生自残、自恨的情绪,到《蒙马特遗书》作者与叙述者的完全重合无间,我们看到作者的心理纠结因为感情的重击而一步步地盘根错节,终至自成封闭体系的状态,在作者看来,死者的阴影仿如幽灵笼罩大地一般,无所不在地占领了作者的心灵,作者困惑地纠缠于文本中不断浮现的死亡本能,死亡变成一种困苦的偏执,甚至是无关乎爱情的挫败,因此作者选择了在花季般的年龄自杀。而《鳄鱼手记》中的主人公鳄鱼、《蒙马特遗书》中的叙述者都选择以"自杀"的方式告别这个社会,就如同作者邱妙津以"自杀"结束自己的生命一样。这也许不是"退缩避战"的懦弱,反而从中凸显了父权霸权对"女性酷儿"的压迫与歧视,使其丧失生存空间和勇气,同时也是对于父权秩序最严厉的控诉。

然而,邱妙津却在小说文本中创造出另一种戏谑、调侃、如古希腊美少年般自恋的后现代书写风格。相较于《鳄鱼手记》中自恨而悲情的叙述者,鳄鱼角色的创造,不但为悲剧色彩浓厚、沉重得近乎喘不过气的书写笔调,带来一丝喘息的空间,同时更是对父权社会进行窥视、调侃与解构。第二手记第八章以鳄鱼暴露的狂想挑逗社会大众的窥视欲,进而讽刺人们一方面故意而虚伪地表示冷淡、不屑,一方面却又偷看《独家报道》和《第一手消息》,以满足对于鳄鱼的好奇。面对社会大众的窥奇,鳄鱼害羞娇媚地说:"大家到底是何居心呢?之于被这么多人偷偷喜欢,它真受不了,好、害、羞啊"。穿插于小说中的鳄鱼片断,不但反制了父权社会的窥视,而且借由鳄鱼身体的演出嘲谑父权社会的暴力,正如台湾女性主义学者刘亮雅所言,鳄鱼"诙谐夸张的表演是书中最酷异的部分"。在第三手记第四篇里则嘲讽政府以保护国格为理由,禁止并封锁对于鳄鱼的报道,鳄鱼片断渐渐发展为尖锐的讽刺寓言,因为"鳄鱼"已经不是"生物学"上的鳄鱼,而是借以指称"女妖精"、"女性酷儿"的邪恶意象。作者借用"鳄鱼"形象,其核心主题是用来指控父权社会将女性酷儿丑化、污名化。父权社会对女性"酷儿"异己化到匪夷所思的地步,作者通过"鳄鱼"之口,嘲笑嘲谑父权社会"恐同"幻想的荒诞不经,并深刻指出父权社会如何透过国家机器及媒体的宰制,遂行其无知霸道的恐怖政策。

而当鳄鱼洗澡时听着电视上"专家"的评论时,竟然不禁睡着三次,可见"专家"报道是何等愚昧无知。更具嘲讽意味的是,醒来的鳄鱼却像滑稽的丑角般因为打瞌睡而不好意思,脸红嘟嘴,并自恋地想着"自己一跃成为全国注目的人物,不应该再脸红嘟嘴。全国人都随时在对它说着:嗨,亲爱的鳄鱼,你好吗?"鳄鱼以浴室为剧场的演出抵拒了父权霸权的暴力,非但自我认同,也嬉谑地向父权社会邀引,性别不再是道德规范的头箍,鳄鱼同时得到男性和女性的注意和认同,正如台湾学者萧瑞甫所说,鳄鱼"卡通般的可爱"改写了以鳄鱼为残暴冷血、让人恐惧害怕的不舒服的既有文化想象,而且"巧妙地反讽社会大众的恐同症(Homophobia),'恐同'与'恐龙'几乎谐音,加上鳄鱼外貌又酷似恐龙,所以恐同—恐龙—恐鳄鱼"。

可惜，鳄鱼未能坚持下去而陷入了忧郁，在"鳄鱼的遗书"的写真录像带里，鳄鱼沮丧地说："是不是我消失了，大家就会继续喜欢我。"影片最后，鳄鱼坐着木盆自焚，漂向大海，并且旁白说："贾曼说：'我无话可说……祝你们幸福快乐'。"面对异性恋社会的窥视与压迫，鳄鱼最后仍选择了自杀这条路。

五 "边陲"的反扑：后现代"酷儿"的性别操演

美国加州伯克利大学女性主义学者朱蒂斯·巴特勒（Judith Butler）在她的经典著作《性别麻烦》（Gender Trouble）中指出，性别的二元对立根本就是文化论述的产品，是经过社会文化不断重复表演后所建构的某种人为痕迹。巴特勒认为，异性恋认同的本身便是一种强制性而重复的过程，总是在模仿与逼近幻象理想化自身的过程之中——并且不断失败。也就是说，在传统文化的想象中，生理性别（sex）是以某种模糊的生物形式存在的，是本原（origin）、基础（ground）。同时，生理性别又以某种方式表现在走路、姿势、仪态等外观行为（亦即社会性别 gender）上，然后异性恋欲望正好外显这样的内在连接。然而，巴特勒发现，这样一套生理性别、社会性别、性取向三者的因果连续的观念其实是因果颠倒的，换言之，异性恋社会凭借建立此三者之因果连续的幻觉而将自身"自然化"、"正当化"，从而性别亦随之被"异性恋化"了。因此"男"、"女"这些本体论上稳固的幻影乃"戏剧性"所造成的效果，异性恋总是在模仿、趋近其对自身的虚幻理想（phantasmatic ideal）时，总是失败。正因为唯一正确的异性恋模式必然失败，却又要努力成功，便只好不断重复自己，成为一种强迫性、强制性的重复。因此，她提出一个"性别操演"（gender performativity）的概念，强调性别虽不是可挥洒自如的角色转换，也不是可随时脱下又换上的服装表演，而是异性恋机制下"强制而又强迫的重复"，她说："不论我们的身份有没有性别色彩，都不会是原始内在'核心自我'的呈现，那只是我们表演行为的舞台效果。我们透过重复的表演来捏造事实真相……天赋内在而且整齐划一的'性别核心'只是幻想，性别必须借助我们的表演，才能在我们身上刻下印记。"又说："性别是身体不停风格化（表演）的后果，由于它在僵化框框内不断重复，以致产生了‘自然’形态和‘实体’的表象。"

巴特勒认为，任凭某个特定个体竭尽努力与挣扎，性别身份是永远不可能圆满建立的，它永远含纳着旷缺的"非身份"（no-nidentity）——性别其实是一场又一场精心策划出来的表演过程：在表演的延异和替代过程中，性别的帷幕不断地被那些异己的情欲身份颠倒、骚乱，以至于男与女、阴与阳、上与下等二元对立体系中原本不可被动摇与冒犯的位阶与对比遭到彻底的质疑与戏谑。因此，在后现代的场域，游戏或许不再只是消极的认命姿态，而是一般不愿意受限的能量本体，自我建构与自我消解殊异而流动的欲望主体。在20世纪90年代，以纪大伟、洪凌、陈雪等为代表的一批公然以后现代"酷儿"身份自诩的新锐作家，一反传统"酷儿"书写的悲情和自恨，而改以昂扬自信的笔调探索"酷儿"情欲和性别的游移流动，不但大胆地描绘出可能引起父权社会恐慌的性感经验，并且公然的挑战父权中心的权威。

纪大伟《美人鱼的喜剧》以美人鱼爱情历程的开展谐拟（parody）纯真的美人鱼与王子的浪漫爱情故事，目的在揭穿并拆毁父权社会建构的浪漫爱情神话的假象与理所当然。一反过去迪斯尼动画所塑造纯真、去性化（de-sexualized）的美人鱼形象，美人鱼以"失态的、背德的双手"抚摸沉睡王子腿上黝黑的毛发，"她忍不住把脸颊贴在他的大腿上，百般柔顺抚弄他粗壮的腿，禁不住兴奋地搂着这枚新发现的大法螺。"而王子也在惊醒一瞥中为美人鱼"象牙雕镂的剔透乳房"所吸引诱惑，然而一段异性恋情爱的萌芽，却在美人鱼化成人身追随王子之后，彻底被摧毁。故事变调为王子强暴美人鱼的粗野戏码，美人鱼被视为献祭的女奴，未剔除的"毛茸茸的黑玛瑙三角地带"沦为皇家战马雄奇狩猎的刚果莽原。当美人鱼乍见王子膨胀的阳具时，紧张地揣测：

> 她看见了什么？那是一尊挺立磨光的红珊瑚吗？诡丽、振奋、张狂……但是，这块红珊瑚却没有她熟悉的海洋式美感：不符合几何原则的器官角度，旁生俏发的阴邪发菜，都让她感受到莫名的不安。红珊瑚——难道是王子用来攻占她的武器吗？她联想起父亲的海神三角戟——她想起昔日遭受鞭笞的痛楚，心中发寒……
>
> 王子，你，到底想做什么？
>
> 王子并没有解释，珊瑚就已经剽悍入侵——她还来不及探索自己

的身体,可是王子却已捷足先登……

　　纯真的美人鱼无力招架王子强烈性欲的侵犯,在再三被粗暴对待、戏
谑的厄运中,久久等不到解除噤声魔咒的"爱之吻",美人鱼终于忍不住
怀疑"为什么她这么仰赖男人的一个吻"?"那双多毛的大胳臂,果真就
是她憧憬多年的福音吗?"异性恋的浪漫爱情神话受到质疑,其中不平等
的男女两性的权力关系也清楚显现,美人鱼与王子的邂逅沦为王子男性沙
文主义泄欲仪式与白人殖民主义的文化侵略。"王子与公主从此过着幸福
快乐的日子"的异性恋爱情神话受到批判与解构。

　　然而当异性恋机制招致失败,美人鱼的悲剧如何破解呢?美人鱼在宫
中邂逅了一位女孩,展开一段新的生命里程。两个女人就着月光,踩着凌
乱的脚步,在水池里快乐地玩将起来,"水池在月光和夜灯的照映之下,
顿时化为即兴的剧场:这两个演员没有导演、没有剧本、没有台词,只有
欢愉和放肆的台步和表情。"女孩如"虔诚的教徒"般吻了美人鱼,人鱼
美丽的嗓音终于重获"新声",同时也获得了"新生"。并说出她爱的等
候:"我终于等到了这一刻——"至此,故事由男性沙文主义的强暴转为
礼赞"女性酷儿"的爱情,父权社会专断的情爱神话被消解,并让位给
"酷儿"的新生。

　　纪大伟以另类的观点,挑战父权社会爱情神话的"定律",并企图瓦
解男性中心的阳具崇拜,在男与女、酷儿之恋与异性恋间跨界游走,松动
疆界藩篱,尝试身份衍异的诸多可能。

　　而洪凌则在她的"酷儿"书写中扭转"男尊女卑"的传统,并进
一步消解异性恋的生殖主义。在小说《拥抱星星陨落的夜晚》中,作
者写道"有一头狮宗般怒发的黑肤女孩"丽瑟那凌虐第二人称男
主角:

　　　　——你真的是活人吗?他妈的,用力呀……
　　　　……
　　　　昨晚她一面狠狠地抽打着你的胸膛,尖声命令你虚软的阴茎更加
　　深入。然而事完之后,她将皮鞭一丢,鄙夷地转身离去,说布娃娃都
　　比你更有男性气概。你淌着满身的冷汗,似乎连血管都冻成玻璃。你
　　瘫在她的床上动弹不得,因为双手被她绑在床柱上……

作者以"色情暴力"将男人置放于被虐的角色，女人则变为"纵欲嗜腥"的施虐者，甚至以"柔软的阴茎"与"强力的皮鞭"刻意翻转传统男女主客尊卑的位置。作者通过塑造新的女性形象、男性形象，对处于阳具中心的"父权本位"进行了瓦解，最终目的则是达成颠覆瓦解"异性恋机制"的企图。到了《罪与罚》，洪凌甚至将批判反击的目标直指神圣宗教。小说一开始就以酷儿干犯禁忌条规的大不韪态度挑衅地说："为神所谴者，必谴神。"洪凌以后现代的书写方式质疑圣经原典对神之形象的描写，并为"神的形象"、"原罪"、"救赎"作出新解：一个在同性情爱匮乏下甚为忧伤的神，其救赎的使命（救赎自己）就是堕入人间，找寻一个未被性别区分的生命"反因子"爱人，并为他做出爱的牺牲，以成就他在人间的救赎计划。作者将基督教的"原罪"改写成上帝为了遂行其权力欲所立下的反情欲律法，而真正的救赎变成是由神的超然堕入凡间的情爱，而生命"正反因子"的寻得则是对于异性恋规条中性别、情爱模式的反叛，其中对于"酷儿之恋"的追寻，更是僭越了基本教义中的救赎计划，在逾越庞大固着的主流"异性恋机制"，小说家正以酷儿的泼辣挑衅为"酷儿"情爱正名。

当后现代酷儿的书写、反思及批判"强迫异性恋"机制的建构时，往往是很自觉地站在挑衅、颠覆的战斗位置，一反"传统写真"的基调，而出现"异端书写"的风格——即对于非写实文类的青睐和对"异类"、"异形"角色的选取。

六　淫邪美丽的"恶"之花之绽放

相对于洪凌、纪大伟的"异端书写"，陈雪则以"潜意识"和"梦境"的发现寻回，来冲击异性恋机制理性规约下的性别藩篱。因此，在充分开放的情欲场域中，各种为父权社会所不容的情欲状态的组合和迷乱的身份认同，却在陈雪的笔下以女性叙述者的立场呈现出身份和故事的多样性。让形形色色的女性的"酷儿"情欲都被召唤出来。在此被强调的正是情欲不可规限的多种样貌与可能。在《寻找天使遗失的翅膀》中，诱惑者与被诱惑者都叛离了理性规约的爱情模式，她们不但是一对女子，更是血缘关系上的母女。美丽而女性化的母亲阿苏脱离了母性生殖、养育的象征，女儿草草追求的既不是以弗洛伊德的"俄底浦斯情节"来爱欲母亲，也非关任何异性恋上下、主从的分配机制，她们的身体进入一种异质的欲望园地，其爱欲关系是摆荡于不稳定的"诱惑与被诱惑"的双向流动。

陈雪透过小说人物反复言说第二性（女性）的身体谜语，梦与纵欲及种种神秘经验的愉悦，耻辱与自恨，打乱了一般人刻板印象中的"女性酷儿"模式，使得父权形态下的精神分析的乱伦禁忌（妇女乱伦显得毫无用武之地），展现出异质的情欲想象与爱恋模式。不同于邱妙津自困于身份认同的死胡同里，陈雪借由书写、梦境或是追忆的净化，在潜意识充分释放的过程中，凸显追寻的"自我"的生命价值和意义。从这简单的生命体悟对比于《蒙马特遗书》的自残与决绝，越发感受《蒙马特遗书》的沉重，以及后现代酷儿的昂扬自信。叙述者从"我原以为是一种罪恶"到"那原是世间最洁净的花朵"，所谓"恶女"，不再是主流社会所定义或自我贬抑的"罪恶"的女性酷儿的受难形象，而是戏谑调皮地对于父权的多重禁制与压迫，唇边露出一抹"邪恶"的微笑、进而辨认到自身特意情欲所形成的愉悦与逾越。

在无所不在的权力运作机制中，边陲对于中心的对抗、解构将是一条漫长而艰辛的道路。而我们从 20 世纪 90 年代的"同志书写"当中不难发现，一条边缘族群试图为自己争取"主体地位"的轨迹由隐讳不明慢慢清晰明朗化的过程。从"酷儿"的现身到身份的认同，由于强大父权机制的压迫，其中引发的焦虑、被迫失声，以及种种污名的不平等对待，在邱妙津及此之前的"同志书写"中，其繁复纠葛的情感与悲抑沉痛的形象，无不提醒社会大众"情欲大不同"的事实真相。而至中期以后，纪大伟等后现代酷儿的出现，一挥过去悲情自抑的同志形象，在"强迫异性恋机制"面前，反以昂扬自信的态度公然地颠覆、挑衅固有僵化的传统思维，不但强调"异质情欲"的正当性，而且自居"异端"的战斗地位，企图开拓多元变貌的情欲想象的空间。

当小说家面对父权社会对性别与情欲所设置的禁锢与禁忌，书写本身即是心灵解严的开始。20 世纪 90 台湾小说中"酷儿书写"在对强权社会的翻转、嘲谑，以及情欲政治上的玩谑、批判，都比之前更加挑衅与挑逗。而酷儿作家则透过小说人物与情节的举证，一一反驳过去对于男性酷儿"阴柔"、女性酷儿"阳刚"等传统刻板的角色扮演与配对关系，不过，在这争取"酷儿主体"地位的过程中，"异质"情欲的书写与强调并非没有保留，同样引发许多值得思考的问题。首先，在台湾迈入后现代氛围的时空中，各族群平等地位的达成并不只是握有说话的权利或各说各话，更重要的是各族群间的"沟通"过程，在"沟通"中让自己的差异性被他人接受，了解并尊重。因此酷儿们自居"异端"以反抗主流的收编时，玩谑挑衅的姿态亦是两面利刃，不但指向异性恋强权，同时也指向酷儿自己，以几乎为主流所不容的感官书写是否也让主流失去了解的动机与机会？而后现代酷儿的"酷异"发声，是否反将酷儿堕入"边缘中的边缘"？而且在一个写作风潮兴起的过程中，如何回应"文化工业"对它的操控，不致沦为商业化的新宠商品？这都将是"酷儿书写"者要进一步努力与思考的方向。

作者单位：重庆大学电影学院

巴渝文学暨抗战文史

区域文化视角下的重庆文学

吕 进

一 重庆文学的文化遗传

中国是多民族的国家。中国文化既是抽象的，又是具体的；既是大一统的，又是多板块的。在一个相当长的时期里，"中国文化一元论"成为学术界的共识：黄河流域从来都被认作是中国古代文化的摇篮。但是，20世纪80年代以来，新的考古学和民族学材料证明，中国文化的起源其实是多元的。比如，长江流域（尤其是三峡地区）、珠江流域、燕辽地区、江浙地区都是中国文化的起源地。黄河流域在古代是九州之中，起的是重要的凝聚作用，但是黄河文化自身也分马家窑文化、半坡文化、庙底沟文化和大汶口文化，长江流域三峡地区的河姆渡文化更是将中华文明前推了2000年。

区域文化研究是以"历史地理学"为中心展开的文化探讨，它至少有四个构成部件：地理环境，语言风俗，性格特征和文化心理。区域文化研究是近年来学术界对在整体文化基础上研究中国现当代文学的一种深入和细化，是在方法论上的一种突破，尤其是对流派研究、作家研究具有重要意义。区域文化与文学研究是学术界提出的"重写文学史"理念的原质性延伸，在庙堂文化与文学、民间文化与文学、广场文化与文学之外，显然还应加上区域文化与文学。

区域文化与文学既具有起源意义，又应该具有本体地位。整体文化与文学是区域文化与文学的整合，区域文化与文学是整体文化与文学图谱中的区域文化与文学；区域文化与文学既具有异于他者的区域性，又具有同于他者的整体性。我以为，中国现当代文学研究的总体构架是东—西—南—北，南—北是指对中华民族文化与文学起源多元性的体认，对中国文化与文学区域性研究的体认，东—西是指对世界范围内的区域性文化与文学的研究，对中西文化与文学对话的体认。

"一座城市的人文精神就是城市的文化性格。"在区域文化背景之下来说重庆文学，是想说破现代重庆文学的文化遗传。

在应对文明的冲突与互动时，区域文化会显示自身基因的独特性。

"江州"、"荆州"、"巴州"、"楚州"、"渝州"和"恭州"是重庆的大名，"山城"、"江城"、"雾都"、"桥都"和"火炉"是重庆的别称。由于"文化遗传"，不同的区域文化有着不同的内在气质。重庆的"文化遗传"与山、与江、与地处边远和气候特殊这些地理因素有关。乾隆旧《志》："其四塞之险，甲于天下。"也许因为重庆的山太高，水太急，雾太浓，从远古到近代，重峦叠嶂之间的重庆和重庆文化长期以来一直有点自成一统、"养在深闺人未识"的状况。

重庆文学也与巴人的尚武敢为、负重自强有关。"巴郡南郡蛮，本有五姓……未有郡长，俱事鬼神，乃共掷剑于石穴，约能中者，奉以为君。巴氏子务相独中之，众皆喜。"可以说，尚武敢为、负重自强的巴人创造的巴文化是重庆的人文密码。重庆文化还与绚丽浪漫的楚文化、文静封闭的蜀文化存在相邻和相错，彼此生活在对方的影子中。

"文化遗传"在与整体文化的融合中，有变异，变异才会使融合成为可能；有保持，保持才会使自己不在融合中遗失自我。"遗传"有优良基因，也有低劣基因，因此，"遗传"既是宽阔，也是狭窄；既是机会，也是局限。西方文化的发展是以一个中心去征服四面八方。中国的情形不相同，是许多文化中心向交通方便、经济发达的中原地区凝聚。钱穆说："埃及巴比伦印度是一个小家庭，他们只备一个摇篮，只能长育一个孩子。中国是一个大家庭，她能具备好几个摇篮，同时抚育好几个孩子。这些孩子成长起来，其性情习惯与小家庭的独养子不同。"黄河文化与长江文化是以炎黄始祖为代表的，以龙凤图腾为标志的中华文化框架内的同质文化。融合是绝对的，差异是相对的。因而没有绝对纯净的区域文化，区域文化总是融合的、发展的，缺乏融合和发展，区域文化就会消失。

重庆文化是重庆文学的摇篮，又是重庆文学重要的审美对象。

在厚重的中国文化史册里，一直到了近代，重庆和重庆文化才开始崭露头角。如果你用心走过重庆的街道，"邹容路"、"五四路"、"中山路"、"中兴路"和"新华路"等就会为你牵出一条历史的长线。自从1891年开埠，重庆渐放光彩，这100年超过了既往载诸史册的3000多年。当中国现代史翻到第二次世界大战，重庆就名噪一时了，见证了苦难与光荣、奋斗与伟大。这个中华民国的"陪都"，成为当时中国的政治、军事和文化的中心。可以说，抗战文化是巴渝文化的现代变奏，中共中央南方局所在的红岩村，留下了那段历史的辉煌篇章。从文学的视角考察，当时出现的与"延安文学"同源异貌的"重庆文学"超越了地域意义。新中国成立以后，小说《红岩》更是推波助澜，倡导"爱国、奋斗、团结、奉献"的"红岩文化"由此诞生。

文化的本质是人化，今天的文化就是明天的经济。在物质文明发展到一定水平以后，文化消费也会成为主要消费。因此，城市发展必须立足于文化战略。在区域性文化面对民族性乃至世界性时，最大的悲哀莫过于在交流融合中消失自我，区域性文化研讨的热门也是用开放的姿态来凸显个性。每个城市地区为在张扬城市文化个性、展示文化魅力的同时，保留自己的生存空间和文化优势的现实需要。张恨水曾以一位下江人的眼光打量重庆的城与人："重庆，战都也，不可忘。且其地为嘉陵扬子二江中之半岛，依山建市，秀乃至奇。又川地，山河四阻，业而下，民风颇有异于江河南北。"

"重庆文化不是个东西"：它既不是典型的东部文化，也不是典型的西部文化。西部的边缘性，带来抱残守缺与少见多怪地把玩、夸大"稀奇"的东西这两个截然不同的向度；东部的前沿性带来浅薄和时尚，重庆文化兼有多种品格，是一种多元性的、异质性的山地文化。

重庆是一个以大城市和大农村组成的直辖市，缺乏完整的大都市特征。从传统走向现代的过程，从地域表现形态和文化空间转换上看，就是从乡镇走向城市的过程。现代城市是人类现代文明的基本形象，现代文化集中地以城市文化形态表现出来。重庆已逐渐表现出其文化自觉，它正在努力将重庆的城市文化特征经过现代整理，实现创造性的转换，使重庆在某种意义上成为一个"都市岛"。

一个地区有时会有两种"区域文化"：物质的和精神的。二者的发展程度常常不在一个水平线上：先进的物质文化和落后的精神文化，先进的精神文化和落后的物质文化。然而，巴渝人相信自己既有能力创造丰富的物质文化，又有能力实现"礼仪重庆，诚信重庆，知识重庆，魅力重庆"的文化理想。

重庆文化自古以来是建立在"山高皇帝远"的蛮夷之地的山地文化。

地处偏远，带来自由的创造空间和纯净的心理空间；蛮荒，带来率真的文化品质和粗犷的文化风格。重庆文学在巴渝地域的生存状态中，和文化权威和文化主流若即若离，较少"生命不能承受之重"。它的文学边缘性引导出文学的自在性，在文学意义上总能洋溢一分一寸的年轻，放飞野性的激情，建构现代的文学精神结构。理性压力的减负，给重庆作家带来更大的想象空间和文体实验的冲动。

"巴出将，蜀出相"，巴地的文学土壤不算肥沃。区域文化在重庆文学最为彰显的就是它的诗歌传统——从"下里巴人"开始的诗歌传统。重庆现当代文学有小说《红岩》，有莫怀戚、余德庄、阿蛮、张者、陆大献、王雨等一批具有明显区域文化色彩的后来的作家群。但是从总体看，重庆文学在叙事文学上目前还没有形成成熟稳定的文学面貌，迄今仍然只有一部《红岩》拥有广泛影响。重庆文学更重要的区域文化特征是：重庆的新诗从来是一座重镇，在中国新诗和世界华文诗歌地图上占据了重要的位置。重庆新诗理论也具有对话能力。50 余万字的《20 世纪重庆新诗发展史》是我国第一部区域新诗史，已受到学术界的充分肯定。

当然，研究重庆文学，区域文化绝对不是唯一的标尺。区域文化与文学研究不能泛化，区域文化不是文学研究的必不可少的视角，有的作家、流派、文学现象并没有明显的区域文化特征，不能一哄而上。同时，区域文化与文学在寻求自身的本体意义和价值负荷的同时要警惕自恋情结。

二　诗歌是重庆文学王冠上的珍珠

到目前为止，现代重庆的确还不能称为文化大市。但是，对于中国新诗来说，重庆却是一座重要的诗城。巴渝大地哺育了吴芳吉、邓均吾、何其芳、方敬、杨吉甫、梁上泉、沙鸥、傅天琳、李钢、李元胜这样的著名诗人和邹绛这样的著名诗译家。在 20 世纪，郭沫若、宗白华、田汉、陈衡哲、沈尹默、冰心、臧克家、卞之琳、艾青、梁宗岱、孙大雨、方令儒、胡风、绿原、邹荻帆、厂民（严辰）、高兰、力扬、唐祈、臧云远、余光中等许许多多名家都在渝州弹奏过他们的竖琴。

重庆新诗有着几千年的源远流长的文化遗传。尤其是三峡地区。三峡是诗之峡，是一片诗的沃土。而奉节则素有"诗城"之称。

20 世纪 50 年代后期，在毛泽东的倡导下，全国曾经掀起了声势浩大的新民歌运动。作为这个运动的一次检阅，周扬、郭沫若合编了《红旗歌谣》，三峡地区有几首当时很著名的民歌入选。如《一天变成两天长》：

> 太阳落坡坡背黄，
> 扯把蓑草套太阳，
> 太阳套在松树上，
> 一天变作两天长。

这首民歌以它丰富的想象表现了当时农民的豪情壮志，一经出世，就在全国流传。其实，这样的民歌出现在三峡地区是不足为奇的。沿波讨源，三峡地区从来就具有诗歌尤其是民歌的悠久的文化遗传。

考古发现，早在新石器时期，三峡地区就有原始人类的足迹。以奉节县为中心，古代巴人就在那里劳作生息，而民歌就是他们的劳动生活里的音符。所谓"下里巴人"，正是这里的巴人所唱之歌。现在我们能够见到的最早的"下里巴人"，应数北魏郦道元的《水经注》中提到的《峡中行者歌》：

> 巴东三峡巫峡长，
> 猿鸣三声泪沾裳。
> 巴东三峡猿鸣哀，
> 猿鸣三声泪沾衣。

唐代以后一直至清代，在全国流传的《竹枝词》的故乡在三峡。鲁迅在《门外文谈》里曾说："唐朝的《竹枝词》和《柳枝词》之类，原都是无名氏的创作，经文人的采录和润色之后，留传下来的。"通过这个现象，鲁迅总结了一条颇为重要的历史经验："旧文学衰颓时，因为摄取民间文学或外国文学而起一个新的转变，这例子是常见于文学史上的。""竹枝"是巴人聚居地的民歌，原名巴渝舞，"惟峡人善唱"。而且，"竹枝"在巴地十分普及，"巴女骑牛唱竹枝"。白居易有诗云：

> 瞿塘峡口水烟低，
> 白帝城头月向西。

211

> 唱到竹枝声咽处，
> 寒猿暗鸟一时啼。

在竹枝词的发展中，刘禹锡（772—842，字梦得）作出了重大贡献。821年，刘禹锡从连州到三峡，任夔州刺史。刘禹锡不仅写作了竹枝新词，而且，比刘禹锡早两年到三峡的白居易在《忆梦得》的自注中说："梦得能唱'竹枝'。"唐代的顾况、白居易、张藉、李涉，宋代的苏辙、黄庭坚、范成大，都作"竹枝"。孟郊有一首《教坊歌儿》，有"能诗不如歌，怅望三百篇"之慨。

《巫山高》是乐府的古题，其诞生地也在三峡。三峡沿岸，《巫山高》的诗篇比比皆是。唐代诗人沈佺期、张九龄、刘方平、戴叔伦、孟郊、李贺、罗隐，宋代诗人王安石、范成大、苏东坡都作过《巫山高》。

在众多的以三峡为题材的诗歌中，有两首非常有名。一为李白的《早发白帝城》，一为杜甫的《登高》。前者以"重"衬"轻"，抒发了遇赦之后的轻快之情。后者对仗工整，音响卓绝，被称为"古今七言律第一"。杜甫一生的诗歌，夔州诗占了三分之一。

对三峡的吟唱最久的当数陆游。1170年，陆游任夔州通判。到三峡途中，就写了几十首。离开三峡后，他还不断地以三峡为题赋诗，写出他对三峡的怀念。

中国新诗是五四运动的产物。吴芳吉是站在新诗和旧诗的交叉点上的重庆诗人。可以说，他是重庆最后一位旧体诗人，又是重庆最早一位新体诗人。他的《婉容词》赢得的艺术反响在文学史上是很少见的。邓均吾、柯尧放、叶菲洛、朱大枬都是重庆新诗的早行人。

在重庆新诗发展史上有过两次高潮：抗战时期和新时期。这两个时期的共同点都是诗歌观念的更新，诗人队伍的壮大和诗歌作品的丰富。不同的是在第一次高潮中，因为战乱来渝的外地诗人充当了主角，本土诗人只是伴唱；新时期重庆新诗的高潮则完全是本地诗人所创造的，而且这一时期的重庆诗人还走出了一条具有全国性影响的道路。

1938年3月"中华全国文艺界抗敌协会"在武汉成立仅数月，同年8月即内迁来渝。在抗战时期，"文协"以重庆为活动中心，组织领导了长达8年的抗战文艺运动。"文协"也是重庆诗歌的第一次高潮的核心。"文协"在重庆举行了九次诗歌座谈会（最后两次改称"诗歌晚会"）。

诗人胡风、厂民、高兰、李辉英、沙蕾、杨骚、艾青、力扬、光未然、方殷以及"文协"的负责人茅盾、老舍都先后或多次出席过这些诗歌活动。将端午节作为诗人节也是"文协"在重庆的提议。九次座谈会就抗战诗歌的特征、诗与歌的关系、如何推行诗歌运动、诗歌语言等问题展开了讨论,并对抗战诗歌创作进行了检讨。

"文协"开展的诗歌活动,大批诗人随着"文协"的来渝,加强了诗人队伍,推动了抗战诗歌创作,提升了重庆在全国诗歌运动中的地位。

在这一时期出版的诗歌刊物主要有《诗报》(主编李华飞)、《民族诗坛》(主编卢冀野)、《诗垦地丛刊》(前五期及《诗垦地副刊》在重庆出版,主编邹荻帆、姚奔)、《诗家》(主要负责人禾波、屈楚,发行人王余)、《铁马诗刊》(主编穗褆)、《诗焦点》(主编李岳南)、《诗座》(重庆诗座月刊社编)、《诗部队》(胡牧、绿蕾、文铮编)、《诗前哨》(编委湛卢、穆静、周昌歧、东英)、《诗叶》(主编蓝青)、《诗文学》(主编邱晓崧、魏荒弩)、《火之源》(主办人李一痕、刘予迪)、《诗词曲月刊》(重庆中华乐府月刊社编)和《诗激流》(主编夏渌)。此外,"文协"的刊物《抗战文艺》(编委老舍、田汉、朱自清、朱光潜、宋云彬、胡风、郁达夫、茅盾、夏衍、叶以群、冯乃超、陈西滢、穆木天、丰子恺、王平陵)、《七月》(主编胡风),《希望》(主编胡风),还有《突兀文艺》(重庆北碚突兀文艺社出版),也发表了许多优秀诗作。

抗战时期的重庆,是诗人荟萃的地方。郭沫若、臧克家、艾青、胡风等老诗人在这里吟唱。高兰、绿原、曾卓、彭燕郊、光未然、力扬以及重庆本地的诗人沙鸥、李华飞等新人都推出了力作。沙鸥的方言诗在当时具有不小的影响。

七月诗派是形成于抗战中、活跃于20世纪40年代的中国新诗发展史上最具影响的流派之一。20世纪三四十年代,七月诗派的大本营在重庆。《七月》和《希望》先后在重庆出版。艾青的《向太阳》和《北方》、胡风的《为祖国而歌》、田间的《给战斗者》、鲁藜《醒来的时候》、天蓝的《预言》、杜谷的《泥土的梦》、冀汸的《跃动的夜》、邹荻帆的《意志的赌徒》、牛汉的《彩色的生活》、彭燕郊的《春天——大地的诱惑》、阿垅的《无弦琴》、绿原的《童话》等名作都是收录在重庆问世的《七月诗丛》和《七月文丛》中出版的。艾青在来渝途中写下的长诗《火把》成了他的代表作之一,艾青后来被称为太阳与火把的歌手。

213

抗战时期的"重庆诗歌"早就超越了地域界限。这不仅是重庆许多刊物都发表全国包括解放区的作品，而且，在诗歌史上，"重庆诗歌"的内涵远不限于"重庆"，而具有全国意义。"重庆诗歌"与同时期的"延安诗歌"是同源异貌的诗歌。虽然他们都是在党的指引下的进步诗歌，但是，无论在诗歌思潮的引导上、诗人队伍的组成上，还是在诗歌主题、题材、风格的选择上，"重庆诗歌"都成为今天中国新诗的发展的参照系。

新时期是重庆新诗的第二次高潮，这次高潮是在全国诗歌高潮的背景下出现的。

比起抗战中的第一次高潮，这次高潮的弄潮儿全是本地诗人。不仅抒情诗，而且，讽刺诗、儿童诗、歌词、诗歌翻译都取得了骄人成绩。

老诗人唱出了深情的新歌：方敬、梁上泉、余薇野、穆仁、张继楼、凌文远、邹绛、陆棻、杨大矛、野谷、王群生、吕亮、石天河、杨山、林彦都捧出了新作。余薇野等的讽刺诗、张继楼等的儿童诗具有全国的影响力。在新时期，重庆诗坛涌出了一大批新来者。如果以姓氏音序排列，至少有下列诗人：柏铭久、成再耕、春秋、杜承南、范明、菲可、郭久麟、江日、何培贵、华万里、柯愈勋、回光时、黄中模、梁平、毛翰、李北兰、欧阳斌、蒲华清、彭斯远、邱正伦、冉庄、冉冉、邵薇、田家鹏、王川平、王长富、万龙生、熊雄、徐国志、向求纬、义海、杨矿、雨馨、杨永年、张于、钟代华和赵发魁。他们组成了实力雄厚、丰富多彩的诗群。傅天琳和李钢是当然的领唱人。新来者中，有些诗人"诗龄"虽不短，但是成名却是在新时期。在处理时代性与艺术性、本土资源与国外借鉴、自由性与规范性的关系上，新来者显示了有别于当时的传统派和崛起派的美学理想。他们是传统的崛起派，又是崛起的传统派。他们走出的诗歌之路在全国具有影响，和者甚众。正是他们，从总体上提升了重庆诗歌在全国的影响和地位，强化了重庆诗歌的辐射力，使重庆成为新时期中国新诗的重镇。

第二次高潮的另一个显著特点，是重庆的新诗评论取得突破。除了石天河、何休等老一辈的诗歌评论家，陈本益、毛翰、周晓风、蒋登科、李怡、彭斯远、冉易光等一批高校的中青年诗歌评论家的出现，更显示了重庆新诗理论与评论的发展实力和发展前景。1986 年，西南师范大学（现西南大学）中国新诗研究所的成立，标志着重庆的新诗评论也成了新时期中国诗坛的重镇。从中国新诗研究所的博士生、硕士生和访问学者中走出了一批著名诗歌评论家：刘光、江锡铨、翟大炳、毛翰、赵心宪、张中宇、刘静、蒋登科、钱志富、梁笑梅、陆正兰、向天渊、王珂、傅宗洪、王毅、江弱水、莫海斌，等等。

新时期是重庆新诗在20世纪的黄金时期，它也担当了十七年和20世纪90年代新诗的连接者。

20世纪重庆新诗是一个丰富的存在。从新诗初期、抗战时期，经十七年，到新时期，重庆诗坛始终高潮迭起。到了20世纪90年代，中国新诗已经危机重重，诗歌读者和诗人都极大地减少，新诗逐步跨入边缘化的沉寂时代。在20世纪90年代的重庆却是另一番风景：这里的老中青诗人都在继续歌唱。原来已经成名的诗人，几乎没有舍诗而去的，而且，重庆诗人们的生存状况都比外地诗人好得多。新的年轻诗人成群地走上诗歌舞台，带着新的诗歌观念和审美欲求，进行着他们的别具一格的艺术探索。和全国的情形一样，在重庆，同代诗人都有相似美学追求，而不同代诗人都有相当的美学差距。这和每代人大体相似而不同代的人大体相异的人生阅历、艺术道路分不开。各代诗人有差距，这是十分正常的诗歌现象。不过，在重庆，各代诗人却可以成为诗友，可以坐在一块，可以彼此尊重，共同打造重庆诗歌的光荣，这在目前的国内诗坛实在不多见。而且，作为重庆诗人，各代人之间的相同点是存在的：在反对残存的"左"的诗歌观念和行为方式上，在传统与发展之间，在现实与现代之间，在本土与西方之间，他们有着共同的寻觅和诉求。

三 中国诗歌的"上园道路"

在新时期，重庆诗歌带头走出的"上园道路"具有全国影响。有别于崛起派和传统派，重庆显示了"山高皇帝远"的风貌。1986年，广州一家报纸在一次诗歌问题笔谈的编者按中，首次使用了"上园派"的冠名，这个名称后来就被袭用。古远清在《中国大陆40年诗歌理论批评景观》一文中说："这三大诗歌群体两头小中间大，上园派人数多，且以中年为主。"黄子健、佘德银、周晓风合著的由重庆出版社1993年出版的《中国当代新诗发展史》中写道：新时期诗歌理论批评中所谓稳健派代表了企图超越崛起派和传统派各自偏颇的"第三条道路"的努力方向。在新时期围绕朦胧诗展开的论争中，这一派稍为后起，但人数更多，实力较强，是前两派所不及的。其中包括诸多诗人和诗评家，如沙鸥、公刘、牛汉、刘湛秋、杨匡汉、陈良运、吕进、阿红、杨光治、朱先树、袁忠岳、叶橹、朱子庆等。后七人还因合作出版了《上园谈诗》，明显呈现出"一个学派的整体印象"，被称为"上园诗派"，是稳健派的中坚。该派诗歌理论批评的突出特点是力求平稳，力戒片面。"求实，创新，多元"则大体反映了这一派诗论的基本风貌。

"上园派"主张向国外诗歌借鉴，但要实现国外艺术经验的本土化转换；主张承传民族传统，但要实现传统精华的现代化转换。重庆新诗带头走出的"上园道路"的探索比较集中在三个方面。

（一）在生命意识和使命意识之间

诗歌从来就有两个基本关怀：生命关怀和生存关怀。就中国新诗而言，当救亡成为社会发展的主旋律的时候，诗歌就更偏重生存关怀：国家的兴衰，民族的危亡，成为诗的主题。当启蒙成为社会发展的主旋律的时候，诗歌就更偏重生命关怀。就像海德格尔讲的那样，现在人们说的"在"，实际上是"在者"，"在"在"在者"之先。诗最接近"在"，是"在"的倾听者和看护人，它是人的"本真言说"。

中国新诗长期处在战争、革命、动乱的外在环境中，因此，从诞生起，新诗就十分注重与社会、时代的诗学联系，注重诗歌的承担精神，注重增添诗歌的思想含量和时代含量。这给新诗带来生命力，也造成许多美学问题。新时期是崭新的生存环境，新诗加大了生命关怀的分量，开始了从以生存关怀为主到以生命关怀为主的过渡。人性、人情、人世、人生、人权、人道成为诗的常见主题。但是，生命关怀和生存关怀其实很难完全分开。一首优秀的写生存关怀的诗，写到极处，也就会触及生命关怀，因为，诗总是从事到情，从生命的视角去观照社会事件的。一首优秀的写生命关怀的诗，写到极处，也就会触及生存关怀。因为，诗人总是一种社会存在，诗歌终究也是一种社会现象。

重庆诗人总是说，他们寻求着生命意识和社会意识的和谐。这就使得重庆诗歌别具内蕴。标语口号式的作品，只是热衷于诉说自己"牙齿疼"（莱蒙托夫语）的作品，在重庆，是很少见的。方敬戴着"宽帽檐"在忧郁地歌唱，然后又在阳光下"拾穗"；梁上泉从"喧腾的高原"走来，唱着人生的"多姿多彩多情"；傅天琳的"绿色的音符"里有了"结束与诞生"的哲理；脱下了"蓝水兵"军装的李钢，唱着关于邓小平、关于新时代的动人曲调。他们的诗的生命意识的成分都在加浓，但又都是人性视角的社会之歌、时代之歌、民族之歌。

离开生命意识，很难解读重庆诗人；同样，离开使命意识，也很难解读重庆诗人。

（二）在诗情与诗体之间

胡适讲得好："我们若用历史进化的眼光来看中国诗的变迁，方可看出自《三百篇》到现在，诗的进化没有一回不是跟着诗体的进化来的。"问题是："进化"第二天呢？

翻翻古代诗歌史就会发现，"风谣体"后有"骚赋体"，"骚赋体"后有五七言，五七言后有"诗余"——词，词后有"词余"——曲。如果说，散文的基础是内容的话，那么，诗的基础就是形式。爱情与死亡，诗歌唱了几千年，还是有新鲜感，秘密正在于诗的言说方式的千变万化，诗体的千变万化。新诗之新绝不可能在于它是"裸体美人"。对于诗歌，它的美全在衣裳。"裸体"就不是"美人"了。

诗美是内蕴在一切艺术中的最高的美，是一切艺术的灵魂。雅克·马利坦说："诗是所有艺术的神秘生命。"海德格尔说："全部艺术在本质上是诗意的。"但是作为文体的诗歌，一定有自己的诗体。何其芳说："中国新诗我觉得还有一个形式问题没有解决。从前我是主张自由诗的。因为那可以最自由地表达我自己所要表达的东西，但是现在，我动摇了。"何其芳还说："将来也许会发展到有几种主要的形式，也可能发展到有一种支配的形式。如果要我来预先设想，将来的支配形式大概是这样：它既适应现代的语言的结构与特点，又具有比较整齐比较鲜明的节奏与韵脚。"应当说，没有诗体就没有诗歌。诗的本质是无言的沉默。以言传达不可言，以不沉默传达沉默，以未言传达欲言，要靠诗歌的特殊的言说形式。这形式依靠暗示性将诗意置于诗外和笔墨之外，这形式带有符号的自指性，它是形式也是内容。散文注重"说什么"，诗歌更看重"怎么说"。诗的审美表现力和审美感染力，都与诗体有关。作为艺术品的诗歌是否出现，主要取决于诗人运用诗的特殊形式的成功程度。

重庆诗人在诗体探索上做出了不懈努力。在重庆诗坛，那种自由得漫无边际的自由诗不多。丰富多彩的诗体才能表现丰富多彩的诗情，增多诗体是新诗诗体建设的必要前提，重庆诗人在丰富自由诗的诗体上付出了许多努力。邹绛、万龙生、梁上泉、陆棨对现代格律诗的多年探寻，杨吉甫、穆仁、蒋人初、张天授对小诗和微型诗的大力推进，都产生了影响。

（三）在作品与传播之间

中国诗歌的发展规律是每一种诗歌都产生于民间，与音乐交融在一起，流传于世。然后，文人介入，作为文学的诗得到完美和提高，但是远离音乐而去。于是，逐渐枯萎。新的品种又出现。新诗却不是这样。新诗不起于民间，和音乐几乎没有关系。所以，从诞生起，新诗就有一个亟待解决的传播问题。在发展进程中，新诗的传播形成了几种常见方式。一是诗与朗诵的结合。从抗战时期高兰、沙鸥、光未然等的提倡开始，诗歌朗诵在重庆一直热门，诗人们也创作了许多朗诵诗。一是诗与音乐的结合。"能歌的诗"受到青睐。梁上泉、何培贵、赵晓渝、王光池、春秋、陆繁、张昌达等等组成了写作"能歌的诗"的兴旺的队伍。梁上泉的《小白杨》等歌曲传唱甚广。一是与电视的结合，电视诗（PTV）成为热点。电视诗以电视的手段阐释诗歌，使诗的意象更具象，更直观，更美。

新的科技改造和丰富着诗的传播方式，近年特别引人注目的是网络诗。网络诗有两种：一种是网络上发表的原创诗。诗歌的网络化是诗歌适应信息化生存的产物，它的作者是熟悉电脑操作的年轻诗人。网络诗歌往往具有民间文学和流行文化的特质。在重庆，一大群诗人围绕在李元胜、何房子等为中心的网络诗刊《界限》和以万龙生为中心的《东方诗风》周围，从事网络诗歌的写作。《界限》和《东方诗风》构成了重庆诗坛的一道新的风景线。《东方诗风》同时还出版纸质诗刊，也是一种新的尝试。另一种网络诗是网络上的诗。这些诗并不是在网络上发表的，它们是第二次发表的"平媒诗"。它们将网络作为传播方式，扩大自己的影响。不管哪一种网络诗，作为公开、公平、公正的大众传媒，网络为诗歌的传播开辟了新的空间。网络诗歌以它向社会大众的进军，向时间和空间的进军，证明了自己强化诗歌传播的实力与发展前景。

作者单位：西南大学新诗研究所

文学的区域特色如何成为可能?

——以巴金与巴蜀文化关系为例

李　怡

正如四川是中国现代文学的重镇,中国文学的巴蜀经验历来是我们文学研究的重要内容之一一样,巴金作为四川作家重要的代表,历来的区域文学研究都不忘写他一笔,"巴金与巴蜀文化"毕竟是四川文化现代意义的重要证据。然而,这一课题的难度显然远远超过了其他四川作家——郭沫若、李劼人、沙汀甚至艾芜与区域文化的联系可以找到相当多的从意象到形象的直接表述,而巴金却不那么容易,这样,我们看到的现实是:一方面是一些学人(特别是四川学人)竭力从巴金作品的字里行间挖掘"巴蜀信息"①,另一方面却有人对此提出了质疑,1995 年,严家炎先生主编《二十世纪中国文学与区域文化研究丛书》问世,这是学界出现的第一套也是到目前为止唯一的区域文学研究丛书,然而,就是在"丛书"的"总序"中,严家炎先生却提出:"要研究四川文学与巴蜀文化,选择巴金也不太合适(虽然他是有重大贡献的大作家)。"② 应当说,这与笔者当年撰写《现代四川作家的巴蜀文化阐释》的心得颇为一致。然而,我们终究不能抹杀和否认区域生存之于一个作家的重要影响(哪怕这种影响是潜在的),这便启发我们:是不是应该从一个新的角度来理解区域文化与作家个性的关系,也应当重新认识个体之于区域文化的参与、推动作用。因为,无论怎么说,任何关于文化个性的归纳(时代的、民族的与

---

① 近年出现的论文就有邓经武《巴金与巴蜀文化》(《绵阳师专学报》1998 年第 2 期)、谭兴国《悠悠故乡情——巴金与成都》(《四川省情》2004 年第 1 期)、赖武《巴金与成都正通顺街》(《青年作家》2006 年第 7 期)等。

② 严家炎:《二十世纪中国文学与区域文化研究丛书·总序》,《现代四川作家的巴蜀文化阐释》,湖南教育出版社 1995 年版,第 5 页。近年来,也有其他的一些质疑之声,如童龙超《论巴金文学创作的"反地域文化"特征》,《南京社会科学》2007 年第 6 期。

家族的）都是"类"的概括，都必然以牺牲和省略某些个体的选择为代价，而个体总是为任何形式的群体性的归纳所难以"消化"的，也就是说，个体与"类"始终处于既相互说明又矛盾分歧的关系当中，在这个层面上看作家个性与区域文化特色之联系，我们可以发现这里应该没有"一以贯之"的模式可循，在什么情况下作家的"个性"生动地呈现了区域文化共同的追求，并且以自己的"个性"使得这些追求更加明显和突出了；相反，又在什么情况下"个性"恰恰从另外一个方向上修正甚至改变了区域文化固有的特殊，并且因为这样的修正而赋予了本区域新的内容，为未来的区域发展奠定了基础。这就像新批评大家 T. 艾略特所述"传统与个人才能"的关系一样——始终处于既包含说明又补充生长之中。

文学的区域个性如何成为了可能？这不是一个从单一方向上能够回答的问题，对于早已习惯了的区域文学研究之固有模式的我们而言，更需要有自我突破、自我改变的要求。而在这方面，巴金与巴蜀文化的关系正好可以成为一个典型的个案。

一

单单从性格上找出巴金与巴蜀文化的关系并不算难，譬如他的热情，他的求变。作为区域文化的最表层的体现，我们的确容易在现代四川作家身上发现一种普遍存在的"青春激情"，如"永远是那么天真，热烈"① 的郭沫若，"生龙活虎一般的热情"② 的李劼人，"说话带感情，好激动"③ 的沙汀，"热情炙人"④ 的艾芜，同样，巴金也以他的"热情"的待人与写作给人留下了深刻的印象："在谈天的时候，对一件事，一种社会现象，他常常会激动地发表意见，说得很多，往往说不下去了，就皱起

---

① 老舍：《我所认识的沫若先生》，《郭沫若研究资料》上册，中国社会科学出版社 1986 年版，第 456 页。

② 巴金：《书信·致沙汀 19630105》，《巴金全集》第 24 卷，人民文学出版社 1994 年版，第 70 页。

③ 臧克家：《少见太阳多见雾》，《新文学史料》1981 年第 1 期。

④ 马识途：《青峰点点到天涯》，《新文学史料》1993 年第 2 期。

眉用断续地'真是……'结束。"①

　　然而，与前述几位四川作家不同，巴金的"热情"似乎并不倾洒在四川的山山水水之中，要寻找巴金笔端的"巴蜀意象"是一件比较困难的事，而我们知道，李劼人的小说被称作是"华阳国志"，其地理学意义不言而喻，沙汀的成功也在于他找到了四川乡镇的讽刺性图景，"南行"归来的艾芜也关注着川西平原的忧郁，就是诗人郭沫若，也在他的自传中大唱"巴蜀赞"。

　　与郭沫若不同，巴金对四川赞赏颇为吝啬，这又与他好几部小说的四川背景形成刺眼的对照。因为，往往是这类作品，无论从巴金创作的初衷，还是就他作品的实际面貌来看，我们都不大能找到像李劼人、沙汀那样对巴蜀社会的揭示。《家》写了成都高公馆，但巴金又说："我们在各地都可以找到和这相似的家庭来。"② 巴金显然更强调创作的普遍意义，他突出的是一种超越地域的价值。高公馆比起李劼人的赫公馆、黄公馆（李劼人《大波》）来，"川味"就要淡得多。从近现代之交的成都大家庭到战云密布下混乱而败落的大后方，巴金乡土回顾的终极意义不在乡土本身，而在整个的中国社会与中国人，是对传统中国社会和传统中国人生存方式的基本概括。

　　因为，是外面的更大的世界给了巴金精神的高度，他也愿意在一个更大的视野中来看待分析故土的旧事，并且时时注意从价值立场上对故土的狭隘相切割。

　　在1940年代的成都正通顺街，巴金祖屋还在，但他却说："用留恋的眼光看我出生的房屋，这应该是最后的一次了。我的心似乎想在那里寻觅什么。但是我所要的东西绝不会在那里找到了。我不会像我的一个姑母或者嫂嫂，设法进到那所已经易了几个主人的公馆，对着园中的花树垂泪，慨叹着一个家族的盛衰。摘吃自己栽种的树上的苦果，这是一个人的本分。我没有跟着那些人走一条路，我当然在这里找不到自己的脚迹。"对于故乡，他也说过："成都正是寄生虫和剥削鬼的安乐窝"③，"培养各式

---

① 黄裳：《记巴金》，《巴金专集》（1），江苏人民出版社1981年版，第40页。

② 巴金：《〈家〉初版后记》，《巴金研究资料》上册，海峡文艺出版社1985年版，第365页。

③ 巴金：《爱尔克的灯光》，《巴金全集》第13卷，人民文学出版社1990年版，第348页。

各样不劳而获者的温床"①。

巴金,与青年时代自巴蜀出走"南行"的艾芜一样,在精神上是巴蜀式生存的反叛者,他需要在更大的世界中去寻找自我,也需要在更大的视野中去理解这个世界。艾芜南行了,巴金则东出夔门,又负笈西去。

二

但是巴金和"南行"的艾芜仍然是不同的。

巴金和艾芜都是巴蜀社会的叛逃者,一位"西游",一位"南行",但"西游"法国的巴金在启程之时,挥手作别的不幸的"乡土"不是四川而是中国,这与艾芜"蜀山无奇处,吾去乘长风"的体验不无差别。

艾芜的叛逃也直接缘于巴蜀的沉闷和压抑,艾芜在他的自传里曾生动地描述过南行前的心境,他说自己"仿佛一只关久了的老鹰,要把牢笼的痛苦和耻辱全行忘掉,必须飞到更广阔、更遥远的天空去一样",只有离开,"才能抒吐胸中的一口闷气"。② 为此,艾芜还以诗明志:"安得举双翼,激昂舞太空。蜀山无奇处,吾去乘长风。"坚定的去意一览无余。"南行"就这样被艾芜当作了摆脱蜀中沉闷、痛苦和耻辱的选择。可以推想,在这种心境之中南行,他必定会努力去发现巴蜀生存方式的对立面,发现一个与蜀中"牢笼"式的生活根本不同的新的人生境界。也就是说,不管艾芜是否意识到,他的创作就已经与巴蜀文化连接了起来,当然这不是一种径直的对接,即不是巴蜀文化让艾芜继承了什么,而是巴蜀文化的匮乏让艾芜努力去寻找着心理的补偿,去作文化的"填空"。

同样作为西部文化的一部分,巴蜀与滇缅边地的相似之处是存在的,但是尽管如此,从整体上看《南行记》,它仍然是艾芜寻找"更广阔更遥远"的人生世界的结果,在这个新的世界里,最让艾芜激动不已,也是艾芜最希望传达的主要还是与巴蜀盆地迥乎不同的生存景观。同儒化色彩更为浓重的中国长江中下游文化地区(特别是江浙、北方)比较,巴蜀作为偏僻的西部文化的一部分保留了较多的野性和蛮性,但是同滇缅山区这样的真正的荒野边地比较,它终究还是中国文化最重要的地区之一,传

---

① 巴金:《谈〈憩园〉》,《巴金论创作》,上海文艺出版社 1983 年版,第 266 页。
② 艾芜:《我的青年时代》,《艾芜文集》第 2 卷,四川人民出版社 1984 年版,第 419 页。

统中国文化对人们各种世俗欲望的扭曲在这里也同样存在。在抛弃了仁义道德的面具之后，这些扭曲的欲望甚至还与西部的野性古怪地扭合在一起，野性与狡诈相连接化作了人与人争夺社会利益的工具。相反，在那遥远的边地，倒可能真正存在一种反世俗反社会的刚健的人生，一种坦荡、洒脱的人生，只有这里还流淌着真正的"西部精神"。

《南行记》最动人的魅力正在于此，无论是杀人越货的强盗（《山峡中》）、喝酒吃肉的游方和尚（《七指人》）、让人切齿的偷马贼（《偷马贼》），还是欺骗顾客的货郎（《松岭上》）以及偶然同行的旅伴（《荒山上》、《我的旅伴》），他们都活得那样的潇洒，那样的无拘无束，无挂无牵，杀人偷窃似乎是生存竞争的必要方式，而来自这些陌生的路人甚至阴冷的强盗的些许的关怀，倒格外地亲切，因为，他们的关怀是那样真诚，那样恰如其分！这也是一个根本与等级、与地位、与各种世俗关系无干的崭新的生存世界，奔走在这个世界中的人们全凭自己的生命的活力在生存，在发展，活得那么自然，那么率真，全无更多的世俗的算计，因为这里本来就没有我们所看到的那种盘根错节的世俗环境。这正如艾芜在《我的旅伴》中所描述的那样："我们由装束表示出来的身份，显然在初次接触的当儿，跟猜疑、轻视、骄傲、谄媚这些态度，一点也没缘的。就像天空中的乌鸦飞在一道那么合适，那么自然。"① 这就是滇缅边地的简洁单纯的人际关系，与实力派控制下的巴蜀社会大为不同。

在这个意义上，我们可以说，艾芜的滇缅奇境看似在巴蜀之外，实则又无一不是在巴蜀之内——他是从巴蜀文化的缺陷处入手，寻找精神上的填补，其实这还是一种精神上的"巴蜀关怀"，当然，是洋溢着高度的幻想色彩的"巴蜀关怀"。

而巴金呢？可以说，巴蜀故土带给他的首先并不是一种"特异"的文化地理的感受，成都高公馆的封闭与窒息似乎与巴蜀式的人文历史环境没有必然联系，它不过是整个中国的封建家族的缩影，巴金逃离了他的故土，但是他要真正反叛的并不是地理意义的四川，而是中国的旧时代，在彻底反叛和逃逸一个时代的方向上，巴金不需要回头，也不需要犹豫，而所谓"巴蜀关怀"也暂时不是他特别考虑的方向，因为，在他看来，在前方等待他的还有更大的"时代的关怀"与"民族的关怀"。巴金是巴蜀

---

① 艾芜：《南行记·我的旅伴》。

文化离析出来的一个自由人，"哈立希岛上的灯火"已不能唤回他远去的脚步，他高兴的是终于走向了"广大的世界中"。①

正是这样一种脱离具体区域空间的自由者的心态，赋予了巴金回首乡土之时更多的超然和冷静，几乎有一种在乡的"异乡人"的立场，在所有的现代四川作家中，这可以说是独一无二的，值得我们注意和思考。

在关于故乡的一些作品中，巴金是有意识地以一个旁观者的姿态出现，他是冷漠地打量着这块土地上的颓丧、粗野的人们，打量着他们瑟瑟缩缩又吵吵闹闹的人生。有点感伤，但也有淡然。

> 我偶然回到家乡，听到了一个家庭败落的故事，又匆匆离去。
> 虽说这是我生长的地方，可是这里的一切都带着不欢迎的样子。
> 我好像一个异乡人。
> 这不是我应该来的地方。爱尔克的灯光不会把我引到这里来的。
> 我很高兴，自己又一次离开了狭小的家，走向广大的世界中去！

在《猪与鸡》、《兄与弟》等作品里，"我"根本是站在房间的窗口打量院内院外所发生的一切，"这是我的家，然而地方对我却是陌生的"。（《猪与鸡》）方言曾经是许多四川作家引以为自豪的语言资源，某种程度上也成了他们"身份"的表征，在巴金激情的自我抒写的时候，我们几乎看不到他对方言有多少特殊的青睐，只有到了抗战时期，在他重返家乡之时，方言才自觉地听从了调遣，但就在这个时候，他刻意挑选的鄙俗方言的恰恰传达的是对故土粗鄙人生世态的厌恶与批判。《猪与鸡》中有一段冯太太与王家小孩的街头对垒：

> "你狗×的天天搞老子的鸡儿，总要整死几个才甘心！老子哪点儿得罪你嘛？你爱耍，那儿不好耍！做啥子跑到老子屋头来？你默倒老怕你！等你老汉儿回来，老子再跟你算总账。你狗×的，短命的，你看老子整不整你！总有一天要你晓得老子厉害。"
> "你整嘛，我怕你这个婆娘才不是人，哪个狗搞你的鸡儿？你诬赖人要烂舌头，不得好死！"王家小孩不客气地回答。

---

① 巴金：《爱尔克的灯光》，《巴金全集》第 13 卷，人民文学出版社 1990 年版，第 349 页。

"你敢咒人！不是龟儿子还有哪个！你不来搞我的鸡儿，我会怪你！老子又没有碰到你，你咒老子短命，你才是个短命的东西！你挨刀的，我×你妈！"

"来嘛，你来嘛，我等你来×，脱了裤子，我还怕你……"

作者显然是以一种陌生的眼光打量着这个"异样"的环境，他无法从情感深处发出那种"理所当然"的地域认同，难怪他说："这是我的家，然而地方对我却是陌生的。"

当郭沫若吟诵着"我的故乡／本在那峨眉的山上"，在巴蜀式的雄浑中塑造自己的个性，当李劼人以他人对其"小说的《华阳国志》"的期许为己任，努力描绘中国特定区域的历史演进，巴金却努力挣脱特定区域的限制，在"广大的世界"中获取思想与价值，他处处回避以特定区域的观念和符号来表征自己。这样的一个区域文学的杰出作家，便突破了我们现有的区域文化与文学的阐释模式，成为我们研究视野中的"另类"。

三

那么，巴金的创作究竟还有没有与巴蜀地域相联系的地方呢？他的"异乡"体验是否还能够赋予区域文学新的特色呢？

我觉得，要深入回答这样的问题，就需要调整我们固有的研究模式，即那种结合区域文化总体特点"发现"作家"个性"，又将一系列作家"个性"的交集作为区域文化"共性"的阐释模式。这里的关键在于：个体的特点是在自我的人生体验中形成的还是通过对区域文化整体的"学习"、"模仿"才获得的？或者就是双向的互动过程？所谓的区域文化是固定不变的呢？还是应该存在一定程度和按照一定速度的变动？这些变动又是如何产生的？是抽象的自天而降，然后才显现为个体的新特点呢，还是首先因为个体的新变才最终带动整体的改变？只有打破固有的相对单一的区域文化与文学关系的研究模式，我们才能对一些"特异"的文学现象作出有效的解释。

对现代巴蜀文化与文学的新质而言，我认为巴金的创作恰恰有他不可替代的贡献，这一贡献可以从两个方面来理解。

首先，所谓的区域文化并不是恒定不变的，随着时代的发展，区域和区域之间的频繁交流，区域文化特点也都可能消亡，可能强化，可能新生，这些变化都来自于区域中人生存方式和思想情况的某些"异变"，当个别人的"异变"开始为人们所普遍接受时，区域文化的整体面貌也才有所改变。作家是区域中最活跃最不安分的因素，区域精神的发展变化与他们的独立探索不无关系。当巴金将故土的人生纳入整个中国乃至整个人类的范畴内来加以认识，这在现阶段的接受者来看，似乎会感到乡土特色不足，但从巴蜀文化的长远发展来分析，我们又不能不看到，其实这未尝就不是推动巴蜀精神自我演进的一种方式，因为，交流总是双向的，当巴蜀被置放到整个中国乃至世界的普遍性的价值标准上来进行读解，实际上也就是其他区域的生存模式和价值取向进入巴蜀的开始。从中国封建家族文化角度上读解成都的高公馆，我们才能更深刻地感受到传统纲常礼教与人伦关系的侵害，对读以小家庭生活为题材的作品（这是巴蜀的特色），这种感受更强烈、更鲜明。从现代社会普遍存在的婆媳矛盾及两性隔膜的角度读解汪文宣一家的"寒夜"生活，我们也就突破了巴蜀对于人际耗斗的狭窄观念，从而获得了对生存和生命的更深一层的认识。这难道不是在推动巴蜀文化走出夔门、放眼世界吗？

其次，在《猪与鸡》、《兄与弟》这类作品里，可能正是"我"的"异乡人"式的冷静和旁观，造成了一种特别的艺术效果：它让读者居于与"我"同等的立场上，以冷峻的目光来注视巴蜀社会的种种风波，于是，作为旁观者的我们超越了巴蜀，开始用另一种尺度认识世界，而巴蜀本身的乡土景象也获得了不同程度的保留。巴金说这就是"让那种生活来暗示或者说明我的思想感情，让读者自己去作结论"（《憩园》）。这却又让我们想起了沙汀，看来，每当我们的四川作家注视故土的人生世态，都会不约而同地冷峻起来。如果说巴金的这类作品与沙汀还有什么细微的差别，那就是在这些巴蜀世态中，沙汀本人基本上是退去了，巴金却还闪现着自己的身影（只不过这个"我"并不介入生活），我认为，沙汀将自我隐去更能体现巴蜀人生的"本色"，而巴金我/世态两种对立因素的并呈又更突出了作家自己的批判意识。这种批判意识与《家》、《寒夜》等作品所引入的文化取向又具有一种内在的一致性，它们都表明了巴金改造、推动巴蜀社会与巴蜀文化的努力。

巴金之于区域文化的关系，令我想起 T. 艾略特关于"传统与个人才能"的精辟之论。T. 艾略特指出，"传统"一方面具有"历史的过去性"，即固定的较少变化的文化成分；但另一方面，"传统"之所以成为"传统"就在于它还必须能有效地进入后人的理解范围与精神世界，与生存条件发生了变化的人们对话，并随着后人的认知的流动而不断"激活"自己，"展开"自己，否则完全尘封于历史岁月与后人无干的部分也就无所谓是什么"传统"了。这两个要点代表了"传统"内部两个方向的力量。属于历史的"过去"，后者洋溢着无限的活力，属于文化最有生趣和创造力的成分，它经由"现在"的激发，直指未来；前者似乎形成了历史文化中可见的容易把握的显性结构；后者则属于不可见的隐性结构，它需要不断的撞击方能火花四溅；前者总是显示历史的辉煌，令人景仰也给人心理的压力，后者则流转变形融入现实，并构成未来的"新传统"，"历史的意识又含有一种领悟，不但要理解过去的过去性，而且还要理解过去的现实性"，"就是这个意识使得一个作家成为传统的"，"现存的艺术经典本身就构成一个理想的秩序，这个秩序由于新的（真正新的）作品被介绍进来而发生变化。"① 对于"传统与个人才能"是如此，对于"区域文化与个人创作"也是如此，巴金之于巴蜀文化的这种"异乡人"的姿态，其实是激发区域文化、区域文学创造性，重建文学新秩序的重要基础。

作者单位：北京师范大学文学院

---

① T. 艾略特：《传统与个人才能》，见《西方现代诗论》，花城出版社 1988 年版，第 73 页。

抗战文学研究中"重庆形象"扭曲化之纠正

靳明全

长期以来，抗战文学研究把重庆形象给扭曲了。例如，被视为抗战文学描写重庆形象的代表作——宋之的《雾重庆》的研究，所下的结论几乎千篇一律：陪都重庆不过是国民党达官显贵的花花世界和腐蚀青年心灵消磨抗战意志的罪恶魔窟。流亡到重庆的青年们，或穷困潦倒，或卜卦算命，或当交际花，或开饭馆，或患病死亡……都与"战时首都重庆"有牵连。有研究者还特意点出重庆"浓雾"既是重庆自然环境之特点，更是吻合抗战时期生存在重庆的人生命运之象征，象征着战时首都的重庆被沉寂、闭闷、醉梦、利诱、险恶等浓雾围裹着，置身其中，必须时时提防，以防大街小巷无形的众多陷阱，在浓雾中挣扎，更要提防强人打劫，打劫的强人者，自然要联系上重庆的统治者——国民党政府官员。巴金的《寒夜》是抗战文学中以重庆为主要背景之名作，对其研究结论多是陪都重庆俨然天寒地冻的"寒夜"：黑暗、阴冷、心寒、胆战。重庆多雾，中国绝大部分地区冬天寒夜也冷。为什么抗战文学研究者们喋喋不休地对战时首都重庆如此地大力渲染呢？这不过是文学批评的一种政治性引导。战时重庆是黑暗统治，其形象当然是黑暗的。这种政治引导式的文学研究及批评，往往把重庆与延安的形象相映衬，解放区的天是明朗的天，重庆的天是阴沉黑暗的天。延安无愧于光明的象征，重庆则为"浓雾"之借代。泾渭分明的大力渲染，成了抗战文学研究的一种格局，其实，这是对战时重庆形象的一种扭曲。

抗战文学研究中重庆形象被扭曲化究其主要原因，与中国历史变化的政治格局相关。抗日战争结束后，中国共产党领导的人民解放军与国民党军队展开了中国现代史上的解放战争。1949 年底，国民党军队被赶出大陆，盘踞台湾。人民解放军在大陆取得彻底胜利，中华人民共和国建立。在这种政治格局下，长期以来，大陆与台湾处于敌视和临战状况，表现抗战时期国统区中心的重庆的文学，对其研究长期就在大陆与台湾、中国共产党与国民党的不同意识形态主流支配之下形成一种模式：大陆的抗战文学作品（或编为史料丛编书系，或写入中国现代文学史）要符合大陆的意识形态主流，以这些作品为对象研究的结论要符合大陆的意识形态主流，这也是历史发展之必然性。同样地，长期以来，台湾关于抗战文学研究也受其意识形态主流的支配。由于主流意识形态支配，我们大陆抗战文学研究长期以来自然形成了战时首都重庆形象被扭曲化。但问题是，作为与美国华盛顿、英国伦敦、苏联莫斯科并列的世界反法西斯战争的历史名城，她是中国抗战文化抗战精神的载体，一味地将重庆形象用政治引导方式特指为阴冷黑暗，如何理解她所载承的值得中华民族发扬光大的抗战文化抗战精神呢？所以，纠正"重庆形象"的扭曲化实属必要。

我认为，纠正抗战文学研究中重庆被扭曲化，首先，我们研究者的政治意识主导应该随着政治格局的变化而发生相应变化。现在，中国大陆与台湾的两岸关系在"一个中国"原则下有了很大改观，中国共产党与国民党的两党关系随之有了很大变化。在"一个中国"原则下，两岸和平统一发展已成为中国人之共识。所以，曾经达成共识的一致对外的中国抗日战争的这段历史，目前就成为连接两岸和平统一的一个"中介"，这样，纠正抗战文学研究中重庆形象被扭曲化现象，就有了不同意识形态下去寻找共识的大前提，也有了还原高扬战时首都重庆形象明朗、光辉、悲壮、激越等历史面貌的政治理论基础。

其次，抗战文学研究对象范围要扩大。抗战期间，中国社会问题成堆，文学文献整理研究，难以正常开展。战争结束后很长时间，这方面工作未得重视，一直处于落后状况。直到20世纪80年代，以重庆的学者为主整理并由重庆出版社出版了《中国抗日战争时期大后方文学书系》（20卷共1千余万字）才有了大的改观。至今，该书系是为抗战文学研究提供最全面最系统的研究资料，其功莫大焉。但我们也要看到，该书系受意识形态主流的影响，为抗战文学研究提供的资料存在较大的局限，抗战文学研究重庆形象被扭曲化原因之一是囿于资料。因此，我们萌生了一个宏伟计划，由我们抗战文史研究基地研究员为主，组合所有志于抗战文学文献研究者，用5—10年时间出版一套《中国抗日战争时期大后方文学书系续》，"书系续"体系与"书系"一样，20卷，1千余万字，但"书系续"所要选的与"书系"绝不重复，它要以重庆抗战文学为重点（自然要将昔日未选或选极少的被称为国民党御用文人的作品入选），内容兼收并蓄，要旨是全民抗战。扩大研究对象范围，抗战文学史料整理研究工作，时不我待，势在必行。这也是基地在这次会议上的一次呼吁和倡议。

再次，弘扬抗战精神，要打造重庆这样一个抗战名城。重庆成为陪都后，她与莫斯科、华盛顿、伦敦一起成为世界反法西斯战争的四大名城。长期以来，对世界反法西斯战争名城的研究，西方主流话语围绕的是莫斯科、华盛顿、伦敦，不少著述有偏见地淡化抗战重庆形象，如美国学者库伯林的《中国在美国军事战略中的作用》及苏联主编的 12 卷本《第二次世界大战史》等。对抗战重庆形象的淡化实际是对我们中国反法西斯战争作用的淡化。毋庸讳言，就显示城市英雄形象而言，莫斯科保卫战和伦敦大空战，可歌可泣。就此话题，抗战时期重庆大轰炸保卫战也是惊天地泣鬼神之事。重庆大轰炸的文学文本很多，可许多研究者昔日大谈国民党当局的腐败及无能，给重庆平民在大轰炸中增添了无穷的灾难。这样研究的结论，抗战重庆形象非英雄而为狗熊了。观照日本学界对第二次世界大战东京大轰炸研究，无论左翼或右翼文人都在反省：今日世界壮观城市之东京，第二次世界大战大轰炸被夷为平地，忧患奋发精神，时时鞭策民心。现在，我们研究抗战文学是为了弘扬抗战精神，作为抗战精神的城市载体——重庆，其抗战形象被扭曲化只会刺伤中国民心。所以，对其进行纠正，让重庆抗战名城话语进入西方世界话语主流实属必要。

最后，抗战文学研究还应加大区域文化区域文学研究力度。抗战文学既含时间内容，也含空间地域。虽然，战争进展给双方占据的空间地域带来较大的变化，但有一个总体的相对的稳定性。抗战文化抗战文学中心是重庆，以重庆辐射桂林、昆明、成都、西安、延安等城市及周边县村。作为抗战文化抗战文学中心的重庆，其区域特色给抗战文学带来了丰富多彩的内容和形式。带着重庆区域性理念去研究抗战文学，当然要围绕抗战下工夫，同时，更要结合重庆的地方特色，重庆的风土人情，重庆的人文景观、重庆自然景观进行研究。这样，其研究成果才具独特性、区域互补性、作品审视的多侧面视角。试想，研究成果具有了这些要素，同样地对重庆之外的（如桂林、昆明、成都、西安、延安等）区域性理念进行研究，那就不仅仅是对抗战文学中重庆形象被扭曲的纠正了。

作者单位：重庆师范大学重庆抗战文史研究基地

抗战时期之区域文学论

朱丕智

长期以来，学界对中国抗战时期的文学研究，通常都是把眼光锁定在国统区和延安根据地。新时期之后，人们的研究视野得到拓展，逐渐开始关注孤岛文学、香港和大陆沦陷区的文学，亦零星涉及日据区的台湾文学，算是把中国版图内的文学都纳入抗战文学的研究框架之内，使人们对该时期的中国文学有了一个较为全面的了解和认识。应该看到的是，这种研究的立足点，乃是摆在中国战时文学的全体性层面上的，意在补足其文学版图上的缺失，同时，其关注点也是放在具有抗战积极意义的文学一面。此类研究有突破、有价值，值得肯定，当然，有待深入研究的问题也不少。在这里，我们不想对此多加评说，而是想在此基础上提出一个新的研究视角和方法——抗战时期的区域文学论，以此应对中国战时文学所表现出来的区域文学的特殊性、复杂性。或许，这种立足于区域性的文学探究，更有利于我们经此上升到整体层面上去把握中国抗战时期的文学特点、特质和历史面目。

一

欲论抗战时期之区域文学，首先就得弄清区域文学本身的理论内涵，为这一文学研究提供方法论的坚实基础。国内学界提出并进行区域文学的研究，当在 20 世纪末期，不少打着地区性名称的文学史著述和相关论文陆续问世。诚然，以行政辖区去框定某地域的文学研究对象，并无不可，但值得探究的是，这种纯粹以地理的外在标志来进行的研讨，能否真正称之为区域文学研究？我们的答案是否定的。

事实上，此前进行的所谓区域文学研究，依然是在一般文学研究的老套路上运行的，虽偶有触及区域文学特点的探讨，亦不具备独立性，且被淹没在大量非区域性的文学论述之中。说到底，某某文学之称谓，只不过是一种空间范围的划定。由此所显现的，乃是对区域文学的认识和理解，尚处于一种模糊不清的状态之中。笔者曾参加过几次有关区域文学的讨论，论者们经常为怎样去划定研究对象而发生争执：是以作家的出生地抑或居住活动区域来确认，还是以作家创作的内容来确认；再落实到具体对象就更为困扰了，比如重庆文学，不太出名的似乎还可打马虎眼，但像重庆籍（姑不论历史的辖区之别）的吴芳吉、何其芳和抗战时期曾居于重庆的郭沫若、茅盾、老舍、巴金等一大批全国知名文学大家又当怎样处置？真让论者们左右为难。

显然，在现代社会条件下，单纯以地理之行政区划来确定区域文学界限是行不通的，仅作家的流动性就使其不能逻辑一致地首尾贯通。同时，这种方式也牵涉许多文学意义上难以解决的区域性与全国性和一般性的关系问题。在这里，我们无意否定以地区性名称来进行的文学研究，它们仍然具有自身的学术意义和价值。但从学术研究的意义上说，我们更为看重的是地理境域名称下区域文学独特内涵的探究。易言之，某某文学区别于其他区域文学的特有形态及标志性的东西。不然，区域文学的提出，就会失去其理论的学术的必要和意义，无益于文学认识的拓展和深入，只留下一个地理名称的外壳。

值得注意的是，在不同的社会历史进程和地理条件下，具有独特内涵的区域文学的形成及其区域性是处在不断的生成变化之中的。总体上说，越往古代回溯，由于人类生产能力的低下，自然地理条件扮演着更为重要的角色，穷山恶水的阻隔，交通的不便等，严重限制着人们的社会文化交往、交流，愈益形成相对封闭的分离的社会生活群落。由此而产生的地方文学，自然具有更为浓郁的区域性特色。古代地区、民族之文学、艺术、文化的多样性和差异性，早已为历史所证实，其区域性的研究内容亦相应丰富得多。再从正向来看，随着人类社会生产力的不断提高和进步，地理条件对区域性文学的影响因素日渐弱小，而社会综合性因素的影响却与日俱增。一方面，社会发展程度的不平衡依然会造成个别突出的区域性文学；另一方面，日益发达的交通、通讯促进了不同地区人们的文化交往、思想交流和人口流动，人们的社会经济生活也发生着越来越密切的联系，文学的区域性成分便越来越稀薄。而后一点，可以说是区域性文学演化的一种主导趋势和不可逆转的历史命运。特别是资本主义的产生和大工业时代（更不消说今天的信息时代）的到来，更给人们的物质生活和精神文化生活带来了翻天覆地的变化。难怪马克思早在一百多年前就断言："资产阶级，由于开拓了世界市场，使一切国家的生产和消费都成为世界性的了……各民族的精神产品成了公共的财产。民族的片面性和局限性日益成为不可能，于是由许多种民族的和地方的文学形成了一种世界的文学。"①

不可否认，马克思在这里更多地是从"世界市场"的视角看到了世界文学形成的景象，但从中也可见出，在现代便捷的交通、通讯、传媒条件下，作为精神生活消费品的文学具有更多的社会生活和文化艺术生活的共通性。当然，从国别（民族）性的文学来说，无论人类社会怎样发展，共同性的东西如何增多，但由于其各自不同的历史文化艺术传统和现实的国家体制差异及当下社会生活形态的差别，文学仍会顽强地表现出各自国家（民族）的一些文学特质和特色。然在一国之内的区域文学，面临的却是共同的社会历史文化艺术背景和相似的社会生活状态，尤其是在现代条件下，其趋同性日益显著。尽管我们不敢说各地文学之间毫无差别，但若要以区域名称来标识文学，则应当追寻出其独特的文学内涵不可。否则，单纯的区域文学名称，便只具有地理性划分的意义。

由上可见，在文学发展的历史进程中，区域文学的地理因素在历史前进的脚步声中悄然隐退，社会历史因素特别是政治经济文化因素在区域文学生成中扮演着越来越重要的角色，主导着区域文学的兴起和演化，只是越靠近当下社会，区域文学的色彩愈益稀薄。因此，对现代以来的文学历史时段而言，具有独特内质的区域文学能否成立，究竟因何社会原因而产生等问题，均需审慎研讨，并作出令人信服的具体分析。

二

从现代文学产生以来，尽管社会动荡不安，各地文学的发展也有先进与落后之别，但其区域性的文学色彩却不是那样突出和鲜明。领风气之先的上海、北京等地的文学表现，更多地是在全国性和一般性的意义上影响和引领着中国文学的发展、变化，而不宜视为地区性文学的表现。在全国抗战爆发之前，真正明显具有区域文学色彩的，当数红色武装下的江西苏

---

① 《马克思恩格斯选集》第 1 卷，人民出版社 1972 年版，第 254—255 页。

区的红色文学了，而其他地区的文学，则很难冠以独特文学形态的区域性称呼。从总体上来说，中国文学的发展尽管充满着纷争和不同的文学主张，但却几乎都是在新文学这一整体性的层面上运行的。

然而，抗日战争的全面爆发，给中国的政治经济文化和原有的社会生活带来前所未有的惨烈破坏和变动，全国一体性的文学格局也随之瓦解，取而代之的是各种政治势力下的多样形态的地区性文学发展状态。战争的强大外力改变了中国文学原本的发展轨迹，造成了现代条件下区域文学的特殊生成。对此，我们可从下述几方面予以认识和理解。

其一，战争打破了中国原有的地理行政区划，分割成了不同政治势力统治的辖区，形成了不同的文学生存环境，并由此带来相应的不同文学表现。

从整体的层面说，战时中国的版图可划为三大不同区域：非占领区、租界、敌占区。而非占领区又可划分为国统区大后方和共产党控制下的以延安为旗帜的根据地。名为"中立"的租界区情况也大不一样；英国治下的香港所维持的表面和平与上海租界多国并存且日伪环伺的孤岛现象，显然不可同日而语。而敌占区的情形则更为复杂，既有日本统治下的台湾，又有傀儡政权伪满洲国，还有情形各异的南京、华北、蒙疆等伪政权。在各不相同的政治势力统辖下，作者的生存环境和状态，文学的创作出版和发行，均受到各自不同的影响、制约和控制，从而呈现出带有区域性的文学发展面貌和特点。

其二，战争的爆发和不同政治区域的形成，造成了文学交流、传播的人为阻隔，削弱甚至封闭了各政治辖区文学间正常的相互交流、影响，以及作家的自由流动，文学只能在各自不同的政治气候下自足性发展。

整个战争期间，文学已失去了战前某地振臂一呼，各地群起回应的整体性局面，文学几乎又回到了古代地理条件下相互隔绝、互不相通的孤立景象。在全面战争的情势下，现代社会所具有的"世界性"联系被割断了，文学的区域性被迫获得了特殊的发展机遇。

其三，战争造成了作家们的转移、流徙和重新聚合，继而形成了一些新的文学中心，且对该地区区域文学的发展，注入了原地区此前未有的新鲜血液，在相当程度上改变了该地区的文学面貌。

抗日战争的爆发，改变了中国文学原以上海、北京为中心的格局。一大批全国知名的文学、文化精英纷纷流入重庆、昆明、桂林和延安等地，形成了多个新的战时文学中心。大家应该明白，所有文学现象和文学作品都是文学家们的表现所致，地区作家构成的改变，无论是具有代表性的精英的聚合还是流失，都会产生新的化学反应，造成某种新的区域文学元素化学性的结构变异和新的活动方式，从而熔铸出新的区域性文学特色。加之各地不同的政治经济文化背景的差异，也会为不同区域作家的文学表现注入特殊性的区域内涵。

三

区域文学的理论内涵和战争所造成的区域文学现象，是我们研讨抗战时期区域文学的理论支撑和文学历史背景，必须牢牢把握，坚决贯彻其理论逻辑，才能使我们的区域文学研究始终运行在一个正确的轨道上。对此，我们提出下述主要研究思路和方法，以为实施区域文学研究的指导性观念。

其一，以全国性文学为背景来思考区域性文学问题。

自文学革命以来，新文学的思想及其影响早已遍及和深入全国各地。其中虽不乏论争，甚至观念上的对立，但都是在一般性层面上展开的，并非区域性的问题。而这些文学思想、观念，不会因战争的爆发瞬间就从人们的头脑中消失，仍然会顽强地以各种方式表现在人们的创作中。这些文学本身所固有的一般属性（尽管理解各异）的东西，虽会与区域文学发生关系，但却并非区域文学自身，我们只能从一般性与特殊性的关系中去认识、抽取出区域性的东西。换言之，区域性的文学是不可能摆脱文学的一般性的，它必然受到后者的制约。

更为重要的是，战争的爆发，削减了文学流派、党派的纷争和对立，促成了新的更高层面的文学的统一——民族文学观的形成。① 即基于民族立场、民族意识、民族精神上的"文学为抗战服务"的文学观念。这是中国文学在抗战期间所面临的基本问题。无论何一区域，抑或正、反及中间状态的文学，都不可避免地要对此作出相应的回答，并实施于文学创作之中。而民族文学观的主流、主导地位，也是无可否认的。因为此时虽有战争所造成的诸多区域的差异性，但这毕竟不同于古代封闭性的区域状

---

① 朱丕智：《抗战爆发与文学观的变移》，《重庆师范大学学报》2006年第4期。

况。一是有限制的联系仍旧可以传达观念性的文学信息；二是民族矛盾的激化，即使在隔绝状态下，也会自发性地刺激着作家们的心灵，作出民族立场上的文学回答；三是文学已发展到相当成熟的历史时期，战前有关"民族战争文学"的相关讨论早已深入人心，这些共通性文学因素不是短时间就能隔绝和改变的。

质言之，上述两大方面全国性意义上的文学大背景，乃是我们研究区域性文学的历史坐标，也是前提和基础，不容弃忘。它规定和影响着区域文学在一般性、共通性问题上的表现，从而将区域文学的独特性与之区别开来。

其二，区域文学研究，必须提炼出该区域有别于其他区域的独特文学表现和特色，使其真正成为具有文学意义的标志。

单纯的地理界域的文学划分，只具有空间意义上的形式区别，构成的是整体与部分的组成关系。这样的文学研究，我们不能说毫无意义，但却与区域文学的实质性探讨相去甚远，也无助于为文学提供新的理论质素和更深刻的认识。我们所要求的区域文学研究乃是在一地理空间和特殊历史时段的时空条件下，去探寻该区域独具特色的文学表现和内涵，其重心摆放在与全国文学的一般性、共通性相对应的特殊性、个别性方面。当下学界许多打着区域文学旗号的文学研究，依然运行在普泛的文学研究轨道上，对此着力甚少或几乎未涉及，不能不说是一种严重缺陷。

既为区域性的文学研究，当然应该拿出区域性标志的特产来。对抗战时期区域文学的研究，我们认为至少可以从下述两个层面去探讨。

一是非敌占区、租界、敌占区这三个大的层面。这是战争所造成的不同政治势力和社会结构下的文学生存的大环境，形成了它们之间不同的文学表现和文学形态，值得人们从全国的立足点上去探寻这一最高层面的区域性文学问题。

二是三大环境下一层次上的区域性问题。诸如非敌占区中，以重庆为中心的大后方文学与以延安为中心的根据地文学，其同中亦大有相异之处。这些异质性的东西到底是什么？成因为何？这些区域性文学又标示着人们怎样的文学诉求？等等，都是值得人们去思考探讨的。而租界地的上海孤岛文学和英人治下的香港文学，其所处的社会政治环境也是有极大区别的，文学生存状态也不可同日而语，其间的文学差异，正是区域文学论者需探究的重点。再以敌占区而论，情形似乎更为复杂，在抗日文学、中间文学、汉奸文学并存的局面中，依然有区域间的差异。据日本政府（兴亚院）1939年10月出台的《日华新关系调整要纲》，中国占领区被划分为五个层次（也即五个地带），实行不同的控制政策。依次为：满洲国、蒙疆自治政府、华北、华中和华南。再加上早就被日本所占领的台湾，敌占区的区域，至少可划分六大块。由于日本对这些区域采取了不同的政治统治方式和文化策略，以及不同区域伪政权各自公开和"私藏"的不同政治动机和目的（包括不同政治人物的聚合）等，都会给各区域的文学生存环境带来程度各异的区别，进而给该区域的文学打上深深的历史印痕。特别需要指出，由于历史或政治的原因，敌占区的文学研究搞得很少，且大多囿于进步性方面，对负面的灰色的东西几乎未触及，这显然不是学术研究应有的正确态度。敌占区文学的研究，是应该认真对待和提上议事日程的时候了。

在这里，我们对抗战时期的区域文学研究提出了一些基本的看法和观念，意在匡正区域文学研究的路向和方法，使区域文学名副其实的成为具有独特文学内涵和形态标识的学术理论研究。至于区域文学的进一步探讨和具体解析，还有待学界同仁们的共同努力。

最后尚需声明，此文并不反对单纯地理性的地区文学的研讨，也无意贬低其意义和价值，只是奉劝一句：千万不要再打区域文学的旗号。

作者单位：重庆师范大学重庆抗战文史研究基地

现代中国"西方"的文化与文学

——以陪都重庆文化与文学为例证

郝明工

区域文化与文学现象在中国的存在，算得上是源远流长，从古代到现代，在不同的特定历史时空中反复出现。只不过，古代中国的区域文化与文学在历史长河之中，地域文化与文学这一基本构成被时光磨蚀而无多存留，只剩下地方文化与文学这一基本构成在特定的空间中得以传承。这就为区域文化与文学的相关研究提供了历史资源的同时又留下难窥全豹的遗憾。所幸的是，现代中国的区域文化与文学现象，从 20 世纪的抗日战争中就开始生成，并且一直存在到和平年代的 21 世纪的当下，具体而言，也就是现代中国的区域文化与文学，从当初的抗战区与沦陷区二分，转向如今的大陆文学、台湾文学、香港文学（或港澳文学）三分。

从有关区域文化与文学的研究现状来看，更多的是关注地域文化与文学现象，而忽略了地方文化与文学现象。这既与"文学地域性"的理论强调有关，其所要强调的是 20 世纪中国文学与区域文化之间的关系；[①]同时又与地域性的文学史书写有关，其所要书写的是省级行政辖区内文学发展的省域文学史。[②] 这无疑是忽视了如下的学理性区分——在与行政区划相关的地域性，和与人文地理相关的地方性之间，在事实上存在着从文化到文学的层次差异。更为重要的是，区域文化与文学现象只有在其地域

---

① 严家炎：《二十世纪中国文学区域文化研究丛书·总序》，吴福辉《都市旋流中的海派小说》，湖南教育出版社 1995 年版。该书收入"二十世纪中国文学与区域文化丛书"，该丛书虽然程度不等地体现出"文学地域性"的研究宗旨，且影响到其后的相关研究，但并没有能进行有关区域文化与区域文学之关系的相关探讨。

② 王文英主编：《上海现代文学史》，上海人民出版社 1999 年版。这一类的省域文学史的书写已经蔚然成风，并且出现了从现代文学史延伸到古代文学史，进而转为省域文学通史的书写趋势。

性构成与地方性构成得到共时融合之日，才能够真正生成与存在。

因此，有必要在厘清有关区域文化与文学的一系列概念的前提之下，对现代中国区域文化与文学现象出现之初的特定历史时空，以陪都重庆文化与文学为例证，来进行个案性考量。由此，或许才能够不断拓展区域文化与文学研究的学术视野。

一

进行地理方位的空间辨识，可谓四面八方：先是进行前、后、左、右这四面的方向辨别，尔后作出东、西、南、北与东南、东北、西南、西北这八方的方向定位，从而才有可能在民族国家之中，进行东方与西方、南方与北方这样两两对举的地理空间来划分。不过，从区域文化与文学的角度来看，按照地理方位进行民族国家文化与文学的区域空间分割，主要与区域文化与文学的地方色彩有关系，而与区域文化与文学的地域特色无关。

这首先就需要对区域文化与文学的两大基本构成——地域文化与文学和地方文化与文学——进行学理上的辨析；其次对区域文化与文学之中这两大构成之间的关系进行探讨，由此去言说在文化与文学区域化过程中，现代中国生成的"西方"文化与文学，尽管在当下的言说之中已经由中国"西方"的文化与文学，转为了中国"西部"的文化与文学。

必须看到的是，两相对应的区域文化与区域文学密不可分，即使是20世纪的中国文学，其与区域文化之间的关系建构，也是以区域文学为中介的。这就在于——区域文化是区域文学进行形象表征的文化根基，而区域文学则是区域文化得以形象存在的文学形态。但是，区域文化与区域文学，毕竟是两个不同范畴上的概念，区域文化包容着区域文学在内的诸多文化要素，而区域文学仅仅是区域文化中的文学要素。所以，有必要从区域文化的角度来辨析地域文化与地方文化，然后从区域文学的角度来审视地域文学与地方文学。

于是，地域文化作为促成区域性文化现象得以发生的基本构成要素，首先表现为意识文化，即区域文化的意识形态主流，其功能就是对区域文化进行意识调控，具有着文化心理层中的主流意识与制度层中的社会体制这两者相融合的文化内涵，意识调控总是以政策性手段来进行的；其次表现为地区文化，即区域文化的政治行政区划，其功能就是对区域文化实施

239

行政调控，具有着文化制度层中的社会体制与器物层中的生产模式这两者相融合的文化内涵，行政调控一般通过体制性手段来推行的。最后，在意识文化与地区文化之间，不仅文化内涵以社会体制为中心进行互动与互补，而且文化调控的政策性手段与体制性手段是在满足政治需要的前提下达成一致的，这就赋予地域文化以体制性的地域特色。

不过，地方文化作为导致区域性文化现象赖以出现的基本构成要素，首先显现为地缘文化，即区域文化的人文地理环境，其功能就是对区域文化提供资源支撑，具有器物层中的生存方式、制度层中的群体规范、心理层中的国民心态，这三者相融合的文化内涵，资源支撑通常是以地理边际为条件的；其次显现为民族文化，即区域文化的民族归属区分，其功能就是对区域文化提供生活导向，具有器物层中的生活形态、制度层中的习俗体系、心理层中的族群记忆，这三者相融合的文化内涵，生活导向通常是以民族归属为条件的。最后，在地缘文化与民族文化之间，不仅文化内涵将会出相互现融通甚至重合，而且文化提供的地理条件与民族条件是在满足生存需要的基础上交融为一体的，这就给予地方文化以实存性的地方色彩。

所以，如果进行区域文化的中国考察，就会看到区域文化作为文化现象，在由古至今的历史进程中具有着特定的时空规定性，也就是说，区域文化只能发生在特定的时间段内，并且只能出现在特定的空间环境之中。这也就是说，在区域文化的基本构成要素中，地域文化与特定的时间直接相关，表现出地域文化的时效性与波动性，最终因时光磨蚀而难以存留；而地方文化与特定的空间环境直接相关，则表现出地方文化的持久性与累积性，故而在特定空间中得以传承。

从区域文学对区域文化的形象表征来看，实际上展示出具有两重性的文学形象，即地域性的文学形象与地方性的文学形象，从而促使区域文学所表征的区域文化，是兼具两重性文学形象的形象整体，与此同时，区域文化的文学形象整体必须同时包容进纵横两个文化蕴涵向度：横向的蕴涵向度表现为对于区域文化从睿智的哲思到激情的迷狂这样的包含，而纵向的蕴涵向度则呈现为对于区域文化从现实的观照到历史的追溯这样的包蕴。所以，只有当区域文学对于区域文化进行的形象表征，在能够促成使地域性的文学形象与地方性的文学形象融为形象整体的前提下，才有可能促使地域文学的发生与地方文学的出现在趋向一致的过程之中，最终成为区域文学的存在现实。

这无疑表明，区域文学的地域文学与地方文学二分，与区域文化的地域文化与地方文化二分，在事实上是相对应的，也就从一个侧面上表明了区域文化与区域文学之间的内涵关系。因此，在地域文学与地区文学之间，将表现出不同的文学形象特征。首先，地域性文学形象所表征的是地域文化，以区域文化的横向蕴涵向度为主，并将受到意识调控与行政调控的种种约束。其次，地方性文学形象所表征的是地方文化，以区域文化的纵向蕴涵向度为主，并将受到人文基础与民族特征的种种影响。所以，从区域文学对区域文化的形象表征这一角度来看，地域文学与地方文学之间，由于区域文化的文化蕴涵度之间所存在着的纵横差异，不仅直接导致了形象整体出现了从地域性到地方性的文学分离，而且会间接显现出外在的地域文化干预与内在的地方文化局限，从而形成地域性文学形象与地方性文学形象之间区域文化内涵构成的层次差异。

无论是所谓的纵横差异，还是层次差异，两者都程度不同地体现出地域文化与地方文化之间的内涵差异。这实际上也就意味着地域文学与地方文学都同样具备着文化内涵的二分。就地域文学而言，具备了意识文化导向与地区文化限度这样的文化内涵二分：意识文化导向是意识文化现实追求的文学表现，而地区文化限度是地区文化辖区边际的文学表现，从而显现为从政治意向到行政体制对于地域文学的地域性限制。就地方文学而言，具备了地缘文化特性与民族文化底蕴这样的文化内涵二分：地缘文化特性是地缘文化历史发展的文学表现，而民族文化底蕴是民族文化传统延续的文学表现，从而显现为从风土人情到风俗习惯对于地方文学的地方性制约。

这样，区域文学的文化内涵分为意识文化导向、地区文化限度、地缘文化特性、民族文化底蕴的不同层次。根据这些文化内涵不同层次在区域文学兴衰过程之中展示出来的历史稳定性，这四者之间形成了从表层到深层的层次构架，也就是意识文化导向是区域文学最表层的文化内涵，而后由地区文化限度到地缘文化特性逐层深入，直到民族文化底蕴的最深层，表现出从变动不居到稳固更新的层次特征，并且显现出层层递进的可能相关，从而形成了区域文学中地域文学与地方文学之间的文化内涵层次区分。

由此可见，从地域文学到地方文学，由于存在着两者之间在文化内涵上的层次差异,不仅会继续保持着地域文化与地方文化的特征性影响,而且将独自表现出地域文学与地方文学的可能性发展来,从而使地域文学与地方文学能够通过文化内涵的互动与互补,在地方文学的历史基础上与地域文学的现实发展相融合,实现两者之间在文化内涵上的兼容并包,从而使区域文学具有了地域性的政治特色与地方性的民俗色彩。正是由于在区域文化与区域文学之间,始终保持着在文化内涵上的有机构成关系,因而在区域文化的主要特征与区域文学的一般特点之间,形成了对应性的关系,具体而言,一方面就是地域文化的时效性与波动性特征,将直接表现为地域文学的地域变动性,不仅地域文学的性质随着意识文化导向的转变而转变,而且地域文学的边际随着地区文化限度的调整而调整,因而使之成为区域文学是否发生的一个决定性的现实因素。而另一方面就是地方文化的长久性与累积性特征,将间接体现为地方文学的地方永久性,在地方文学的人文资源为地缘文化特性所固定的同时,地方文学的语言表达也为民族文化底蕴所决定,因而使之成为区域文学能否出现的一个根本性的历史因素。

在这样的认识前提下,可以说,区域文化与文学的地方性构成是居于第一位的,地方文化与文学是区域文化与文学赖以出现的历史根基;而区域文化与文学的地域性构成是居于第二位的,地域文化与文学是区域文化与文学得以发生的现实要素。于是,区域文化与文学现象的中国存在,首先要取决于地方文化与文学的始终在场,其次决定于地域文化与文学的随机光临。这就是说,只有在地方文化与文学始终在场的前提之下,在地域文化与文学的随机光临之中,随着区域文化的形象整体通过区域文学表征而逐渐形成,才有可能生成特定历史时空中的区域文化与文学现象。

所以,如果要进行区域文化与文学的学理性探讨,自然而然地就要从地方文学这一基点来开始,因而势必要探究文学的"地方色彩"。进入20世纪以来,中国的文化与文学开始了全面的现代转型,而在20世纪的20年代初,就已经出现了关于中国文化与文学的"地方色彩"的个人探究。只不过,"地方色彩"的个人探究从一开始就呈现出从本土色彩到本地色彩的区分。

在这里,展开现代中国文化与文学的本土色彩之思,所要追问的就是:外来现代文化与文学同本土传统文化与文学之间的关系到底如何?这实际上首次触及中国文化与文学在现代转型过程之中,是否出现了所谓的

"断裂"现象。① 然而，无论是从新文化运动来看，还是从文学革命来看，现代中国文化与文学的本土色彩一直保持着内在的连续性，即使是表现出从文化到文学在现代性影响之中趋向一致的文学启蒙，与"文以载道"之间就具有着基于文学工具性的本土延续，尽管两者的功利性意向存在着现代与传统之分。

然而，进行现代中国文化与文学的本地色彩之思，所要追溯的则是：中国文化与文学的现代转型同地方文化与文学之间的关系到底如何？事实上，传统的中国文化与文学的南北之分，已经在 20 世纪的中国文化与文学的现代转型之中转向了东西之分。具体而言，也就是从古代中国北方的黄河流域与南方的长江流域这样的地理空间，转向了现代中国东方的沿海城市与西方的内陆城市这样的地理空间。无论是新文化运动，还是文学革命，都率先兴起于中国东方的沿海城市，无疑表明中国文化与文学的现代转型呈现出从东方到西方这样的地理空间转换，因而促使中国文化与文学的现代转型在从东方到西方的地理空间渐次转换的同时，凸显出不同地方文化与文学在这一转换中的本地色彩。

所以，对于中国文化与文学的本地色彩之思，始于曾经生活在巴山蜀水这样的中国"西方"之中，并且已经走向东方乃至世界的中国"西方人"，也就不足为怪。毕竟是这样的生长在中国"西方"的"西方人"，对于中国文化与文学的现代转型，尤其是随之出现的东西之分，保持着高度的敏感与沸腾的激情。② 这个提出应该吟唱中国"西方"与"西方人"的诗人，就来自长江上游的内陆城市重庆。

二

这个诗人生于斯长于斯的重庆，不仅拥有巴蜀文化与文学这一历史悠久的本地资源，而且在中国现代化浪潮之中率先开埠，内陆城市的重庆由此而被视为长江上游的中心城市。③ 所有这一切，促使重庆向着现代城市

---

① 闻一多：《女神之地方色彩》，1923 年 6 月 10 日《创造周报》第 5 号。
② 吴芳吉：《笼山曲·小引》，1920 年 2 月《新群》第一卷第二期。
③ 1876 年中英签署《烟台条约》，其中规定重庆为中国对外通商口岸之一，1891 年重庆海关开关，重庆正式开埠，由此走上中国内陆城市的现代发展之路。参见重庆市地方志编纂委员会总编辑室编著《重庆大事记》，科学技术文献出版社重庆分社 1989 年版，第 22—23 页。

快速成长，开始向世人展现出中国的"西方"之光。必须看到的是，由于重庆地处中国西方的内陆，无论是重庆的文化，还是重庆的文学，较之中国东方的沿海城市，都表现出现代转型之中的滞后性，因而在一时间无法保持与整个中国文化与文学现代转型的同步，从而导致这一"西方之光"难以彰显出其固有的本地色彩来。

这样，如何才能赶上文化与文学现代转型的中国步伐，甚至能够率先迈出现代转型的第一步，也就成为生活在中国"西方"的重庆人的最大心愿。这不仅需要相当的时间，也许更需要特定的机遇。当这样的时间与机遇能够在中国文化与文学转型的过程之中，现实地重叠在一起时，也就提供了一个前所未有的历史契机，一旦把握住这一契机，或许就会出现奇迹，让中国"西方"的重庆文化与文学绚丽夺目，大放光彩，为中国"西方"、全中国，乃至全世界所瞩目。

随着抗日战争的全面爆发，中国文化与文学发生了区域分化，中国的东方分化出日本侵略者占领下的沦陷区，而中国的西方则分化出国民政府领导下的抗战区。在这一区域分化的战时过程之中，中国文化与文学的中心自然而然地发生了从东向西的战时转移，具体而言，也就是从中国东方的沿海城市迁徙到中国西方的内陆城市。正是这一中国文化与文学中心的西移，为地处中国西方的重庆文化与文学的全面发展提供了必不可少的历史契机。

然而，如何将这一历史契机转化为当下现实，不仅需要经受住严酷的战时考验，而且需要树立起抗战到底的坚强信念，更加需要进行民族精神的现代重建。

尽管日本的侵略战争给中国人民造成了空前的浩劫，但是，在客观上也促进了现代转型的全面展开。正如郭沫若当年所说的那样："旧中国非经过一次大扫荡，新中国是不容易建设的。这大扫荡的工作，却由日本军部这大批蛆虫在替我们执行着了"[①]，从而促使"民族复兴"成为抗战之中的中国现实。显而易见的是，"民族复兴的真谛"就是在从文化到文学的战时发展之中，既要"富于反侵略性"，更要"富于创造性"，进而趋于"富于同化力"，以便能够在汲取中外文化与文学的精华的现实过程之

---

① 郭沫若：《关于华北战局所应有的认识》，作于 1937 年 10 月 4 日，后收入《羽书集》，1941 年由孟夏出版社出版。

中，彰显出现代中国文化与文学那厚积而绵长的地方色彩，以最终"复兴我们中华民族的精神".[①]

尽管可以说郭沫若只是从中国文化与文学的战时发展这一基点，在指出中国文化与文学发展的战时契机已经到来的时候，并没有看到中国文化与文学在战时条件下所呈现出来的区域分化趋势，尤其是文化与文学的中国中心势必出现从东向西的转移。但是，郭沫若以诗人的敏感第一个揭示出抗日战争对于中国文化与文学发展的内在影响，并且提升到民族复兴的高度来加以言说。或许是这一己之见，在抗战烽烟激荡之际显得多少有点不合时宜，因而只能在抗战区与沦陷区之间的持久对峙之时才得以公开面世。

这无疑表明中国文化与文学发展的战时契机是确实地存在着，不过，这仅仅是一种现实的可能性。即使是在抗战区与沦陷区的逐渐分化之中，中国文化与文学中心从东向西的转移，也毕竟是为重庆文化与文学的战时发展提供了一种最大的可能性。如何使这一可能性成为重庆文化与文学的战时发展现实呢？事实上，在抗战建国的政略与抗战到底的战略之间趋向一致的持久抗战国策所形成的战时体制之中，以重庆为中心的中国"西方"，已经成为中国抗日战争的大后方，全力支撑着中国抗日战争走向最后的胜利。

对于执政的国民党来说，面对日本帝国主义从局部侵略的现实到全面侵略的可能，都不得不未雨绸缪。在 1931 年九一八事变之后，随即就制定了"长期抗战"的国策，这就是在 1932 年 3 月 10 日，中国国民党中央常委会通过《巩固国防长期抗战案》，1932 年制定要进行的战略，在政略上要求"全国军队应抱同一长期抗战之决心"，并且决定以"长安为陪都"、"洛阳为行都"；在战略上决定成立国民政府军事委员会，"其目的在捍御外侮，整顿军事，俟抗日军事终了，即撤销之".[②] 1933 年 4 月 12 日，国民政府军事委员会委员长蒋中正，在南昌举行的"军事整理会议"上，首先就指出"现在对于日本，只有一个法子——就是作长期不断地支抗"，进而强调，"这样的抗战越能持久，越是有

---

① 郭沫若：《民族复兴的真谛》，作于 1938 年 12 月 23 日，后收入《羽书集》，1941 年由孟夏出版社出版。

② 荣孟源主编：《中国国民党历次代表大会及中央全会资料》下册，光明日报出版社1985 年版。

利。若是支抗得三五年，我预料国际上总有新的发展，敌人自己国内也一定将有新的变化，这样我们的国家与民族才有死中求生的一线希望。"① 随着日本帝国主义对中国侵略势态的日渐扩大，国民政府军事委员会制定的 1935 年度《防卫计划纲要》，进行了战略的及时调整，"将全国形成若干防卫区及核心，俾达长期抗战之要求"。② 于是，1938年 1 月，国民政府军事委员会南昌行营参谋团，由主任贺国光率队到达重庆，与四川省政府进行磋商，并且对重庆进行从行政、财政到金融、交通的全面考察。同年 10 月，国民政府军事委员会南昌行营参谋团奉国民政府令，改组为国民政府军事委员会重庆行营。在 1936 年度的国防防卫计划中，最后确立以四川为对日作战的总根据地，重庆行营成立江防要塞建筑委员会。1937 年 3 月，成渝铁路正式开工。同年 4 月，四川省政府迁往成都，川军退出重庆，中央军进驻重庆。③ 这就表明，从19 世纪末以来已经成为长江上游经济中心城市的重庆，早在抗日战争全面爆发之前，为了应对战争风雨的即将来临，就已经被国民政府设定为抗战大后方的核心城市。

　　1937 年的七七事变，证实了中国的抗日战争已经从局部反侵略战争，扩大为全面反侵略战争。持久抗战的国策，随即进行了从战略到政略的全面调整。1937 年 11 月 20 日，国民政府发表《迁都宣言》称："国民政府兹为适应战况，统筹全局，长期抗战起见，本日迁驻重庆。以后将以最广大之规模从事更持久之战斗"，"继续抗战，必须达到维护国家民族生存独立之目的"。④ 这就在于，"中国持久抗战，其最后决胜之中心，不但不在南京，抑且不在各大城市，而实寄全国之乡村与广大强固之民心"⑤，所以，迁都重庆，在确立中国抗日战争以重庆为中心的大后方的同时，更确认了在中华民族复兴之中以重庆为文化重建的中国中心。这就促使地处中国"西方"的重庆开始走上城市现代化的战时之路。

---

① 国民政府军事委员会档案，中国第二历史档案馆馆藏。

② 同上。

③ 重庆市地方志编纂委员会总编辑室：《重庆大事记》，科学技术文献出版社重庆分社1989 年版，第 151—152 页。

④ 《国民政府公报》，1937 年 12 月 1 日渝字第 1 号。

⑤ 蒋中正：《中国国民党临时全国代表大会讲演词》，《新华日报》1938 年 4 月 1 日。

　　1939 年 5 月 5 日，国民政府令重庆由四川省政府直辖之乙种市改属为行政院院辖市。1940 年 9 月 6 日，国民政府明定重庆市为国民政府陪都。[①] 陪都重庆在中国"西方"的出现，不仅加快了陪都重庆的城市现代化进程，而且推动了以大后方为主体的中国"西方"的文化发展。于是，在抗战前期，以西迁大后方的数百家工厂为骨干，以陪都重庆为中心，开始建构出较为完备的现代工业基础体系；与此同时，为了应对日机大轰炸出现的疏散区与迁建区，在客观上扩大了陪都重庆的市区，并且从中央到地方的双重行政协调管理之中，加快了城市建设，奠定了陪都重庆作为全国政治中心的行政基础；尤其是随着城市人口的迅速增长，市民的文化素质也相应不断提高，各级人民团体大量出现，而全国性的人民团体总部普遍设立在陪都重庆，大大有利于各项文化运动在陪都重庆的蓬勃开展，陪都重庆文化与文学的影响，不仅直接辐射到整个大后方，同时也间接扩散到沦陷区。[②]

　　1941 年 12 月 8 日，太平洋战争爆发，随着中、美、英等国对日正式宣战，中国抗日战争成为世界反法西斯战争的重要组成部分。正如国民政府军事委员会委员长蒋中正在相继发表的《告全国军民书》、《告海外侨胞书》之中所宣称的那样——"自兹我中华民国已与全世界反侵略友邦联合一致，共同奋斗，誓必消灭日德意轴心侵略之暴力，达成我保卫世界人类文明之目的而后已。"[③] 这就表明，抗战后期的陪都重庆即将迎来向着国际大都市发展的历史契机。

　　尽管苏联政府在 1941 年 12 月 8 日发表声明，宣称苏联不会因为太平洋战争的爆发，改变同年 4 月 3 日签订的《苏日中立条约》所确立的苏日关系，但是，一大批欧洲、美洲、非洲、大洋洲的国家，先后对日宣战或宣布断绝外交关系。同时这些国家也成为《联合国家宣言》的主要签字国。1942 年 1 月 1 日，26 个反法西斯战争国家的代表，在美国首都华盛顿签署了《联合国家宣言》，在推动民族国家走向独立自决的同时，推进了民主化的世界进程。从此，"中日战争成为世界战争，

---

　　① 重庆市地方志编纂委员会总编辑室：《重庆大事记》，科学技术文献出版社重庆分社 1989 年版，第 167、172 页。

　　② 郝明工：《陪都文化论》，新疆大学出版社 1994 年版，第 35—39 页。

　　③ 《新华日报》1941 年 12 月 11、12 日。

两大阵营分明"①。随后，国民政府进行了一系列的外交活动，以废除历史上被强加于中国的不平等条约，1943 年 1 月 11 日，中国与美国在华盛顿、与英国在伦敦，同时签署了废除不平等旧约建立平等国家关系的新约，带动了其他有关国家迅速地与中国之间废除旧约与签订新约。这就从根本上恢复了中国的大国形象，进而确保中国作为反法西斯战争四强之一的国家地位，从而使中国得以在 20 世纪第一次展现出世界大国的姿态。

更为重要的是，在以陪都重庆为中心的大后方，掀起了一阵又一阵的民主浪潮，不仅各级人民团体的规模继续扩大，为推进民主化提供了社会基础，而且社会各界人士更是纷纷提出实现民主的具体主张，要求成立联合政府，给人民以言论、出版的基本权利。正是在这样的民主化现实之中，随着《废止战时图书杂志原稿审查办法令》的发布，陪都重庆出现了大量的图书、报刊，尤其是出现了众多作家创办的出版社，出版了大量的中外文学丛书，从一个侧面上显现出陪都重庆文化与文学的迅猛发展。②

可以说，在中国抗日战争胜利的前夕，陪都重庆已经踏上了现代大都市的发展之路，继抗战之前中国唯一的现代大都市上海这一中国"东方明珠"之后，在抗战之中成为中国的"西方明灯"，不仅照亮了反法西斯侵略这一正义战争的中国胜利之路，而且照亮了中国内地城市现代化的发展之路。然而，必须指出的是，陪都重庆毕竟是在中国抗日战争期间，在战时体制下随着文化与文学的区域分化而走上城市现代之路的。因此，在抗日战争迎来胜利之后，陪都重庆这一战时的"西方明灯"，也就在漫卷诗书喜欲狂的"复员"大潮中，失去了必不可少的诸多文化与文学资源，而不得不黯然失色，为 20 世纪的中国文化与文学，尤其是区域文化与文学留下了一抹难以忘怀的"西方之光"。

从抗战时期中国文化与文学区域化过程来看，以陪都重庆文化与文学为中心的这一现代中国"西方"的文化与文学，正是因为其战时的辉煌，

---

① 蒋中正：《元旦讲话》，《新华日报》1942 年 1 月 1 日。此时没有对日宣战的苏联，也是《联合国家宣言》的签字国之一，不过，由于苏联与英国的反对，签字国前四名排序由美国、中国、英国、苏联改变为美国、苏联、英国、中国，然后其他国家按英语字母顺序排序。参见张弓等编《国民政府重庆陪都史》，西南师范大学出版社 1993 年版，第 411—412 页。

② 郝明工：《陪都文化论》，新疆大学出版社 1994 年版，第 168—176、207—212 页。

而最终成为抗战八年之间暂时出现的区域文化与文学现象，从而揭示了民族国家之内区域文化与文学的存在，至少是有着特定历史时空的严格限制的。于是，由陪都重庆文化与文学这一现象出发，就会引发关于区域文化与文学中存在的进一步思考。

新中国成立之后，区域文化与文学现象在中国继续存在，而和平年代的区域文化与文学中国三分，凸显出来的主要是这三者的地域文化与文学基本构成之间所存在着的巨大差异，尤其是在意识文化层面上的意识形态对峙，直接影响着区域文化与文学的中国发展。仅以大陆文学为例，由于主流意识形态的一元化，地域文化与文学和地方文化与文学之间呈现出分裂状态——地域文化与文学在全力扶持中一派繁荣，而地方文化与文学则在一再排斥中不断萎缩。这样，能够进入文学史视野主要是地域文化与文学，事实上，省域文学史书写的同质化不过是大陆文学发展偏于地域文化与文学的文本再现。

即便是在区域文化与文学研究之中，关于地理空间的命名也出现了主流意识形态的指涉。可以看到的是：在 20 世纪初尚被国人视为中国"西方"的地理空间，在如今只能被称为中国西部。虽然可以说，"西方"一词被逐渐赋予了特定的意识形态内涵，并非始于新中国成立之后，然而，汉语运用之中对西方与东方的对举，其所指从地理空间转向文化空间，并且最终被特指为政治空间，则是在新中国成立之后。从此，使用中国西部来对中国的"西方"进行语用的替代，似乎也就难以避免，与此同时，中国的"东方"也同样被指称为中国东部。于是乎，现代中国当下的西部文化与文学，是否能够传承现代中国"西方"的文化与文学，至少需要首先对其形象整体及文学形象进行从地方性到地域性的双重考量，并以此作为相关研究的出发点。

作者单位：重庆师范大学重庆抗战文史研究基地

中国社会现代转型与 20 世纪初期重庆文学

李文平

20 世纪初期（1901—1937）的重庆文学作为 20 世纪中国文学中的一种区域文学的阶段性文学现象，它的产生和发展既是这一阶段重庆社会文化发展的直接产物，又与同一阶段中国社会现代转型密切相关。因此，要比较准确地概括出 20 世纪初期重庆文学的整体面貌，梳理其产生发展的历史脉络，就必须将其置于这一阶段中国社会历史发展的大背景下，并在当时重庆社会文化发展的具体状态中来考察与研究。

一

1891 年重庆开埠后，帝国主义的经济势力大肆侵入，传统的封建经济迅速解体，资本主义商业经济迅速兴起，重庆以其两江环抱，航运畅通的地利优势逐渐发展成为西南最重要的商业贸易中心。随着经济的转型，西方文化向内地的渗透，重庆的社会文化的诸多方面也逐步向现代转型。这对 20 世纪重庆文学的产生与发展形成重要的影响。

随着中国社会的现代转型与发展，在清末维新思想的推动之下，传统封建的教育体制和模式在被迫适应世界文化教育发展的潮流中逐渐改进，重庆的教育在东西方文化的冲突与融汇中得到发展。1892 年（清光绪十八年），川东兵备道黎庶昌在重庆创立四川第一所洋务学堂——巴县洋务学堂，"考选学生正副额各二十人"入学，"其课程除国文外，增设科学，而以英语、数学为主科。在四川未废除科举以前，此为官立学校之始"。①革命先驱杨沧白、邹容等都曾受教其门下。1901 年，清朝政府为挽救垂死的王朝，经慈禧太后认可，开始实行"新政"。在同年 9 月颁布的改书

---

① （民国）《巴县志》卷十二（下）。

院为学堂的上谕中，规定："著各省所有书院，于省城均改设大学堂，各府及直隶州均设中学堂，各州县均改设小学堂，其教法当以纲常大义为主，以历代史鉴及中外政治艺学为辅助。"① 1902 年，清朝政府又颁布《钦定学堂章程》，将学堂分为从蒙学堂到大学堂共七级。次年，又颁布了经张之洞等人修改的《奏定学堂章程》，将学堂分为三段七级，在全国推行。1905 年 9 月，清廷宣布自次年起废除科举制度，这无疑确立了新式学堂在教育中的正宗地位。这虽然是清朝政府迫于历史发展而不得已进行的教育改革，却与一度遭受压制的变法维新的社会思潮相符合。曾接受过维新思潮启蒙而又"地居冲要，得风气之先"的重庆，在清末民初掀起了一股兴办新学的热潮。当时，无论是外国传教士创办于 1891 的求精中学（巴县），1894 年的广益中学（巴县），还是中国人自办于 1905 年的聚奎高等小学堂（江津）以及 1901 年以后设立的重庆府中学堂、巴县中学堂、巴县女子学堂都大量开设介绍西方自然科学与社会科学的科目与课程。到 1911 年，重庆开设的各类新式中小学堂总计有 73 所②，这对于开启民智，冲破儒家教育思想一统天下的局面，宣传西方先进的民主思想和科学文化知识，促进重庆社会文化的现代转型起了很好的作用。更值得关注的是一批专事女子教育学堂的开办，摆脱了"女子无才便是德"的封建束缚，为女子的解放，争取独立的社会地位迈开了第一步。同时，为顺应社会发展需求，清末民初还创办了许多专门学校，如 1890 年创办的合川乙种师范学堂，1906 年创办的重庆师范学堂，1925 年创办西南美术专科学校等等。它们打破了传统教育中重道德伦理轻科学技术的传统，大量传播西方自然科学与社会科学知识，为社会经济文化进一步发展提供了人才资源。此外，1919 年重庆留法俭学预备学校的开办，留学运动的兴起，也为 20 世纪重庆与整个中国社会的发展作出了重大贡献。

开埠后的重庆，随着政治经济及文化发展的需要，作为现代传媒的报刊受到人们的重视，各种报刊应运而生。1897 年（清光绪二十三年）11 月，宋育仁在重庆创办了《渝报》，兼任总理，以潘清荫、梅际郁任正副主笔，杨道南为协理。《渝报》为旬刊册报，每册约 30 页，设有上谕恭录、总署奏折、译文择要、各省近闻，本省近闻、国外近闻、渝城物价表

---

① 《光绪朝东华录》，中华书局 1958 年版，第 417 页。
② 参见薛新力主编《重庆文化史》，重庆出版社 2001 年 12 月版，第 225 页。

等栏目。宋育仁是晚清进士，曾于 1894—1895 年短期出使英法意比四国，任公使、参赞，对欧洲国家的社会风俗、文教制度和政治生活有相当的了解。回国后，又参加了康有为、梁启超组织的强学会，时任常驻重庆的四川商务总局监督。因此，发表时论文章和译文，疾呼救亡图存，鼓吹维新变法就成为《渝报》的一大特色。宋育仁在《渝报》第一期上发表《复古即维新论》一文，支持和宣扬康梁的维新变法主张，提出："今天下竞言变法，不必言变法也，修正而已；天下竞言学西，不必言学西也，论治而已；天下竞言维新，不必言维新也，复古而已。"《渝报》作为当时重庆及四川的第一张近代报纸广泛地传播西方文化知识和宣扬维新变法思想，拓宽了巴渝士人的视野，鼓动其跟上时代的步伐，积极参与维新变法，掀起重庆维新改良的新思潮。尽管《渝报》因宋育仁 1898 年应聘离渝赴蓉而停刊，前后只出刊 16 期，但却以其新闻性、知识性、实用性及宣扬维新变法思想而颇受进步人士的欢迎，其发行量逐期递增，最多时发行达 2500 份，影响遍及全国，在重庆社会的现代转型中有过开风气之先的舆论作用。从 1897 年到 1936 年 40 年间，重庆地区报刊先后出版近 300 余种。这些报刊，或由民间筹办，或由官方创立，它们站在各自的政治立场上宣传各自的政治主张，为其所处的政治经济集团服务，对重庆社会的发展产生着不同程度的影响。其中著名而有影响的报刊，如《渝报》、《重庆日报》、《广益丛报》、《新蜀报》、《商务日报》等，不仅坚持正义、反对侵略、鞭挞丑恶，而且大多还专门辟有副刊刊登现代诗歌、小说、散文、戏剧等文学作品，成为 20 世纪初期重庆文学的主要载体。

与新闻报刊业及教育的发展相适应，出版印刷业在晚清时期，也由旧式人工木刻书业向新式机器铅印或石印出版印刷业转型。1897 年，重庆第一家采用新式印刷术的出版印刷机构——中西书局成立。随着清廷"新政"的展开，中外文化交流、碰撞的增多，立宪维新乃至革命思想的广为传播，大量报刊、书籍需要出版印刷，对新式印刷业的需求急剧增大。20 世纪初，从 1903 年设立广益书局起，重庆很快涌现出渝商书局、重庆商务印书馆及聚义和印刷厂等一批新式出版印刷企业，加上前 10 年已经设立的这类企业，到清末时期重庆共有 61 家近代出版印刷业。这些企业采用了机器铅印或石印，出版和印刷的速度、质量、数量，自然都优于旧式人工木刻制版、印刷，大大有利于经济的发展和新文化思潮的传播，受到广大的作者与读者的普遍欢迎。①

　　总之，重庆开埠以后，新式学堂（校）开办与兴盛，为 20 世纪初期的重庆新文学的诞生与发展培育了与之相适应的作者与读者；而重庆新闻报刊的兴起，为重庆文学新文学提供主要的载体与传播媒介；新式印刷出版业的涌现，又为新闻报刊的印刷出版的有效性，提供了技术支撑与质量保证。这样，20 世纪的重庆文学就应运而生并获得了初步的发展。

二

　　20 世纪初期的重庆文学，尽管仍然诞生于五四运动新文化运动的浪潮中，但它的孕育，却应该追溯到晚清时期宋育仁在重庆倡导的"旧瓶装新酒"的文学改良运动。经过赵熙为代表的"旧瓶旧酒"派与邹容为代表的"旧瓶新酒"派的对峙与发展，在全国响应胡适、陈独秀提出的"文学革命"的号召中发生。

　　重庆的新诗诞生于五四新诗运动之中。早期重庆白话新诗秉承胡适"作诗如作文"的诗训，在内容上要求清楚明白地表达五四时代精神，形式上追求散文化，强调用白话写诗。如刊载于 1921 年《人声》杂志上的《致劳动家》和《巴声》上的《祝〈巴声〉出版》则反映了重庆早期白话新诗的面貌，显现出不可替代的历史文献价值。20 世纪二三十年代，一些发行广泛，颇具影响力的报刊，如《商务日报》、《新蜀报》、《广益丛报》、《新民报》，都辟有专门的文艺副刊，大量刊登新诗，成为重庆新诗发表的主要阵地。新诗数量的增加推动着新诗的艺术水平的不断提高，并促进重庆新诗逐渐走向成熟。有的偏重于写实，表现民生疾苦，显现出一定程度的左翼倾向；有的感应时代，对国家民族前途的强烈关注，如东北"九一八"和上海"一二八"事变之后的重庆抗日诗歌，就鲜明地表现出这一时代的民众抗日情绪；还有一些诗人，受西方现代主义思潮影响，发表具有浓郁现代主义倾向的诗歌，并引发了重庆诗坛关于"象征诗"与"心像诗"的现代主义诗歌大讨论。随着新诗创作的发展，20 世纪二三十年代重庆的一些代表性的诗人，如吴芳吉、何其芳、邓均吾、柯尧放、叶菲洛、朱大枏等，纷纷登上诗坛，以其优秀的创作显示出重庆新诗创作的实力。而吴芳

---

　　①　参见周勇主编《重庆通史》，重庆出版社 2002 年 7 月版，第 660—662 页。

吉、何其芳的诗歌，更是先后走出了夔门，成为当时中国诗坛关注的热点，在 20 世纪的中国新诗史上，留下了鲜明的印迹。

20 世纪初期的重庆小说，始终坚持"为人生"的五四文学精神。这引导重庆作家始终保持关注民生疾苦的文学视角，对 20 世纪二三十年代的重庆社会展开了全方位多角度的如实描写。在白梅居士、抱齐、金满成等作家的笔下，乡村世界是经济破产，官绅盘剥，土匪猖獗，民不聊生。不堪重负的农民，在被逼无奈的情况之下，爆发出隐藏的"蛮力"，自发地进行拼死的反抗。而都市社会是富人们纸醉金迷，下层人民痛苦挣扎。而重庆作家同情的笔触更多地落在诸如人力车夫、妓女等下层民众困苦的生活方面，揭示出他们生活境遇的悲惨与不幸。对知识分子生活遭遇与前途命运的关注，是 20 世纪二三十年代重庆小说创作的另外一个主题。从 20 年代履谦的《一对失恋者的末路》到 30 年代胡静屏的《暴风雨的时代》可以说对这一阶段知识分子苦闷徘徊、上下求索的人生面影作了较为细致的刻画。这一时期的重庆小说，以报纸副刊为主要的载体和传播方式，除少数连载的中、长篇以外体裁多是短篇小说或微型小说，这就在很大程度上限制了重庆作家的艺术才能的发挥，造成这一阶段的重庆小说在 20 世纪初的中国小说创作中影响式微。当然，这并不排除像陈翔鹤、毛一波等少数作家能够在当时的中国文坛崭露头角。而 20 世纪初期重庆小说整体水平的提高，有赖于 20 世纪 30 年代中期以后《沙龙》、《西风》、《山城》、《春云》等一批专业文艺刊物的出现。从这时开始，重庆小说创作进入了一个新的发展期。

20 世纪初期的重庆话剧，开始于中国社会党开明社新剧团 1913 年在重庆章华戏院演出《都督梦》、《新茶花女》等话剧。同年，重庆成立第一个话剧团体群益剧社，演出《徐锡麟刺恩铭》等幕表剧性质的时事新剧，标志着重庆话剧的兴起。五四话剧运动在重庆的开展主要是以 1919 年求精中学为代表的一批中等学校的话剧演出活动。1928 年，由重庆艺术专科学校师生组成的剧团演出了他们改编的《悲惨世界》等剧，标志着重庆话剧场告别了幕表剧，向着成熟的话剧艺术发展，开启了重庆话剧的新风。20 世纪 20 年代后期到 30 年代中期，在学校演剧的基础上，重庆先后出现革新剧社、海比剧社、一九剧社、华西爱美剧社、西南话剧社等爱美性质的戏剧剧团，演出了田汉等人的戏剧《湖上的悲剧》、《苏州夜话》、《这不过是春天》等名剧，它们活动的范围遍及重庆及四川各地，受到广大观众的欢迎，显示了重庆话剧艺术的长足进展。1935 年，全国各地抗日情绪高涨，重庆的学校与社会的戏剧团体积极投入抗日救亡运动，演出了《决心》、《忠魂》、《梅娘曲》等一系列抗日话剧，重庆的话剧运动进入了新的蓬勃发展的阶段。

散文在 20 世纪初期的重庆文学中无疑是出现最早，数量最大，收获丰盈的文体。晚清时期，进士宋育仁在重庆创办《渝报》宣传维新变法时，就创作了大量的议论散文和考察报告性质的纪实散文，开启了 20 世纪重庆散文创作的先河。1903 年，邹容在章炳麟帮助下，在上海《苏报》发表《革命军》的同时，更进一步主张散文通俗化，并创作出了感情奔放，语言明晰流畅的新文体。20 世纪初重庆散文的主要载体是当时重庆的各大报纸的副刊，因此政论性强是其最为突出的特征。大量的纪实散文与言论散文态度鲜明地针砭时弊，宣传新思想，唤醒民众，在强调新闻传播功能，政治宣传功能和教育功能的同时，亦强调散文的休闲功能与娱乐功能。20 世纪二三十年的重庆报刊还大量刊登纪实、游记、国内外知识见闻、随笔等充满知识性并富有生活气息和个人文化气息的散文，极大地开阔和丰富了重庆民众的视野和生活，促进了重庆文化的发展。除了专事散文创作的作者以外，一些知名的诗人、作家如杨沧白、吴芳吉、何其芳、陈翔鹤等也涉笔散文创作之中，丰富了重庆散文创作的领域，提高了散文创作的品位。其中尤其是何其芳在 30 年代创作的《画梦录》更是重庆作家散文创作中的精品，代表了重庆散文创作在艺术上所能达到的高度与水平。

20 世纪初期的重庆儿童文学，由于远离京沪文化发达地区，加之封建教育顽固歧视儿童的精神需求，文人创作的儿童文学十分罕见，但却有不少夹杂在民间文学之中的童话故事与童谣山歌流传，开了 20 世纪重庆儿童文学的先河。它们大致可分为两类：一类是流传于重庆地区的无韵民间传说故事。形式上丰富多彩，有《太阳妹妹》、《巴蛇吞相》等神话传说，有《将军坟》、《金竹寺》、《杨柳街的来历》等地名传说，有以智者安世敏为主角的系列人物传说，还有以《杜鹃》、《黄角树》为代表的物语童话；在内容上是千姿百态，有的礼赞英雄主义与爱国主义相交织的崇高精神，有的颂扬智者的聪明与嘲弄愚者的贪婪与伤风败俗，有的述说神仙世界的瑰丽神奇，有的表现爱情的忠贞与为人诚信……这些无韵的民间童话寓言与传说故事巧妙地将故事的人文色彩与知识内涵熔于一炉，很好适应了渴求获取新知与审美愉悦的儿童对文学作品的需求。另一类是以韵文形式作为载体的传统儿歌童谣。20世纪二三十年代，重庆民俗学家李文衡常在当时出版的《民俗》杂志上发表经他整理的传统重庆儿歌童谣。如《月亮走》、《乌鸦窝》、《月亮光光》等儿歌童谣，依据不同年龄的儿童的心理特点，摄取鲜活生动、诙谐有趣的事物与生活场景，加以戏剧化描摹，既美且俗（通俗、民俗），在欢乐的情趣中传达出善意而犀利的讽刺，把巴渝民众豪爽大度乐观的性格沉潜于幼小者的心灵，其中有许多既具地域文化特色又具游戏精神。

20世纪初期的重庆文学理论批评是从古典到现代的重要转折和形成发展时期，作为一种区域性的文学，其发展态势与全国文学形式的变化呈现出基本同步的趋势，但在表现形态上，又具有相当明显的区域特征和内涵。从20世纪初年到1937年抗战爆发，重庆文学理论批评先后经历了思想观念的萌动期（1901—1916）、白话文学时期（1917—1927）、革命文学时期（1928—1937）三个发展时期。既呈现出阶段性的特征，又有贯穿一致的思想发展脉络，指导与影响着20世纪初的重庆文学不断发展。

值得注意的是，20世纪初期的重庆文学，虽在地处中国偏僻的西南腹地相对落后的文化环境中发展，但其文学品质却并不显得闭塞和狭隘，呈现出一种包容吸纳的开放姿态。这不仅表现在及时跟踪国内文学的最新动态，也表现在对国外文学积极地翻译介绍方面。可以说，外国文学理论、文学流派与各类文学作品的译介，成为这一时期重庆文学发展中的一道令人炫目的文化景观，显现着重庆文学发展实绩，昭示着重庆文学将以更加开放的姿态，迎接抗战时期重庆文学发展高潮的到来。

作者单位：重庆师范大学文学院

论民国时期重庆地方报刊在大众传播
实践中的特殊意义

张育仁

一

　　重庆是长江上游的商业中心城市，自开埠以来，重庆的大众传播事业是伴随着城市现代化的进程而逐步发展起来的。重庆第一份具有全国性影响的报纸《渝报》的发行，不仅表明了地处中国内陆四川盆地的重庆所具有的开放性姿态，而且，这一发端，作为维新变法运动的政治文化回应，还为民国时期重庆地方报刊的现代化走向做了很好的前驱和示范。

　　对近代以来国人办报的历史进行回顾和考察可知，重庆是继京、沪等地闻风而起，且开风气之先的少数城市之一。《渝报》所倡导的"伸民权"、"民为主"，以及要求实行"君民共治"的政治文化主张，既顺应了中国近代以来国家现代化发展的历史趋势，同时，它所倡导的"陈民隐、通下情"以及"选士入商"、"举人设院"的政治文化诉求，也非常适合重庆地方政商发展的现实状况。《渝报》的大众传播思想具有丰富的近代政治文化内涵，其致力于"通中外"、"通上下"的传播实践更具体表现在，除及时译介世界各国政情和商情外，更表现在及时沟通国内各地的政治和经济资讯等方面："凡地方之腴瘠，民气之嚣静，岁时之丰歉，市价之浮落，有关财务者，莫不博采舆情，快登快灵，俾分塾里肆咸知。"① 大众传播与地方工商业发展的互动和依存关系，从一开始就有了明确而深刻的认识。尽管这一认识具有明显的工具论色彩，而与第一次国人办报高潮中所奉行的工具理性合拍，尤其是在历史观上表现出强烈的进化论诉求，但是，其在阐释和实践商业化办报理念与追求知识分子的政治文化独立性原则之间，所进

---

① 《渝报》第 1 册，1897 年 11 月上旬。

行的逻辑思考，却无疑为重庆地方报业的精神走势指明了转型方向，这种政治文化理念在其后创办的《蜀学报》中亦有着鲜明的体现。

战前，重庆地方报业的繁盛期，出现在辛亥革命以后。民国初年，中国社会的剧烈动荡与中国知识界、工商界的现代化文明期待之间，形成了十分复杂和密切而紧张的关系。中国民族报业的职业化走向与进程，尽管在新闻自由体制的确立上，其努力受到了来自袁世凯及其后的北洋军阀的阻挠和扭曲，但是，在政治报刊衰落的同时，民族报业，特别是地方性商业报刊的发展却取得了不小的成绩。这一时期，重庆地方工商界和知识界联手创办的《商务日报》和《新蜀报》，就是民族报业职业化在这座内陆工商城市所得到的积极响应。地方性商业报刊地位上升的原因，固然与袁世凯和北洋军阀实行的新闻统制政策对政治性报刊的凌压有直接的关系；与第一次世界大战期间西方列强忙于利益争夺，无暇顾及中国事务，而给中国民族工商业发展提供了难得的发展空间有间接关系，但另一个重要的原因，却是来自于民族工商业和城市化发展对信息需求的扩大日益强烈，来自于地方军政势力逐渐强大后，对地方自治，特别是地方经济发展的信息需求和某种程度的舆论"开明"姿态的鼓励。

20世纪20年代至30年代中期，史称为"防区时代"。一方面，由于国内众多军阀派系陷于不断爆发的大大小小之的内战争斗中，中央政府的新闻统制政策无力切实贯彻到地方。同时，地方商业报刊出于企业化发展需要，而把更多的精力投放到企业化经营管理上；另一方面，各地方军政势力在其辖区内，也需要有自己的报刊作为喉舌，为自身利益的需要，掌控和制造舆论。鉴于政治报刊缺乏广泛的受众市场，且声名不佳等原因，"防区时代"的各派军政势力审时度势，都比较聪明地打起了"地方牌"。一则积极支持地方商业报刊的开办，不直接出面进行操控，只作暗中的"指导"，如对《商务日报》和《新蜀报》等，采取的就是这套策略；一则积极创办以"有利"于辖区民众，"有利"于辖区建设和地方自治的私家报刊，如《济川公报》等就具有这样的特性。

此外，民国时期重庆的地方报刊，特别是地方商业报刊为避免在军阀争斗迭起的动荡政局中受到牵连，从而危及自身的商业利益，对重要的军政新闻，尤其是敏感问题，常常采取只客观报道，而不评论和少加评论的策略，即使要评论，也多以稳妥的方式予以处理。当然，这种对敏感政治问题的回避，反映出中国民族报业，包括民族工商界对中国现代化文明进程受阻的困惑和消极心态，但另一个重要原因却是中国民族报业在经过了政治性报刊衰落之后的职业化崛起。正是民族报业职业化，即企业化发展使之呈现出了这样的商业性面貌。早期《商务日报》所奉行的"不誉不骂；不用伪逆、叛贼等字，避免助长恶德，不教坏人，不登载不正经之事"；"不为金钱所诱惑，注重商业信息"等表白，就集中代表了这一时期民族报业职业化的特点。从全国范围来看，当时上海具有国际影响的《申报》和《新闻报》，就是率先实行企业化经营策略，朝着现代化职业化报刊方向发展的典范。重庆地方报刊的职业化蜕变，可以说就是效摹《申报》和《新闻报》，以及顺应民族传播事业企业化发展的必然结果。因此，从这种视角进行考察和评价，重庆地方性商业报刊在"防区时代"的繁荣，还不完全在于地方统制和自治的需要，而更主要的动力，应该说是来自民族报业职业化自身发育的内在需要。

这一时期，与商业性报刊共享繁荣局面的还有文教性报刊。文教性报刊的崛起，不仅来自工商业和城市现代化发展的需求和鼓励，更来自于中国知识界和工商界，对民族文化复兴和启蒙救亡，以及实现"富国强民"理想的民族主义渴求。"防区时代"，文化、教育和科学等各类非政治报刊的应运而生，正折射出这种发端于维新运动之后，以"科教兴国"为标志的强烈的民族复兴诉求。由此从理性和情感角度观察，我们会发现即使是重庆地方商业性报刊，也或多或少具有文教性内容。因为文化、教育和科学不仅与企业化赢利原则不矛盾，而且可以为之赢得广泛的受众群，从而创造可观的商业价值。从更深一层观察可知，商业性报刊的民族主义诉求与文教性报刊的"富国强民"，以及民族文化复兴的信念与精神价值追求完全是一致的。

二

据《重庆早期新闻事业调查表》的统计资料显示，仅20世纪20年代中后期，重庆创办的100多家地方报刊和通讯社中，绝大多数都属于商业性和文教性，亦有商业性和文教性兼具的。如《苛捐特刊》、《劝业周刊》、《公联日报》、《工商业白话报》、《公论日报》，以及"重庆新闻社"、"时事新闻社"、"嘉陵江通讯社"、"中华通讯社"、"西蜀通讯社"、"川康新闻编译社"等，就属于商业性质；如《警钟旬刊》、《市政周刊》、《妇女周刊》、《公益晚报》、《重庆正言报》、《民族周报》、《涪陵周刊》、《团治周刊》等，就属于文教性质；其余大多属于商业与文教性兼具的地方传媒。这些具有职业化或半职业化性质的报刊和通讯社的大量涌现，形成了战前重庆初具规模的大众传播体系。它们在进行资讯传播的同时，不仅普及了文化、教育和科学知识，在一定程度上提高了重庆城乡民众的文教和科学水平，并为重庆地方工商业和文化事业的发展，提供了符合现代化转型的人力资源，从而推动了现代城市化的进程。更重要的是，商业性报刊和文教性报刊在信息传播和舆论宣教中，所涵蕴的现代文明观念，特别是以"富国强民"为文化复兴目标的民族主义思想，不断地浸润着地方民众的心灵，从而激发起他们超越地方自治观念的民族主义和国家主义情感。事实证明，这种努力为抗战军兴后，进行大规模的民众组织和动员，起到了良好的精神奠基作用。

重庆地方新闻事业在战前的繁荣，有这么几个特点：一是为适应"防区时代"的政略需要，由工商界打头，知识界参加，继而引发社会各界积极办报；二是为服务地方自治，特别是地方资讯和文教发展需要，各县区政府联合本地工商界和知识界知名人士，共同参与办报。从 20 世纪 20 年代中期到抗战军兴之前，重庆地方报业的繁盛局面，相当大的程度，是离不开各县区报刊的积极参与的。"防区时代"一些县区不仅积极开办报刊，而且还积极创办通讯社。

事实上，战前在日常中最贴近县区大众，同时也能获得很好的大众传播效果的，无疑要数县区小报这种特殊的新闻与文教宣传样式，因此，县区小报在中国现代传播史上的确应占有一席特殊的地位。特别是在中国这样的落后国家，先进的传播工具和手段大多都集中在大城市，而中小城市，尤其是广大的县区和乡村，因政治，经济和文化的落后，使先进的现代媒介生存的空间相对比较狭窄，因此，自民国以来，各地方的士绅、新派文人、青年学生以及稍识文断字的普通民众，大都喜欢县区小报这种宣教形式。又因为在向普通民众传授知识和宣讲新闻时事时，这种集文艺性与时政性，特别是地方性与资讯实用性为一体的小报，成本低廉、简便易行、灵活多样；再加上审批和抽检方面不太严格，所以早在战前的"防区时代"就已经遍布重庆周边的县区，的确是传播新思想、新文化、新知识和新思潮的一块生机盎然的民间舆论阵地。

抗战初期，重庆毗邻的下川东地区各县区得风气之先，办报办刊积极性高涨，局面喜人，主要有：《万州日报》、《川东日报》、《民主报》、《川东晚报》、《川东快报》、《中国新闻晚报》、《民众周报》、《群力周报》、《诗前哨》、《中外春秋》（万县版）、《新文摘》旬刊等为万县所创办。其他县区创办的有：云阳的《云阳日报》、奉节《大众报》；巫溪《谷音》；开县的《开县公报》、《开县新闻》、《新开县报》、《鸡声周刊》、《青友报》；开江的《党政公报》、《梁山日报》、《梁山时报》、《梁山复兴时报》、《梁山复兴日报》、《呐喊周刊》；忠县的《忠县报》、《忠报》；丰都的《丰都日报》、《明耻》半月刊；涪陵的《涪陵民报》、《涪陵新闻》；石柱的《血汗周刊》；巫山的《民众导报》等。

除办报办刊之外，川东重庆辖区内大大小小 60 余家通讯社中，有半数以上都是县区人士创办的。县区通讯社的大量出现，保证了县区报刊资讯的来源，并直接支撑着地方报业的繁荣局面。仅以江津县为例，"防区时代"创办的地方自治性报刊就有《新江津日刊》、《几江日刊》、《江津民报》、《白沙声》、《赤焰》等；抗战期间创办的又有《津报》、《江津日报》、《白沙周报》、《白沙日报》、《白沙实验简报》等多种；期刊则有《白沙青年》、《图书月刊》、《理想与文化》月刊、《民时半月刊》、《喑群》季刊、《国立女子师范学院》季刊、《图书馆学报》、《江津县政府公报》、《黑石》等。需要说明的是，抗战期间，白沙作为江津最大的商埠，该镇移驻了国民政府诸多文教机关，因此报业非常发达。这在重庆周边的县区中颇有代表性。

重庆周边另一个颇具代表性的县区是北碚。在"防区时代"，由著名实业家和自由知识分子卢作孚创办的《嘉陵江日报》，可谓重庆战前地方自治性报刊中的典范之作。此外，还有《北碚实验简报》、《峡声》、《民联周刊》、《学生周刊》、《农民周刊》、《时事论坛报》、《北碚月刊》、《海潮音》等报刊。抗战当中，又新创了诸如《中国学生导报》、《学生之友》、《乡村工作》、《钢铁汇报》、《燃料汇报》、《复旦学报》、《复旦青年》、《兼善友讯》、《业余生活》、《时闻》、《儿童福利》、《师友通讯》、《文摘》、《书学》、《青鸟》、《突兀文艺》、《川中校刊》、《时事类编特刊》、《赣声》季刊、《地理》季刊、《诗垦地》丛刊等报刊。甚至像綦江这样的偏僻小县，在"防区时代"也出现了《綦评》——后更名为《綦民公论》，这样的颇具一定传播质量的小报。抗战期间，这个小县居然一下子涌现出《新綦江公报》、《綦江周刊》、《綦江县政公报》、《綦江党务月刊》和《綦江青年》等党营性质的报刊，以及《自强日报》、《綦江潮》、《綦江民众导报》、《世皇论坛》、《现代邮政》月刊、《佛光季刊》、《水利周刊》等民营性质的报刊。战时，其他县区的报刊主要还有：合川创办的《合川日报》、《合川商报》、《大声日报》、《合阳晚报》、《民舆公报》、《动委旬刊》以及《明耻》月刊和《叱咤》半月刊等；璧山创办的《璧山农村》月刊、《社会教育学院院刊》、《社会教育学院校友通讯》、《教育与社会》季刊以及《国民教育》等。在南川则有《南川日报》、《南川民报》和《南川实验简报》；在永川则有《乡建通讯》；在铜梁则有《铜梁民报》；在大足则有《大足通讯社稿》等等，由此足见重庆县区报业繁盛景象之一斑。

抗战爆发后，这些县区小报主动积极地与大报配合，在进行广泛而深入的民众精神动员中，善于将官方的政略，特别是抗战建国的道理转变为民间语汇，将大报上的文人话语转换为地方性的平民话语；更加重要的是，作为地方性社会舆论机关，它们在整个战争中，一直充任着地方舆论领袖的角色。西方传播学理论中所谓的"二级传播"理念，实际上在它们的舆论引导实践中早已是一种常识。它们自抗战伊始，即大步走出了"防区时代"的褊狭格局，立足地方却以中国和世界的眼光打量着这场伟大的民族解放战争，在日常中以更有针对性、更灵活以及更容易被地方民众接受的话语方式，进行有效的政令沟通和精神交流。尤其是在稳定战时地方秩序，充分发掘重庆及大后方精神和物质双重潜力上所发挥的作用是不可替代和值得称颂的。

三

朴实而且富有创造性地肩负起战时经济生活和文化生活建设的重任，既立足于自身的定位，又时刻不忘中国文明现代化转型的历史使命。这是民国时期北碚、江津、綦江、璧山、铜梁县区小报在战前和战时重庆舆论界所体现的动人而健康的时代主调。

《嘉陵江日报》，其前身为1928年3月创办的《嘉陵江报》，但它更早的历史却应该从1926年由北碚峡防局和四川民众联合会共同创办的油印小报《峡江》算起。该报创办人卢作孚此前曾在成都的《群报》、《川报》担任过记者和编辑，后来继李劼人担任过《川报》社长；在四川泸县着手教育改革时，他还创办过《新川南日报》。1927年2月，受地方各界人士举荐，卢出任江、巴、璧、合"特组峡防团务局长"，来到四县交界的北碚，致力于将这个交通闭塞、经济、文化落后，且无任何新闻事业可言的嘉陵江三峡地区，开拓为"创造理想社会"的模范实验区，这是他一生重要的两大建树之一。另一大建树就是创办了民生实业公司，发展民族航运事业。

《嘉陵江报》社长由卢作孚本人担任。其发刊词即表明其面向世界的开放襟怀和立志服务地方社会，开启民众智慧的宏大抱负。其文曰："我们盼望这个小报传扩出去，同嘉陵江那条河一样广大，至少流到太平洋。并且嘉陵江的生命有好长，这个报的生命也有好长，所以竟叫这个小报也为嘉陵江……不信试看一看，简直可以从这个小嘉陵江里，看穿四川、中国乃至于五大洲——全世界。"①

这样的开放姿态，不仅反映出卢作孚作为那个时代工商界和知识界先进人物开阔的文明心境，同时也反映出"防区时代"重庆及四川地方士绅阶层及军政开明人士的普遍愿望。该报在编辑方针上深受京、津、沪、渝民营自由主义大报的影响，提倡走"大众化报纸"的路子；在资讯内容及语言风格上致力于服务大众、开启愚蒙："白话字句很浅，只要读过一两年书的，都可以看"；"编法简要，比看别的报少费时间"；"新闻丰富，与重庆、成都有名的报馆一样"。②

卢作孚试图通过这种办报实验，从根本上改变中国自有新式报纸以来，只注重为中上层人士提供资讯服务，而与绝大多数下层民众绝缘的新闻与文化传播局面。当抗战初期，新闻界和文艺界还在为报纸是否"走向大众"，文艺是否应采取民众喜闻乐见的"民族形式"等问题进行论证而争论不休时，以《嘉陵江报》为代表的重庆地方小报，早已为此作出卓越的贡献了。必须强调的是：重庆地方小报的这种"大众化"实践，无疑为抗战爆发后，大量国内知名报纸内迁，并转型为服务于抗战的"大众化"报纸，提供了丰富的先期实践经验，奠定了坚实的大众传播基础。王新常在《抗战与新闻事业》中急切呼唤"大众需要的报纸，议论

---

① 《努力的同人》，《嘉陵江报》1928年3月4日。
② 同上。

愈少愈好，新闻愈短愈好，文艺作品愈驳杂愈好"[1] 的理想模式，其实早已在《嘉陵江报》及重庆许多地方小报那里变成了现实。《嘉陵江报》在办报特色上还强调这样几点：一、"派人专送，不用邮寄，比报馆迅速"；二、"有娱乐材料可以消遣"；三、"有常识材料可以帮助大家的职业和生活"等。其在具体的版面设置上，一版为国内国际新闻，二版为地方新闻，此外还有"余闲"、"随便谈笑"、"转载"和"游记"等服务于各界民众的各种专栏和专版，如《温塘公园经营计划》、《调查纸厂和改良意见》、《峡局士兵生活报告》，以及《读书报告会》、《种痘日记》等，举凡家庭、职业、起居、健康、精神以及个人生活、社会生活的方方面面，都纳入报道和评说的范畴，力图"以小型报创造更大的力量，成为社会的中心力量"。[2] 卢作孚认为："就新闻事业本身说，印刷就是工场管理，广告发行就是商店营业，编辑就是文化事业"，并使之成为"社会运动的中心"。[3] 1931 年 1 月，该报更名为《嘉陵江日报》之后，这样的文化创造思路更得到了全面的贯彻和拓展。《嘉陵江日报》改创后，又于 1934 年 6 月宣布为独立经营，改石印为铅印；1936 年 4 月划归实验区管理；1942 年初划归管理局管理，但其根本的办报方针却并未有丝毫改变。

抗战期间，北碚成了重庆及大后方名声日隆的科教文化中心之一，大量的文教机关和知名文化人云集此地，因此，该报在宣传抗战、动员民众、促进地方文化建设方面，更显示出其作为重要舆论阵地和资讯平台的特殊意义，在版面编排上，多元化的景观也更胜过往昔；参与办报的既有地方各行政机构，也有一些具有党派背景，因而形成了一定的统战格局。这在参与《嘉陵江日报》副刊编撰的多样化上体现得最为生动和鲜明。如，有三青团主编的《北碚青年》；有管理局教育科主编的《国民教育》；有北碚修志委员会主编的《北碚小志》，其余如《北碚卫生》、《嘉陵副刊》、《现代园地》、《北碚农民》以及《小先生园地》、《农业周刊》等，亦分属不同的社会机构和群体来编辑，一时间显得五光十色，热闹非凡。

《嘉陵江日报》虽然是份地方小报，但由于其抱负宏大，所以历任的主要负责人都非等闲之辈。像熊宴洁、黄子裳、叶镜涵、李洪兰、汪伦、

---

① 王新常：《抗战与新闻事业》，商务印书馆 1938 年 4 月版，第 46 页。
② 《卢作孚在新民报社举行的国民月会上的讲话》，《新民报》1939 年 12 月 2 日。
③ 同上。

周叔享、高孟先、罗中典等，皆为重庆地界一时之选的人物。编辑、记者中亦有不少是中共地下党员，因此，在办报方向上，既能保持其服务于大众，致力于社会革新的思路不变，亦能保证其以"中间偏左"的稳健姿态向前发展。如叶镜涵和周叔享、周远侯、罗中典、宋剑琴等，都是中共地下党员；汪伦来自延安，曾受聘担任苏联《真理报》的通讯员。

1945年11月，《嘉陵江日报》改由国民党背景的"名画家兼作家"胡弗主持编辑工作，报纸的意识形态面貌相应发生了一些变化，其社会影响日渐降低。1946年8月30日，因经费短缺，北碚管理局宣布其停刊。但其在抗战期间所作出的贡献却并未在历史的记忆中消逝。

江津是重庆周边、濒临长江的文化大县，具有深厚的人文传统，历来有喜好办报，以新知启蒙桑梓，以时讯服务乡党的优良传统。自1919年7月，江津挟五四之风雷创办《场期白话报》，以发起社会运动，推动民族主义和政治革命的普及与发展起始，其后，又于1929年初，创办了由中共江津特支领导的《新江津日刊》，在该县辖区内宣传社会主义思潮和中共的政治纲领。次年，"九三"兵变失败，该报停办，中共组织转入地下，另创地下刊物《赤焰》。

1930年，在地方主义思潮的支配下，江津县政府亦创办了石印报纸，取名亦叫《新江津日刊》，稍后，又有《几江日刊》面世。1932年10月，国民党县党部与县政府又联合创办《江津民报》；1936年县政府主办的《津报》创刊。这几种地方小报，都是"防区时代"军政割据和文化宽松条件下的产物，同时也是地方经济、文化发展及资讯需求的必然产物。

《津报》是该县地方报业中的"大报"，1941年10月24日更名为《江津日报》，所以，又是抗战中该县办得最有起色、最引人注目的"大报"。《津报》时期，正值抗战军兴，因此，为动员本县民众积极投身抗战救国大业，做了不少具有普及意义的舆论宣传工作。更名后，其办报资金由县内银钱业和商会等社会人士筹集，基本上属于一张民营报纸，其发行人为刁之鲜。刁在战时又为县民众教育馆馆长和国民党县党部宣传委员，但思想并不保守，时有趋新表现，因此是个半官半民的文化人。该报于1941年12月18日正式发行，社长也是刁之鲜，经理张之洛，主笔涂志印，总编辑王野晴，采访主任陈兰荪，副刊编辑彭成全；社内设编辑、言论、经理三部。

1943年8月，该报转让给谢维平。谢乃将级军官，黄埔出身，时兼县党部书记长职，因不懂办报，实际业务由其姨侄朱虎庄一手包揽。朱是中国共产党的地下党员，由其出面聘请著名诗人吴芳吉之子吴汉骥作总编辑，采编班底主要有赖镜、刘荣耀、梁绿野等，但均系兼职。在朱、吴二人的主持下，该报在组织、宣传和动员地方力量抗日救亡方面表现得十分积极活跃，对地方弊政也时有批评，其基本办报立场属"中间偏左"一路，并不太激进。1942年12月，因刁之鲜与承印商黎隆星产生矛盾。恰好国民政府提出"还政于民，准备行宪"的口号，于是，黎隆星便约请梁绿野等人商议，不再承印该报。1943年3月，《江津日报》与《民言日报》合并，采用"民言"报名。《民言日报》由黎隆星、梁绿野、任应秋发起创办，仿国内自由主义民间大报，除设编辑部外、还专设"社评委员会"，且阵容强大，因此在战后一段时间内，对地方舆论有较强的影响力。

綦江地处川贵交界之边地，历来交通不畅，资讯闭塞，但地方文化人中亦不乏办报热情者，1924年，受五四思潮和地方新政的影响，始有《綦评》创办。之后，各种形式的日刊、周刊、半月刊、月刊不断出现，逐渐带动了世风的开化及地方经济、文化的发展。据不完全统计，截止到抗战胜利，竟有20余种之多。这些报刊中，大多为民间社会团体和同仁性质，官方性质的很少。虽是地方自治的产物，但大多思想开放、视界现代，对世界文明潮流敏感且持欢迎态度，同时也表现出激进的自由主义和社会主义倾向。1925年春，《綦评》改名为《綦民公论》，采用新闻纸铅印。总编为邹进贤，编辑部在綦江，发行部则在重庆。邹时为中共党员，负责联系印务的霍昆镛也是中共党员。

《綦民公论》承续《綦评》的刺世风格，对地方官吏和豪强时有抨击，因此在地方民众中口碑甚佳。该报得到民众鼓励，愈发显示出其激进主义刺世风采。1925年夏，邹进贤赴京参加国民会议促成会全国代表大会，霍昆镛考入黄埔军校，其余同仁于是星散，该报无疾而终。

1937年，全面抗战爆发后，綦江掀起了第三次办报高潮。根据时局变化和政略需要，这一时期报刊的报道内容主要体现为两个方面：一为传递政令、沟通官民；二为精神动员、唤起民众。影响较大者，先后有《自强日报》、《綦江潮》、《綦江民众导报》和《世皇论坛》等四种。

《自强日报》，取抗日救国、自强不息之意。经国民党中宣部批准登记，于1939年2月正式面世，由余适君等负责编务，自办发行；主要转发国际国内重要军政消息，只有地方新闻为自家采写。该报还专辟有文艺专栏，是该县文学青年热心的版面。该报为铅印小报。

《綦江潮》创办于 1941 年 9 月，主办单位为国民党綦江县党部宣传委员会。与《自强日报》一样，均为对开四版小报，初为石印，后改铅印。其办报主张为"勤求民意之伸张与政令之推动"，尤其强调"抗战期中县内应兴应革事体，均作善意之商讨"①，因此，以大量篇幅刊发辖区内的各色新闻，对国内外重要新闻也给予应有的关注。但是，因经济拮据，该报创办不久即告停刊。

《綦江民众导报》始办于 1941 年 12 月，发行人是刘孟加，编辑有霍正依等 8 人。刘的另一身份是三青团綦江分团部干事长，所以该报有相当的官方色彩。其宗旨为："传达政情，沟通民意，发扬地方文化，转移社会风气，灌输科学知识，启发民智民慧。"② 显得颇有改变桑梓精神面貌的文化抱负。该报每期铅印 1000 份，分送县内各机关、乡镇公所、乡镇中心学校和"保国民学校"，后因经费困难，无以为继，于 1944 年停办。

《世皇论坛》创刊于 1941 年 9 月抗战期间，以主办者张世皇之名而取之。张原为国民革命军少校营长，曾在抗战中参加过鄂北战役，自谑为"丘八文人"，因对战时重庆达官显贵"纸醉金迷、花天酒地"十分反感，而行为有所冲撞，曾被捕下狱。出狱后，于 1941 年 7 月创办《世皇论坛》，自任编辑，邀杨济康为发行人。该报创刊号即以张世皇的《我的日记之一篇》而震动县城。县政当局指控该报"言论荒谬，诋毁党团尊严"等情节，向县法院起诉，很快被勒令停刊。该报为 16 开四版，铅印。以一期创刊号而惊动"天下"，并因之寿终，在重庆报史上可谓罕见。除此之外，重庆周边的璧山县和铜梁县也有热衷于地方办报的记录。

璧山地处渝北，与合川、北碚接壤，地方民众多为卢作孚《嘉陵江日报》的读者。1944 年始有自己的《渝北日报》问世。璧山办报，是因为战时内迁文教机关、各类学校驻扎该县甚众，除了这些机构先后创办的如《社会教育学院院刊》、《教育与社会》季刊以及《国民教育》等杂志外，大众化的地方报纸却一直缺席。作为战时重庆有名的文教大县，不办报简直说不过去，再加上毗邻各县都有县报，面子上挂不住。因此，由县党部、县三青团分部和县参议会三家合议，这张铅印小报就办了起来。《渝北日报》主编为戴时雄，社长为璧山县党部书记长黄麟；编辑记者为

---

① 《綦江潮》1941 年 10 月 16 日。

② 《綦江民众导报》1941 年 12 月 20 日。

来自社会教育学院的学生。该报内容，除国际国内重要新闻大多转自中央社外，地方新闻着重报道该县文教活动、民众生活、官方迎来送往之类。不过，也时有披露世象的"负面新闻"和刺世短评。1945年秋，因报道一则"负面新闻"，引起军方不满，遂被迫停刊。

铜梁县也是具有文教传统的地方。五四期间也受到新文化、新思潮的波及，地方人士中矢志于办教育和办报刊的亦不乏其人。五四以后，该县学子创办的《铜梁旅沪同学会刊》就是最早的证明。"防区时代"，前后创办了不少小报，其中竟有4种被我国著名新闻教育家和理论家黄天鹏写入《中国新闻事业》一书中。这4种报刊是：刘春晖主办的《新铜梁集刊》，张子文主办的《市政周刊》，罗世辅主办的《劝业周刊》，还有黄树玉主办的《铜梁旬刊》。

《新铜梁集刊》为综合性三日刊。主办人刘春晖为铜梁县文教界名流，曾长期担任私立养正学校常务董事，在办学与办报上都很有想法。他还与战时著名作曲家刘雪庵交谊很深。该刊主要对象为学校师生，因此在文教界口碑甚好。

《市政周刊》是典型的"防区制"宣教刊物。铜梁为川军邓锡侯的防区，由邓手下旅长游广居驻扎。该周刊之创意主要为：服务地方市政建设，促进地方文教发展。实际上是沟通政情民意的地方舆论机关。主办者张子文，其主要身份是"市政公所提调"，相当于县长。《市政周刊》尤提倡给民众办实事，所以民众对其评价不错。《劝业周刊》和《铜梁旬刊》同样是"防区制"地方自治的产物，但在传递资讯和引导地方舆论方面，其影响不如前面的两种。

由此足以引发我们思考的是：重庆民国新闻传播事业的发展与繁荣，光着眼于全国性或区域性大报，恐怕是既不公平，也不客观，同时也是不全面的。"防区时代"重庆周边各县区数量甚多的小报，不仅在促进地方资讯发展，满足地方经济社会需要和推动文教事业进步，特别是开化地方风气，推广思想潮流，唤醒民族意识等方面，有大报无法体现出的地方亲和性宣教作用。而在抗战期间，重庆周边这些县区小报，在组织动员民众、反映地方社情民意、沟通战时政情军令方面，的确起着大报取代不了"二级传播"意义上的地方舆论领袖作用。

作者单位：重庆师范大学文学院

吴越、秦晋、巴蜀：一个文学三角形构架的现象思考

邓经武

一 存在决定意识

在中国文化格局的分布中，秦晋是标准的北方质实文化代表，吴越是南方文化绮丽系统的典型，巴蜀则是长江黄河同时流经的唯一省份，相当于两个法国面积的大盆地是一个相对独立的地理单元，人们将之划分为西南。

在华夏民族的童年时代，三个区域都以一种童真形态，表现着对外部世界的欲望和争夺意志，如吴越"卧薪尝胆"及其在"吴王金戈越王剑"等兵器技术的达到的辉煌，秦晋地区"力主耕战"的"忧深思远"，巴蜀地区"巴蛇吞象"骄狂大胆等。虽然经历了秦的政治经济军事统一与汉帝国的文化大融会，但由于各地域自然条件的不同，农耕技术发展的不平衡，地域物产状况出现极大差异而导致生活方式的变异，吴越文化的旖旎、巴蜀文化的艳秾、三晋文化的质实，逐渐显示出彼此的区别。作为人类文化中精神审美形态的文学，则把这种差异表现得尤为鲜明。魏征《隋书·文学传序》云："江左宫商发越，贵于清绮，河朔词义贞刚，重乎气质。气质则理胜其词，清绮则文过其意，理深者便于实用，文华者宜于咏歌。此其南北词人得失之大较也"，就注意到地域文化制约下各地域文学表现的不同。中国最早的、大体同时的两首叙事长诗《孔雀东南飞》与《木兰辞》则是这种南北文化差异的突出体现。

越剧、昆曲、苏州评弹只能讲述才子佳人、闺阁闲情，《牡丹亭》、《西厢记》、《红楼梦》、《梁山伯与祝英台》、《白蛇传》等是"吴侬软语"最合适的抒情载体。《史记·货殖列传》就强调过吴越地区"饭稻羹鱼，或火耕而水耨，果隋嬴蛤，不待贾而足，地势饶食，无饥馑之患"、"是故江淮以南，无冻饿之人"等物质条件丰裕的情况。左思的《吴都赋》已经指明："吴伛越吟，翕翕容与，靡靡悄悄"等特点。六朝以来的晋室

269

南渡，士族文化的阴柔特质及其对温婉、清秀、恬静的追求，纯化了吴越文化的审美取向，逐步给其注入了"士族精神、书生气质"。以金陵为中心的南朝文化、以杭州为中心的南宋文化、以苏州为中心的明清文化等历程，导致吴越文化愈发向"吴牛喘月"般文弱、精致、唯美、忧伤方向发展。秦淮、姑苏、淮扬、钱塘等地名，几乎就是中国文学的旖旎、姿柔、温雅、婉媚意象的代名词。换句话说，从河南地区流传过去的梁祝故事，被吴越文化精细化柔美化加工之后，愈益凄美。也只有在吴越文化的熏染下，才可能产生中国民族音乐的经典《二泉映月》、《梁祝》、《茉莉花》。随着明清以来工商实业的发展尤其是对海洋的瞩目，吴越文化除阴柔、精细之外，又增添了奢华之习俗，并逐渐呈现出海派文化的特征。宋明以来"浙东学派"开启的启蒙文化思潮，直接作用于 20 世纪中国文坛的名人如蔡元培、钱玄同、刘半农、沈尹默、郁达夫、茅盾、宗白华、钱钟书，尤其是周氏兄弟。俞平伯、艾青、徐志摩、戴望舒、穆旦等作品体现的超脱与唯美的诗性审美张力，《倪焕之》、《二月》、《财主底儿女们》呈现的"庭院深深深几许"画面构架特征，这些大致都可以从吴越文化背景中找到原因。

《诗经》中的《唐风》、《魏风》、《秦风》、《豳风》，是产生于秦晋大地的民间歌谣。其中《伐檀》、《硕鼠》以及《荀子》、《韩非子》和名篇《触龙说赵太后》等，都凸显着"晋人宿崇功利"等强烈功利目的和社会争斗特征，《瓦岗寨》、《杨家将》、《敬德洗马》、《金沙滩》等金戈铁马的故事是其最佳的言说载体。山西梆子的"激越俚鄙"、秦腔的吼唱方式与"安塞腰鼓"勃发轰响，信天游的悲恻婉转，都基于贫瘠的黄土地水资源严重匮乏、农耕文明发展极度缓慢、物产的不足等困窘。《毛诗序》说得清楚："其风俗忧深思远，俭而用礼"。节俭质朴的倡导与礼法制度的建立，导致了秦晋的日益强盛，俞伟超先生指出："在三晋，诞生了法家学说，强调法制而力主耕战，就青铜器的装饰而言，表现等级差别的礼仪活动，正是流行的图像题材。"①《汉书·匈奴传》说："当是时，秦晋为强国。晋文公攘戎翟，居于西河圜、洛之间，号曰赤翟、白翟。"以白

---

① 参见《考古学是什么——俞伟超先生访谈录》，《东南文化》1990 年第 3 期。唐人李筌《太白阴经》也有"秦人劲，晋人刚，吴人怯，蜀人懦"的概括；宋人敏求《唐大诏令集》卷一○二《求猛士诏》说："秦雍之郊，俗称劲勇，汾晋之壤，人擅骁雄"；《史记·张仪列传》说："三晋多权变之士，夫言纵横强秦者大抵皆三晋之人也。"

色为祥瑞，崇慕强力勇猛的狼，"晋居深山，戎狄之为邻"的巨大生存危机，形成了秦晋地区的"白狼"图腾崇拜。① 身披六国相印的纵横家，主张变法图强的法家思想首先兴起于此，如李悝、韩非子、荀况、商鞅、张仪等。三晋地区盛行《韩非子》、《竹书纪年》学说以及秦王朝的严刑峻法等，就是这种地域人文心理的折射，清代扬州人焦循对秦晋地区的戏剧特征概括得很清楚："其事多忠、孝、节、义，足以动人；其词直质，虽妇孺能解，其音慷慨，血气为之动荡。"② 20 世纪初的王独清、郑伯奇、高长虹，尤其是赵树理的后来崛起以及追步其后的马烽、西戎、束为、孙谦、胡正等，其作品的价值取向，都可以概括为"忧深思远，俭而用礼"，艺术风格也带有"其词直质，虽妇孺能解"的特点。与之同时的马建翎的秦腔《血泪仇》更是以地域传统话语符号来宣讲阶级斗争新说。彭德怀在给马健翎的信中肯定道："为广大贫苦劳动人民、革命战士热烈欢迎，为发动群众组织起来有力的武器。"

川菜的麻辣，川话"涮坛子"的风趣幽默，川剧《活捉王魁》表现人文性格的骄顽强悍，"巴蛇吞象，三岁而出其骨"的"蛇图腾"等，源于"周失纲纪，蜀先称王，七国皆王，蜀又称帝。是以蚕丛自王，杜宇自帝"等地域文化传统，基于巴蜀大盆地"西僻之国"却有着物产丰足的"戎狄之长"地位。无论是白居易《长恨歌》的"蜀江水碧蜀山青"开篇，还是骆宾王《艳情代郭氏答卢照临》的"峨眉山上月如眉，濯锦江中霞似锦"、李商隐的"巴山夜雨涨秋池"、陆游《登灌口庙东大楼观岷山雪山》的"千年雪岭阑边出，万里云涛坐上浮"等，都说明了"天下之山水在蜀"审美对应物对文学创作的涵蕴激发作用。这就是李白所说的"阳春召我以烟景，大块假我以文章"（《春夜宴桃李园序》），也是我们经常强调的"存在决定意识"。"蜀地鄙陋"而远离中心所形成的边缘意识，是 20 世纪巴蜀作家群大胆反叛既定道德伦理，勇于创新的深层原因，如郭沫若的凌厉狂荡、沙汀的峻刻批判、何其芳的绮丽"画梦"、陈铨的质疑"天问"、阳翰笙的"草莽英雄"刻画、李劼人的"外省风

---

① 可参见陈忠实《白鹿原》的有关"白狼"的描写；又如《北史·李高传》曰："又有白狼、白兔、白雀、白雉、白鸠等集于园间。群下以为白祥，金精所诞，皆应时邕而至。"

② （清）焦循：《花部农谭》，《中国古典戏曲论著集成》（八），中国戏剧出版社 1959 年版。人们公认"苦音腔"最能代表秦腔特色，唱腔深沉哀婉、慷慨激越，适合表现悲愤、怀念、凄哀的感情。

情"叙事等，一个"西南"式的文化言说，成为中国文坛一道独特的风景。

秦晋的响马大盗，是明明白白、直截了当的雄放劲健行为，中国战神"武安王"关羽、隋唐猛将尉迟恭都是秦晋地区最受崇拜的强力化身。吴越地区盛行的昆曲《十五贯》中的娄阿鼠，则是靠精湛的技术实现自我价值，巴蜀地区的"棒老二"既有棍棒的暴力又有隐蔽自己的智慧。文如其人，地域人文性格制约下的文学创作，自然会有着迥然不同的文风。

二 案例

吴越江浙地区"常熟"的丰裕物产使"人文渊薮"成为可能。优越的物质环境提供了精英文化发展的生存条件，同时由于东南沿海较早地呼吸到西方文明的气息，得风气之先地接受西方文化的洗礼。20世纪中国文学架构中最靓艳的是江浙作家群，"语丝"、"新月"、"现代评论"、《学衡》、《湖畔》等文学社团，骨子深处有着传统精英文化的制约，又通过西方近现代文化格式化刷新而获得现代性言说的艺术手段。"托尼哲学，魏晋文章"的概括，就是注意到"会稽先贤"对鲁迅等人的影响。戴望舒诗歌在现代抒情艺术上的精湛，确实有着对"丁香"等中国传统诗词"江南意象"的吸取，徐志摩诗歌艺术的温婉精细，却少有人注意吴越文化对他的哺育与涵蕴。中国共产党早期领袖瞿秋白把自己政治革命生涯比喻为"犬耕"，因为他本质上是一个诗人，他把自己与爱人杨之华的名字组合为"秋之白华"，实际上就是中国文学柔美绮丽的一个典型的"江南意象"。"鸳鸯蝴蝶派"程小青的"栽得名花四季春，嫣红姹紫总多情。小园日涉备成趣，一片才凋一片新"等诗句，把吴越文化圈的人生情趣以及言说的符号编码特征概括得淋漓尽致。

20世纪80年代以来，汪曾祺以故乡高邮的风土人情作为审美对象，营造了一个和谐至爱的江南水乡社会，陆文夫的"小巷世界"《特别法庭》、《小贩世家》、《围墙》、《美食家》、《井》等，呈现出典型的吴越风情，叶文玲的"长塘镇系列"和林斤澜的"矮凳桥系列"、李杭育的"葛川江系列"小说等，展示了具有魅力的吴越文化色彩。范小青的《豆瓣街的谜案》、《裤裆巷风流记》，陈军的《清凉之河沐》、《玩人三记》等作品所描写的江南市井风情，都是有意识地凸显吴越地域文化特征的作品。还有如苏童小说的"逃亡"主题，余华的"苦难"主题，格非的"梦幻"主题，叶兆言的"凶杀"主题，对人性丑恶的一面进行了淋漓尽致的描写，都呈现着吴越文化精深的特点。毕飞宇的《青衣》和《玉米》对人物心理情绪丝丝入扣、细致入微的捕捉与描摹，有着叶圣陶笔下《苏州园林》的精巧。在文学创作中消解深度价值，看重平面化影像中的生活描述，叙事私人化，写作游戏化，主题形而下等，都呈现着"江南私家园林"的构架方式。

秦晋地区丧失了曾经有过的中心地位（如春秋五霸之一、汉唐首府），贫瘠的环境无法供养更多的文化精英，质实的人文性格难以迅速适应价值观的转型，20世纪中国文学发轫期秦晋名家的缺失，原因可以从这里去寻找。典型的农耕文明状态，却存留着更多的民俗文化内容，它必须等待一个大众化、民间化的社会机制来为自己崛起提供机会。"人民革命"激活了"宿崇功利"、"忧深思远"地域传统记忆，构成赵树理及其"山药蛋派"文学崛起的社会机制。赵树理及其"山药蛋派"随着这个机制的出现与转型，呈现出一条盛行和逐渐消亡的运行曲线——20世纪50年代中期开始，"人民大众革命"（如中华人民共和国政务院的非中共人士部长占有一定比例）时代转型为"无产阶级专政"（国务院各部长逐渐换成清一色的中共党员）时代，民众生存的现实欲求与执政党的远大目标开始出现距离，一味地揭示"问题"在革命颂歌赞歌主潮文学中已经成为一种不和谐的噪声，赵树理及其追随者们，就显得有些不合时宜了。赵树理的"晋京"和"返乡"，实际上就是赵树理所代表文化现象赖以生存的社会机制转型的最好说明。柳青的《创业史》随着时潮变化不断地修改两条路线斗争的对象，乃至最后把对刘少奇的批判增加进去。其笔下主人公梁生宝近乎"愚人"的性格，成为黄土高坡坚韧人生的缩影。他们的成就与遗憾，都基于太质实地"问题"言说。"忧深思远"的地域人文性格，使20世纪秦晋作家群中鲜有诗人。柳青《创业史》、路遥的《人生》和《平凡的世界》、陈忠实的《白鹿原》、贾平凹的"商州系列"和《秦腔》、京夫的《八里情仇》、高建群的《最后一个匈奴》等，其共同的特点就是充盈着"苦音"，太多的人生苦难内容与沉重的社会难题思考，犹如秦腔的悲怆和信天游的幽怨回荡萦绕。

巴蜀地区由于长时期的"蜀道难"地里阻隔，又由于大盆地疆域相对辽阔和物产的"天府"优势，地域文化的发展有一定的自足性。鲁迅、茅盾当年编选《中国新文学大系》小说集的时候，不约而同地运用了"蜀中、四川"等视角对巴蜀作家群，进行专门的乡土—地域性思索和论述。巴蜀诗歌是以"走偏锋"土匪式"号叫"被人们注意的。20世纪初郭沫若的《天狗》、《匪徒颂》，与康白情《草儿》，到20世纪末四川的非非、莽汉诗歌等皆是。巴金的创作就是从"愤激小说"《灭亡》、《新生》开始的，其代表作"激流三部曲"的根本立足点还在于"我控诉"！陈铨的《天问》等小说，充盈着桀骜不驯强力意志。20世纪30年代柔石《为奴隶的母亲》和罗淑的《生人妻》都是描写"典妻"，前者通过对封建传统虚伪残忍的批判而表现着对"沉默的国民魂灵"的悲愤。罗淑则以对自然人性的追求，集中于对四周阻隔的巴蜀大盆地中野性未泯的生命强力的展示。罗淑的老乡周克芹，以对"极左"思潮中普通民众的顽强生存意志绘写而令人瞩目，魏明伦则以《潘金莲》及众多杂文凸显着"未能笃信道德，反以好文讥刺"的巴蜀传统文风。

其原因也许可以从地域、自然地理状貌对人的心理的诱发去寻找，"四川山水别有境界，他的境界的表示，都是磅礴、险峻、幽渺、寂寞，及许多动心骇目之象。这般景象，最能使文学的心理受一种深刻的刺激。所以四川文学也就容易发达"①。20世纪40年代寓蜀的路翎，在川江岸边刻画出"饥饿的郭素娥"，来自杭州"七月诗人"阿垅，就写出极富于"巴蜀意象"的《纤夫》（1941）：

> 正面着逆吹的风/正面着逆流的江水/在三百尺远的一条纤绳之前/又大大地——跨出了一寸的脚步……//佝偻着腰/匍匐着屁股/坚持而又强进！/四十五度倾斜的/铜赤的身体和鹅卵石滩所成的角度，/互相平行地向前的/天空和地面，和天空和地面之间的人的昂奋的脊椎骨/昂奋的方向/向历史走的深远的方向……

不管是原住民，还是有一定时间跨度的外来寓居者，其精神活动都必然地要反映所在环境的各种风貌特征，文学受孕的地理空间中自然山水和人生状貌等意象，必然地要呈现于作品之中；就后者而言，"入乡随俗"以求融入所在社会环境，这是人的生存必需。作家都有一种难以割舍的

---

① 吴芳吉：《笼山曲·小引》，《吴芳吉集》，巴蜀书社1994年版。

"地域情缘"。这个"地域"就是形象化的"故土"，"故土"不仅构成了他们文学创作的特定话语内涵，而且也是创作主体生生不息的精神源泉。执著于三晋大地"厚土"的李锐，也有着《旧址》、《银城故事》（四川荣县一带把"盐巴"读为"银巴"）等对四川自贡盐业社会的回瞥，他把自贡故土视为自己文化创造"血缘与精神的纽带"。20世纪30年代成名的"还珠楼主"长期寓居京津地区，却以"蜀山剑侠"的系列小说垂名至今。

　　幅员辽阔的中国，各地域文化的差异性极大，既表现在民族上，又表现在地域上。当下关于闽学、徽学、洛学、关中学的研究，以及齐鲁文化、秦晋文化、河洛文化、燕赵文化、巴蜀文化、荆楚文化等再次进入人们的学术视野，以及"国学热"的方兴未艾等，都是全球化浪潮下对国家未来文化安全的战略性回应。

三　回顾与展望

　　新时期思想解放运动为中国文学创作提供一个相对自由的运行空间，"把政治还给政治家"的文学本体意识自觉导致对"主流"的疏离，多元审美视野观照下"重写文学史"的浪潮，导致文学研究的诸多"新发现"。而全球化浪潮的汹涌激荡，让国人开始注意自我族群的身份辨识，文化寻根使中国文学呈现出浓郁的地域—乡土特征，"晋军"、"京派"、"海派"、"湘军"等文学群体，成为文学研究界时常使用的批评术语。黑格尔在《美学·序》中说过："每种艺术品都属于它的时代和它的民族，各有特殊的环境，依存于特殊的历史的和其他观念和目的。"鲁迅曾经大力推介过勃兰兑斯的文学史观，立足于"从一个国家到另一个国家，从心理上探索更深刻的文学运动，并指出从一个时期到另一个时期，流动的质料怎样凝聚起来，结晶成一种或另一种明晰易解的典型"等研究思路，在中国是长期缺席的。

　　在文学中发现文化、在文化中发现文学，作家的地域文化风情迷恋和俗世情怀，已经成为一部作品特色表现的内驱力。因为审美经验源自于大众日常生活一般经验，当下的任何文化创新都有着地域性的时间记忆，这几乎已经是创作界与理论界的共识。地域文化是大众意志支配下的一种集群文化的认同，是一种历史变迁的产物。在特定的地理空间、经由一定时间段历程，在价值理念、叙事方式、语词选择与组合等方面，形成特有的符号编码程式——或者说是形象—意象叠加组合方式，使文学的话语隐喻及符号象征都呈现着一种独特性。这种新的创作理念与美学阐释，打通了文学研究的时间性和空间性，使地域文学研究立足于地域文化而又超越了区域的局限性。确实，中国文学的缤纷多姿，就在于多种地域文学共同努力与建构贡献。

"对外开放"的吸纳和"走向世界"的变革欲求，导致着中外文化的剧烈碰撞和尖锐冲突；文化比较的视角使中国思想界在审视自我的同时，也产生了对西方文化霸权的警惕。人们重新思考民族的生存问题，是对西方异质文化猛烈冲击下的自然反弹的表现，也是中国文化本土化意识的增强。提供地域文化背景、经验材料，从不同的地域文化去审视中国新型文化与新时代的关系，从而寻找建设中华新文化的新方向。地域文化研究的视角就成为中国社会科学界关注的重要论题。国家安全的战略问题如全球化语境、全球一体化浪潮、族群自我身份的确认，以及国家意志、社会现代化进程与地域文化的退化等矛盾，逐渐成为中国文化与文学研究的最新热门话题。

随着市场经济时代的来临，文学不再是政治的附属品，创作的价值在于一部作品的发行量和作家存款的数额——这又是一种新的"大众化"——其实为市场化的文学价值判断。作家的内心物质欲望，导引着文学创作肆无忌惮地任意书写一切。"利用小说反党"与自己的生存安全"过不去"的傻帽儿，不再是中宣部以及各级官员所担心的问题。消费时代享乐的平面化、意义的深度消失和纷乱场景的拼贴意识，影响着人们的阅读方式。文学的写作（多数都难称得上是创作）必须跟随大众的消费心理。作品要卖个好价钱，就要尽全力吸引公众的眼球，这就要求新奇，严肃文学的独创性要求突出个性，地域文化及其制约下的民俗风情，如原生态的民间语言和本真化的生存方式，就成为创作界重点选取的当然资源。

赵树理们价值指向的"批判性"，是为了引起"问题"疗救的注意。柳青《创业史》承载的是"团结群众、教育群众、打击敌人"社会功能。黄土大地忧伤苦涩的生存状态，弥漫于路遥的《平凡的世界》、《人生》和柯云路的《新星》等名作之中。作家张平的成就，也在于小说的"问题"揭示，他紧跟国家主流话语，创作了《抉择》和《国家干部》，以雄健强悍的秦晋民风叙说着对社会现实的强烈关注。可以看出，秦晋作家群有一个一以贯之的传统：对"问题"的偏爱！他们因浓墨渲染民俗风情而使小说显现历史的、文化的和人性的光彩，却因过分追求历史事变和时代潮流的表现，而使作品文气中断，最终留下诸多遗憾。平民意识、平民生活体验和悲悯情怀，还需要得到更加艺术地表现，苦质精神和救世理想，还需要审美的精细化展现。贾平凹在《答〈文学家〉问》中明确指出，陕西作家"社会阅历丰富，生活基础雄厚"，但是"缺乏系统的理论和艺术上的修养"。①

江浙吴越地区的作家，曾经取得令人瞩目的成就，精细的农耕技术练就了他们细腻的审美心理，优越的物质条件、南方自然物象的缤纷多姿，是激发抒情欲望的重要原因。王旭烽荣获茅盾文学奖的"茶人三部曲"（《南方有嘉木》、《不夜之侯》、《筑草为城》）（1999），成为江浙文学最为辉煌的亮点。一些作家多次与"茅盾文学奖"失之交臂（如余华），也有着厚重不够与缺乏大气的原因。

当代巴蜀作家群体，周克芹的《许茂和他的女儿们》是继赵树理之后，在将社会主义现实主义文学发展到极致同时也是对这种创作理念的终结，虽然有李一清的《山杠爷》、《父老乡亲》、《农民》，贺享雍的《苍凉后土》、《土地神》等苦苦支撑着"四川乡土现实主义"文学传统，却未能引起全国性的反响。倒是在新锐与先锋性文学领域，"走偏锋"的地域传统再次引发川籍作家集群态势。

郭敬明以《幻城》一炮走红，成为"青春文学写手"的领军人物，并且成为让爷爷辈、父亲辈中国著名作家汗颜的文坛大富翁。与他类似的还有同样来自于四川自贡市的"文字女巫"饶雪漫，其"青春疼痛文字"、"青春狂爱"、"青春影像"、"青春互动"等意象迷倒诸多读者。"80后"文学主要依托市场，并且获得了极大的成功，这在某种程度上造成了"80后"文学对主流文学权威的蔑视。麦家的《解密》、《暗算》、《风声》等"新智力小说"纷纷在荧屏上展现获得极高的收视率，何大草以《午门的暧昧》引发阅读界的注意，其《刀子与刀子》被看成是中国最具震撼力的青春小说。凤歌、步非烟、方白羽、庹政、碎石、苏镜、夏洛、月斜影清、斑竹枝、雪舟子、云中羽衣子、周翔等"川派武侠"小说现象，成为当下中国文坛绕不开的话题。网络小说"成都三部曲"《成

---

① 贾平凹：《答〈文学家〉问》，载《文学家》1986年第1期。

都，今夜请将我遗忘》（慕容雪村）、《成都粉子》（深爱金莲）、《成都，爱情只有八个月》（江树），成为文坛一道炫目的风景，变为纸本出版后盗版者层出不穷，还引发了《武汉，和爱情一起入眠》，《杭州，不浪漫》，《西安杂种》、《情断西藏——绕过手背的爱》等网络城市小说的纷纷跟进。其原因在于"小说的确具有风行一时的所有要素：在流畅而富于机趣的文字间，有欲望的真切萌动和展现以及展现的场面和'技术'，有肉体沉迷和动人的颓废、感伤，有对'万劫不复'的青春、理想与大学时光'深情无限'的追怀，有'浪漫而怀旧'的诗意和歌声，有成都的粗口和噱头，有商界的精彩缠斗，有人际的阴谋、背叛和复仇"①。

　　吴越江浙文学的"柔秀化"与"女性化"、格调手法的"精雅化"、人生情致的"美逸化"以及吴侬软语的"甜"、"软"特质，很难突破"江南私家园林"的艺术思维框架，尤其是苏童、余华等太重"脂粉气"，被人评为轻灵虚美有余，高远深邃不足。吴越文化在"飘逸与深刻"的基础上应该增加一点钱塘大潮排山倒海的气势与"胆剑"精神的传统因子；秦晋作家在坚守"忧深思远"质实特色的同时，可以借鉴一些江南园林的精巧和灵动，薄敷一点秦淮脂粉；"川军"在发扬"巴蛇吞象"创新豪气时还必须增添一些"飘逸与深刻"和黄土地的坚韧沉雄。没有地域个性的文学必将失去自我依托而被遮蔽，任何文学创作都离不开它扎根其中并从中吸收养分的具体土壤。走向世界的中国文学，应该以充盈着浓郁本土情调的、繁复多样的乡土人生画面，用"中国式"的思维方式，对当下人生的思考与对社会变革的回应，从而在全球化文学浪潮中保有自我的一席之地。文学作为最具有生动形象性和艺术感染力的文化产品，愈益成为一个国家和民族对外形象传播与张扬自我文化的锐器。

作者单位：成都大学文学与新闻学院

---

① 姜飞：《"遗忘"：叙事话语和价值态度——评慕容雪村的网络小说〈成都，今夜请将我遗忘〉》，《文艺理论与批评》2003 年第 2 期。

重构现代巴蜀文学史的思考

张建锋

20 世纪 80 年代，随着中国经济、思想、文化的转型，对文学的思考也出现新的动向。北有钱理群、黄子平、陈平原三人提出"二十世纪中国文学史"的概念，南有陈思和、王晓明在《上海文论》上主持"重写文学史"的讨论。"南北双城"舞动起波澜，中国现代文学史的重构进入学者的研究视野，各种中国现代文学史著应运而生。除了通史性的中国现代文学史著外，又出现了文体史、思潮史、流派史、阶段性文学史、区域性文学史等等，显示出中国现代文学史著编纂的全面开花和长足发展。

在区域性文学史中，有的以行政区域为描述对象，如《上海现代文学史》、《江苏现代文学史》、《岭南现代文学史》等；有的以政治地理区域为描述对象，如《江西苏区文学史》、《抗战时期沦陷区文学史》、《山东解放区文学概观》等。四川历来具有浓厚的"崇史"、"写史"之风，蜀人的治史传统源远流长。在编纂中国现代文学史的热潮中，自然置身其中，弄于潮头。据笔者有限的视野，到目前，川籍学人编纂的通史性中国现代文学史著就有陈仲高、康立民主编的《中国现代文学简明教程》（1988 年）、苏光文、胡国强主编的《20 世纪中国文学发展史》（1996 年）、雷家仲、杜学元主编的《中国现代文学》（1999 年）、曹万生主编的《中国现代汉语文学史》（2007 年）等。而巴蜀文学论著有孙自筠的《论内江十二作家》（1991 年）、李怡的《现代四川文学的巴蜀文化阐释》（1995 年）、邓经武的《20 世纪巴蜀文学》（1999 年）、孙自筠的《20 世纪内江文学通论》（1999 年）、谭兴国的《蜀中文章冠天下——巴蜀文学史稿》（2001 年）、杨世明的《巴蜀文学史稿》（2003 年）、邓经武的《大盆地生命的记忆——巴蜀文化与文学》（2005 年）、李怡、肖伟胜主编的《中国现代文学的巴蜀视野》（2006 年）、张建锋的《川味的凸现：现代巴蜀的文学风景》（2007 年）等。这些巴蜀文学论著都力图突出地方特色,与地域文化研究相结合,寻找文学的地域文化魅力。但是,与其他地区性文学史研究一样,现代巴蜀文学史研究也未能彻底摆脱全国性新文学史研究的思路,区域文学概念、内涵的界定各说不一,著录作家的选择标准各行其道,甚至进行模糊处理,影响了区域性文学史的系统性、科学性。因此重构现代巴蜀文学史很有必要。

一 现代巴蜀文学与巴蜀区域文化的关系问题

邓经武认为:"研究巴蜀文学,不能简单地将传统中国文学史中的四川籍作家剪裁下来,拼凑粘贴在一起,而应该以人类文化学、地域文化学的视角和理论框架,深入地思考历朝历代巴蜀作家常常雄踞当时文坛霸主的深层原因,探索巴蜀文学创作表现特异的地域文化动因,地域人文性格对作家的制约和模塑作用。就是说,要找出贯穿始终的巴蜀文学的巴蜀精魂……通过此,我们还应该进而达到对中国文学史整体重构的独特贡献。"[①] 还有论者认为:"任何一个作家首先是区域型作家,他们都受到地域文化集体无意识的熏陶和浸染,吸收了地域所赋予的独特文化内涵和审美特性,并把这种内在积淀与外在世界、个体经验和多元文化进行碰撞,从而走向更广阔、更坚实的文学精神存在。所以,对地域文学的思考其实是为了寻找地理文化与人的精神关系和文学意义的起承转合,透过地域文学不仅能够反映地域文化的历史与现状,更能够寻找区域文学的发展规律,体现地域文化的特色和个性。"[②] 这些观点都是很有深刻的。文化影响着文学,文学反映出文化,二者相生相存。区域文学史应该写出地区特色,这已经是人们的共识。但如何才能凸显区域文学的特色,又怎样处理区域文化与文学的关系,如何避免文化决定论,又怎样避免以文化研究替代文学研究,这是重构区域文学史必须深入探讨的问题。

现代巴蜀文学史应该分析巴蜀特有的经济、政治、文化、思想、历史、地理等因素对现代巴蜀文学的影响,梳理、挖掘现代巴蜀文学的地方史料,与巴蜀地域文化研究相结合,突出现代巴蜀文学的"地域差异

---

① 邓经武:《大盆地生命的记忆——巴蜀文化与文学》,电子科技大学出版社2005年版,第20页。

② 龚奎林、吴国如:《打捞历史的文学碎片与寻找区域文化的价值认同——从〈江西文学史〉的学术品格谈江西文学地理学研究》,《江西社会科学》2008年第2期。

性"，找出现代巴蜀文学自身发生、发展的规律，总结其地区性特色，探讨其独特的存在价值及意义，并突破全国性新文学史的研究思路，进行现代巴蜀地域文学史的建构。李怡认为："这一区域的许多文学与文化资源有许多并没有获得我们独特视野的深入发掘，而且这些资源放在一般的大中华视野中，常常又处于被忽视被淹没的状态。只有独特的巴蜀文化的视野才能够在对巴蜀区域的文化现象的深刻体验的基础上产生新的观察角度。例如郭沫若、巴金文化精神状态，在一般大中华的文化视野中不可能完全呈现出来，一旦结合巴蜀文化，我们就可能有多重认识和把握，如郭沫若的狂放、巴金的真率，等等。有一些文学现象不借助巴蜀视野则可能被完全忽略，如近代作家叶伯和的新诗创作几乎与胡适同时，他曾经留学日本，回国后组织了四川第一文学社团——草堂文学社，创办了文学杂志《草堂》，因为后来难以为继，终于逐渐丧失了影响。如果将叶伯和及其文学社的命运放在巴蜀文化的意义上加以考察，那么可谓是意味无穷：为什么一个最早创作白话诗的人却长期被人忽略？这里难道不是'中心'文化形态对于其他区域的挤压吗？同样，为什么同样的新文学杂志，在四川地区的发展就如此的艰难，这里也存在一个必须由区域文化来加以检讨的东西。"① 看来，我们关于现代巴蜀文学的认识还有待深化。但是，必须注意避免"地域文化决定论"的简单因果模式。中国古代典籍中关于地域与音辞、文风等关系的论述，近代以来输入的西方人文地理学和文化学，以刘师培、王国维、梁启超、蔡元培等为代表的一代学者关于"文明与地理"的知识体系，成为今天谈论地域文化与文学关系的知识资源或思想资源。《颜氏家训·音辞篇》："南方水土和柔，其音清举而切诣，失在浮浅，其辞多鄙俗。北方山川深厚，其音沈浊而化钝，得其质直，其辞多古语。"《隋书·文学传序》："江左宫商发越，贵于清绮，河朔词义贞刚，重乎气质。气质则理胜其词，轻绮则文过其意。理深者便于时用，文华者宜于咏歌。此南北词人得失之大较也。"这些言论突出了自然地理因素与人的气质、文风的密切关系，在二者之间建立了比较直接的因果关系。刘师培论南北文学之不同时说："北方之地，土厚水深，民生其间，多尚实际；南方之地，水势浩洋，多尚虚无。民尚实际，故所著之文，不

① 李怡：《关于"巴蜀学派"的调研报告》，《红岩》2007年第5期。

外纪事、析理二端；民尚虚无，故所作之文，或为言志抒情之体。"① 王国维论先秦时期的思想和文学时说："我国春秋以前，道德政治上之思想，可分之为二派：一帝王派，一非帝王派……前者大成于孔子、墨子，而后者大成于老子。故前者北方派，后者南方派也……吾国之文学亦不外发表二种之思想，然南方学派则仅有散文的文学，如《老子》、《庄》、《列》是也。至诗歌的文学则为北方学派之所专有……然南方文学中又非无诗歌的原质也，南人想象力之伟大丰富胜于北人远甚。"② 这些观点固然言之有理，但显然有失简单，只在地域与文学之间架设了直线的桥，落入了"刺激"（地域）⇌"反应"（文学）的心理模式。而文学归根到底，是作家的创造，而不是文化的决定物。在"刺激"（地域）⇌"反应"（文学）之间，还有一个作家存在。这个模式应该是"刺激"（地域）⇌"主体"（作家）⇌"反应"（文学）。每个作家都有自己的文化心理结构，它具有主动性、选择性、稳定性、封闭性、固执性，是丰富而复杂的。这直接影响到他（她）的"反应"。因此，邓伟提出："对于区域文学研究之下诸如'巴蜀文化'等地域文化概念的理解应将重心转移到理解某地域文化在某一时代中认同形成的历史过程、时代意识形态与文化权力机制的作用，以及个体体验在文化认同中与地域文化之间发生的具体而丰富的联系中去，从而与一个时代区域内丰富的文学现象发生联系，形成真正有阐释能力的理论角度与视野。"③ 可以设想，不远的将来，重构现代巴蜀文学史是能够实现的。

二 主流文学史书写现代巴蜀文学的不足

主流文学史关于区域文学的书写存在着明显不足。在"全国视野"下，区域作家作品只有在与"中心"、"主潮"、"正统"合拍时，才会被著录，更多区域文学被"边缘化"、"支流化"、"异端化"。如何处理"中心"与"边缘"、"主流"与"支流"、"正统"与"异端"之间的关

---

① 刘师培：《南北文学不同论》，《刘师培中古文学论集》，中国社会科学出版社 1997 年版，第 260—267 页。

② 王国维：《屈子文学之精神》，周锡山编：《王国维文学美学论著集》，北岳文艺出版社 1987 年版，第 30—31 页。

③ 邓伟：《作为知识建构的"地域文化"》，《当代文坛》2008 年第 1 期。

系，怎样解决"地域性"与"现代性"的悖论，如何看待"传统"与"新变"的冲突，怎样理解"整体"与"局部"的不平衡性，是重构现代巴蜀文学史时需要仔细思量的。

黄修己曾经指出："全国性新文学史，站在国家的角度看全国文学的发展，所记的多是不同时期文学发展中心的情况，不可能也不一定都要兼顾各地。"① 因此，各区域文学的作家、作品与事件被"中心"挤压到了"边缘"的位置，很多都难以入史。以现代巴蜀作家为例，王瑶《中国新文学史稿》（上、下）著录的现代川籍作家有郭沫若、阳翰笙、巴金、沙汀、艾芜、罗淑、周文、何其芳、沙鸥、邵子南、李伯钊等人。唐弢《中国现代文学史》（一、二、三卷）著录的现代川籍作家有郭沫若、巴金、康白情、陈炜谟、陈翔鹤、高世华、阳翰笙、艾芜、沙汀、周文、罗淑、何其芳、李劼人、沙鸥、邵子南、李伯钊等人。钱理群、温儒敏、吴福辉《中国现代文学三十年》著录的现代川籍作家有郭沫若、巴金、康白情、阳翰笙、周文、沙汀、艾芜、罗淑、李劼人、还珠楼主、何其芳、陈敬容、王永梭等人。杨义《中国现代小说史》（一、二、三卷）著录的现代川籍作家有郭沫若、巴金、李劼人、沙汀、艾芜、周文、罗淑、陈翔鹤、陈炜谟、林如稷、高世华、赵景深、刘盛亚等。夏志清《中国现代小说史》著录的现代川籍作家有郭沫若、巴金、沙汀、艾芜等人，只在一条注释中提了一下李劼人。这些著录显然与实际的作家状况有较大的差距。即以著录最多的来论，至少也有 50 位以上的现代川籍作家只字未提。像叶伯和、周太玄、黄鹏基、敬隐渔、朱大柟、金满城、邓均吾、陈铨、王余杞、曹葆华、韩君格、李开先、王怡庵、马静沉、陈竹影、赵景深、萧蔓若、萧英、覃子豪、罗念生、马宗融、范长江、李初梨、沈起予、段可情、任白戈、章泯、孙瑜、李华飞、李一氓、方敬、胡兰畦，等等。而周太玄、敬隐渔、韩君格、黄朋基、朱大柟、蒲殿俊等人的作品还被《中国新文学大系》（1917—1927）收录，段可情、李初梨、沈起予、任白戈、罗念生、方敬、李一氓、范长江、章泯、孙瑜、马宗融、胡兰畦等人的作品还被《中国新文学大系》（1927—1937）收录。没有这些作家的"加盟"，很难说我们的现代巴蜀文学史是完整的。而他们的"出现"会带来文学格局的变化。

---

① 黄修己：《中国新文学史编纂史》，北京大学出版社 2007 年版，第 205 页。

　　全国性现代文学史总是把地域作家作品纳入"主潮"的格局，按照全国的文学发展态势来定性、归纳。"主潮"汹涌之下，那些不太起眼的文学现象被冲击得七零八落，溃不成阵，新文学的地域差异性被完全消解了。《中国现代文学三十年》叙写康白情，是把他置于"早期白话诗人"群体来论说的。"俞平伯的《冬夜》集及康白情的《草儿》集都是当时最有影响的新诗集"。"他们的一些作品可以说是'词化了的新诗'"。"……康白情的《草儿在前》，都是对民间疾苦、社会人生的实写，可以看到古乐府的影响"。① 其实，康白情还用四川方言写新诗，给新诗带来了活力。比如"婆婆起来打米/哥哥起来上坡"、"肩的肩锄头/背的背背箢/提的提篓篓"，很有生趣。但这些地域因素都被"全国视野""遮蔽"了。杨义在概括第三个十年中长篇小说时，将小说体式区分为文化风俗反思型、社会政治反思型、时代思潮反思型、深层心理反思型四类，认为巴金的《憩园》、《寒夜》是"从文化的视角反省家庭伦理"，沙汀的《淘金记》是"宗法制农村的风俗悲喜剧"，都属于文化风俗反思型小说，而沙汀的《困兽记》属于时代思潮反思型小说，它描写"不甘卑庸的知识者在卑庸的乡村社会环境中备受心灵的磨难，其反思的角度是带社会历史性质的"。② 这固然是很有见地的论述，但若从区域文学的眼光来审视巴金、沙汀的小说，会发现他们各自生活的成都、安县的地理文化环境，创作这些作品时的地理文化背景，对作家及作品都有非常重要的作用，自有其独特的地域性。比如说，沙汀避居安县睢水创作《淘金记》等小说时，睢水的地理环境、生活环境、风情习俗等都直接影响着沙汀及其小说创作。睢水离安县县城安昌镇60华里，途经沙汀从小跟随舅父"跑滩"的桑枣、秀水两镇。这里是安县西部的边缘，与绵竹、茂汶交界。沙汀在镇上坐茶馆，与小贩、商人、烟帮、袍哥等交往，到旅店、烟馆、赌场去应酬，混迹于三教九流之中。当年"跑滩"的"杨二"这时被人喊作"杨二哥"，甚至有叫他"杨大爷"的。后来传到重庆文艺界，有人说他操了袍哥。成都解放后，沙汀奉命进城，穿了一件洗旧了的长衫，头戴风雪帽，一张瘦削无血色的脸，王维舟（时任西南军政委员会副主席等职）

---

① 钱理群、温儒敏、吴福辉：《中国现代文学三十年》（修订本），北京大学出版社1998年版，第123页。

② 杨义：《中国现代小说史》（第三卷），人民文学出版社1991年版，第41—42、47页。

见状说："共产党员可不能操袍哥啊！"这些史实显然是不能忽视的，只能由现代巴蜀文学史来弥补。

全国性现代文学史著录作家作品关注的是一流、二流的座次，在文学史上的地位是重要还是次要，很少去探究作家、作品与其出生、产生的地域有怎样的密切关系。"座次"排了又排，但仍然是那些人在"排排坐，吃果果"，现代文学"八仙桌"的"正统"位置难得一动，稍微一动就要引起满城风雨。因为一个"异端"的入席会打乱原有秩序，意味着一次重新"洗牌"。有论者说："现阶段主流文学史观照和审视的对象主要是具有'经典性'和'跨地域知名度'的作家或文学现象，而忽略了特定地域范围内的作家和作品，割断了'跨地域知名度'的作家和地域作家的精神血脉关系。"① 夏志清认为，抗战期间及胜利以后这段时间，特别值得一提的其他小说家有艾芜、沙汀、端木蕻良和路翎。他对艾芜的小说是肯定的，但又认定艾芜不是一流人才，将艾芜一笔带过了。在书写沙汀时，虽然说他是四川人，熟悉该省方言和习俗，但整个论述分量很少不说，也没有从地域文化角度立论。② 杨义《中国现代小说史》第一卷第七章第三节叙写郭沫若，认为他代表了"浪漫抒情小说向左发展"，谈的也不是与地域的关系。第八章第二节第二小节以"陈翔鹤"为主标题，以"兼论浅草、沉钟社作家"为副标题，其中陈翔鹤、陈炜谟、林如稷、高世华均为川籍作家。但只在论述陈炜谟时，点到了他的小说与巴蜀地域的关系："陈炜谟的部分小说带点乡土写实的色彩，描绘了其故乡四川的兵灾匪祸。"③

其实，鲁迅在论及浅草——沉钟社时，已经谈到了其中川籍作家作品与"蜀中"地域的关联。他说："此外的许多作品，就往往'春非我春，秋非我秋'，玄发朱颜，低唱着饱经忧患的不欲明言的断肠之曲……凡这些，似乎多出于蜀中的作者，蜀中的受难之早，也即此可以想见了。"④

缺少地域文化对文学的渗透的探讨，自然不能说是健全的现代巴蜀文学史。

---

① 龚奎林、吴国如：《打捞历史的文学碎片与寻找区域文化的价值认同——从〈江西文学史〉的学术品格谈江西文学地理学研究》，《江西社会科学》2008年第2期。
② 夏志清：《中国现代小说史》，复旦大学出版社2005年版，第220页。
③ 杨义：《中国现代小说史》（第一卷），人民文学出版社1986年版，第656页。
④ 鲁迅：《导言》，《中国新文学大系·小说二集》，上海文艺出版社1981影印本，第6页。

三 谁入史：入史标准问题

1994 年，严家炎主编《二十世纪中国文学与区域文化丛书》时，在《总序》中谈到了入史标准的问题。他说："从区域文化的角度研究 20 世纪中国文学，并不是要为各个地区撰写 20 世纪文学史，而是要选择那些有明显区域文化特征的重要作家、文学流派或作家群体作为研究对象，探讨区域文化怎样渗透进这种文学，为这种文学打上了多么独特的印记。这就提醒我们：撰写这类专著时大可不必求全，不必担心遗漏某些与区域文化关系不密切的流派、社团和作家。"而且专门说道："要研究四川文学与巴蜀文化，选择巴金也不太合适（虽然他是有重大贡献的大作家），而选取李劼人、沙汀则典型得多。"①

这其实就是一个"跨地域性知名作家"与"典型的地域性作家"的"入史资格"问题：谁能入史？怎样入史？这是一个还没有完全解决好的问题。

黄修己在评述几部区域文学史时，也谈到了在入史标准上存在的缺陷。他说，"岭南新文学"理所当然指的是五四后岭南地区所产生并成长起来的新文学。但该书却著录了许多粤籍作家在外地或国外的创作及活动，如李金发在法国写象征诗，张资平在上海创作多角性爱小说，蒲风组织中国诗歌会，欧阳山、阮章竞、草明在解放区的某些作品。黄修己认为，这些都不必列入"岭南文学"，"因为除了作家的籍贯之外，这些创作既非产生于岭南，亦与广东无多大关系。如果把本省籍作家的事情都写进来，便会搅乱了本地区新文学发展的真实历史"。② 这些论断的确启人思索，对重构现代巴蜀文学史具有指导意义。

其实这又回到了区域文学概念、内涵的界定问题上。我们是以作家的籍贯属性划界呢，还是以作品的区域属性立论，抑或二者兼顾？如果以籍贯属性为标准，籍贯是算"祖籍"，还是算"在籍"，抑或二者兼顾？这样的区域文学其内涵又是什么？如果以区域属性为标

---

① 严家炎：《二十世纪中国文学与地域文化丛书·总序》，李怡：《现代四川文学的巴蜀文化阐释》，湖南教育出版社 1995 年版，第 4—5 页。
② 黄修己：《中国新文学史编纂史》，北京大学出版社 2007 年版，第 207 页。

准，籍外作家的此类作品能入史吗？是不是所有描写了某区域的作品都入史？抑或只有凸显了区域独特性的作品才有"入史资格"？目前来看，川籍学者在界定时是"百花齐放"、"多元并存"。孙自筠的《论内江十二作家》及《20世纪内江文学通论》中采取的是以籍贯为主兼顾其他的做法。他写道："'内江作家'是个模糊而又宽泛的概念。说模糊，它既可指作家籍贯在内江，也可以指他现在居住在内江，还可以说他曾久居内江，其文学事业又与内江有分割不开的联系等等。"① 邓经武否定"籍贯标准说"、"题材标准说"，明确提出："巴蜀文学的界定应该是：蜀人写蜀事，记蜀言，体蜀风！""所谓'蜀人'，应该包括长期在外游历但在蜀中度过青少年时期，在物质层面、风俗习惯等感性层面，充分体味过巴蜀文化精魂，也是被巴蜀文化熏染模塑过性格的人；也包括'籍贯'为蜀人但生、长不在蜀中，却通过巴蜀文化典籍（理性层面）去感受体味故乡文化、有意识地自我皈依巴蜀文化的寻根者。""写蜀事，则包括所有入蜀、寓蜀的外来者以及自我体认为'蜀人'者的巴蜀题材作品。""记蜀言，体蜀风，是艺术表现的标准。""蜀言"不仅指"四川话"及"川语特征"，更主要是指"川语思维"；"蜀风"不仅指作品所体现的巴蜀地域生产、生活方式和风俗习惯，更是强调要表现出巴蜀人文精神、地域文化性格。② 他的《20世纪巴蜀文学》、《大盆地生命的记忆——巴蜀文化与文学》以此为"入史标准"，致力于从文化学尤其是区域文化精神的角度来构建巴蜀文学史。张建锋的《川味的凸现：现代巴蜀的文学风景》界定了一个狭义的"现代巴蜀文学"概念。在时间维度上以通常所说的"现代文学三十年"为界限；在空间维度上限定在通常所说的巴蜀文化区；在内涵上限定为"巴蜀人""写巴蜀"的文学，具体就是"祖籍在川"或"入蜀既久"的作家"写巴蜀"，体现出巴蜀地域的独特风貌的文学，诸如记录巴蜀自然景观、人文景观、乡土人事、风情习俗的文学。简言之，具有"川味"的文学。③

---

① 孙自筠：《论内江十二作家》，四川大学出版社1991年版，第4页。

② 邓经武：《大盆地生命的记忆——巴蜀文化与文学》，电子科技大学出版社2005年版，第22—24页。

③ 张建锋：《川味的凸现：现代巴蜀的文学风景》，中国戏剧出版社2007年版，第6页。

　　李怡的《现代四川文学的巴蜀文化阐释》和《中国现代文学的巴蜀视野》虽然没有明确界定"现代四川文学"的概念，但从书写的对象来看，包括了"现代的四川文学与外省人所创作的关于四川的作品"。[①]

　　看来，"谁入史"的问题还得认真考量。

作者单位：成都大学文学与新闻传播学院

---

　　① 李怡：《现代四川文学的巴蜀文化阐释》，湖南教育出版社 1995 年版，第 4 页。

内迁潮流与重庆抗战诗歌的发展

熊　辉

抗战爆发以后，随着日本侵略势力的扩张和中国人民生存空间的缩减，国民政府、民族工业、高等院校、报纸杂志和难民等纷纷迁往大后方，形成了中国文化史上罕见的内迁潮流。重庆是战时中国的经济、文化和政治中心，自然成了人们首选的目的地，伴随着抗战内迁潮流来渝的高校、报纸杂志和诗人作家队伍不仅丰富了重庆的战时文化生活，而且促进了该地诗歌等多种文学样式的发展繁荣。

一

抗战爆发以后，大批诗人随着国民政府、高等院校以及报纸杂志的内迁来到重庆；为重庆地方文化的发展作出了积极的贡献。重庆抗战诗歌也在这次内迁潮流中获得了良好的发展机遇，尤其是"文协"等文艺组织机构搬迁来渝之后，带动了重庆抗战诗歌创作的繁荣。

抗战时期的作家身体力行，融入全民族的抗日洪流中，承担起了知识分子应该承担的社会和民族责任。也正是由于诗人作家们的觉醒，他们内迁到大后方文化中心重庆之后，通过一系列的活动带动了大后方文艺的进步和发展。也即是说，抗战引起的诗人们向大后方的撤退在客观上促进了大后方文化的发展。这种促进作用主要体现在两个层面上：一是促进了大后方文化设备的进步。郭沫若说："随着北平和天津，上海和南京乃至广州和武汉的相继沦陷，作家们自动地或被动地散布到了四方，近代都市的文化设备也多向后方移动，后方的若干据点便迅速地受了近代化的洗礼，印刷技巧的普及是惊人的事。大后方的城市如重庆、桂林、成都、昆明等地，都很迅速地燃燃乎达到抗战前某些大城市的水准。这些文艺工作者的

289

四布和后方市镇的近代化，便促进了文艺活动的飞跃的发展。"① 二是促进了作家与大众的交流，带来了文艺创作的生机，同时促进了人民大众文化素养的提高，有助于改变大后方落后的文化面貌。"战前集中于都市的少数作家们，现在大批地分散到了民间，到了各战区的军营，到了大后方的产业界，到了正待垦辟的边疆，文艺生活和大众生活渐渐打成了一片。作家由生活中得到资源，大众由文艺中得到提炼，这种潜滋默长的交互作用，虽然并不怎么显著，但却是新文艺中的一条主流。"② 当时迁到重庆的比较著名的报纸杂志有《中央日报》、《新华日报》、《大公报》、《时事新报》、《抗战文艺》等，由于报纸的副刊和文学杂志在大众中传播具有优势，因此对重庆抗战文学的发展起到了很大的推动作用。

为了适应抗战时期的文化教育需要，重庆新设立了很多高等院校，"陪都重庆及其周边巴县、江津、璧山、万县又新设高校有教育部特设大学先修班、私立中国乡村建设育才院、国立边疆学校、国立女子师范学院、私立求精商业专科学校、国立社会教育学院、国立体育师范专科学校、私立中华工商专科学校、私立重辉商业专科学校、私立储才农业专科学校、私立辅成法学院等"③。这些新成立的学校为重庆和全国培养了大量的文化人才，带动了重庆地方文化的发展。除了这些新成立的大学之外，重庆作为抗战时期的陪都，是当时中国政治、经济和文化的中心，在中国高等院校纷纷迁往大后方的潮流中，自然吸引了很多高校。据统计，从抗战爆发到 1944 年间，迁入重庆的高校有 31 所，占迁入内地高校的1/3，其中包括 9 所大学、10 所学院、11 所专科学校和 1 所大学研究所，④使重庆的高等院校数量居全国之首。这些高等院校分布在沙坪坝、北碚、江津、璧山、巴县和万县等地，渗透到了重庆边远的乡村，给这些昔日闭塞的地区带去了文化和文学火种，促进了地方的文化和文学开发。

内迁的高校不仅用丰富的校园诗歌活动繁荣了重庆的抗战诗歌，而且使抗战文学（包括诗歌）的传播和接受深入到了重庆的乡村。当时迁来重庆的很多高校学生都组织了诗歌或文学社团，其诗歌活动作为重庆抗战

---

① 郭沫若：《新文艺的使命——纪念文协五周年》，《新华日报》1943 年 3 月 27 日。

② 同上。

③ 韩子渝：《重庆旧闻录·学界拾遗》（1937—1945），重庆出版社 2006 年版，第 5 页。

④ 《抗战中 48 所高等院校迁川梗概》，《四川文史资料选集》（第 3 辑），四川人民出版社1961 年版。

诗歌活动的重要组成部分，发挥了重要的宣传抗日的作用。比如迁到重庆
北碚夏坝的复旦大学校园内就有多种壁报社、文学窗社、文种社、诗垦地
社等，在校园内开展了丰富多彩的诗歌活动，为重庆战时诗歌的繁荣增添
了亮色。"从沦陷区内移的广大师生，有深刻的国破家碎的亡国之痛，他
们与广大的内地师生一起，为唤起民众而奔走呼号，积极参加抗日救亡运
动。他们还把'一二·九'运动北平、天津学生组织农村厂矿宣传团的
经验带到了重庆，他们背着行装、道具，长途跋涉，情绪高昂，巴县、江
津、永川、荣昌、合川、长寿等县的广大乡村和厂矿，都留下了他们宣传
的足迹。"① 内迁高校的师生们主要以演剧、朗诵诗歌和唱歌等形式向重
庆的广大群众宣传抗日精神，这一方面提高了大众的抗敌情绪，另一方面
也促进了抗战戏剧、诗歌和歌曲的传播，熏陶了大众的文学审美，有助于
重庆地区的文学文化建设。

　　此外，中华全国文艺界抗敌协会自 1938 年底迁到重庆以后，通过组
织开展一系列的诗歌座谈会和诗歌晚会，丰富了重庆了的诗歌活动。而且
"文协"通过举行诗歌讨论，针对当前的诗歌创作实际提出了很多有价值
的建议，为整个中国抗战诗歌的发展都起到了很好的指导作用。正是这些
诗人、高校以及报刊、文学组织的内迁，使"抗战时期'重庆诗歌'早
就超越了地域界限，在诗歌史上'重庆诗歌'具有全国意义的内涵"②。

二

　　地处西南的重庆及其周边地区是丘陵多山的地貌，物产并不丰富。抗
战时期大量人员的内迁自然增加了这座山城的物质和文化供给压力。自然
条件和物质条件的局限在一定程度上又限制了内迁诗人作家的创作，导致
重庆抗战诗歌前后期发展的失衡。

　　在抗战最艰苦的时期，重庆以它特有的文化包含心理容纳了大批诗人
和作家，最大限度地从物质上帮助他们度过了战乱岁月。美国人凯普
（RobertA. Kapp）在《中国国民党与大后方：战时的四川》一文中对四
川在整个抗战时期的重要性作了这样的分析："在战时，四川在这个国土

---

① 彭承福主编：《重庆人民对抗战的贡献》，重庆出版社 1995 年版，第 204—205 页。
② 吕进：《20 世纪重庆新诗发展史》，重庆出版社 2004 年版，第 7 页。

泰办沦丧的国家中的主要功能，是供应一切必要的人力物力以维持中央政府于不坠。虽然在1938年末期以后，就很少有大的战争，但沿着日军前线的军队仍然要补充，给粮、给饷；大量入川避难的政府官员亦需要给予薪水，维持温饱；流亡的大学教职员生也需要养活；而且在1940年后，在大后方的都市人口更加需要便宜的事物以对付人为的短缺现象及都市市场上高涨的粮价。"① 凯普在写这段话的时候，重庆还隶属于四川，没有被规划为直辖市行政单位，他所分析的内容更多的应该是针对战时首都重庆。从这段话中我们不难看出重庆作为国民政府的临时中心所面临的各种各样的困难，也反映出重庆对维系国民政府抗战需要和帮助克服随中央政府的危机等方面扮演了重要角色。当然，重庆的重要性不只是停留在人力和物力上，在文化上也有体现。比如大量高等院校的师生员工和作家队伍来到重庆，山城既成了他们的避难所，又成了给他们提供生活必需品的"给养场"，在"教室里放不下一张书桌"烽火连天的岁月里，重庆给诗人作家们提供了相对安定的写作环境，一大批诗人和作家的重要作品得以在抗战时期诞生。

重庆抗战诗歌的发展必然受制于客观的物质生存环境。抗日战争进入相持阶段以后，抗战诗歌的发展开始走向理性的思考和情感的提炼，不再像抗战初期那样洋溢着澎湃的激情。诗人的创作于是显得比较沉闷，以至于人们认为1941年以后的抗战诗歌走向了低谷。1941年底，"文协"召开的"一九四一年文艺运动的检讨"的座谈会上，与会者就1941年的文艺发展出现了低谷的原因进行了分析，邵荃麟认为客观上的主要原因是："（一）我们知道文艺运动是文化运动的一部分，而文化运动又不能和整个政治动向分离。政治朝低潮走，文艺运动自然也免不了受影响。（二）是整个文化中心据点的转移。从前大后方有重庆、桂林、上海等三大文化据点，现在在重庆的文化人因为环境困难很多待不下去，纷纷走开了，上海也不能立足。留下的只有桂林一大据点。现在虽然又增加了香港这个据点，但因为交通及种种关系，香港这一据点对内地的影响却很少。整个文化工作朝低潮的路走，文艺当然也受了影响。过去文艺运动蓬勃时出版的许多文艺刊物，这时也相继停刊，这是第二个原因。（三）是现实

---

① 凯普（RobertA. Kapp）：《中国国民党与大后方：战时的四川》，张玉法主编：《中国现代史论集·八年抗战》，台北经济出版事业公司1982年版，第222—223页。

主义的困难。我们知道文艺工作需有自由的环境，才能够发展，如表现现实受的限制太大，是能够影响到它的发展的。其次是交通的困难，各地所出东西，无法自由流通。"① 除了这些客观原因之外，文艺工作者自身的不足也是造成文艺运动走向低潮的原因。第一是"文艺理论和文艺批评不曾建立"，没有理论为作家的创作指明方向，也没有批评文章为作家创作中的不足进行规劝，"文艺理论、文艺批评的贫乏，使创作朝衰落的路走"。第二是"文艺工作者生活的没有保障"，抗战开始以后，作家的稿费不断下跌，"在抗战前可以有职业作家，到现在就不可能有了，写作成了一种副业"。比如艾芜抗战前是一个职业作家，但是抗战开始后由于生活所迫而不得不去教书，作家从事第二工作自然会把写作的时间和精力分散，没有时间去创作。第三是"作家跟现实接触的机会少"，抗战开始的时候，有大批作家到战地去，"文协"还专门组织了战地访问团，但是1941 年以后很多作家纷纷转到了后方。这一时期的作家"和现实生活隔离，生活自然平凡，便难于写出有血有肉的作品，就是勉强写了，也未免失之于概念化。因为在前方的许多事情，是我们在后方的人无法理解的"②。从这次座谈会所谈到的内容来看，作家内迁大后方对他们的创作实际上也会产生很多负面影响，比如物质条件的局限，比如与抗战前线接触不多等等。

重庆作为大后方远离战火，使部分作家失去了宣传抗战的激情，进而减少了抗战诗歌的创作。1944 年《新华日报》在《祝"文协"成立六周年》的社论文章中批评了内迁作家创作的"滑坡"，认为他们把自己局限在后方的小天地里，失去了战斗的激情。文章说："抗战已经快满七年，而我们的文艺运动却沉滞在黯云低迷的状态之下……我们以为只要拿前面所说的'文协'在武汉成立时的文艺运动，和武汉撤守之后作一比较，就可以知道症结之所在。现在我们的文艺作家，局促在后方的小天地之中，被阻塞了和人民大众接触的路子，出版事业濒于窒息，文艺不当作整个抗日战争的一环而被视为'娱乐'的手段，于是而风花雪月的风气抬头，消闲猎奇，谈狐说鬼的'文艺'继起，文艺变成了少数人茶余饭后

---

① 雷蕾整理：《一九四一年文艺运动的检讨（座谈会记录）》，载 1942 年 1 月 15 日《文艺生活》第 1 卷第 5 期。

② 同上。

的消遣，健康而有益于抗战的文艺反受了阻抑与冷遇。"① 这种对抗战文艺的认识具有一定的合理性，但却没有考虑作家的实际处境，抗战文艺的萧条不仅只是与作家待在大后方"消遣"有关，也与当时作家的实际处境有关。这是对内迁潮流弊端的最早认识，在很多人看来，诗人应该深入到敌后而不应该"隐居"在大后方，只有这样才能更好地从事抗战诗歌的创作。其实早在 1939 年 4 月，《新华日报》在名为《用笔来发动民众捍卫祖国——纪念全国文协成立一周年》的社论中就提出了与作家内迁大后方相异的想法，建议作家从大后方反迁到敌后建立新的文化据点。该文对"文协"今后的工作提出了四点建议：第一，发动广大的作家群到敌人的后方去，进行敌后文化工作。第二，加强"文章入伍"的工作，补充军队中的精神食粮。第三，实现"文章下乡"的口号，以进一步动员广大的同胞积极参加抗战。第四，在伟大的民族抗战中，广大的文艺工作者既要创作出反映中华民族英勇精神的作品，同时也要创作出暴露日寇暴行的作品。② 这四点建议对"文协"的工作起到了很好的指导性作用，有助于推动和提升全中国人民的团结抗敌精神。尤其是第一点建议对抗战文艺策略的调整和被人们忽视的敌后区域文艺的建设起到了关键性的提示效果，因为在这之前很少有人意识到敌后文化工作建设的重要性和必要性。如果没有中国自己的文艺工作者深入到敌后，日本人很快就会以卑鄙的文化侵略来麻醉民众。虽然当时有很多作家分布在沦陷区，但大多数作家仍然居住在与广大农民相距甚远的城市，因此"文协"应该组织和发动大批作家迁到敌人的后方去，建立起新的文化据点。

1945 年老舍在《文协七岁》一文中回应了《祝"文协"成立六周年》一文对"文协"及部分作家的批评，认为"文协"只是"打了个盹"，并没有停止活动，从 1938 年 3 月 27 日成立到 1945 年快 7 年的时间里，它不断地做着与抗战有关的工作，其会刊《抗战文艺》也一直持续了 7 年之久。"文协"在武汉的时候，作家们碰面的时间很多，所以都知道"作协"昨天做了什么，明天将要做什么。但是到了重庆以后情况就有所不同了，以至于《新华日报》的社论把"文协"在武汉和在重庆时

---

① 《祝"文协"成立六周年》（社论），《新华日报》1944 年 4 月 16 日。

② 《用笔来发动民众捍卫祖国——纪念全国文协成立一周年》（社论），《新华日报》1939年 4 月 9 日。

期的工作进行对比后得出"文协"后来安顿于大后方而"不思进取"的结论。老舍解释说：在武汉的时候，"大家都新次尝到团结的快乐，自然要各显身手，把精神、时间与钱力，献出一些给团体，那时候，政府与民众之间有着密切的联系，所以大家喜欢做事，政府也愿意给我们事做，那是些愉快的日子！"但是到了重庆以后，"文协"面对的环境就发生了一些变化，由此影响了人们的工作，让人觉得"文协"的工作量减少了，作家没有以前勤勉了。但实际上是对"文协"困难的忽视，老舍客观地分析了作家创作减少和"文协"活动减少的几个客观原因："一来是山城的交通不便，不像在武汉时彼此捎个口信便可以开会；二来是物价的渐渐高涨，大家的口袋里不再像从前那么宽裕；于是，会务日记仿佛就只有理事们才知道，而会员们便不大关心它了。慢慢的，物价越来越高，会中越来越穷，而在团结的活动上又不能不抱着一动不如一静的态度，文协就每每打个小盹了。"①

内迁的诗人由于在重庆生活的窘迫，出现创作上的松动也是情有可原的。但是"文协"并没有死，它还是一如既往地开展了很多文化活动，有力地支持着民族解放战争。

当然，由于重庆交通和物质局限导致的诗人创作实绩的下降与重庆抗战诗歌的繁荣之间并非存在悖反的关系。也即是说，内迁诗人创作数量的减少并不意味着重庆抗战诗歌的凋敝。纵向考察诗人的创作，他们来渝的前后期固然有明显的变化，甚至到了后期出现了明显的停滞状况，但就重庆抗战诗歌而言，抗战时期始终是重庆诗歌史上的黄金阶段，从来没有如此多的著名诗人如此集中地在此生活并进行抗战诗歌创作。

作者单位：西南大学新诗研究所

① 老舍：《文协七岁》，1945年5月4日《抗战文艺》文协成立七周年并庆祝第一届文艺节纪念特刊。

陪都语境下的重庆故事

——论张恨水的重庆题材小说

李永东

引　论

地域文化、市民文化、传播接受等角度，是学者们在张恨水研究中常取的路径，亦被认为是贴近对象的有效阐述方式。然而，当我们反复辨析张恨水的小说创作与北京、上海、安徽的地域文化或市民文化的关系的同时，是否重视过战时重庆文化对张恨水创作的影响？当我们津津乐道于张恨水对文学接受传播之道的深切洞察，可有兴趣探讨张恨水的创作与战时重庆读者的声气相求？笔者认为，张恨水小说研究的现状，包含了学术界对陪都文学和重庆文化语境的双重轻慢。无论近二十余年发表的学术论文，还是各种"文学史"、"评传"、"回忆"以及多次"研讨会"，都忽略了张恨水 20 世纪 40 年代小说创作的重庆语境，忽略了与战时重庆地域文化的关联，至多提到张恨水小说中的重庆自然环境描写和四川方言运用，再不就是以"反映了陪都的黑暗现实"这样的不具有本质区分意义的"类"分析来立论。浏览几篇相关的研究述评和会议综述①，同样可以看出，在张恨水的小说研究中，"重庆"基本上处于视域之外。不容忽略的事实是：张恨水在重庆生活了 8 年，且创作了 6 部重庆题材的长篇小说。因此，撇开"重庆文化语境"来谈论张恨水的后期创作，难免有缺

---

①　笔者查阅的研究述评和会议综述为：《张恨水研究七十年述评》（载《烟台大学学报》2002 年第 4 期）、《90 年代张恨水研究述评》（载《安徽大学学报》2002 年第 6 期）、《张恨水抗战作品研究述评》（载《中国现代文学研究丛刊》2005 年第 5 期）、《在辨诬的基础上向纵深领域迈进——国内首次张恨水学术研讨会概述》（载《安庆师范学院学报》1989 年第 1 期）、《斯人虽已没千载有余情——第二次张恨水学术研讨会综述》（载《山西大学师范学院学报》1995 年第 1 期）、《张恨水抗战作品学术研讨会综述》（载《文学评论》2005 年第 6 期）。

憾和偏颇。基于这样的认识,本文选择从战时重庆(文化)语境的角度,来论述张恨水20世纪40年代的重庆题材小说。

抗战爆发后,张恨水离开南京,乘一艘木船,溯江而上,于1938年1月10日到达陪都重庆,开始了战时的编辑和写作生涯。1945年12月3日,张恨水在重庆《新民报》发表《告别重庆》一文,于次日乘坐带篷卡车,离开了重庆。张恨水在重庆生活了将近八年。

张恨水在陪都的创作,值得称道的作品,绝大部分是写重庆的,包括《八十一梦》、《牛马走》(即《魍魉世界》)、《傲霜花》(即《第二条路》)、《偶像》,这四部长篇小说都连载于重庆的《新民报》。抗战后在北京的两年,张恨水又写了《巴山夜雨》和《纸醉金迷》,继续讲述着战时重庆的故事。"胜利后的两年间,……我只给《新民报》写了个长篇《巴山夜雨》,又给上海《新闻报》写了个长篇《纸醉金迷》,如此而已。这两部书,都是以重庆为背景的,在别人看来,不知作何感想,至少我自己是作了一个深刻的纪念。"① 可见,无论战时或战后,重庆都是张恨水小说书写的重心。

作为通俗小说大家,张恨水有着清醒的读者意识,能够根据各地的文化风气量体裁衣。张恨水在陪都时期的创作,"发于汉港沪者,其小说题材,多为抵抗横强不甘屈服的人物。发表于渝者,则略转笔锋,思有以排解后方人士之苦闷"②。《纸醉金迷》中亦有这样的话:"四奶奶之有今日,是重庆的环境造成的。"③ 由此,就引发我们的思考:张恨水的重庆书写与陪都的文化语境有何关系,他的小说在哪些方面切合了陪都的文学需求,与重庆地域文化有何联络?

一 重庆文化语境对叙事风格的制约

张恨水擅长诗文,讲求文字的儒雅,其言情小说不作淫声,其社会小说也绝不走向揭露隐私、谩骂泄愤的邪僻路子。总的来说,张恨水的小说在写景造情、描摹心理、构设对话等方面,都体现出雅致纯净的叙事风

---

① 张恨水:《写作生涯回忆》,北岳文艺出版社1993年版,第92页。
② 张恨水:《八十一梦·自序》,北岳文艺出版社1993年版。
③ 张恨水:《纸醉金迷》,北岳文艺出版社1993年版,第779页。

格。但是，如果把张恨水二三十年代的小说与 40 年代的重庆书写相比较，就会发现，其叙事风格存在较大差异。张恨水写于 30 年代的《啼笑因缘》，最能吊起读者口味的，恐怕要算樊家树与沈凤喜、何丽娜、关秀姑的三女一男恋爱故事将如何收结。情节当中留下了许多"扣子"，再加上小说有意安排的"误会"，使得婚恋故事变得枝枝蔓蔓、扑朔迷离。《春明外史》以一首九言诗开头，小说中亦穿插诸多诗词，沿袭了传统小说诗词错杂的叙事风格；《落霞孤鹜》、《太平花》开头就是一大段景物描写，起始的叙事速度较为缓慢。比较而言，张恨水在重庆的小说创作，诗词的点缀明显减少了，与情节发展不是很密切的情景渲染被压缩，不再有意设置悬念，而是通过宣泄战时流亡者的心理和情绪来激起读者的阅读欲望，依靠增加事件的密度和快速推进情节发展来维持叙事的张力，《牛马走》、《傲霜花》、《偶像》、《八十一梦》中的各章，都是在首段三言两语就引出主要人物，快节奏启动故事情节。需要说明的是，同样是写战时重庆题材的，战后发表于北平的《巴山夜雨》，从文字到主要人物的性格，文人气要浓厚得多，这应是张恨水出于对首善之区读者品位的考虑。不过，整体来说，张恨水的重庆书写与之前的创作相比，在叙事风格上更平实通俗。

张恨水创作风格的变化，在小说回目的调整上亦可见出。张恨水写重庆的小说，包括抗战时期写于重庆的《牛马走》、《傲霜花》、《偶像》、《八十一梦》，和战后两年写于北平的《巴山夜雨》、《纸醉金迷》，都不用工整的对句回目，用的是单句章节名，少了书卷气文雅气，变得简洁明了。张恨水原本非常讲究小说回目的制作。来重庆之前，他在北京、上海发表出版的《春明外史》、《啼笑因缘》等小说，在回目的制作上定了好几个原则："一，两个回目，要能包括本回小说的高潮。二，尽量的求其词藻华丽。三，取的字句和典故，一定要是混成的，如以'夕阳无限好'，对'高处不胜寒'之类。四，每回的回目，字数一样多，求其一律。五，下联必定以平声落韵。"以此，"求得每个回目的写出"，"能博得读者推敲"。① 如《春明外史》第一回的回目是"月底宵光残梨凉客梦 天涯寒食芳草怨归魂"，《啼笑因缘》第一回的回目是"豪雨感风尘倾囊买醉 哀音动弦索满座悲秋"，《落霞孤鹜》第一回的回目是"雪巷遗金解

① 张恨水：《写作生涯回忆》，北岳文艺出版社 1993 年版，第 35 页。

襄感过客 妆台调粉对镜惜华年"。可见，张恨水小说的回目颇为讲究，非常雅致，有宋词的意境，颇合北平文人雅士和江浙老派市民的审美情趣与欣赏习性。在重庆的时候，张恨水发表于上海、香港的小说，如：为上海《新闻报》写的《水浒新传》、《夜深沉》、《秦淮世家》，同样讲究回目的制作，用的是典雅的九字或八字的对句回目。离开重庆之后发表的非重庆故事的小说，用的也是典丽工整的对句回目。而在战时重庆发表的重庆题材的小说以及在北京写的重庆题材小说，则改回为章，以往的原则弃之如敝屣，一味追求明白简单。我们试举张恨水重庆题材小说第一章的标题："重庆一角大梁子"（《纸醉金迷》）、"心理学博士所不解"（《牛马走》）、"化妆品展览会"（《傲霜花》)、"菜油灯下"（《巴山夜雨》）、"号外号外"（《八十一梦》)、"艺术与战争"（《偶像》)。小说题目也弄成了"牛马走"、"第二条路"、"八十一梦"这样的大白话。

从张恨水小说创作的嬗变，以及重庆书写的叙事风格，可以看出，张恨水对重庆是另眼相看的。这种另眼相看，包含了通俗小说大家张恨水对重庆地域文化品位的理解，也包含了他对战时陪都整体审美情趣的体味。

重庆人性格耿直豪爽，交流习惯于快言快语，不讲究文辞的修饰。张恨水曾在散文中对北平、上海、成都与重庆文化进行过比较，认为重庆的城市文化根基浅近，缺少诗意韵味，不含蓄，显得俗气。[①]因此，文绉绉的诗词穿插，静止的景物环境描写，处心积虑的悬念设置或者故事的延宕、情节的松弛，都不合大部分重庆市民的文学胃口，明白如话的章节标题，更适合耿直而少儒雅的重庆本土市民，没必要把回目弄得文气十足，曲里拐弯，亦不必用典故辞章、华丽辞藻。

通俗小说大家张恨水重庆书写的叙事策略，当然不只是考虑到重庆本土读者和文化传统。作为战时陪都，重庆是个移民城市，移民的人口大大超过战前重庆市的人口。从陪都人口教育程度来看，文盲所占比例不到30％，[②]能识文断字的市民占的比例相当高。考虑到当时中国人受教育的程度和重庆战前教育的发展状况，我们可以推断出，接受过正规教育的这

---

① 张恨水：《晚香玉花下》，《张恨水散文》第 2 卷，安徽文艺出版社 1995 年版，第234 页。

② 隗瀛涛主编：《近代重庆城市史》，四川大学出版社 1991 年版，第 433 页。

些人，大部分是战争移民。那么，张恨水的小说主要应当考虑移民的阅读需要。重庆主要由移民组成的市民群体，与北京、南京的市民社会相比，存在较大差异。北京和南京都曾是几朝古都，文化蕴积深厚，形成了比较成熟的市民阅读群体，文学审美趣味趋于稳定一致，大致属于儒雅消闲一路，与张恨水 30 年代的小说风格相一致。重庆的多数市民群体是因战争而聚集到这个没有多少历史文化底蕴的城市，张恨水的小说要在混杂的战时重庆移民中获得"多数"，完全照搬北京、南京的套路肯定不能如愿以偿。作为移民城市，重庆与上海似乎可以归为一类，但一个是租界城市，一个是战时陪都，文化语境有差异。战前上海租界语境所欢迎的言情、武侠、侦探小说，并不同样程度地适宜于战时重庆的语境，上海租界的左翼文学思潮和先锋文学实验，同样不适宜在战时重庆发扬光大。陪都重庆移民的广泛、漂泊的心态，战争语境中气氛的压抑，情绪的浮躁，生存问题对知识分子灵性的磨损所导致的诗意缺失，以及大后方贫富的悬殊、生活的腐化所酝酿的畸形世态，等等，决定了张恨水重庆书写在叙事与语言上，采取了平白直捷的风格，俯就芜杂、浮躁的移民读者的阅读心态，以社会小说的形式，以带有趣味性的批判笔墨，来缓解移民群体的愤懑和沮丧。

二 流亡重庆的下江人的战时乡愁

张恨水的重庆题材小说，主要讲述的是"下江人"的故事。"下江人"的视点不仅嵌入文本内，也在文本外起着调控作用。连载于重庆《新民报》的《第二条路》（即《傲霜花》），在涉及四川方言词汇的地方，竟然在括号中加以注明："最近由印度运到一大批新书，我的眼睛大打其牙祭（若干天吃一顿肉，川人谓之打牙祭）……再不然，邀着附近的穷教授们在路上散散步，上自天文、下至地理，摆摆龙门阵也就消磨了两三小时（四川谓谈天为摆龙门阵）。"① 照常理说，小说在重庆创作，在重庆发表，读者限于大后方，使用四川方言词汇而加注释，纯属画蛇添足，但就是这似乎画蛇添足的细节，表明了张恨水预设的主要读者是下江人，表明了张恨水小说创作的下江人意识。

---

① 张恨水：《傲霜花》，中国文联出版社 2005 年版，第 17 页。

下江人是指长江下游地区的人。每一地区所说的下江人的范围有所不同。在重庆，"所谓'下江'，泛指三峡以下的长江中下游地区"①，"下江人"则是对湖北、湖南、江西、安徽、江苏、上海、浙江、福建各省人的统称。抗日战争爆发前，重庆是一个以四川人为主的城市，1937 年人口为 47 万，其中由外省迁入者只占 4.8%。战后重庆人口突破 100 万，新增的人员基本上为因战争流亡到重庆的外省人。其中，下江人很多。《回眸下江人》一书的作者"估计是在数百万人"②。这种说法显然有夸大其词之嫌，但从战时重庆移民的来源来看，下江人是占多数的。作家当中属于下江人的有茅盾、林语堂、梁实秋、艾青、田汉、胡风、路翎、冰心、曹禺、吴祖光、叶圣陶、夏衍等。张恨水自然也属于下江人。虽然战时重庆的外省移民来自天南地北、五湖四海，并不限于下江人，但是，张恨水在小说文本内外构设的视点，基本上不是"泛"外省人，而是下江人。因此，本文这一部分在行文中就直接以"下江人"置换"外省人"——尽管表面上看来，某些陈述使用"外省人"更周全。

在张恨水的重庆书写中，下江人意识非常明显。张恨水的小说通过人物形象、地域方言、隐性视点等信息，载负着下江人的战时乡愁。

第一，下江人构成了重庆书写的主要人物谱系。《八十一梦》中的诸多人物，《巴山夜雨》中的李南泉夫妇，《牛马走》中的区庄正一家，《傲霜花》中的华傲霜、苏伴云、王玉莲、唐子安，《纸醉金迷》中的魏端本、田佩芝、范宝华、朱四奶奶，都是下江人。纸上的下江人形象和生活遭遇，为重庆的下江人提供了战时乡愁的精神会餐。

第二，张恨水小说的重庆书写，对于重庆的城市格局、地势气候、建筑特色、服饰饮食、娱乐形式、交通工具、物价涨落等方面的描绘叙述，尽量详尽周全，提供了一种隐性的下江人漫游重庆的视野风格，为下江人阅读重庆故事扫去了地域经验所带来的阻滞感，并且丰富了下江人的"异域"生活经验。循着李南泉"躲警报"的经历，重庆防空洞的结构和躲空袭的情形跃然纸上（《巴山夜雨》）。随着田佩芝沉迷赌博和范宝华购买黄金储蓄券故事的展开，市中心区、歌乐山、南岸的生活空间组合，都得到了条理清晰的呈现（《纸醉金迷》）。《偶像》一开头就说道："疏建

---

① 陈兰荪、孔祥云编著：《回眸下江人》，重庆出版社 2006 年版，第 2 页。
② 同上书，第 4 页。

区的房子，是适合时代需要的一种形式。"① 然后对房子的材料、结构进行了一番明白的解释。《牛马走》开头就是关于重庆雾的描写："天空集结着第三天的浓雾，兀自未晴，整个山城，罩在漆黑一团的气氛里面。不过是下午三点钟，电灯已经发亮了。老远看着那电柱上的灯泡，作橘红色的光芒，在黑暗里挣扎出来。灯光四周，雾气映成黄色，由那灯光下照见一座半西式的大门里，吐出成群的人。"② 读了张恨水的这些小说，我们甚至对陪都女人化妆品的种类、男人香烟的牌子和饭店珍稀菜肴的价格，都耳熟能详。可以说，张恨水为下江人提供了一份详尽的陪都生态图景，让流亡的下江人进入重庆提供了便捷。

第三，对于流亡者来说，当地方言的隔膜感和家乡话的贴心感，最易唤起内心深处的乡愁。为了让下江人在小说中找到语言的家园感，张恨水在摹写各地人物语言的时候，把各地方言与标准国语、四川话混合在一起，形成了一种以标准国语为主以方言为辅的杂糅性语言风格。为了减少四川方言带给下江人的拒斥感和陌生感，小说在叙事过程中甚至在方言间进行转译。如这一部分开头我们提到的例子。再如《纸醉金迷》中对吴嫂说的一句话的处理："管她啥子小姐，我不招闲（如沪语阿拉勿关），我过两天就要回去，你格外（另外也）请人吧。"③ 由此可以看出，即使违背叙事原则，张恨水也要以加括号的方式，让下江人拥有语言的家园感。相反，小说偶尔大段使用令一般重庆人不知所云的"上海话"、"宁波话"时，并不加以转译。如《八十一梦》"第五梦 号外号外"中有一个刘老板，满口的宁波腔的上海话，说"耐阿可以打一个电话拨秦科长，格批末事，就算俚公家定来里。公家愿意退脱仔，格笔定洋，算阿拉事先代公家垫出去格，将来公家划上一笔，问题就结末哉"④。刘老板的上海话，肯定让一般重庆本土读者难以消受，但小说并没有因此用四川话或国语来转译。这愈加说明张恨水小说尤其在意为下江人提供语言家园。细心的读者会发现，《牛马走》的情形似乎有些不同，小说从叙述语言到人物语言，采用的都是标准国语和四川话，并不去模拟下江人的家乡话。实际上，这部小说是以间接的方式来承担下江人的语言乡愁。小说凡涉及下江

① 张恨水：《偶像》，北岳文艺出版社1994年版，第1页。
② 张恨水：《牛马走》，团结出版社2006年版，第1页。
③ 张恨水：《纸醉金迷》，北岳文艺出版社1993年版，第315页。
④ 张恨水：《八十一梦》，北岳文艺出版社1993年版，第13页。

人物，就频繁地采用方言类别来透露身份，指明其说的是南京话、上海话或江淮口音、苏州口音，等等，以引发下江人想象性的语言认同感。抗战时期张恨水以重庆为题材的小说都在重庆《新民报》上连载，《新民报》能够让"四川人和下江人都视为是自己的报纸"①，恐怕与战时重庆的下江人和四川人在张恨水小说中都能找到语言的家园感也有关系。战后的两部小说与战前的四部小说相比，方言的种类分量有所区别。战时张恨水的重庆书写使用的外省方言比较多，那是为了抱慰下江人的乡愁。战后张恨水的重庆书写有意增强了四川方言的分量，那是为已归返家园的当年重庆的下江人提供回忆的语言。这种国语与各地方言杂糅的语言风格，契合了陪都移民的构成模式和战后人们回忆陪都生活的情感需要。

第四，作为重庆的"闯入者"，张恨水小说中的下江人在打量这个城市时，习惯于把重庆与故乡的城市进行比较，借助战前的城市经验来理解和评判重庆，同时牵引出记忆中的城市生活。张恨水对北平、上海、南京、重庆等都非常熟悉，他在《晚香玉花下》一文中表达了对北平、上海、重庆、成都几个城市文化品位的褒贬。② 他对这些城市的评判态度，与重庆题材小说中下江人的看法相一致。在下江人的心目中，北京是首善之区，上海是一个繁华梦，南京是民族意识中的首都，重庆则充满拜金主义，颓废堕落，表面的繁华奢靡掩饰不了文化的无根底。重庆生活引发下江人遥忆故园的惬意时光，以此抚慰流亡重庆所经受的窘迫、失意和无奈之感。

第五，张恨水的重庆书写构设了下江人归去的怅惘。张恨水与其他下江人流亡到重庆，怀有"飘零作客"③ 的仓皇感，早日归返故园是绝大部分下江人朝思暮想的心愿。不过，由战时陪都回归故乡的心路历程，并非纯然的"漫卷诗书喜欲狂"，因为陪都所具有的政治意义和他们的陪都遭遇，已经改变了他们的身份地位，重塑了他们的心理现实，甚至重组了他们的家庭关系。张恨水在《八十一梦》和《纸醉金迷》中，以犀利的笔触进入了下江人归乡的惆怅。《八十一梦》的"第五梦 号外号外"和"第八十梦 回到了南京"预想了南京光复后陪都的下江人和留守南京的下

---

① 张明明：《回忆我的父亲张恨水》，百花文艺出版社 1984 年版，第 131 页。

② 张恨水：《晚香玉花下》，《张恨水散文》第 2 卷，安徽文艺出版社 1995 年版，第 234—235 页。

③ 张恨水：《八十一梦》，北岳文艺出版社 1993 年版，第 2 页。

江人的丑态百出。在"第五梦 号外号外"中，陪都的下江人感觉自己与
国民政府共磨难共荣辱，于今旧都光复，他们纷纷吹嘘自己是胜利的
"功臣"。他们早已在陪都培育出"发国难财"的习性，于今旧都光复，
自私势利的他们，自然不会放过"发胜利财"的机会，且大有把在重庆
商业投机的做派带往南京的势头。"王老板要抢回南京去开更热闹的大
店，沈天虎要回南京区出十本小册子，就是那个算命的山人，也要宣传曾
出力抗战，向社会索要代价了。"① 穷苦的下江人则哀叹没有川资回南京。
回到了南京的下江人又如何呢？"第八十梦 回到了南京"设想了由陪都回
到南京的张先生的观感和遭遇。曾经生活在沦陷区的市民对来自重庆的张
先生充满敬意，因为他是"抗战入川过的"，同时认为来自陪都的人都腰
缠万贯。南京已不是当年有文化品位的南京，而是如重庆一样乌烟瘴气、
纸醉金迷，到处都是想倒腾房子发财的人，张先生在这个城市已找不到家
园感，亦没有栖身之地。《纸醉金迷》的故事背景是抗战胜利前夕，范宝
华等游击商人在胜利消息频频传来时，"反是增加几分不快"，一心只想
抓紧时间在黄金投机上大捞一笔，衣锦还乡。对于那些在老家有老婆孩
子，在重庆又有"抗战夫人"的下江人来说，返乡将面临着棘手的家庭
纠纷问题。而对于四奶奶这类人物，日本投降的消息传来，不是感到欣
喜，而是感到末日来临的恐慌。四奶奶对曼丽说："你不要太高兴，我们
都过的是抗战生活，认识的都是发国难财的人……四奶奶之有今日，是重
庆的环境造成的。没有这环境，就没有朱四奶奶，就是徐经理贾经理这一
类人，也不会存在。"② 四奶奶在抗战胜利之夜自杀了。重庆的下江人的
归返故园心里并不轻松，他们已被战时重庆所改造、所异化。贫穷者归家
的路显得千里迢迢，骄奢淫逸者已离不开陪都的环境，情操高洁的知识分
子已找不到记忆中的精神家园。下江人，充满归去的惆怅。

三　战时语境下重庆公教人员的生活故事

张恨水的小说在陪都重庆很受读者的欢迎，讲述重庆故事的小说尤其
如此。抗战时期的长篇小说创作，张恨水除了讲述重庆故事，也讲述外省

---

① 张恨水：《八十一梦》，北岳文艺出版社1993年版，第17页。
② 张恨水：《纸醉金迷》，北岳文艺出版社1993年版，第779页。

的抗战故事、歌女故事和历史故事。但好几部小说都中途夭折，未能写完。如写游击队抗战故事的《潜山血》（发表于香港《立报》）、《前线的安徽，安徽的前线》（发表于安徽《立煌皖报》）、《游击队》（发表于汉口《申报》），因政治原因或作者自身原因，未能写完。发表于重庆《新民报》的《冲锋》，出单行本时题目改为《巷战之夜》，是张恨水小说单行本中字数最少的。同样刊登在《新民报》上的《疯狂》，则"越写越胆小，到写完的时候，几乎变了质。书写完，发现完全违背了我的原意，连报上的陈稿，我也不愿剪集，更不用说是出版了"①。发表于《昆明晚报》的《雁来红》也未登完。战后几年在北平写的长篇《一路福星》、《马后桃花》、《岁寒三友》、《雨淋铃》、《玉交枝》因稿费或交通问题，都没有写完。② 20 世纪 40 年代张恨水属于重庆故事之外的长篇小说，半数属于未竟之作。与此形成对照，张恨水战时发表于重庆的写重庆故事的《八十一梦》、《牛马走》、《偶像》、《第二条路》（即《傲霜花》），和战后在北平创作的重庆故事《巴山夜雨》、《纸醉金迷》，都连载完毕，并无一部出现半拉子的结局（《八十一梦》属于可以随时打住的小说，它的被迫腰斩并不影响其完整性）。而且，张恨水对战时重庆题材的长篇小说和散文集《上下古今谈》、《山窗小品》等，自视亦不贱，甚至流露出自我珍惜之意。

我们耗费篇幅介绍以上情况，指出张恨水的重庆故事的完整性，是为了说明：与其他题材故事相比，重庆故事对张恨水来说，是"不得不说"的故事，情感体验深厚，素材储备丰富，创作起来得心应手；重庆亦纵容张恨水对这个城市说三道四，描画市民众生相（只要对当局的批判不过于激烈直露），慨允他的重庆故事行云流水般地在《新民报》连载，定期与读者见面。进而引发我们思考：张恨水重庆故事的讲述，与张恨水的重庆体验、陪都的生态图景、读者的阅读心理之间，是否存在密切的关联？

学界对张恨水 20 世纪 40 年代小说的研究，非常在意阐明张恨水小说所记录的"那些直接间接有害于抗战的表现"③。而张恨水的重庆生活体验、陪都的城市语境与小说创作之间的关系，则没有得到更多的阐释。张恨水的长子张晓水认为，文艺家对张恨水著作的研究和评价，应把"不

---

① 张恨水：《写作生涯回忆》，北岳文艺出版社 1993 年版，第 73 页。
② 同上书，第 93 页。
③ 同上书，第 77 页。

同历史时期的作品及其背景、作用区别开来"①。张晓水在这里所指的"背景",对于张恨水 20 世纪 40 年代的小说创作而言,除了抗战的大背景,还有重庆的陪都背景,张恨水的抗战生活背景;对张恨水 20 世纪 40 年代的小说"作用"的解读,本文注重的不是其消闲娱乐功能、政治批判功能、民族意识的表述功能和社会众生相的摄取功能,而是其心理疏导功能。

张恨水讲述重庆故事的小说,属于"社会小说",与他 20 世纪二三十年代言情为主的路子有别。"社会"是个大概念,更具体来说,重庆故事"趋重于生活问题"。② 促成张恨水写作路向改变的因素很多,本文关注这几个因素:一、张恨水小说和重庆《新民报》的读者定位;二、张恨水的重庆生活体验;三、对重庆知识分子,尤其是中下层公教人员的生存境况忧心忡忡;四、对身份易位和斯文扫地的难以释怀。

陪都重庆的公教人员众多。抗日战争爆发后,由北平、上海、南京等地迁入重庆的高校达 39 所,③ 重庆市的郊区和疏建区容纳了大量的教员。同样,国民政府庞大机构的迁入,使得重庆的公务人员猛增,"在人口中的比例达到 7.68%"。④ 因此,大后方发行量最大的《新民报》在读者定位上,偏向中下层公教人员。"《新民报》在重庆复刊后……根据抗战而迁渝的读者的广泛性,他们以城市市民——偏重中下层公教人员为主要对象。"⑤ "那时,《新民报》是由一张对开报,改为小型四开的。倒有两个副刊。"⑥ 张恨水主编其中的一个副刊,他的《八十一梦》、《牛马走》、《第二条路》(即《傲霜花》)、《偶像》四个长篇都发于重庆《新民报》的副刊上。张恨水作为通俗小说大家,作为老报人,在创作中,读者意识自然非常敏锐,《新民报》的读者定位可以说也就是张恨水小说的读者定位。《新民报》的读者定位和张恨水的重庆生活体验以及重庆公教人员的生活状况、社会心理,使得张恨水的重庆故事"趋重于生活问题"。

---

① 江流:《潜山怀人》,张占国、魏守忠编:《张恨水研究资料》,天津人民出版社 1986 年版,第 154 页。

② 张恨水:《写作生涯回忆》,北岳文艺出版社 1993 年版,第 77 页。

③ 李怡、肖伟胜主编:《中国现代文学的巴蜀视野》,巴蜀书社 2006 年版,第 145 页。

④ 隗瀛涛主编:《近代重庆城市史》,四川大学出版社 1991 年版,第 428 页。

⑤ 张明明:《回忆我的父亲张恨水》,百花文艺出版社 1984 年版,第 131 页。

⑥ 张恨水:《写作生涯回忆》,北岳文艺出版社 1993 年版,第 73 页。

战时重庆，由于是大后方、陪都，由于崇山峻岭构设了天然的屏障，因此，战争前方和沦陷区人们直面的生死攸关、民族存亡问题，对于庇护于"抗战司令台"的市民来说，在体验的切身感和深刻感上是打了折扣的。当生死存亡问题不用过分担忧，日常生活的要义便凸显了出来。战争使陪都普通市民最闹心的问题，是生活的问题，这一点，张恨水是深有体会的。张恨水来重庆一段时间后，搬往远离市区的南温泉桃子沟，住的"国难房"是竹片夹泥的墙，屋顶盖茅草，每到大雨来临，屋内雨流如注，张恨水戏称为"待漏斋"。住的如此，吃饭穿衣亦感愁苦。张恨水"由入川起，三个年头没缝一件小褂子"①。为了一家人的吃饭大事，张恨水往往"要从市里背着几十斤重的'平价米'，撩起长衫，过山涉水，彳亍于险峻仄窄的山间小道上"②。对于张恨水这样的知识阶层来说，这种生活境遇在战前是难以想象的。房子紧张，物资紧缺，物价飙升，使得生活问题成了陪都普通市民，尤其是公教人员的头痛问题。与张恨水同住桃子沟的，"全是受难的公教人员，穷的教员，穷到自己浇粪种菜。大家见面，成日的谈着活不下去"③。与中下层公教人员挣扎在饥饿贫困线上相对照，陪都的许多官僚和商人，或利用职权，或囤积居奇倒买倒卖，且二者相互勾结，大发国难财，纸醉金迷，腐化堕落。张恨水所住的"村子里也有极少数的投机商人"，对村里的公教人员"很是一种刺激"。④ "待漏斋"对面不远的山上，建有一座豪华无比的孔（祥熙）公馆，引起张恨水的"愤慨情绪"。在疏建区"看到阔人新盖的洋房，在马路上看到风驰电掣的阔人汽车，看到酒食馆子里，座上客常满，就会让人发生疑问：一样在'抗战司令台'畔，为什么这些人就不应该苦？"⑤ 在张恨水的重庆故事中，生活问题是中下层公教人员最头痛的问题，生活境遇的强烈反差又是知识分子最愤愤不平的问题。正是这样的环境、生活和情绪，形成了《牛马走》、《纸醉金迷》、《傲霜花》、《八十一梦》等小说讲述的重庆故事的题材、人物、情节和观念。物资紧缺物价飞涨，商人囤积居奇倒买倒卖，公教人员仰人鼻息生活困窘，知识分子斯文扫地为物所役，权势阶

---

① 张恨水：《写作生涯回忆》，北岳文艺出版社1993年版，第84页。
② 张晓水、张二水、张伍：《回忆父亲张恨水先生》，《张恨水研究资料》，第168页。
③ 张恨水：《写作生涯回忆》，北岳文艺出版社1993年版，第80页。
④ 同上。
⑤ 同上书，第84页。

层和有钱商人奢靡享乐道德堕落，这些内容成了张恨水重庆故事的重心。

四　重庆市民身份地位的重组与知识分子的精神优胜

读张恨水的重庆故事，我们自始至终可以感受到知识分子的愤懑情绪，这种情绪源自对陪都种种混乱腐败现象的愤愤不平，也源自知识分子对自我遭遇的耿耿于怀。因愤愤不平，便谴责堕落、暴露邪僻。所以，张恨水的好友张友鸾称他在重庆创作的小说为"批判谴责小说"①，张恨水的女儿张明明则称《牛马走》等小说为"暴露小说"②。《八十一梦》就是"借着记述梦里的事情"，来发泄了"飘零做客"的"许多不能自己的悲鸣"。③张恨水对陪都乌烟瘴气现实的揭示，与茅盾等作家从阶级、政党所做出的意识形态批判有别，他头脑中还"承认国民党反动派是'正统'"④。其供职的《新民报》采取的亦是"居中偏左，遇礁即避"的编辑方针。张恨水对重庆腐败堕落社会现实的针砭，更多是出于传统文人的"正义感"，对荣辱易位、价值观念颠倒的状况强烈不满。

战时重庆是流亡者聚集的城市，但与上海那样的移民城市又有所不同。重庆的移民不仅经历了地域空间的漂移，而且大多经历了身份地位的起落。"从社会学的角度看，人的流动分为两种：一种是水平的社会流动，一般是指居住地的改变，即人口迁移；另一种是垂直的社会流动，是指社会地位的变化。"⑤战前的公务员和大学教师，毫无疑问是社会的精英和中坚分子，在物质层面和精神层面都能获得满足感，令普通市民艳羡或敬慕。战争爆发后，教育、文化、艺术便变得不大紧要，"抗战军兴，文人曾一度等诸废物"⑥。在物资紧缺、物价飞涨的重庆，政府提供给普通公教人员的津贴，少得可怜，维持生存都有困难。战争的语境本已使得

---

① 张友鸾：《章回小说大家张恨水》，《张恨水研究资料》，第 127 页。
② 张明明：《回忆我的父亲张恨水》，百花文艺出版社 1984 年版，第 110 页。
③ 张恨水：《八十一梦》，北岳文艺出版社 1993 年版，第 17 页。
④ 张恨水：《八十一梦·前记》，《张恨水研究资料》，第 256 页。
⑤ 朱丹彤：《抗战时期重庆的人口变动及影响》，《重庆交通大学学报》（社会科学版）2007 年第 3 期。
⑥ 张恨水：《八十一梦·自序》，北岳文艺出版社 1993 年版。

大后方公教人员变得无足轻重，经济状况进一步把他们推向了社会的底层。《傲霜花》里面的曹晦厂、谈伯平教授过着食不果腹的日子，洪安东教授竟然穷到卖书的地步，甚至连颇有声望的唐子安教授，也没有一身像样的衣服，为参加同事的婚礼，还得向总务主任和小职员商借衣服鞋子。中下层公务员的处境同样艰难，沦落到与工厂小工同等的境地。① 区亚雄（《牛马走》）、魏端本（《纸醉金迷》）都受过高等教育，在机关任科员，但工资低微，难以养家糊口。区亚雄一年的薪水还不如转行当汽车司机的弟弟跑一趟境外的收入多，魏端本一月的工资不够老婆在牌桌上赌一次。在张恨水的重庆故事中，贤者、仁者，在重庆窘困落魄；品德恶劣者和战前低微粗俗的下层市民，却大发国难财，在普通公教人员面前一副神气活现的模样。《牛马走》中的区庄正老先生，出身高贵，其父是清代翰林，他自己也是有名的教育家。由南京流亡重庆后，全家生活艰难，两个受过高等教育的儿子，不得不放弃助理医生和中学教员的"高尚职业"，一个改行贩卖蔬菜，一个当汽车司机。而以前在南京当包车夫的李狗子、开老虎灶的褚子升，却在重庆混得人模人样，派头气焰很高。这些人都经历了地域和身份的两次位移，只是原本高贵的知识分子，到重庆后沦落底层，由中心而边缘；原本粗俗低微的下层人，到重庆后成了腰缠万贯的成功者，由边缘而中心。边缘中心的变异和对照，也体现在小说叙事空间的设置上。张恨水的重庆故事在叙事空间的设置上，基本上是在重庆的繁华市区和僻陋的乡村疏建区之间往返穿梭。在人物往返穿梭于城乡的过程中，贫富的悬殊、地位的落差以及灵魂的变迁，得到了诠释。《傲霜花》开头两章就构成了生活空间的鲜明对照。戏子王玉莲在市区拥有一所西式楼房的半个楼面，她梳妆台上陈列的化妆品之多，简直像开了一个化妆品展览会，招待客人的菜肴有重庆市面上不易买到的虾、蟹、鱼，连女佣人的衣服首饰，都比小学女教员讲究。而王玉莲的老师，精通英、法、德三国语言的唐子安教授，却住在郊区逼仄的草屋里，一家人就着萝卜干喝红薯糙米粥，只能用白开水招待客人。小说还通过华傲霜、施伴云的行踪，进一步把市区权势人士、发迹商人的豪华公馆与大学教师的贫民窟生活进行了

---

① "在战前，公务员的待遇与社会地位都较高，以简任官与工厂里的小工相比，简任官月薪五百，小工工资仅一二十元，相差天壤；而战后情形发生剧变，公务员的薪金基本保持原状，小工收入则已由每月一二十元增至五六百元"。见朱丹彤《抗战时期重庆的人口变动及影响》，《重庆交通大学学报》（社会科学版）2007年第3期。

对照。在结尾还不忘来一番悲喜参照：一边是卧病山村的谈伯平教授逝世，无钱料理后事；一边是市区皇后大厦正举行一场豪华婚礼。重庆故事的对照性书写，揭示了战时重庆所造成的社会不公，把大后方知识分子的愤愤不平情绪表露无遗，迎合了《新民报》预设读者的心理需要。

张恨水的重庆叙事对读者心理的迎合，除了暴露腐败官僚、投机商人的丑恶品性，为公教人员的愤愤不平情绪提供发泄的渠道（如：《八十一梦》"在痛快两字上，当时是大家承认的"，"引起读者的共鸣"①），还有意渲染有气节的、落魄的公教人员的"精神优胜"，解剖被金钱女色异化的知识分子的灵魂痛苦，达到对中正善良的知识分子进行心理治疗和精神抚慰的目的。重庆故事的正面知识分子形象，无论如何穷困、失意，都凭借其脱俗的情操、高尚的品格和深厚的学养，在精神上获得了优胜。《巴山夜雨》中的李南泉，住茅房，吃"平价米"，抽"狗屁牌"香烟，但投机商人、保长夫人、公馆副官同样得屈就他，他以知识分子的人格和智慧，淡然自若应对金钱和权势的威压，保持着心灵的怡然自得。《牛马走》中的区庄正在战时重庆属于无钱、无权、无职的"闲人"，就因为他刚正不阿、安贫乐道、饱读诗书，叙事者便让他在与各类人物的交往中处于精神优胜的地位，让善良的杨老幺对他感恩戴德，让出生低微经商发迹的李狗子急于借他的荣光，让气焰嚣张的蔺二爷、慕容仁在他面前显得虚伪浅薄、丑态百出，让掮客西门博士在他的面前露出"小人"嘴脸……在《傲霜花》中，穷困潦倒的洪安东教授迫不得已拿校工借给他的钱给女儿治病。这件事让堂堂大学教授颇觉颜面扫地。为了维持一个值得尊敬的教授的精神优胜，小说一方面把借款处理为校工主动提出，另一方面不忘渲染校工态度的恳切、言辞的卑微。在阅读这些人物的故事时，以中下层公教人员为主的重庆知识分子，从中能够寻觅到价值的认同感和身份的尊严感。对被金钱女色异化的知识分子的灵魂痛苦的解剖，则从反面为中下层公教人员甘守清苦生活提供了的情感援助。孟子说："无恒产而有恒心者，惟士为能。若民，则无恒产，因无恒心。苟无恒心，放辟邪侈无不为已。"（《孟子·梁惠王章句上》）流亡到战时重庆的外省人，在物价飞涨的经济状况下，大部分都谈不上有"恒产"。既然无恒产，普通市民便难以坚守传统的仁义礼智信原则，部分知识分子也在生存的压力下不得不

---

① 张恨水：《写作生涯回忆》，北岳文艺出版社 1993 年版，第 76 页。

违背自己的人生理念，放下读书人的架子，加入生存竞争的行列。《傲霜花》中的大学教师梁又栋，在文坛小有名气的苏伴云，名字"取意于菊残犹有傲霜枝，透着有几分孤芳自赏"①的华傲霜，都为生活所迫，选择"第二条路"，或经商、或做官，或嫁有钱老头，从而摆脱困窘的生活状态。这些尚属正派的改行者，为身陷困厄而不愿入俗的知识分子提供了清高的理由——不是不能混得更好，而是不愿走"第二条路"。那些违背了知识分子基本道德准则的人物，则难以逃脱心魔的折磨和命运的捉弄。《偶像》中的著名雕塑家、青年人心中的精神偶像丁古云，为女色所诱惑，上了一回大当，自我的偶像轰然坍塌，痛心疾首，无脸见人，过着隐名埋姓的生活。《牛马走》中留过洋的西门德，一方面在演讲台上慷慨激昂地发表知识分子坚守抗战岗位的伟论，一方面打着博士的招牌，借筹办"工读学校"的幌子，干着掮客的营生，勾结官商，投机钻营，大发国难财。虽然过着酒肉生活，灵魂却被异化，在金钱的刺激下，西门太太中了"钱魔"，精神出现异常。黄万华先生认为，在战争的特殊年代，"战争不仅仅意味着死亡、苦难，它以'生存'这一巨大的诱因引发着人性的种种弱点、劣根，构成着对人类文明习俗，包括知识分子的操守的严峻挑战。"②张恨水的重庆故事把人性弱点劣根的大爆炸与知识分子操守的艰难呵护交织在一起，贬褒之间，体现出作者对古典人文情怀的守望，和对坚守岗位的重庆中下层公教人员的精神声援。

五　余论：张恨水的重庆书写飘浮着北京、上海、南京的城市光影

本文对张恨水重庆题材小说的解读，是把"战时重庆语境"作为逻辑思维的起点，来生发相关判断。尽管我们在整合六部长篇小说的审美文化共性时，力图避免以偏概全的弊端，然而，我们得承认，以"重庆语境"来笼罩对张恨水重庆题材小说的论述，难以完全避免把"战时重庆书写"与"战后重庆书写"等量齐观的偏颇。张恨水的小说创作有着非常敏锐和清醒的读者意识，本文也主要着眼于从读者心理层面来探讨重庆

---

① 张恨水：《傲霜花》，中国文联出版社2005年版，第81页。
② 黄万华：《史述和史论：战时中国文学研究》，山东大学出版社2005年版，第383页。

语境下张恨水的重庆书写。张恨水在战时重庆创作的《八十一梦》、《牛马走》、《傲霜花》、《偶像》，与在战后北京创作的《巴山夜雨》、《纸醉金迷》，基本文化审美特性方面，固然趋同（都是"以重庆为背景"，故事来源于重庆生活体验，且张恨水在北京创作重庆题材小说，是为自己的那段重庆生活作"一个深刻的纪念"），但是由于所面对的城市和读者群体有差异，因此，它们在文化品格、人物塑造和题材选择等方面的路数，就不可能毫无二致。给北京《新民报》写的《巴山夜雨》带有"京派"的作风，主人公李南泉的闲情雅致中透露出浓厚的文人气息和书斋风味，随着他的故事的展开，重庆乡村的田园风光被频繁呈现。小说并不追求故事的紧张曲折，更多聚焦于战时文人家庭的日常生活和夫妻、邻居间的琐碎交流，叙事节奏舒缓，与其他几篇小说在风格上有所区别，切合了老皇城子民的精神气度。给上海《新闻报》写的《纸醉金迷》，则迎合了上海的城市季风。小说以黄金投机风潮作为主要情节线索，讲述了商业投机者、交际花、银行家的故事，描绘了摩登人士颓废享乐的生活和疯狂乖戾的性格，展现了金钱和欲望对人际关系的掌控。如果把小说的故事、人物、性格的基本元素抽离重庆的背景，置入上海的时空，完全有可能成为上海的故事。由此可见，张恨水战后创作的两部重庆题材小说，不仅与重庆语境有着密切的关联，也混合了张恨水对北京和上海城市季风的理解。什么样的城市，需要什么样的文学，这是为张恨水的重庆题材小说创作所表明的。

　　研究张恨水在重庆创作的重庆题材小说，同样需要考虑这样的问题：除了重庆语境，文本中是否还飘忽着北京、上海的身影？张恨水曾在北京长期生活过，也有过不算浅的上海、南京城市生活体验。这几个城市带给他的文化记忆和对他的创作品格的塑造，或多或少会影响到他重庆时期的创作。况且，自京、沪迁移到战时重庆的市民群体和随之带来的文化风尚，同样会参与到张恨水重庆书写的文本内外。虽然一时难以把这些因素从张恨水创作的重庆语境中剥离出来，加以系统化，但是我们或深或浅可以感受到一些。我们不妨提供点不成系统的看法和例子。张恨水在小说中多处把上海、南京与重庆进行类比叙述。《牛马走》中的魏太太认为"重庆一切内在的情形像上海"[①]，《八十一梦》"第八十梦 回到了南京"把光

---

　　① 　张恨水：《牛马走》，团结出版社 2006 年版，第 378 页。

复后的南京当作重庆的一个翻版，在战后发表于上海的《纸醉金迷》讲述的重庆故事，似乎有上海的影子漂浮其上。这一切，让我们感觉到张恨水小说的重庆语境投射着北京、上海、南京的斑驳光影。张恨水自己说《八十一梦》"将神仙鬼物，一齐写在书里"，讽喻的是"重庆的现实"。①值得注意的是，《八十一梦》的"第十五梦 退回去了廿年"和"第七十七梦 北平之冬"，给出的显然是20世纪20年代的北平故事，如果把这两个"梦"退回二十年披露发表，也可算是洞悉时代暗流的讽刺小说。当然，文本的实际意义指向是借"第十五梦"讥讽陪都政界的裙带风气，"第七十七梦"则通过揭批五四时期所谓的"新青年"不学无术、浅薄无聊、自私虚伪的品性，通过暴露他们打着"新文化运动"旗帜钻营官场的卑污心机，来诠释、影射"民国三十年"重庆的政治现实。在这两"梦"中，张恨水利用了北京的生活阅历和文化记忆，把北京与重庆的怪现状通过"梦"的形式进行置换，借"北京"说"重庆"。在张恨水的重庆书写中，才子佳人模式并未彻底放弃，只是佳人为戏子，才子却为落魄的知识分子，如《傲霜花》中的苏伴云和王玉莲，《牛马走》中的李大成与黄青萍，《偶像》中的丁古云和蓝田玉。在这几部小说中，戏子与才子为师生或同学关系，如：苏伴云曾是王玉莲的家庭教师，黄亚萍和李大成是同学，蓝田玉冒充为丁古云的学生。张恨水20世纪30年代小说的叙事技巧受戏剧电影手法的影响较大。他说："我喜欢研究戏剧，并且爱看电影，在这上面，描写人物个性的发展，以及全部文字章法的剪裁，我得到了莫大的帮助。关于许多暗和的办法，我简直是取法一班名导演。"②在重庆创作的重庆题材小说，同样如此。"本书开场的时候，正是抗战时期重庆一个集会散场的时候"（《牛马走》），这样的开场白有点像剧本舞台场景说明。还有人物性格的参差配合，情节的张弛处理，悲喜剧场景的对照和转换，以及人物神情动作的描写等等，都带有戏剧和电影的技巧风格。戏子与知识分子的人物关系模式，和对戏剧电影手法的借鉴，我们可以从重庆语境做出解说。战时重庆文人很多，但重庆的娱乐生活非常单调，对于文人来说，也就只有看戏看电影，自然文人与戏子发生故事的可能性较大。这样的城市文化语境能够解释张恨水小说的人物关系和影视技

---

① 张恨水：《我的创作和生活》，《写作生涯回忆》，第134页。
② 张恨水：《我的小说过程》，《张恨水研究资料》，第275页。

法。不过，理由并不是很充分。张恨水在重庆较少有机会有余钱看戏看电影，尤其是住到南温泉后。因此，对张恨水重庆题材小说的这种特性的解说，只能悬置在北京、上海、南京、重庆的城市语境和张恨水的多个城市体验之间。

作者单位：西南大学文学院

区域视野与文化现象

首都文化软实力的提升与"人文北京"建设

万安伦

"后奥运"的北京将向何处去？奥运圣火刚刚熄灭，当人们还沉浸在奥运成功的巨大喜悦和欢乐中时，北京已开始了新的布局谋篇。从"绿色奥运、科技奥运、人文奥运"的"三大奥运"到"人文北京、科技北京、绿色北京"的"三大北京"，不仅意味着北京建设的重大战略调整，也标志着北京的经济社会发展和文化建设正朝着更新更高的目标迈进。尤其是将"人文北京"放在空前突出的战略位置，这对北京文化的发展提出了更高的要求。而当前"人文北京"建设的重中之重就是提升首都文化软实力，提升首都文化软实力对"人文北京"建设的战略意义十分重大。为此，应特别注意国内外关于文化软实力与"人文城市"建设的经验和启示，并在提升首都文化软实力、加强"人文北京"建设的具体措施上很下工夫。

一　提升首都文化软实力对"人文北京"建设的重大战略意义

（一）加强首都文化软实力建设，有利于推进"软实力"的中国化，凸显"人文北京"建设的标志意义

软实力（Soft Power）概念最早由哈佛大学教授、美国前助理国务卿约瑟夫·奈（JosephNye，Jr.）提出，在早期更为政治化的语境下通常被译为"软权力"，在后来越来越宽泛的运用中也常常被称作"软力量"或是"软力"。

1990年，约瑟夫·奈在两篇文章《软实力》、《世界力量的变革》，以及专著《注定领导：变化中的美国实力特性》① （Bound to Lead：The Changing Nature of American Power）中，多次提及并阐发了"软实力"这一概念。约瑟夫·奈指出，国家和地区的综合实力分为硬实力、软实力两种，其中，软实力是一种间接的或同化式的实力表现，其目标在于"使人随我欲"。与之相对的硬实力，则由资源实力、经济实力、军事实力和科技实力四大要素构成，是一种"命令他者按照其意志行动"的权力。在这两者之中，硬实力长期以来被认为是权力的核心要素。但在约瑟夫·奈看来，随着世界格局的演变，衡量国家和地区实力的尺度也应作出相应的调整，硬实力的张力始终是有限度，而软实力所产生的间接同化作用则日益变得重要。对此，约瑟夫·奈这样定义道：

> 同化式实力的获得靠的是一个国家思想的吸引力或者是确立某种程度上能体现别国意愿的政治导向的能力……这种左右他人意愿的能力和文化、意识形态以及社会制度等这些无形力量资源关系紧密。这一方面可以认为是软力量，它与军事和经济实力这类有形力量资源相关的硬性命令式力量形成对照。②

自约瑟夫·奈明确提出"软实力"概念以来，这一概念迅速蹿红，成为解读国际关系的热门词汇，很多学者纷纷就其内涵外延给出自己的理解，更将这一概念的使用范围拓展到社会生活的各个层面。如，美国学者斯拜克曼把民族同质性、社会综合程度、政治稳定性、国民士气都视为软力量。另一位美国学者尼古拉斯·欧维纳则认为："军事以外的影响力都是软实力，包括意识形态和政治价值的吸引力、文化感召力等。"而英国著名学者罗伯特·库伯则认为，合法性是软实力的核心要素。学者们的论述丰富了"软实力"概念的涵盖面及其现实意义，客观上为这一概念的中国化提供了可能性。

在软实力的中国化过程中，应该特别注意到，中国几千年"爱和、非战"的优秀历史传统对建设软实力来说，就是一种极为重要的资源。

---

① 该书的中译本标题为《美国定能领导世界吗》。

② ［美］约瑟夫·奈：《美国定能领导世界吗》，军事译文出版社 1992 年版，第 25 页。

加强国家软实力建设是中共中央在新的历史时期，结合新的国际形势和中国国情，以全面建设小康社会为目标而提出的全新理念。

当代中国共产党人创造性地将"软实力"这颗时代性很强的种子栽种到中国具有五千年优秀文化传统的深厚土壤中，结出了"文化软实力"的理论硕果。以胡锦涛同志为代表的新一代中国共产党人创造性地完成"软实力"的中国化。胡锦涛同志在 2006 年 11 月底全国文代会、作代会上的讲话就已首次谈到，"提升国家软实力，是摆在我们面前的一个重大现实课题"。① 而在 2007 年 10 月 15 日，胡锦涛同志在中共十七大报告中，明确提出了"提高国家文化软实力"的要求，他指出："要坚持社会主义先进文化前进方向，兴起社会主义文化建设新高潮，激发全民族文化创造活力，提高国家文化软实力，使人民基本文化权益得到更好保障，使社会文化生活更加丰富多彩，使人民精神风貌更加昂扬向上。"② 至此，"软实力"基本实现中国化。

北京作为中国首都、历史名城和文化中心，文化底蕴异常深厚，因此整合和提升"首都文化软实力"显得尤为重要。加强"首都文化软实力"建设，有利于进一步推进"软实力"的中国化，极大地丰富"软实力"的中国化的具体内容，凸显"人文北京"建设的标志意义，为兄弟省市区的"人文环境"建设树立光辉榜样。

（二）加强首都文化软实力建设，有利于创造北京文化的新辉煌，培植"人文北京"建设的更深厚土壤

一个国家有"国家文化软实力"，一个地区也有其"地区文化软实力"。1990 年约瑟夫·奈认为"国家软实力"由文化、生活方式、意识形态、国民凝聚力和国际机制五要素构成；到了 2004 年，约瑟夫·奈则将其整合为"文化、政治价值观念和外交政策"三要素，并进一步概括为"文化影响力、意识形态影响力、制度影响力和外交影响力"四大影响力。"软实力"对内表现为一个国家、一个地区的生命力、创造力和凝聚力，对外表现为一个国家、一个民族在意识形态、发展模式、民族文化、外交方针等方面被国际社会认可的程度。

---

① 童世骏:《文化软实力·引言》，重庆出版社 2008 年版。
② 胡锦涛:《高举中国特色社会主义伟大旗帜，为夺取全面建设小康社会新胜利而奋斗——在中国共产党第十七次全国代表大会上的报告》，《求是》2007 年第 21 期。

从广义上讲，"文化软实力"主要由三个方面构成，分别是精神文化力、制度文化力和物质文化力。其中，精神文化力又包括知识性文化力和观念性文化力两个层次，它是一个国家和地区在长期的生产生活实践中形成的知识经验、心理定式、价值意识和精神风貌等；制度文化力是人们对社会交往和公共行为的结构规则加以明确化和形式化的产物；而物质文化力则是人们的知识、信仰、情趣等外化和物化的结果。从狭义上讲，文化软实力则基本等同于精神文化力。其中，知识性的精神文化力为一个国家和地区的生存发展提供智力支持，而观念性的精神文化力则是一个国家和地区生存发展的精神动力。

北京作为中国的"首善之区"，无论是在精神文化力还是在制度文化力和物质文化力的建设方面，理应走在全国的前面。北京文化自中华民族文明东移以来，特别是金代定都以来，先后创造出了多次文化高潮的局面，其中包括元代具有初步民主主义思想的市民文化高潮；明末清初具有初步资产阶级思想的启蒙文化高潮；以"民主""科学"为旗帜的五四新民主主义文化高潮；以及以"解放思想，实事求是"为旗帜的新时期社会主义文化高潮。进入21世纪，北京以申办、筹办和成功举办奥运为契机，贯彻落实党的十七大关于"促进文化大发展大繁荣"的战略决策，大力加强"首都文化软实力"建设，北京正在掀起以"科学发展，和谐建设"为旗帜的新一轮文化大发展大繁荣的社会主义文化新高潮，创造北京文化的新辉煌，以培植"人文北京"建设更加深厚的土壤，进而带动"科技北京"、"绿色北京"的深入开展，促进北京经济社会及北京市民的全面发展。

（三）加强首都文化软实力建设，有利于展现市民精神的新风貌，增强"人文北京"建设的凝聚力量

加强首都文化软实力建设，振兴和高扬中华民族的民族精神，促进民族大团结，展现首都全体市民的精神新风貌，对于"人文北京"建设具有团结力量、凝聚人心的重要作用。

在经济和信息全球化的大背景下，不同国家、不同地区都在着力加强"文化软实力"建设，以期在新一轮的市场和发展竞争中处于优势地位，立于不败之地。北京市积极修炼内功，增强全体市民对于北京文化的认同感和自身文化价值体系的吸引力，以数千年的优秀传统文化积淀为基础，以马克思主义、毛泽东思想、邓小平理论、"三个代表"重要思想和科学发展观为指引，增强首都文化软实力，在与我国其他地域文化及世界文化的激烈碰撞中达到全面交流与融合。在这些碰撞交流融合的过程中，始终高举民族精神的光辉旗帜。胡锦涛同志曾指出："民族精神是我们民族的生命力、凝聚力和创造力的不竭源泉。"① 这是对民族精神的崭新诠释和深入挖掘。在新的实践机遇和时代要求下，北京市委市政府带领全市人民，全面贯彻落实"八荣八耻"的社会主义荣辱观，将北京文化的传统品格与优秀的革命道德和先进的时代精神进行完美结合。这无疑是北京加强文化软实力建设的重要举措，有利于发展具有深厚文化传承和深刻民族认同的社会主义的新北京文化，从而增强北京社会主义文化的主导力，避免政治信仰、价值观念和思想道德规范的混乱，从而规避社会震荡及各种风险，从根本上增强"人文北京"建设的精神凝聚力和文化推动力。

当下，大到国家小到地区和城市，十分重视和加强文化软实力建设，积极发展文化创新事业和文化创意产业。在马克思主义科学理论的指引下，利用本民族本地区固有的文化资源，同时吸收国内国外的异域文化养分，将首都的文化发展推向新的高潮。这有利于以最直观的形式使广大人民群众认识到，我国的主流意识形态是先进文化的代表，它不仅是民族的灵魂，也来自民族的血脉，同时还是维系国家统一和民族团结的精神纽带。加强首都文化软实力建设，对于"人文北京"建设具有培土固根的作用，它有利于展现首都市民的健康向上的精神风貌和人文品格，增强"人文北京"建设的凝聚力和向心力。

（四）加强首都文化软实力建设，有利于满足人民群众的新要求，实现"人文北京"建设的根本旨归

加强首都文化软实力建设，有利于满足广大人民群众日益增长的思想文化的新需要，从而实现"人文北京"的根本旨归。

西方发达国家十分重视对人民群众思想的渗透和掌控。乔治·索罗斯说："'革命'不应被引向防御工事，不应在街道上，而应在平民的思想里。这种'革命'是和平的、缓慢的、渐进的，但从不间断。"如果我们无法满足人民群众的文化需要，那么这个阵地就会被各种错误的和落后的意识形态所占据。今时今日，随着我国经济的快速发展和全球化进程的日益深入，广大人民群众在物质和文化两方面的需要都与日俱增。

---

① 雒树刚：《建设社会主义核心价值体系》，《人民日报》2006 年 11 月 13 日第 9 版。

北京市委市政府高度清醒地认识到，在文化建设方面，还有很长的路要走。加强首都文化软实力建设，有助于整合全体市民的价值理念，形成基本的社会规范和行为准则。尤其不能放松对青少年的思想政治教育和文化素质教育，防止西方国家的"软渗透"所造成的信仰缺失、精神秩序失范等现象。加强首都文化软实力建设，也是对当前多元化的社会意识和社会思潮进行正确引导与合理整合，正确处理主流意识形态一元化与社会意识多样化的关系，正确树立文化由人民群众创造并由人民群众共享的"民本主义"文化观。大力推进公共文化服务体系建设，让全体市民充分享受首都文化软实力提升带来的文化享受。

随着首都经济的发展，北京市民的思想文化要求越来越高，越来越丰富，应该尊重他们在思想文化层面日益增强的独立性、选择性、多变性和差异性。在保证马克思主义在意识形态领域指导地位的前提下，做到与时俱进，兼容并包。加强首都文化软实力建设，能够更好更及时地反映全体市民的所想所需，以不断创新的文化形式，满足广大人民群众的根本利益和根本愿望，一方面促成人民群众对主流意识形态的情感联系，强化他们的意识形态认同；另一方面创造"和而不同"多样共生的和谐性文化，丰富人民群众的各个方面各种层次的精神文化生活，营造健康向上积极乐观的文化氛围，满足最广大人民群众的精神文化需求，从而实现"人文北京"建设的目的和旨归，从而使每个社会成员都能得到最大限度地发展。

二 国内外关于文化软实力与"人文城市"建设的经验及启示

为了更加直观有效地与其他城市进行对比，现将北京主要数据陈列如下：北京是中华人民共和国首都，是中国中央四大直辖市之首，也是全国政治、经济、文化、科研、教育和国际交往中心。北京位于华北平原北端，"幽州之地，左环沧海，右拥太行，北枕居庸，南襟河济，诚天府之国"，全市平均海拔 43.5 米。北京有 3000 年建城史，856 年建都史。自秦汉以来，北京地区一直是中国北方的军事和商业重镇，名称先后称为蓟城、燕都、燕京、涿郡、幽州、南京、中都、大都、京师、顺天府、北平、北京，等等。北京的气候为典型的暖温带半湿润大陆性季风气候，夏季炎热多雨，冬季寒冷干燥，全年平均气温 14.0℃，极端最低零下 27.4℃，极端最高 42℃ 以上。全市面积 16410.54 平方公里，常住人口 1695 万人。2008 年北京成功举办了第 29 届奥运会，奥运定位是"绿色奥运，科技奥运，人文奥运"。2008 年 12 月，城市战略定位调整为"人文北京，科技北京，绿色北京"，"人文北京"建设被摆在北京发展最为突出的战略前沿。在"人文北京"建设过程中，借鉴国内国外的经验和启示是必要的也是重要的。

（一）巴黎西安等历史文化名城的"人文城市"建设启迪

北京作为世界著名的历史文化名城，在进行"人文北京"建设过程中，应该注意吸收同类城市在"人文城市"建设中的经验和启示。

法国首都巴黎是欧洲大陆上最大的城市，也是世界上最繁华的都市之一。地处法国北部，塞纳河西岸，距河口（英吉利海峡）375 公里。塞纳河蜿蜒穿过城市。大区人口 1149 万。面积 14518 平方公里。城市本身踞巴黎盆地中央，属温和的海洋性气候，夏无酷暑，冬无严寒，1 月平均气温 3℃，7 月平均气温 18℃，年平均气温 10℃。全年降雨分布均衡，夏秋季稍多，年平均降雨量 619 毫米。508 年，法兰克王国定都巴黎。经过 1500 年的建设，巴黎发展成为法国的政治文化中心和世界历史文化名城。为迎接巴黎世界博览会，1889 年修建了埃菲尔铁塔，成为城市象征。1870 年普法战争和 1871 年巴黎公社期间，巴黎曾遭到战争的破坏。第一次世界大战和第二次世界大战期间，巴黎都没有遭到严重破坏，但是在第二次世界大战期间曾被德军占领。1944 年 8 月巴黎解放前夕，希特勒曾下令彻底摧毁这座城市，但这个命令没有被执行。

"浪漫之都"、"文化巴黎"一直是巴黎最显著的个性特质。巴黎有 2000 多年的建城史，比北京的建城史稍短；有 1501 的建都史，都城史差不多是北京城的一倍。法兰西学院、巴黎大学、高等师范学校、国家科学研究中心、卢浮宫博物馆、凡尔赛宫博物馆、巴黎歌剧院、巴黎圣母院、国家图书馆等巴黎高水平的教育、科研、文化机构是巴黎作为"世界文化名城"的四大支撑点。"文化人"是巴黎社会生活的灵魂。19 世纪法国作家巴尔扎克、普鲁斯特、波德莱尔、兰波、乔治·桑、肖邦、王尔德、科莱特、热奈；20 世纪毕加索、本雅明、纪德、萨特、波夫娃、加缪、罗兰·巴特、福柯这些文化名人，组成巴黎社会文化人群落。他们的精神创造力使得自由法国精神丰盈而生动，并取得世界文化史上的最高成就。巴黎的艺术特别是"街头艺术"十分活跃,城市西北部的泰尔特尔艺术广场是世界闻名的露天画廊,每天都有不少画家在这里即席作画出售。在市中心的沙特莱广场和圣·日耳曼德伯广场等地,青年学生和市民经常自带乐器举行音乐会,表演各种节目。这些都给"人文北京"建设以重要的启迪。

西安是中国西部的最大城市之一,辖区面积 9983 平方公里,常住人口 837.52 万。西安属于暖温带半湿润的季风气候区,雨量适中,四季分明,年平均气温 13.6℃,极端最高气温 41.8℃,极端最低气温零下 20.6℃。西安由周文王建立,大约在公元前 12 世纪,距今已有 3100 多年未间断的城市发展史,与北京相当,先后有周、秦、汉、唐等 21 个王朝和政权在这里建都,是 13 朝古都,都城史千余年,长度超过北京。是中华文明汉唐辉煌的见证者和承载者。盛唐时人口达到 100 万,是人类历史上第一个达到百万的城市,鼎盛时期留学生有 10 万。世界地位远超今天的美国。闻名遐迩的"丝绸之路"就是以西安为东方中心的。作为世界著名的"历史文化名城",西安与北京齐名。西安是中国高等院校及科研机构最为集中的城市之一,仅次于北京、上海,居全国第三位。特别值得一提的是,西安民办教育走在全国前面,涌现出西安翻译学院、思源学院等民办教育的航母性学校,西安的民办教育远比北京繁盛,值得我们在"人文北京"建设中深思。西安人文底蕴深厚,文化景点及人文景观丰富,城市历史风貌保存完整,城市建设新旧并举,市民受教育程度较高、素质较好。"陕军东征"和"西北风"成为独特的文化现象。柳青、路遥、贾平凹、陈忠实、张艺谋等一大批"文化人"从黄土地走向全国,走向世界。西安的"历史文化名城"也和巴黎一样,是依靠"文化名胜"、"教育"和"文化人"共同支撑起来的。"人文北京"建设也不能轻视向西安学习。

此外,威尼斯、佛罗伦萨的"以旧为美"的文化观,莫斯科、斯德哥尔摩的"品质至上"的城市发展观,也对"人文北京"建设具有启示意义。

(二)纽约、上海等新兴现代化城市的"人文城市"建设经验

北京既是历史的,又是现代的,是历史文化名城,也是现代化国际大都市。因此纽约、上海等新起的现代国际大都是对于"人文北京"建设也具有积极的启示意义。

　　纽约是美国最大城市及第一大港，也是世界第一大城市，位于美国大西洋海岸的东北部，纽约州东南部。一个多世纪以来，纽约市一直是世界上最重要的商业和金融中心。纽约是一座全球化的大都市，也是世界级城市。并直接影响着全球的媒体、政治、教育、娱乐以及时尚界。纽约与英国伦敦、日本东京并称为世界三大国际都会。纽约是新兴的城市，1624年建立，只有短短385年建城史。面积17405平方公里。常住人口1800万。平均海拔10米。纽约拥有来自全球180多个国家和地区的大量移民，全市人口中有36%为外国移民。白人占37%，黑人占28%，西班牙人占27%，亚洲人占10%。

　　曼哈顿岛是纽约的核心，在五个区中面积最小，仅57.91平方公里。但这个东西窄、南北长的小岛却是美国的金融中心，美国最大的500家公司中，有1/3以上的总部设在曼哈顿。这里还集中了世界金融、证券、期货及保险等行业的精华。长度仅540米的狭窄街道华尔街两旁有2900多家金融和外贸机构，著名的纽约证券交易所和美国证券交易所均设于此，2008年金融危机在此引发。

　　纽约是国际级的经济、金融、交通、艺术及传媒中心，更被视为"都市文明"的代表。联合国总部设于该市，因此被世人誉为"世界之都"。24小时运营地铁和夜以继日的人群，又被称为"不夜城"。纽约还是众多世界级博物馆、画廊和演艺比赛场地的所在地，使其成为西半球的文化及娱乐中心之一。由于在20世纪初，纽约对外来移民来说是个崭新的天地，处处充满机会，因此纽约常被昵称为"大苹果"，便是取"好看、好吃，人人都想咬一口"之意。纽约"人文城市"的成功打造，有一条值得北京借鉴的经验，那就是北京因为集中了全中国最优秀的移民才创造了今天的文化和经济成就，而纽约因为集中了全世界最优秀的移民因此铸就了纽约文化和经济的无比辉煌，"人文北京"建设要有敢吃螃蟹的精神和勇气，在户籍制度上领改革之先，真正做到"我家大门常打开"，不但向中国而且向全世界一切愿意来京的优秀的人才发放"北京市籍"、"中国国籍"，可以"投资移民"，也可以"技术移民"、"文化移民"。

　　上海也是历史相对年轻的城市，是从300年前的小渔村发展而来的。上海的"人文城市"建设经验也是值得重视的。20世纪最后10年，上海摒弃了北京"摊大饼"式的城市建设模式，学习纽约等"多心组团"式的城市布局，以更加人性的方式开发开放浦东，形成浦东浦西"双心并举"的科学发展格局,加上以"壮士断腕"手法进行产业结构的调整,还市民蓝天碧水的"增绿治水"工程等,使得上海的"人文环境"建设迅速迈上新的台阶。

1956 年建立的巴西利亚在"人文城市"建设方面,探索出一条工作、学习、生活互不干扰的"城市功能划定"模式,也是世界上绿地最多的城市,非常适宜人居。城里不见古迹遗址,也没有大都市的繁华与喧闹,但其充满现代理念的城市格局、构思新颖别致的建筑以及寓意丰富的艺术雕塑,使这座新都蜚声世界。被联合国教科文组织确定为"人类文化遗产",成为众多璀璨辉煌的世界人类文化遗产中最年轻的一个。这些经验值得"人文北京"建设借鉴。

(三) 东京、悉尼等奥运举办城市的"人文城市"建设启示

2008 年北京成功举办第 29 届奥运会,作为奥运举办城市,北京应该从东京、悉尼等奥运举办城市会前、会中、会后的"人文城市"建设举措中受到启发。同作为亚洲国际大都市,北京与东京 1979 年 3 月 14 日结为友好城市。

日本首都东京是一座现代化的国际城市,位于本州关东平原南端,面积 2155 平方公里,人口 1275.8 万。东京的城市史并不悠久,500 多年前,东京还是一个人口稀少的小渔镇,当时叫做江户。1457 年,太田道灌的武将构筑江户城,这里便成了日本关东地区的商业中心。1603 年,日本建立了中央集权的德川幕府,来自日本各地的人集中到这里,江户城迅速发展成为全国的政治中心。19 世纪初,江户的人口已超过百万。1868 年,日本明治维新后,天皇由京都迁居至此,改江户为东京,为日本国首都。东京是日本全国的政治中心和经济中心。有"东京心脏"之称的银座,是最繁华的商业区。东京也是日本的文化教育中心。各种文化机构密集,其中有全国 80% 的出版社和规模大、设备先进的国立博物馆、西洋美术馆、国立图书馆等。东京的大学占日本全国大学总数的 1/3,就读学生则占全国大学生总数的一半以上。东京作为一个国际性的大都市,还经常举办各种国际文化交流活动,如东京音乐节和东京国际电影节等。

1964 年,东京举办第 18 届奥运会。这是欧洲、美洲、澳洲已多次举办奥运会后,亚洲第一次举办奥运会,国际奥委会选择了东京作为本届奥运会的主办城市。东京无论是古色古香、具有东方情调的皇宫,还是繁华闹市银座,以及山清水秀的日本风光,都对世界各国的体育家和旅游者有着巨大的吸引力。这是日本战后第一次最耀眼的国际亮相，为了办好奥运会，东京的组织者下了很大的工夫。东京奥运会是奥运会历史上新的里程碑。有 94 个国家和地区派来代表队，其中，运动员的总数达到 5558 人，观众则达到了 1200 万人，这些都创造了奥运会的新纪录。东京奥运会早北京 44 年举办，1964 年东京奥运会时，日本经济已经复苏，奥运会申办举办，极大促进了东京市政建设的发展和"人文环境"的提升，极大彰显了日本经济文化的国际影响力，极大鼓舞和凝聚了日本的国民精神。4 年以后，日本的国民经济和人文城市建设都超过西德，成为世界经济的亚军，并且保持至今。北京奥运会 4 年后，中国经济能否全面超过日本？历史是否会出现惊人的相似？"人文北京"建设可以从"友城"东京学习和借鉴的地方很多。

悉尼是新南威尔士州的首府，也是澳大利亚第一大城市，面积 2400 平方公里，人口 434 万，位于围绕杰克逊湾的低丘之上，是用当时英国内务大臣悉尼子爵的名字命名的。悉尼是年轻的城市，200 多年前，这里是一片荒原，经过两个世纪的艰辛开拓与经营，它已成为澳大利亚最繁华的现代化、国际化城市，有"南半球的纽约"之称。2000 年第 27 届奥运会，悉尼险胜北京。除参赛国家和地区及运动员人数超过历届外，还有一个亮点就是与历届相比，本届奥运会的转播覆盖的国家和地区数量最多，共有 220 个国家和地区对比赛进行了转播，其免费奥运直播网站也颇受欢迎，数以百万计的访问者在互联网上观看了比赛。悉尼非常注意将奥林匹克体育精神与悉尼的文化品格及人性追求相融合。这一追求延续到了悉尼的后奥运时期。从"人文奥运"到"人文北京"，北京以开放的胸怀和姿态从奥运举办城市汲取有益的养分。

此外，莫斯科、洛杉矶、雅典、巴塞罗那这些奥运举办城市在打造"人文城市"方面也各有高招，值得借鉴。

三 提升首都文化软实力、加强"人文北京" 建设的具体措施

（一）坚持文化方向，构建社会主义核心价值体系，强化先进文化的主流地位和引领作用

坚持文化方向，构建社会主义核心价值体系，强化先进文化的主流地

位和引领作用，是提升首都文化软实力的关键所在，又是"人文北京"建设的第一要务。无论是文化软实力提升还是"人文北京"建设，都必须坚定不移的坚持社会主义先进文化的发展方向。

为坚持文化发展方向，应对文化发展挑战，提升首都文化软实力，必须要积极构建社会主义的核心价值体系，强化社会主义的主流意识形态，以社会主义核心价值体系引领多样化的社会思潮。这主要是因为：首先，社会主义核心价值体系可以在我国最大限度地达成思想共识，具有引领多元化社会思潮的强大功能。实现科学发展和谐建设的伟大目标，必须以社会主义核心价值体系统领全市人民的思想和行动，充分意识到占领意识形态高地的极端重要性。其次，社会主义核心价值体系是抵御各种不良社会思潮的力量之源，要使北京在激烈的国际国内竞争中始终处于优势地位，必须强化先进文化的主流地位和引领作用。再次，社会主义核心价值体系具有强大的凝聚力量和整合作用，能够增强北京文化的凝聚力、向心力，提高和增强广大市民的文化认同感、归属感和自豪感。

提升首都文化软实力，建设"人文北京"，必须大力加强主流意识形态的宣传和教育工作，认真做好社会主义意识形态的宣传和教育工作，是关乎民心向背、事业成败的大是大非问题，含糊不得。

同时要积极探索用社会主义核心价值体系引领和疏导各种社会思潮。党的十七大提出："积极探索用社会主义核心价值体系引领社会思潮的有效途径，主动做好意识形态工作。"① 以对新自由主义、新"左派"、民族主义、历史虚无主义等思潮的引领为重点，消除其负面效应，下大力气求得突破性进展，以造成辐射式的社会效应。对于各种社会思潮主要包括"引领"和"疏导"两个方面。"引领"就是引导和带领，是"先进带后进"，引领社会思潮健康、正确发展；"疏导"就是疏通和指导，是通过不同观点的争论商榷，分清良莠，明辨是非，达到指引方向，疏通淤塞，创建和谐的目的。

（二）完善文化立法，深化文化体制改革，创建文化软实力评估体系，优化文化发展环境

完善文化立法，加快文化立法进程，促进文化法制建设，同时，深化

---

① 胡锦涛：《高举中国特色社会主义伟大旗帜，为夺取全面建设小康社会新胜利而奋斗》，人民出版社 2007 年版。

文化体制改革，创建文化软实力评估体系，构建北京文化发展的良好的法律和制度环境。坚持依法治文，是党和政府以主动姿态积极引导文化生产和文化消费，大力净化文化市场，依法管理文化市场的直接表现，既是提升首都文化软实力，建设"人文北京"的具体措施，也是构建和谐社会，发展先进文化的必然要求，更是推动首都社会主义文化大发展大繁荣的根本保障。

新中国成立 60 年以来，北京的文化立法经历了从无到有，从封闭到开放的发展过程。近年来，随着首都文化事业和文化产业的蓬勃发展，文化立法和文化体制改革的步伐明显加快，立法和改革水平大大提高。据不完全统计，新中国成立 60 年，特别是改革开放 30 年，北京根据国家现行的文化法律法规结合本地实际制定了近百件地方性文化法规和行政规章。有效调整了人们的社会文化关系，对发展文化事业、管理文化市场、促进文化产业产生了重要作用。基本实现了文化发展及管理从过去主要依靠政策向法规为主、政策为辅的转变，做到有法可依、有章可循。[①]

尽管北京的文化法制建设及文化体制改革走在了全国的前头，但还应该看到，北京的文化立法，特别是文化体制改革还有很长的路要走，还处在探索和调整阶段。

在社会主义市场经济和加入 WTO 新的历史条件下，北京的文化事业和文化产业与全国的文化事业和文化产业一样，都要接受和适应一种全新的法律文化、秩序形态和政策系统，要按照 WTO 的原则和精神重构北京文化产业法规和政策。拓展北京的文化创新事业和文化创意产业发展的良好环境。建设符合文化发展内在规律的文化事业和文化产业的文化法规和文化政策，改革制约文化发展的体制机制，将影响着今后相当长一个时期北京文化发展的趋向和态势，并将进一步影响北京经济社会发展和产业结构的调整升级。

提升我国文化软实力，维护我国意识形态安全，还需积极构建我国的文化软实力评估体系。因为，一方面，文化软实力评估体系的建立，可以帮助我们科学审视当前我国文化软实力建设的优势和不足，促使我们时刻保持警惕，保持优势，克服不足，有效提升我国的文化软实力；另一方面，意识形态安全保障体系的建立，可以帮助我们强化我国的社会主义主

---

① 谢鲁：《加强文化立法推动文化大发展大繁荣》，《三江论坛》2008 年第 6 期。

流意识形态，有效抵御和打击各种反动势力对我国社会主义主流意识形态的侵蚀和颠覆。

此外，创建首都文化软实力的评估体系，也是优化文化发展环境的重要手段。要尽量细化和明确文化软实力的构成因素，将其各项构成因素与国际国内文化竞争力强的国家和地区进行比较研究，在对首都文化软实力各构成要素进行定性和定量分析的基础上，找到差距，借鉴经验，弥补不足，指导工作。根据分析统计数据，拟订分步实施的具体目标，大力提升首都文化软实力，大力推进"人文北京"建设。

（三）倡导文化民生，发展文化创新事业和文化创意产业，建设市民共有共享的精神家园

文化民生是首都文化软实力构筑的目标之一，大力发展能够体现社会主义优越性的北京文化创新事业和文化创意产业，是提升首都文化软实力、实现"人文北京"建设的具体途径。

在文化创新事业的发展方面，应进一步加大对文化事业特别是公益性文化事业的经费投入，努力推进公共文化服务体系的建立和发展，尽可能地满足广大人民群众日益增长的文化消费的需要；要将文化事业的发展与文化产业的发展紧密结合，对文化产业的发展加以疏导，尽可能多的提供一些能为人民群众所喜闻乐道的文化产品；此外，还须加大对文化事业单位的人员调整力度，引进一批精于实干、乐于创新的高精尖人才。

在文化产业的发展方面，应加大文化科研投入，尽可能地增加文化产业的科技含量，发挥科技对文化产业发展的带动作用；充分发掘北京作为历史文化名城的优势文化资源，发展特色文化产业，做大做强，走文化品牌路线；尽可能地完善文化投资政策，"建立多元高效、回报合理、良性循环的文化投资体系，吸引各种资金进入文化产业"[①]；努力推进文化产业的规模化、集约化发展，打造良好的文化产业结构，实现文化资源的合理配置。

积极倡导文化民生，大力发展首都文化创新事业和文化创意产业，全面建设市民共有共享的精神家园，是新形势下首都文化软实力和"人文北京"建设的核心内容。首都市民的共有精神家园，是全体"新北京人"

---

① 白洁：《文化产业与文化事业的和而不同》，《中共珠海市委党校、珠海市行政学院学报》2006 年第 6 期。

的共有精神家园，是不分阶层、不分地位、不分民族的，只要是在北京这块土地上生活工作，就是"新北京人"。他们共同建设这个美好的精神文化家园，同时也充分享受这个美好的精神文化家园。提升首都文化软实力，大力推进人文北京建设，建设"新北京人"的共有精神家园，可从以下几个方面着力：首先，发扬"首都北京"的包容意识，努力提高北京文化的向心力和凝聚力；其次，增强"文化北京"的自觉意识，大力弘扬北京文化和首善精神；再次，构建"宜居北京"的文化氛围，打造出人文、科技、绿色的新北京。

（四）扩大文化交流，最大限度吸收异域的文化养分，增强文化中心的创造力和影响力

扩大对外文化交流与文化合作，最大限度吸收国内国外异域的文化养分，增强北京作为文化中心的创造力和影响力，是提升首都文化软实力，建设"人文北京"的又一具体措施。

随着经济全球化和信息全球化的日益广泛深入，世界各国在经济文化等多个层面上的交流日益频繁，冲撞日益剧烈，融合日益显著。其中，文化的地位正迅速提升，受到越来越多的关注，文化不仅发展成为社会财富的崭新样态，也成为一个国家和地区综合实力的重要指标体系之一。亨廷顿认为："在全世界，人们正在根据文化来重新界定自己的认同。"[①] "文化软实力"在国际竞争中的地位和作用日益突出，各个国家和地区纷纷相机而动，调整文化政策，制定文化发展战略，重视并加强自身文化软实力的建设。站在改革开放 30 年、新中国成立 60 年的时空交叉点上，提升"首都文化软实力"和加强"人文北京"建设，具有极其突出的现实意义和深远的历史意义。

要最大限度地扩大北京文化的对外交流与合作，以文化的大开放促进文化的大繁荣。发挥北京文化的中心地位和辐射功能，就必须最大限度地吸收本国及世界各国的先进文化养分，就必须最大限度地吸收不同民族的优秀文化因子，只有这样才能最大限度地增强北京文化的创造力、影响力和生命活力。

总体上说，与发达国家和地区的文化软实力相比，首都文化软实力的

---

① ［美］塞缪尔·亨廷顿：《文明的冲突与世界秩序的重建》（中文版序言），新华出版社 2002 年版，第 2 页。

进一步提升还存在较大挑战。首先，从国际环境上来看，首都文化软实力发展的整体环境无疑与我国的文化软实力发展的整体环境休戚相关，受到西方发达国家的极大压制。我国与西方发达国家之间存在着较大的文化逆差，中国的对外文化交流显示出严重的"入超"，成为整体外贸形势中一个存在"赤字"的薄弱环节，这种严重的"文化逆差"已经严重影响了我国文化软实力及首都文化软实力的跨越发展，这是北京文化的对外交流与合作存在的严重问题。其次，从国内环境上来看，首都文化软实力的进一步提升确实面临诸多问题，如，经济硬实力与文化软实力发展的不均衡性；文化体制机制与文化发展的不协调性，以及文化的市场化程度，导致文化产业集约化程度偏低和文化出口能力较弱。如此等等，都严重制约了首都文化软实力的提升和"人文北京"的发展。

但是，更应该看到的是，机遇与挑战并存。在全球化的语境下，在为西方文化东扩打开方便之门的同时，也有助于积极拓展华夏文明的文化疆域，正如胡锦涛同志在联合国成立 60 周年首脑会议上的讲话中所说的："应该加强不同文明的对话和交流，在竞争比较中取长补短，在求同存异中共同发展，努力消除相互的疑虑和隔阂，使人类更加和睦，让世界更加丰富多彩。"[①] 而北京是中华文化传播的桥头堡，其文化中心的意义和作用在对外文化交流与合作中地位尤其重要。另一方面，大众传媒尤其是网络的高度发达，同样也为北京文化的输出提供了新阵地、新手段和新方法。应积极加大科技投入，切实加强网络监管，充分运用好网络等新型媒介和信息全球化潮流，为北京文化充分吸收异域营养，增强文化中心的创造力和影响力创造条件。

作者单位：北京师范大学北京文化发展研究院

---

① 胡锦涛：《胡锦涛在联合国成立 60 周年首脑会议上的讲话》，新华社 2005 年 9 月 15 日报道。

民初北京旗人的社会流动与满汉文化交融

常书红

以"驱除鞑虏、恢复中华、创立民国、平均地权"相号召的辛亥革命导致中国社会的重要转型，尤其是旗人社会的重大变迁。随着清廷的覆灭和八旗制度的废除，满族的政治地位与社会身份都发生了根本变化。这一时期旗人社会重大变迁的主要表现有三：一是随着"旗、民"分治的格局被彻底打破，大量旗人走出"满城"，呈现大规模的地域流动；二是向来以"执干戈"为唯一职业的八旗兵丁为生计所迫，汇入各个职业阶层，出现结构性、多元化的职业流动；三是由于清朝统治即满族亲贵统治的结束，意在杜绝满人沾染"汉俗"的一系列文化政策彻底消除，进一步促进了满汉文化的交融。长期以来，学界对于满族的研究，主要集中于清代特别是清代前期和中期，近年来，对晚清满族社会的研究亦有所进展，但截至目前，对于辛亥革命后即民初旗人社会文化的研究尚非常薄弱。而从社会转型的角度来看，民初旗人的社会流动，恰恰是我们审视这一时期中国社会结构变动和多民族文化发展的最直接和显著的视角。作为清代旗人的大本营和满族人口分布最多的城市，北京旗人在民初的社会流动及满汉文化的交融具有极其典型的文化意义。本文即就此略申浅论，以就教于方家。

一　满族社会的瓦解与北京旗人生计的危机

辛亥革命后，清代依托于八旗制度之上的满族社会迅速走向瓦解，旗人社会面临根本转型。此时旗人需要解决的首要问题，就是生计问题。然而，在直奉皖各系军阀轮流坐庄的北洋统治时期，"政局虽屡改，其不改者有一事，即八旗生计问题是也；政局虽屡改，其所改者实亦一事，即八旗生计问题终无正式之解决"。在北京，关门小朝廷虽曾多方筹集资金，责成宗人府开办教养工厂，以招收八旗子弟习得一技之长，自食其力。但一则资金匮乏，二则学非所用，成效极微。① 此外，民初也组织了一些八旗团体，他们作为旗人利益的主要代言者和旗人生计的热心筹划者，或积极调查各地旗人状况，规划旗人生计解决思路；或面谒要津，提出解决八旗生计的具体建议；或多方筹款救助贫苦旗人；或组织旗人开展互助。同时，还呼吁政府重视旗人遭歧视的问题，代表旗人要求平等的政治待遇等。这些，都在八旗社会转型过程中提供了一定的助力。但是，由于经费匮乏（这些团体的经济来源，不外乎三条渠道，即旗租、各旗捐助和王府捐助，数量很少，而且没有保证），以及内部"团体林立，各树一帜，不能联合作积极的进行"②，因而发挥的作用非常有限。除这些公开成立的八旗团体外，有些旗人还经常组织一些小型的集会，商讨政治待遇问题、成人就业及学生升学问题的解决，影响就更小了。在这样的情况下，面临生计问题，清帝，清代的"爵邸"、"勋阀"，一般官僚、贵族与普通旗民各自的情形差异甚大。

---

① 1919年7月12日，宗人府在西黄城根红罗厂开办第一教养工厂，收10—15岁八旗学徒100名，分地毯科、织工科、木科、席管科传习工艺，产品由学徒们装在小驴车上沿街叫卖，后由于工艺落后，产品渐渐失去市场；1921年前后，又在东华门骑河楼原明清御马圈旧址，开办第二教养工厂，并从学徒中挑选50名学习中西乐器，组建了北京第一个西乐队，到万国俱乐部、大使馆及各大王府和皇宫助兴演出，并参加了溥仪和婉容的大婚盛典，后由于北京内一区、外五区等几个警察公署相继成立时髦的西乐队，渐渐在竞争中萧条。至1924年年底，宗人府所办教养工厂终由于资金短缺解散。参见王德泉《逊清宗人府办厂始末》，胡玉远主编：《日下回眸》，学苑出版社2001年版。

② 章福荣：《旗族存亡一大问题》，第2页。另据金启孮先生讲，这些八旗团体会议一般只能算作联谊会的性质，多不解决实质问题。"年老的提出'应修复八旗先贤祠'，中年和贫穷的便说：'应先顾活人。活人都挨饿了，还管什么先贤？'驻防则介绍他们所在省的情况，发言多较京旗激烈。因为意见不同，有时竟然吵了起来。还记得一次会上，一位湖北驻防，用很重的湖北口音发表长篇言论。从辛亥年的遭遇到现在的对策，讲到激昂处，竟泪流满面拍案而起。京旗的老年人多劝他冷静，不要太激烈。不料这一下招怒了这位湖北同胞，他高声指责：'什么不要激烈，人家对我们就激烈！'说罢甩袖退场，五六个人也拉他不住。于是会也开不下去了，只好不欢而散。"参见金启孮《北京城区的满族》，第125页。

（一）溥仪和他身边的"痨虫"

按照《清室优待条件》的规定，清帝逊位后，尊号仍存不废，且可暂居紫禁城，侍卫及各项执事人等，也可照常留用。利用这些规定，溥仪直到1924年出宫之前，在紫禁城里"仍然过着原封未动的帝王生活，呼吸着十九世纪遗下的灰尘"①，一如既往地在"宣统"纪年中，以皇帝的名义颁发"上谕"，对宫臣遗老封赠赐谥；而他身边那些奴才臣仆们，则依旧拖着长辫，裹在袍服马褂里，嗫嚅连声。逢年过节，不但宫中贺仪如常，宫外的遗老们也纷纷穿起清代的朝服，入宫朝贺，甚至民国的某些官员，也"不忘故主"，穿梭其间。此外，宗人府还公开招人，缮写清皇室玉牒档册。② 同时，这座皇宫里的奢华一仍其旧，上至溥仪、太妃，下到后宫妃嫔，从饮食到娱乐，生活的枝枝节节都保持着以往的皇家气派。每到用膳时间，殿上太监一声"传膳"，"一个犹如过嫁妆的行列已经走出了御膳房。这是由几十名穿戴整齐的太监们组成的队伍，抬着大小七张膳桌，捧着几十个绘有金龙的朱漆盒，浩浩荡荡地直奔养心殿而来"。被裁作各式袍褂的毛皮绸缎，也大多只是在溥仪、太后和后妃们身上"昙花一现"，甚至没上身就被弃置一旁。衣食而外，清室在娱乐方面，亦可谓档次一流，引领时尚。太后、先皇妃们钟情于传统戏剧，将漱芳斋的戏楼装扮得华丽异常，台上及后台满铺二寸余厚之花毡，台前楼座十分宽敞，梅兰芳、杨小楼、余叔岩、小翠花、贯大元等名伶都曾被请去献艺。年少的溥仪则垂青于时尚，为了方便在宫里骑自行车，他下令将宫门的门槛一律锯掉，各国新款的各式自行车，他几乎应有尽有；此外，宫里还建了球场，篮球、地球、网球等设施，一应俱全，每天下午，溥仪必去消遣。③ 在小朝廷时期，清室的开

① 溥仪：《我的前半生》（上），群众出版社1983年版，第46页。
② 《盛京时报》1921年9月21日。
③ 《晨报》1923年10月4日。

支较之逊位以前，甚至有过之而无不及。① 有资料显示，1915 年内务府支出的款项达 279 万两，相当于慈禧时期的 4 倍，② 而 1916 年仅宫中烧用煤炭木柴，就耗银 75000 余两，③ 更令人大开眼界的是，在宫中，一年所谓的"钟表传报费"竟达 13000 余元。④

(二) 前清"爵邸"、"勋阀"

当辛亥革命迅猛发展，清廷统治摇摇欲坠之际，北京的满族亲贵、官僚之稍有身家者，几乎全都携资潜避，逃往天津租界、青岛、旅顺等地。他们中有的从此定居外地，有的则在民国二三年后返回北京（同时外地仍留有大量资产）。这些无法再仰食于"天子"的前清显贵们（其中少数王公仍可得到一定数量"皇室优待费"的沾溉，如醇亲王府每年可领到岁费 42480 两）有的投身经济活动，财富暴涨；有的则大肆挥霍，坐吃山

---

① 如此庞大的经费支出固然是为了满足清室穷奢极侈的生活，但实际上，在为溥仪、皇太妃及后妃们服务的幌子下，大量白花花的银子通过五花八门的名目，甚至无所谓名目的名目，流进了被吴稚晖称作"痨虫"的内务府官员和太监们的手里。"痨虫者"，据吴解释："即附人骨肉，要把皇帝的溥仪，不钻死他不歇手，宫监尤其小焉者也。最大的痨虫窠，便是内务府。"这些贪得无厌的内务府的大"痨虫"们，不仅费尽心思在清室 400 万元的"岁费"（这个数字超过了当时最大的王朝——维多利亚女皇皇室每年的费用）上打主意，而且通过以清室名义借外债、卖古董（以 1923 年为例，清室"收入"即有 500 余万元，其中大半为借外债、卖古董所得）大捞油水，甚至采用办理抵押、标卖或借出鉴赏，以及请求赏购等方式，将清宫中的大量财宝直接据为己有。结果一面是清室财政日告紧张，关于溥仪为缓解经费紧张不断拍卖金银器、古物（小朝廷拍卖或因抵押而流失的金银器及各类古物的数量是非常惊人的。根据内务府于 1922 年制定的"投标规则"，清室出售物品包括古物陈列、宝石物料、金质器皿、镀金银器等四类 374 款。另据相关材料，清室曾向金城、盐业、大陆、中南、汇丰等多家银行抵押借款，其中仅在 1916 年和 1923 年向汇丰银行的两次抵押借款中，就押出金器 120 余件，这些金器因无力赎回，最后只能估价卖给汇丰银行），甚至为节费而拍卖骏马之类的消息也时有所闻，另一面则是内务府官员个个腰包鼓胀，富得流油。以总管内务府大臣绍英为例，他"在辛亥革命时已报破产，至今时有三年，反东也银行存款，西也巨产买主，数以几百万计"。此外，还有很多内务府官员都开起了古玩店、票庄（钱庄）、当铺、木厂（营造业）等大买卖。无怪乎宣统气愤之余，借题发挥，如此向内务大臣讲解"蝗"字的含义："你们无一点能力，独知吃我，明明古人造这蝗字，系专门为你们所造。"参见吴稚晖《溥仪先生》，载吴景洲《故宫五年记》，第 38、39 页；《内务府公函底稿》，丙辰，杂项，国家图书馆古籍部藏；秦国经：《逊清皇室轶事》，第 80—82 页；溥仪：《我的前半生》（上），第 155 页；《顺天时报撷报》，第 13 函，第 20 页。

② 溥仪：《我的前半生》（上），群众出版社 1983 年版，第 55、154 页。

③ 秦国经：《逊清皇室轶事》，第 80 页。

④ 吴稚晖：《溥仪先生》，转引自《故宫五年记》，第 39 页。

空，在社会地位和生活水平上的差距因而日益拉大。

民初摇身变为金融界、企业界之翘楚的，以总管内务府大臣之后（察存耆之父）、庆亲王之后金友之、曾任军机大臣的那桐之子张绍曾等人为代表。察存耆之父于1913年在天津开办了三个当铺（两个独资、一个集股），每年利润收入达30000元，后来当铺发展到40余家，房产遍及大连、沈阳、上海、天津、北京等地，多达七八百间。① 金友之在天津独办"龙泉澡堂"，其子复于1928年在天津劝业场和交通旅馆投资30万元，并创办北京动物园。② 张绍曾则先后任北平银行董事和盐业银行的第一任董事，而且经营着三个规模很大的当铺，到其子张寿崇手里，还在北京保有800多间房子。③ 这些人之所以能在民初的经济、乃至政治界站稳脚跟，固然与他们在前清积累的雄厚资本不无关系，但除此之外，他们与北洋政界名流勾连错结的关系网显然发挥了不可忽略的作用。以那桐家族为例，那桐的长孙女曾嫁给袁世凯的十三公子袁守安，而位于王府井大街金鱼胡同1号的"那家花园"则是民初政坛要人风云际会的场所，北洋政府国务总理陆征祥以及清皇室都曾在这里设宴欢迎过孙中山和黄兴等人。

（三）前清一般官僚、贵族

这一阶层在辛亥革命后，虽小有积蓄，但不足借以跻身富商巨贾之列；虽出身书香门第，或曾高中科甲，但缺乏显赫的社会关系援以摇身变为民国新贵。幸运的是，他们尚可靠典当以解燃眉之急，而且凭借自身的文化水平和社会经验，找一份民国政府机关雇员或中小学教师的工作，对他们而言也不是太难。还有的人家传中医，略谙医道，以行医为业。这些人的生活虽然比较拮据，但相对比较稳定。

（四）普通旗人

家徒四壁，鲜泽书香，一旦断绝粮饷，普通旗人所面临的生存危机较之前两类人，显得尤为切近。在他们当中，除了粗识文字，并积累了一定

---

① 《北京满族调查报告》，《满族社会历史调查报告》（下册）第5辑，第80页。
② 同上。
③ 同上书，第12、80页。

社会经验的人尚可谋得一份警察的差使外，其余人面临的选择只能是：放下以前所谓的"身份"，甚至隐瞒这一"身份"，要么学点手艺,[①] 要么做点小本生意，否则就干脆去卖力气。

二　民初北京旗人的"平民化"与社会流动

毫无疑问，对民初的旗人而言，平民化将是他们无可回避、且必须凭自身力量来完成的艰难的蜕变历程。"铁杆庄稼"没了，对于他们中的绝大多数人来说，首先要做的，就是找到一份可资糊口的工作。在民初十余年间，旗人纷纷自谋生路，除少数从事文化艺术、警察、教育等行业外，绝大多数加入了生产劳动者的行列。迄20世纪20年代初，北京旗人从事生产劳动者已占到70%—80%。[②] 其中包括一些前清达官显贵。如曾做九门提督的徐锋家庭到民国时，祖父做了教师，祖母做了绒花工人和保姆。因此，职业流动及与之相伴随的地域流动，构成了民初北京旗人社会流动的主要内容。

由于种种我们已经了解的原因，辛亥革命后旗人就业的选择面是比较狭窄的。大官僚阶层中的一些人，大多靠贪污剥削所得，开古玩铺、饭店、茶馆等消费性行业，或经营当铺钱庄等金融高利贷。也有开办企业者，往往因不会经营关门大吉。小官僚阶层中的一些人，许多变为北洋政府官员（如张润谱系户部主事，民国时曾任财政部部员；关振华在北洋政府一直做到蒙藏委员会的副处长）。有一定文化水平的，很多从事工商业和文化艺术行业如绘画、唱戏（以尚小云、汪笑侬、福小田等人尤为知名）或唱八角鼓等（如赵书先生的祖父赵常秀即以走街串巷唱八角鼓卖艺为生），据说当时西城著名的京剧名角，大部分是满族人。下层除了当兵外，一部分当警察、消防队员、勤杂人员，或进入邮政、电报、印刷等部门工作。大部分则做小生意，蹬三轮，拉洋车，做泥水匠、瓦工、厨工、小工等。年轻一代也有到工厂做工的（包括手工业工人和手艺人，

---

① 满族人对北京民俗文化的贡献尤为突出。据调查，北京现在70%的民间艺人是满族（参见刘一达《忧哉！北京的玩意儿》，《北京晚报》1995年9月3日），而满族人大量涉足民间手工艺行业正是从辛亥革命后开始的。

② 《民国日报》1920年5月23日。

如织地毯，驾驶电车、汽车，修理汽车、自行车、钟表、鞋等）。此外有人还从事一些临时性的工作，如红白日厨工，子弟和尚（不出家而随着和尚给人家做法事，混饭吃的人），打执事（在婚丧嫁娶的典礼中，跑腿司仪的一些人）等。女的则多为人做保姆，也有拉洋车的，还有卖淫的。

在香山健锐营，旗人有的靠山吃山，买头毛驴驮游人逛香山，有的为香山慈幼院拆洗被褥，给香山慈幼院孤儿做衣服鞋子。强壮劳力还上山割草，卖给养牲畜的人家。离水井近的则给人挑水收取肩费。书香之家则开私塾或到附近学校任教。擅画者卖画为生。也有开煤球厂、油盐小铺，或挑担卖些儿童玩具、糖豆食品为生的。

其他散居的满族一般春秋干瓦匠，冬天做小买卖，空闲拉排子车，甚至下街卖半空（挑举剩下的落花生）和烤白薯等。此外，他们也卖一些应时令的东西，如七月卖莲花灯，八月卖兔儿爷等。

民初北京旗人从业主要具有以下特点：

第一，职业类型和从业人员都呈现多元化的态势。从职业类型来看，旗人除一小部分继续从政或当兵外，其余人已涉足商业、金融、工业（手工业）、农业和娱乐业、服务业等各个部门；从从业人员来看，不仅壮年的旗丁，而且老人和妇孺也纷纷加入了职业大军。

第二，职业结构不平衡，"脚重头轻"。依收入和稳定程度，旗人所从事的职业大致可分为三类：一是收入较高且较稳定的，如开古玩铺、饭店、茶馆，经营当铺、钱庄、银行，在北洋政府或机关任职，以及从事文化艺术事业等，这类从业人员只占总人数的极小一部分；二是警察、教员这类职业，他们虽任公职，但社会地位很低；虽月有薪金，但不足以养家糊口，如警察，往往"穿的是有窟窿的破皮鞋，掉毛的破皮袄，帽子也没有。平时还得经常巴结巡官，给他送烟敬酒，吃饭时还得孝敬些酱菜，就这样低三下四地侍候，还常受欺负！"[①] 即便是这样的行业，能够挤进去的人也很少。三是收入微薄、技术含量低及临时性的工作，如做小商小贩、人力车夫及打短工等，这类人占绝大多数。在北京，旗人最现成的选择就是去当既不需要手艺也不需要文化的人力车夫。仅仅1919—1923年

---

① 《北京满族调查报告》（一），《满族社会历史调查报告》（下册）第5辑，第13页。

短短的 4 年间，在警局注册登记的洋车夫就从 17815 人飙升到 33100 人以上①，几乎翻了一番，其中旗人起码占 20% 以上②。就连纳兰性德的后裔都到了"今且执挽夫之役，贾劳力以自为活，短衣鬶面，奔走于通衢间"的地步。粥少僧多，难怪时人谑称车夫们"争起坐来，比争督军省长还厉害哩"。③ 旗人在低收入行业的激烈竞争，必然造成其整体生活水平的持续低下和日益恶化。而随时可能降临的失业威胁，更给他们变动不居的生活罩上了难以驱散的阴影。

第三，妇女从业状况尤其堪忧。旗人妇女从业，一般是出外做保姆或在家做一些手工产品。这些工作得到的报酬一般很少，北京一名普通保姆的月工资，只有一元半至三元。④ 因而这样的工作，只能是补贴家计的性质，要想靠它养活一家老小甚至是维持本人的生活，非常困难。但由于不少满族男人好逸恶劳，不愿出去工作，家庭重担压在妇女身上；有的男丁已死、失踪或在外当兵等⑤，女人必须自食其力⑥。再说像奶妈、保姆这样的工作，也并非可以轻而易举地找到（当时有人曾专门就北京保姆状况进行调查，调查中发现，很多人家都不愿意雇用旗人妇女做保姆，认为她们偷奸耍滑，不可靠）。这就迫使不少满族妇女或者女扮男装（女人拉车跑得慢，人们不愿坐），加入了夜间拉车的行列；或者忍辱托身妓院，甚至沦为暗娼（有些是因家庭贫苦，被卖进妓院的）。

---

① Y. L. Tong, "Poverty in Peking and its relief"，转引自《社会学杂志》1923 年第 1 卷，第 5 号。

② 这个比例是比较保守的估计，因为"车厂主人不准知道旗人数目若干，旗人自己又多不肯告人自己在旗。因为原皇族，现在落到拉车地步，颇以为耻"。参见李景汉《北京人力车夫现状的调查》，《社会学杂志》1925 年第 2 卷，第 4 号。

③ 《晨报》1921 年 6 月 10 日。

④ 郑振铎：《北京的女佣》，《新社会》1919 年 11 月 1 日，第 1 号。

⑤ 据一份调查各旗官员因饥寒而死者的分析册记载："镶蓝旗满洲，二等男爵立端，倒毙城外，募棺葬埋，其子十五岁拉洋车。正黄旗蒙古，云骑尉都尔逊，饿毙，妻子逐日领粥。正黄旗汉军，骑都尉玉福，饿毙，妻子不知下落……正黄旗蒙古，佐领成喜，饥寒而死，妻子无养赡。镶红旗满洲，轻车都尉兼管领钰福，饥寒而死，其妻无养赡。镶白旗满洲，佐领增厚，饥寒而死，家口极贫……"参见秦国经《逊清皇室轶事》，第 17—18 页。

⑥ 在清代，汉族寡妇只有在守节达到朝廷规定的年限并受到朝廷旌表之后，才得以享受"给银建坊如例"和至多不过是减免其家部分赋税的优礼，而旗人寡妇却可以由八旗组织承担起全部生活。因此，辛亥革命后旗人寡妇的生活状况发生了巨大的变化。

另外尤其令人痛惜的是，大多数满族儿童不仅因家贫而无法上学（据一位叫鄂凌英的满族老人回忆，20世纪20—30年代，一名满族儿童一学期的学费，就需要三四十块钱）①，而且为补贴家计还要出去捡煤渣、卖废纸、卖报，甚至沿街乞讨，这注定他们成年后将操持和他们父辈相同或类似的职业，而这样的命运，还有可能在他们的子孙身上延续。②

与旗人职业结构的变化相适应，民初北京旗人的分布格局也发生了很大的变化。光绪三十四年至宣统三年，民政部对全国各地旗籍户口进行了调查。调查结果，全国旗人总数在250万至260万之间。③ 其中，根据宣统二年《京师内、外城巡警厅统计书》公布的数字，北京内外城八旗人口共计94879户，约计474395人，占全市总人口60.6%。其中满洲八旗72750户，363750人；蒙古八旗22129户，110645人。加上城属旗人56536户，计251555口，北京旗人总计725950人。④ 辛亥革命后，旗人数量大幅度减少。到1919年，据甘博调查，北京及四郊的旗人仅剩30万左右，不及辛亥革命前的一半，在总人口中的比重则下降至20%—25%。⑤ 以后人口数量进一步递减，至1949年，北京满族仅31012人。⑥

造成北京旗人数量锐减的原因，主要来自三个方面：一是人口非正常死亡，其中有的是因为无力谋生，冻馁而死或自杀身亡；有的是从事高强度劳动（如拉洋车）劳累致死；还有的是在辛亥革命、军阀混战或西征蒙古的过程中作炮灰，抛尸战场。其中，京师禁卫军改名十六师，后在赴

---

① 定宜庄：《最后的记忆——十六位旗人妇女的口述历史》，中国广播电视出版社1999年版，第55页。

② 一首流行的竹枝词传递了社会对这些孩子的深切痛惜："沿途捡取黑煤球，莫道儿童习下流。蒙袂携筐风雪里，家中灶火苦难求。昨夜空濛月色昏，邻家风信细评议"。参见《顺天时报撷报》第8函，第14页。

③ 《民政部户口调查及各家估计》，《社会科学杂志》第4卷。

④ 《京师内外城巡警厅统计书》，《北京市志稿·民政志》，燕山出版社1989年版，第8页；韩光辉：《北京历史人口地理》，北京大学出版社1996年版，第126页。

⑤ Sidney D. Gamble, M. A, *Peking: A Social Survey*, New York George H. Doran Company, 1921, pp. 97—99；Sidney D. Gamble, *How Chinese Families Live*, Funk & Wagnalls Company, New York And London, 1933, p. 19.

⑥ 《当代中国的北京》，中国社会科学出版社1989年版，第69页。

外蒙古作战时全军覆灭。①

　　二是大量旗人为避免遭到歧视，而脱离旗籍或隐瞒民族成分。三是人口外流。导致旗人人口外流的因素又不外乎两个，即逃避政治、战争灾难（如清室逊位后及军阀混战中，满族亲贵纷纷逃亡）和外出谋生。②

　　从旗人的流向来看，大致可分以下几类：

　　第一，从北京流往其他大城市。前清贵族大都属于这一类。他们一般迁往青岛、大连、天津等交通便利，经济比较发达的城市。张寿崇先生讲："我们是天津有个家，北京有个家，我们家在（北京）苏州胡同也有房……我们是如此，北京这些个大户差不多也都是如此，上到溥仪，下到铁良，没有说天津没有家的，再往上肃王什么的就去大连、青岛了。摄政王也到天津去，都是这样。真正不进租界的那很少了，除非他没落了。"③

　　第二，从京城流往城郊。走这步棋的主要是那些在京城家底告罄，无以谋生的人。据相关统计，民国年间，由于大量失去生活来源的旗民的涌入，在北京北部和西部地区出现了不少新的村落。如怀柔县喇叭沟门满族乡，共有 68 个自然村，其中民国初始成村者 9 个，约占全乡总村数的13%；七道河满族乡共有 25 个自然村，民国初始成村者 4 个，约占全乡

---

　　① 据赵允璋先生回忆："民国一成立，外蒙闹独立，政府指派原八旗兵去外蒙。去的人有去无回，死了也不给恤金。民国八年，大徐（世昌）要小徐（树铮）去西北筹边，小徐要军队，大徐叫他把京城内拿钱粮的八旗兵带走……因不投奔同一个司令，亲兄弟相残……"（见赵允璋《北京城区满族生活琐记》，《北京文史资料》第 55 辑）。金启孮先生在《北京郊区的满族》一书中写道："这时正值外蒙古宣布脱离中国独立，中华民国成立之后，就调八旗兵前往讨伐。派出的这支军队的高、中级军官是民国的人，我舅父当时是这支讨伐军的营长，他上边的旅、团长就下令让他带着队伍每天在沙丘中行一百里，少一里就枪毙他。讨伐军进至外蒙古的滂江，狂风大起，天地都呈红色。时当隆冬，兵都穿上皮衣皮裤，才一交战便被蒙古军用套马杆子把人都掀下马来……讨伐军接连失败之后，上边才下令退兵。蒙古地方除少数蒙古聚落外，只有喇嘛庙地方大，能容军队借宿。退兵时路过的庙宇，喇嘛殷勤主动地邀请军人入庙中过夜……不料夜里，庙中喇嘛忽然亮出武器，变成了蒙古军，把借宿的营兵全部杀死，一个不留。我舅舅由于行军不力，没有住上喇嘛庙，幸运地把全营撤回张家口，回到北京时他病得奄奄一息。两条腿和裆都被皮裤磨得鲜血淋漓，将息了两三个月，才能下炕。但多数兵都已死在滂江一带。"（见该书第68—69 页）。另据《新疆满族调查报告》载："反动军阀杨增新统治初期（1911—1914）在奇台满营中抽出 100 多士兵到阿山一带和蒙古人打仗，多数死亡，回来的人很少。"（见《满族社会历史调查报告》）可见，八旗兵在征外蒙过程中的伤亡是十分惨重的。

　　② 如前所述，外出谋生者大都同时隐瞒自己的民族成分。

　　③ 定宜庄：《最后的记忆——十六位旗人妇女的口述历史》，中国广播电视出版社 1999 年版，第 40 页。

总村数的 16%；长哨营乡共有 70 个自然村，民国间成村者 14 个，约占全乡总村数的 20%。①

第三，从散居的园寝流往各地。园寝指清代王公的坟地，一般位于北京郊区的山地、山沟。在园寝附近居住的人，分为三种：（1）园寝章京：他们是由王、公府邸指派管理园寝事务、可以世袭的武职人员。他们的第一代多与王、公关系密切，以王、公手下的"哈哈珠子"（即侍从，出身内务府汉军）居多。（2）园寝苏拉：园寝章京的族人除到北京供职的以外，闲散的人住在村中照顾坟地，称"苏拉"，苏拉没有钱粮和固定收入。（3）守兵：园寝一般都驻有守兵，辛亥以后，由于断绝粮饷，他们就地变成园寝苏拉。辛亥革命以后，随着王公园寝的破败，这些人四处流散，多半在附近农村种地、做小本经营，或出卖体力挖马崖石、挖煤、驮脚、拉灰、拉煤为生，也有到外县外省甚至苏联去做工的。②

第四，从聚居的北京外三营流往汉族居住区。在京西健锐营，民初变成"残破不完的荒村"，"营子里拆毁的不像了，一条巷没有几间房子存着，其余的都成了一片荒丘"。③ 到 1926 年左右，离营者达到 90%。④ 在外火器营，"推车向前走去，一带破瓦颓垣，似乎还认得出是营墙的残迹。进里面往南走，便是破瓦烂胡同，中间仍夹着一些略整齐的营房"，"不少人搬到大钟寺一带，或者搬进了城，从外面搬进不少人来，确实已成杂居的村落"。⑤ 在檀营，"整整齐齐的檀营慢慢变得破破烂烂，'铁杆庄稼'变成了'叫花子村'"。⑥ 密云驻防，"民国成立后，积欠粮饷多年未发，官员兵甲各谋职业，赫赫营制名存实亡。迄今过其地者，徒瞻废址荒烟，无复当年之雄武矣"⑦。

---

① 参见尹钧科《北京郊区村落发展史》，北京大学出版社 2001 年版，第 307 页。
② 金启孮：《北京郊区的满族》，内蒙古大学出版社 1989 年版，第 80—120 页。
③ 穆儒丐：《同命鸳鸯》，转引自张菊玲《香山健锐营与京城八大胡同——穆儒丐笔下民国初年北京旗人的悲情》，见陈平原、王德威编《北京：都市想象与文化记忆》，北京大学出版社 2005 年版，第 174—175 页。
④ 赵孟超：《京西香山健锐营》，《文史资料选辑》第 6 辑。
⑤ 金启孮：《北京郊区的满族》，内蒙古大学出版社 1989 年版，第 65 页。
⑥ 王敬魁：《檀营今昔》，《辛亥革命后的北京满族》，北京出版社 2002 年版，第 530 页。
⑦ 吴廷燮等编：《北京市志稿·行政志·武备》，燕山出版社 1989 年版，第 231 页。

当旗民们告别封闭的旗营，走向广袤的田野或机器声隆隆的工厂、矿山，或穿梭在熙熙攘攘的大街小巷为生计奔波的时候，他们的身份发生了根本的变化。他们不再游离于四民社会之外，而是成为其中的一部分。

三　民初北京满汉文化的融合

在旗人社会流动空前加速的背景下，随着旗、民社会的契合与满汉畛域的化除，同时为避免遭到社会歧视，民初北京满族与汉族外在的服饰、语言乃至信仰都进一步趋同。语言方面，据北京的关文英老人回忆，"清朝倒台后，满文全不用了。老师也不教满文，学生也不学了"，只有少量的满文词汇被保存下来，被融在汉语中，如称妈妈为"阿娘"或"呐呐"；称爸爸为"阿玛"等；① 服饰方面，据《大公报》报道，辛亥革命后不久，社会上已是"西装东装，汉装满装，应有尽有，庞杂至不可名状"②，满族的服装和汉族人并没有太大的差别；此外，不少旗人妇女不再梳旗鬏，而和汉人妇女一样，改梳后头的鬏。③ 很多满族男丁剪去了发辫，1914 年，北京"八旗佐领全数剪尽，而旗丁剪发亦极形踊跃。据调查所得已剪去四分之三云"④，至 1917 年，"即爱新觉罗氏之宗室子孙，毅去辫者，亦复不少"⑤。日常生活中，满族处处模仿汉族的做法，无论寻常饮食起居，还是节日风俗，都逐渐与汉族趋同。信仰方面，以京兆的农村为例，满族萨满教的司祭——萨满逐渐融入了香头（即汉族信仰的"巫"或"觋"，其中巫为女性，觋为男性）的行列，"民国二十年前后，王公府邸和京郊园寝中已无萨满，而萨满的后裔却变成附近农村的香头"⑥。

---

① 《吉林省永吉县乌拉街人民公社北兰屯满族社会历史调查报告》，《满族社会历史调查报告》（上册）第 2 辑，中国社会科学院民族研究所、辽宁少数民族社会历史调查组 1963 年编印，第 4 页。

② 《大公报》1912 年 9 月 8 日。

③ 定宜庄：《最后的记忆——十六位旗人妇女的口述历史》，中国广播电视出版社 1999 年版，第 13 页。

④ 《盛京时报》1914 年 7 月 18 日。

⑤ 章伯锋等编：《近代稗海》第 4 辑，四川人民出版社 1988 年版，第 313 页。

⑥ 金启孮：《北京郊区的满族》，内蒙古大学出版社 1989 年版，第 107 页。

此外，民国初年，北京文化艺术界涌现出一大批满族艺术家，为我国文化的发展作出了不容忽视的重大贡献。在曲艺方面，许多曲坛的著名人物都来自旗籍。如在京剧界，"十全大净"金少山、"四大名旦"之一程砚秋、"四大须生"之一奚啸伯，以及慈瑞全、金仲仁、双阔全、关肃霜等盛名远播；评书界，双厚坪、品正三、连阔如、刘兰芳堪称大家；莲花落中的赵星垣，梅花大鼓中的金万昌，单弦中的荣剑尘、常澍田，八角鼓中的谢黄芝，相声中的侯宝林、常宝堃，北京琴书中的关学曾，也都是本行当中出类拔萃的表演艺术家。同时，在书画领域，溥儒、关广志、关松房、胡絜青、关和璋、关山月、溥佺、傅佐、启功、溥杰、金禹民、关阔、布尼阿林、关东升等极负盛名。在工艺美术方面有著名的绢花大师金玉林和人称"面人郎"的郎绍安。文学方面，涌现出了老舍、端木蕻良、王度庐、穆儒丐等一代名家。

作者单位：北京师范大学历史学院北京文化发展研究院规划部

被"区域"捆绑的自娱自乐的艺术

——中国纪录片区域性现状初探

金 洁

这是一个很有趣的现象，也是一个富有中国特色的现象，在中国，每当你看到播放的纪录片，你很容易一眼看出这部片子出产于哪个区域，是哪个区域的纪录片编导拍摄制作的，区域的差异细到虽然同是中国西南地区的纪录片，你也能一下知道是成都编导还是重庆编导拍摄制作的，虽然成都和重庆相距也不过300多公里，两地的纪录片虽然都有淳厚的巴渝文化气息，但片子的取材、画面、节奏、故事的讲述方式等视听语言要素，却各自还是"方言"味十足，"川派"充满思辨且平淡柔和，"渝派"则坚韧而"麻辣"。中国纪录片带有如此鲜明的地域、区域色彩，是因为在中国一方水土养一方纪录片人，一方纪录片人拍一方土地的现象十分突出。在纪录片创作上，各区县之间、各省市之间绝对是井水不犯河水的（指互不涉及对方领地拍摄的现象，即使偶有跨区域拍摄，也一定是拍与自己所在地区相关的人和事），这使得编导和其作品呈现的风格与地域文化是高度融为一体的，这无疑凸显了纪录片的区域文化特色，但拍出来的片子外地不关注，只能在本地播放，成为自娱自乐的地方艺术。国外的纪录片创作情况却不尽相同，创作的地域概念很广、尤其是欧美的纪录片，跨区域，跨本土创作的情况十分常见，编导拍遍全国不说，跨国门，到非洲、南极、北极拍的也不足为怪。在中国的任何地方也不难随时碰到欧美的纪录片创作者在拍摄，虽然拍摄的内容大多是最具中国特色的民俗文化的东西，但经过全球视野的编导用"还原生活"的理念进行拍摄制作，使这些作品所呈现出的特质与编导本土生活的区域文化之间已经没有特别紧密的联系。如《迁徙的鸟》（法国，跨五大洲拍摄）、《9·11》（法国兄弟拍摄）以及大量的《DISCOVERY》作品，在这些作品中，一方面作者本土的文化特征已经淡出，他已经入乡随俗，融入了异国他乡的文化，但国际视野的透视能力，使拍出的片子在全世界叫好又叫卖。眼下《DIS-COVERY》在全球范围内招揽新锐编导，其足迹已深入全世界，搭建的创作团队也遍布天涯海角，大有垄断天下好题材、掌控世界各地优秀纪录片人才之势。与已经走出国门的西方纪录片相比，中国纪录片固守的区域创作观正在受到挑战，本土编导只创作本土题材的纪录片，只展示本土的区域文化，必定带来纪录片今天孤独的自娱自乐着的现状。

这里所谓的区域性是指地理概念上的地方性、地域性，如北方区域、南方区域、西部区域、沿海区域等，不同的区域有不同的文化特质。中国纪录片的区域性特点十分突出，一方纪录片人创作的纪录片，就带有一个地方文化思想、风俗习惯等鲜明的烙印，创作者、作品、区域文化特色牢牢地捆绑在一起，呈现出高度一致的特征。如中国北方区域的纪录片大气而厚重，南方的区域的纪录片细腻而生动，西部区域的纪录片则沧桑而凝重，而且不同的区域形成了明显不同的风格和流派，目前在中国纪录片界认为比较成熟和得到众多认可的流派有：京派，海派，西部派，其中西部派又包括川派和渝派，这些流派实际上是不同区域文化的集中体现。

之所以造成中国纪录片创作者与区域捆绑的特点突出，笔者认为除了近水楼台先得月、本区域编导对本区域题材的运作有得天独厚的地理优势和创作资金缺乏这两个重要原因外，还有以下几个主要原因：

一 历史原因造成的狭隘的地域创作观

在中国纪录片界"鸡犬之声相闻，老死不相往来"的情况十分严重，从事纪录片创作的人都很自律，只是埋头刨自己土里的食，绝不会去想别人地里的粮，哪怕别人地里有金子银子，也不动"翻墙"的邪念。就算同区域内的各区县电视台，也各自为政，彼此分割防卫，比如在重庆，我在纪录片行业已经从业十多年了，负责区县纪录片创作的管理工作也有多年，至今还未发现綦江县编导拍了长寿县的题材，合川编导拍了北碚的题材，即使一步之遥的紧邻区县，大家也高度默守着井水不犯河水的"陈规"。虽然这"陈规"没有什么明文规定，但不难看到，早年纪录片和新闻一样，被变相强调定位于宣传和保护地方文化，这种带有地方保护色彩的定位成为纪录片工作者的神圣职责，改革开放 30 年来这一现象虽然得到了一些改变，纪录片工作者经常有不同区域间的异地拍片机会，但长期形成的区域垄断意识依然浓烈，加上地方保护主义等心理的阻隔，刻意到别人的区域去拍纪录片，特别是较大规模的拍摄，已经形成一种不成文的禁忌，否则多少有抢别人的蛋糕之嫌，难以得到当地各方的支持配合，也得不到同行的理解。即使外地媒体是来拍摄宣传本地成就的纪录片，但当地媒体也总觉得别扭。中国的每个镇级以上行政区域几乎都有自己的电视台（有的虽然不能叫电视台但实际都履行着电视台的职责）。新闻偶尔还有一种风向标指导下的联动报道，如某一阶段性的宣传行动，电视台会跨区域联动拍摄报道，而对于传统意义上的纪录片来讲，就是各自为政，形成一种纪录片的割据状况，以宣传本土突出地域文化特色为己任，选题的挖掘越深入，越深入生活，生活的烙印也就越重，地域特色也会特别突出。

二 不到位的纪录片创作观，强化了纪录片创作者对本区域文化的自恋情结

"纪录片是对生活原生态的记录"这种解释影响了我国纪录片创作很长时间，至今还在影响着许多纪录片人的创作观，这句话被许多人理解为：凡是与边缘的、落后的、原始古老的题材有关的就是纪录片要拍的"原生态"；为了保留原生态，拍摄者仅仅是记录，在片中不能表达自己的观念和看法。基于这样的创作观，于是丰富的本地原生态民风民俗令纪录片创作者迷恋，所谓"老乡见老乡，两眼泪汪汪"，也是编导们故土观、区域观的真实写照。所以在很长一段时间里老少边穷等非主流题材成为纪录片题材的主流，拍出来的纪录片也少有剪辑、节奏缓慢，更少有创作者的表达，这种"故土情结"一方面使区域文化的原始资料得到比较好的纪录，如渝东南地区的"哭嫁"婚俗、民歌等得以较多的影像存留。但这些影像并非到位的纪录片作品，只是资料的记录，史料的呈献。而纪录片工作者只对所谓原生态关心的创作观，就注定编导们只对自己熟悉的地域关心，当题材仅限于"原生态"时，也就把创作的圈子圈在了本地，因为最熟悉"原生态"的只能是本地人。纪录片区域文化特色突出并不是坏事，区域文化应该保留和发展，但是纪录片反映的不应该仅仅是现象的真实，更应该有生活本质的真实，区域文化特色不应该只是落后文化的记录和展现。

三 受创作理念的制约,在不少地方纪录片 还只是创作者个人把玩的艺术,没有 成为受市场检验的产品

据悉,近年来,在具有国际性、跨媒体、大众参与的文化与经济交流合作的国际电视盛会上,比如在亚洲最有影响力的国际影视节——四川电视节上,每年纪录片的成交量总是名列前茅,销量第一。纪录片的交易市场已趋成熟、许多自然类、科教、人文类的纪录片,已经赚得盆满钵满,纪录片成为市场盈利亮点已成不争的事实。但在国内,尤其是在一些地方电视台,纪录片创作大多还是靠国家拨款,没有或没有完全纳入商业流程。纪录片往往是编导个人把玩的爱好,是个性表达的载体,编导在拍摄和制作中很少去想受众的需要,市场的需要。纪录片创作部门和编导既没有高收入,也没有自己要养活自己的压力,体制上也没有给创作者追求票房价值的动力和经济保证,加之拍摄本区域最熟悉的东西有天时地利等得心应手的优势,最终因为缺乏竞争机制,导致纪录片工作者缺乏跨区域性创作、到陌生土地上求新求异的探索勇气,在创作上形成一种惰性。即使都在西南部,重庆与四川之间,也少有彼此跨区域创作的冲动,这无疑强化了以区域划分的各自为战的局面。纪录片走不了市场,以至于有的电视台因为经费紧张,放弃了纪录片创作,能做片子的编导改了行。即使有个别编导有探索的精神,但极度个性化的艺术追求和产量有限,最终还是成不了气候。

国外许多国家首先是把纪录片作为产业化生产的商品,纪录片如何获得更好的传播效果,最终达到高票房的收入成为判断是否制作纪录片的唯一标准,因此为了保证每部片子有统一高质量的制作水准,都有好的市场回报,自然就得跨区域创作。比如像《DISCOVERY》的生产商不辞劳苦,大花血本,不在乎经费也不受约于区域的限制,而且越是陌生的越是有神秘感的、越是远距离的区域,往往是其追逐的目标。《迁徙的鸟》、《哭泣的骆驼》、《小小摄影师的奇异世界》、《9·11》、《战地摄影师》等作品都体现了这样的一些追求特点。

在中国,纪录片还没有建立起一种成熟的市场,传统的观念中纪

录片是一个"赔钱货",过去是国家划拨资金来拍纪录片,而且拍摄内容不是根据市场决定,大多都是一些配合宣传的应景之作,即使拍摄出了好的作品,也不知市场在哪里,都知道《DISCOVERY》卖得很好,各个电视台虽然也提出了要走市场,但什么样的片子能走市场,怎么走市场?市场在哪里?都是一派迷茫。打不破纪录片的区域观,中国纪录片的发展就像区域文化的情况一样,是不平衡发展的。打不开纪录片的区域观,不同区域的受众难以互相欣赏,共鸣难以发生,拍摄出来的纪录片市场也就很窄,不可能有更多的销售渠道,拍完后只好自生自灭,这样纪录片的生命力只能大打折扣。

中国没有建立起真正成熟的纪录片市场,对于广大纪录片拍摄者来说纪录片的未来在哪里?答案仍然像《DISCOVERY》的片名一样:探索。

四 中国纪录片创作的历史短,加之地域广,本区域还有较多可挖掘的资源,没有一定要跨区域创作的迫切感

中国开始真正纪录片的创作只有短短不到 30 年,各地区还有大量的题材没有触及,值得挖掘的资源还很多,如我们重庆地区,主城区和各区县就蕴藏着丰富的值得拍摄的纪录片的宝藏,这与国外纪录片已有一百多年的创作历史,有些国家创作资源面临相对耗尽的情况形成反差,在创作者看来,中国的纪录片还没有到需要跨区域创作的必要,跨本土拍摄的就更没有必要了。另外,受中国电视重新闻不重纪录片的思想影响,加上纪录片创作时间长,市场回报也不理想,愿意投资拍摄的人自然少。以某电视台科教频道为例,整个频道有七八档纪录片节目,其中只有一档节目是自己拍摄的,其他都是买的国外的纪录片,因为买的纪录片价格便宜又好看。因为不愿意费时费力拍纪录片,许多单位撤销了原来的纪录片创作部门,中国纪录片的创作群体也像电视的边缘人一样,没有成为电视节目创作的主流队伍。加上中国地域辽阔,因此要跨区域拍摄也不是一件简单的事,不仅费人费力,成本太高,也带来许多不便,如语言障碍,交通障碍,没有跨区域创作的冲动和必要。

五 中国电视台受现行体制的制约,缺乏竞争性,使纪录片工作者没有争取票房价值的冲动和跨区域创作的经济保证

中国地方台很多,每个省市、每个区县甚至一个镇都有自己的电视台,这种重叠建台的体制,使得大家自成体系,围着自己的区域划分出作品,一个镇的纪实类节目也要强调自己这个镇的地域性,节目的"镇味"、"区县味"是纯正了,所谓"地域"特色是越来越强了,这看似保存了地方文化特色,但笔者认为,缺乏交流的结果会导致创作者能力得不到提高,这种"区域"创作观反过来制约了中国纪录片的整体发展。笔者在多次参与纪录片评选中就发现,市级与国家台、区县与市级台的纪录片创作水平呈阶梯性递减,差异非常明显。尤其是在处理一些好的纪录片题材时,创作中留下的遗憾,更是让人大跌眼镜。

我国纪录片创作拘泥于狭隘的区域创作观,把创作者与极其狭窄的地域牢牢地捆绑在一起,这种现状使得高水平有能力的创作实力无法施展其才华,也无法带动中国整体的纪录片创作水平,既不利于人才成长,也不利于区域文化的真正交流,更由于纪录片创作水平的不平衡,已经无法适应纪录片走向国际大市场、挑战国际竞争的需求。突破纪录片创作的狭隘区域界限,是中国纪录片事业正待打碎的坚冰。眼下经济文化发达区域的纪录片创作人员,如北京、上海等的纪录片工作者已经在尝试迈出跨出区域创作这一步。他们在全国范围内筛选选题,一旦瞄准好题材,就以主创者、经济人自居,整合当地创作资源共同完成拍摄制作。

由此可见,正是因为中国纪录片创作处于画地为牢的情况,走不出本地区,所以片子的地方特色就鲜明,地方特色鲜明,自然导致区域特色的明显,所谓走不出地域,就强化了区域。这既体现了区域文化的强势,在国际纪录片市场上有"中国特色"的竞争实力,但长期"割据"的创作态势,也带来了中国纪录片整体创作水平与繁荣度的不平衡状态,最终削弱了中国纪录片整体创作能力和竞争实力,事实上全国大多电视台的纪录片部门近几年的生存现状也的确令人担忧。各电视台出巨资倾情拍摄电视剧,却不愿意投钱拍纪录片。

虽然中国的纪录片被"区域"捆绑着但还依然美丽着,只是如果能松松

绑，让纪录片创作不再被地域、区域框死，那它就既可尽览本区域的美丽也可跨区域纵览更多魅力的风姿，中国的纪录片的未来一定会更加迷人。而且一旦有了跨区域创作的观念，中国纪录片才开始有了真正意义上的竞争，中国纪录片才有可能参与国际实力的竞争，这已经成为中国纪录片人的共识。

作者单位：重庆师范大学传媒学院

中国新文学中节日体验的地域特征

陈祖君

文学与节日之不可分离。节日和文学同为人类的创造物，同为打上人的烙印的文化产物，具有极大的同构性和对应关系。在我看来，节日和文学至少在以下一些方面具有同构性和对应关系：一、在起源上，二者都和原始宗教仪式有密切的联系。二、人们关于节日起源的叙事和想象极大意义上是文学性的，换句话说，节日的建构极大意义上是文学的创造。三、节日可视为时间长河中受到特别重视的一部分，与此对应，文学亦可视为人生长河中受到特别重视的部分。也就是说，文学也是节日，不过是另外一种意义上的节日，人的生命和情感的节日。四、文学的情感性和游戏性的基本特征，节日也具有。五、就作用和功能而言，二者在唤起民族共同的想象，取得一定的文化认同方面，也是一致的。

中国新文学（现代文学和当代文学）的节日体验是不容忽视的问题。节日是每一个共同体中意义非凡的时间，也是共同体内每个个体必然经历的时间。中国新文学必然要面对这样的时间。它就是中国新文学不能不面对的事实。

节日体验进入作家创作中情形各不相同，有的作家多些，有的作家少些，有的作家甚至没有直接地涉及节日的文字。鲁迅、老舍、沈从文、闻一多等都特别关注节日。鲁迅的《祝福》、《端午》、《社戏》、《故乡》等都或多或少涉及节日。老舍的《正红旗下》、沈从文的《边城》、闻一多的《忆菊》等都和节日有紧密的关联。进入当代亦如是，何其芳的《我们最伟大的节日》、蒋子龙的《拜年》、阿成的《年关六赋》、格非的《大年》等都和节日相关。有的作家，如郭文斌甚至把节日作为一种主要的观照对象，写作了一系列有关节日的文学作品如《吉祥如意》、《中秋》、《大年》、《清明》等。

与此同时，我们不能否认：正如人是特定地域的人，节日也带有一定

353

的地域特征，文学同样如此。地域的差别越大，节日的差别就越大。中国和西方有着完全不同的节日体系且不论。中国版图的各个不同地域，在节日的体系构成、节日的意义建构、节日的风俗习惯等方面呈现出差异。典型的差异：南北不同、汉族和少数民族各自聚居的地方不同、各个民族之间不同、就连汉族与汉族聚居的不同地域，也有可能出现差异。这些差异必然反映到文学上来。

节日浓厚的地域特征使文学作品往往出现这样的情形：我们读到那些关于节日的描写，即使没有告知来自何处，也能大致猜出。恰如我们读到一些著名作家的文字，即使没有告知是谁，也能大致猜出。那就是说，节日的地域特征参与了文学的风格构成。

从中国新文学表现节日体验的地域特征里可以考察现代文学与传统文化的关联。节日总体而言是传统文化的一部分。中国现代文学表现现代人的情感体验，虽然是以对传统的反叛开始的，却无法离开传统。如果说节日是无法绕开的时间，无法绕开的传统，那么，从中国现代文学表现的节日体验来看，传统仍是现代人无法须臾离开的。节日携带着的传统文化对现代文学的影响，要经过地域的通道才能引发和产生。

从中国新文学表现节日体验的地域特征里可以考察现代文学与民风民俗的关联。节日的重要内容是仪式的表演，是地方民俗的展示。这是文学关注的重要对象，文学语言是在对节日风俗的展演中绵延和扩充的。就是说，作为地方性知识的节日风俗成了文学作品的结构性因素。

从中国新文学表现节日体验的地域特征里可以察知节日体验的共性。这些体验，尽管因为地域和个体的不同而表现得千差万别，可是所有的节日都在同一个体系内，同一个节日在不同地域的不同表现不会消除其共性。这告诉我们，所有的体验都属于同一个文化共同体。

作者单位：北京师范大学文学院、贵州财经学院

信息传递

中国现当代文学研究空间的拓展
——全国第二届"区域文化与文学"学术研讨会综述

新世纪以来，中国现当代文学研究在思想解放和全球化的语境中不断拓展着其学术空间："语言论转向"方兴未艾，"时间性（现代性）转向"初见端倪，而今又迎来新一轮"空间转向"。2009 年 11 月 14—16 日，由重庆师范大学文学院、《文学评论》编辑部、重庆师范大学区域文化与文学研究中心在重庆联合举办的全国第二届"区域文化与文学"学术研讨会就是这种转向的重要收获。来自全国各地高等院校和科研单位的八十余位专家学者参加了这次盛会。大会开幕式由重庆师范大学区域文化与文学研究中心主任周晓风教授主持，重庆师范大学副校长杨新民教授致欢迎词，重庆市委宣传部常务副部长、重庆市地方史研究会会长周勇教授应邀与会并着力介绍了重庆的历史、现状以及未来的总体部署，希望重庆对区域文化与文学研究要达到"中国一流，世界水平"，为将重庆建设成西部开放高地与人文高地作出新的贡献。中国当代文学研究会副会长杨匡汉研究员代表中国当代文学研究会，宣布成立"中国当代文学研究会区域文学委员会"，挂靠单位为重庆师范大学文学院。接着，中国社会科学院学部委员、《文学评论》主编杨义先生以中国文学地图中的巴蜀因素为引子，可说真正拉开了这次学术研讨会的序幕。他结合自己的学术实践强调，文学研究如以往一样光讲阶级论等方面的内容和时间维度是远远不够的，必须置入和重新考量空间维度，区域文化与文学研究可说恰逢其时。会议期间，各位学者和专家就区域文化与文学研究中的若干理论和实际问题展开了广泛而深入的讨论。

一 区域文化与文学研究的学科反思与理论建设

现当代文学研究具有巨大的空间资源与挖掘潜力，对此大家不持疑义，但是其意义应该如何被认知？它对现代文学研究具有哪些具体启示？与会专家进行了一番重新梳理。

杨匡汉研究员（中国社科院）认为，人类和地理地域具有天然的亲缘关系，"一方水土养一方人"讲的正是这个道理，所谓"养"就是培育了某种族群、文化系统和文化传统。文学是人学，人类和地理的关系为文学地理研究提供潜在的可能性；中国幅员辽阔，历史悠久，具有研究文学地理学得天独厚的条件。这种空间研究不仅可以弥补时间上（当代和现代、古代）的断裂，而且可以弥补空间的缺失，如文学史中缺乏其他民族文学研究。此外，还可使文学史研究"时间先行，空间弥合"、真正做到"整体性的研究"。

杨义研究员（中国社科院）提出了现当代文学研究"三个回到"之说，即文学要回到文学、现代要回到现代、中国要回到中国，其中"中国回到中国"讲的就是地理维度，而这一点恰被文学史所忽略。在他看来，研究中国文学不讲地理空间，不讲民族，不讲家族，是说不清楚中国文学的。因此，空间问题不光是文学研究的一个新路子，更是一种新精神、新领域。空间的变化会造成文化态度的变化，会造成文学史观念甚至文学现象的变化。

张中良研究员（中国社科院、重庆师大）指出，现当代文学研究不幸也被"时尚这条狗"所追逐，以至于青年学人研究地域文化与文学的题目甚少，究其原因，可能是年轻学者以为地域性文学宏观性不够，土气，难以提升到理论高度等等，而实际上地域研究是块现代文学研究的宝地。现代文学研究过于强调了大一统，而弱化了地域色彩，这是一种不小的缺失，必须弥补。

逢增玉教授（中国传媒大学）首先质疑了"东方主义"的三种历史观，认为包括中国文学史在内的历史书写，都被这三种话语霸权所笼罩，因此他呼吁必须从中国内部发现和解释中国历史（包括文学史）。那么，在中国现代文学的诞生和发展中，除了异域的影响外，本土资源有无发生作用？发生了哪些作用和多大的作用？如果不用"刺激—反应"的解释模型，应该采用什么样的、符合文学经验的解释模式？从哪里寻找和确定现代文学诞生与发展的动力与驱力？这些都是需要认真考量的问题。他特别指出，革命历史题材文学、"文化大革命"文学、"三农"题材文学等，都是中国特有的文学现象与文学经验，它们与本土资源存在着更为深刻而复杂的联系，他从一个更宽泛的意义上突出了区域文化与文学研究的独特价值。

张泉研究员（北京社科院）以具有沦陷区作家、少数民族作家和通俗作家三重身份的王度庐为例，提出了新编中国现代文学史亟待整合三个板块，以充分估价中国学术传统，建立适合中国国情的新的研究思路，深化"重写文学史"的讨论。

有些学者还从学科背景和概念辨析入手来彰显"区域文学"的理论与实际价值。

王本朝教授（西南大学）认为，有两种力量参与了"区域文学"的建构，一是全球化背景与大同化趋势，二是对主流文学史大一统叙述方式的反拨。文学史书写要求凸显主流文化价值，就必然忽略区域文学形态，所以这一命题的提出对我们重写文学史，丰富现当代文学的表现形态提供了支撑。

曹万生教授（四川师大）首先辨析了影响区域文学的几种因素，地理、民俗、人种、意识形态、行政体制等，指出区域文学同这五者都有关，但都对文学的影响不是重要的影响因素。他认为"区域文学"概念是可以讲和研究的，但使用时应该有所警惕。作为学者，应更多地关注地域文学概念。

随着探究的深入，一些学者对"区域文化与文学"研究的合法性、合理性以及有效性进行了一番富有学理性的追问。

凌宇教授（湖南师大）结合沈从文研究发现，离开区域文化理解沈从文是不可能的，因此他首先肯定，作为一种文学研究的观念，"区域文化与文学"研究无疑拓展了文学研究的视野，开辟了新的文学研究空间，但是必须搞清一些疑问：首先关于文化，我们了解多少？关于特定区域文化的研究，我们了解多少？关于典籍记载的东西，我们知道多少？对于那种活生生的文化存在方式以及人生形式我们又知道多少？其次，与之相关的文化理论，即关于文化学，人类学的理论，基本上都是从西方来的。而我们的文化学，自古以来属于我们民族群体的生存方式，有没有形成一整套的完整的科学的体系？再次，区域文化的特殊性和本土文化的普适性之间的关系如何处理？此外，既然文化不是凝固态的，那么对于文化的流变问题如何处理？区域文化又该如何识别？等等。只有认清区域文化与文学研究的复杂性，才能把研究引向深入，才能使区域文化与文学研究更上一层楼。

郑家建教授（福建师大）则质问：区域文化与文学的研究究竟要建立在什么样的媒介之上？区域文化对文学的影响，表现形态十分复杂，必须加以辨析，一是形态学上要有清晰的定义，形态、风格、审美意义、内在价值，区域文学的影响表现在哪一个方面？二是要有地层学的辨析，这里有复杂的情形：作家有自觉的选择，也有不自觉的选择；区域文化的渗透怎么从文本中剥离出来；有些作家离开了地域，反而文本中的地域表现更加清晰。三是对文学文本和作家来说，是否能从地域文化的表现中来超越区域文化的价值？文本内部有两种结构即区域文化结构与超越区域文化的结构，如何对二者予以区分？他以疑问的形式提出了区域文化与文学研究有意味的难度。

周晓风教授（重庆师大）首先指出"区域"是文学创作中区域文化因素综合作用的产物。他以重庆文学为个案，提出了区域文学值得注意的若干问题：重庆行政区划的历史演变对于重庆地区的文学发展带来怎样的影响？如何评价这种由于行政区划的演变给中国当代区域文学发展造成的影响？其间是否具有某些规律性的东西？重庆行政区划所包含的区域性社会政治因素和公共资源究竟是以何种方式作用于文学发展，并与文学发展构成复杂的互动关系？它与地域性因素作用于文学的因素有何区别？形成区域文学哪些值得重视的特征？他还指出，作为区域文学的重庆文学最突出的特征，首先，表现为它必须是重庆市社会文化事业发展规划中的文学，也可以说是一种典型的体制内的文学；其次，作为区域文学的重庆文学在其发展过程中另一个突出特征是区域内的社会公共资源被直接用于影响和推动文学事业的发展；再次，由于区域发展的不平衡，区域文学与区域经济发展一样，越来越受到关注，所取得的成就越来越成为地方政府政绩的重要组成部分。从功能和价值方面判断，这种区域特征显然利弊兼备，既能促进文学的发展，又在某种程度上制约了文学的发展。他特别指出，相对于当代区域文学活跃的历史发展态势而言，当代区域文学理论研究明显滞后。这既使区域文学进一步发展受到制约，也为区域文学理论的下一步发展提供了空间。

何锡章教授（华中科大）指出区域文化与文学提出已有经年，似已成为现代文学研究的"显学"。各地研究地方文化与文学关系的成果蔚为大观，比如研究湖北作家群与荆楚文化的关系。但是对此还是要保持清醒头脑的，一是要区分文学与文化的关系；二是要明白文化真正的核心是什么，不搞清这些问题，研究就会陷入盲目。

刘川鄂教授（湖北大学）指出了区域文学的体制化特征及研究困境，首先，他认为区域特色和地域特色概念的划分还不够清晰，地域是跨行政区域，偏重于文化传统，而区域注重当下，多和行政区划相关。地域对于作家作品影响到底有多大？以胡风为例，胡风的"硬骨头精神"来自于鄂东，还是来自于别处？同处于绍兴鲁迅周作人兄弟，性格文章道路迥异，那么影响他们的是地域因素吗？改革开放和全球化导致了区域和地域格局可能更加复杂，因此地域因素使用起来要慎之又慎，不可夸大地域因素对文学的影响。

张全之教授（曲阜师大）一方面肯定它是个有价值的命题，大有开拓的空间，但另一方面也对区域文化的合理性、有效性、对区域文化研究的意义和限度持保留态度，还提出不要把区域文化研究泛化的警示。

王珂教授（福建师大）指出地域文化对诗歌的影响属于外部影响，并常常因为诗歌特有的文体自主性和诗人主体性而被削弱。特别在改革开放的今天，诗人流动不居，地域文化特别是地理因素对新诗的影响有减弱之势，因此应该客观评价地域文化对新诗创作的影响。他对诗歌研究的文化研究保持着警惕：文化研究是进步还是倒退？区域文化的概念会否导致研究范围的狭小？会否屈服意识形态？因此，文学研究回到文学自身才是最重要的。

邓伟博士（重庆工商大学）指出，中国现代文学地域书写的研究，应在相当程度上立足于对中国现代文学地域书写与民族国家关系的共时性探讨的基础上。中国现代文学地域文化意义的生成是基本指向民族国家的，地域存在的前提是对国家的认同，具有深刻的宏大意识形态的内容。他强调区域文学研究要落实到文学作品上，文学作品上的地域书写体现了现代文学的特质。

曾丽君博士（西南大学）强调了两点：一是要注意空间视野的扩展，要把地域文化放在世界文化的对照中进行。西方世界也有地域文学，那么中国地域文学如何体现中国特色？如何与世界性的因素接轨？二是要注意时代性问题，现代作家与当代作家有哪些差异？地域文化的常与变表现何在？这都是不能忽视的问题。

赵黎明博士（重庆师大）质疑全球化时代"地域文化"存在的可能性，并对"区域文学"的适用范围、有效性以及"影响研究"的模式保持警惕。他担心研究主体是否会因对"区域文学"的过度迷恋而产生以本土性排斥世界性的偏颇。此外，与会专家还就扩大区域文学与文化的研究领域进行了开放性的探讨，古代文学与文化、古代历史地理学、外国区域文学与文化等都应加盟这一研究队伍。

二　区域文化特质与现当代文学精神

除了对区域文学研究的意义与价值的肯定和适用性有效性的质疑之外，专家们还从区域文化对现代文学精神形成和对文学审美风格多样性等作用方面，对区域文化和文学的关系作了多方深入探讨。

胡明研究员（中国社科院）首先抛出了饶有兴趣的三个研究难题，在区域文化与文学关系这个有机结构中，是作家大于区域，还是区域照顾了作家？作家进入某种文化区域带来了多少、为本地文化积累了多少？作家是本土的还是侨居的？他认为对这些问题回答的好坏决定了研究品质的高下。

刘勇教授（北京师大）探讨了京派作家的文化观念与文化资源的复杂关系，认为京派作家不是一个严密的文学团体，在实际创作中也存在很大差异。但他们拥有相似的文化观，这一文化观主要体现在自然人性观、古典审美情结和中立宽厚、沉稳包容的文化姿态三方面。正确把握和理解这种独特的文化观，可为认识京派作家的整体性提供一个坚实的依据；同时也对准确理解和把握京派作家本身的蕴含与风格，认识其历史定位及现实影响，具有独特的作用。

袁盛勇教授（重庆师大）从区域文化角度着重探讨了解放区文学的复杂性。首先，抗战时期三大文学板块的构成，不是文学自然发展的结果，是政治和军事上的需要，是历史性的产物，因此它们本质上不仅仅是区域化的文学，更是政治意识形态化的产物。解放区文学的复杂性体现在：它是与国统区文学、沦陷区文学构成了历史的呼应和关联；它既具有同一化特征，但同时其内部也存在某种区域化的差异性特征；其文学观念的形成是个动态的过程。指出要以一种认知、还原、审视和适度剥离的眼光重新研究解放区文学。

刘晓丽博士（华东师大）以伪满洲国的"魔幻现实主义"作品为中心，考察了殖民统治与地方文化的关系。

傅书华教授（太原师院）研究了赵树理文艺创作中的三晋文化特质：以农民的现实生存需求为作品的价值基点，维护上述价值基点的坚定立场与开放胸怀。

贾振勇、魏建教授（山东师大）以孔孚山水诗与儒家文化为题，揭示了其与儒家文化的复杂关系。

罗显勇博士（重庆大学）考察了 20 世纪 90 年代台湾小说中"酷儿书写"的现代性特质。

田建民教授（河北大学）以钱钟书文学表现的陌生化效果为论题，从一个更宽泛的视野上涉及区域文学之独特的价值。

王嘉良教授（浙江师大）从区域角度重点考察了浙江"小传统"对现代作家风格形成的"内源"性策应，指出鲁迅之所以开创启蒙现实主义、周作人之所以引领人道现实主义、茅盾之所以领衔社会批判现实主义等等，光从"外援"谈原因是片面的，"内源"即地域文化精神的驱动因素不可忽视，在相当程度上它是取决于地域"小传统"潜在文化基因作用的。

赵学勇教授（陕西师大）着重研究了长安文化与当代秦地作家的深层关联，指出了他们在当代文化语境中对长安文化的承继、阐释与重构。

万安伦博士（北京师大）从区域文化建设角度，谈到了首都文化软实力的提升与"人文北京"建设等宏观课题。

常书红博士（北京师大）研究了民初北京旗人的社会流动与满汉文化交融状况。

张曦博士（《学术月刊》）以沦陷时期的上海文学为例，考察了上海文学"通俗的变异"。

胡彦教授（云南师大）认为云南文化有着多民族性和边地性，为文学创作提供了异样的空间，也为从区域文化的角度来阐释提供了可能，但是要防止把区域文化研究泛化，文学研究的落脚点和终点还是要落在文学自身的审美价值上面。

金洁副教授（重庆师大） 对中国纪录片区域性现状进行探究，指出了"被区域捆绑的自娱自乐"的困局、原因以及解脱之道。

邓经武教授（成都大学） 从区域文学的宏观角度。对于吴越、三晋、巴蜀这个三角形构架的文学现象进行文学史思考。

陶德宗教授（重庆三峡学院） 研究了台湾民间文学的地域文化个性。

冯肖华教授（宝鸡文理学院） 论述了秦地文学的地缘风貌，具体分析了黄土地图式、父老乡亲图式、三秦女性图式、秦风民俗图式四个层面的内容，能给人一定启发。

陈祖君博士（贵州财经学院） 以中国新文学中节日体验为切入点，考察了新文学的地域特征，提出了节日和现代文学相关性、节日给现代文学研究带来哪些独特性和差异性等问题，指出节日的地域特征参与了现代文学的风格构成，也是无法绕开的传统。

三　区域文化视野中的巴渝文学

重庆文化与文学也被列入这次区域文学探讨的主要议题。**杨义先生**特别指出，要重绘中国文学地图，重庆在其中有举足轻重的地位。大而言之，中华文明持续发展，中华民族的大一统都跟巴蜀地区非常有关系。在冷兵器时代，很多古老的农业民族都被北方游牧民族摧毁了，唯有中华民族能够坚守，原因就在于它有两个阻隔，一个是长城，另一个是长江。长江抵挡了强大的北方少数民族，形成了以长江为界的南北推移太极图，所以长江在政治和文明的演变中具有独到的地位。秦始皇统一中国，首先就是因为占领了巴蜀，占领巴蜀之后，秦国的土地和国力就增加了一倍；东汉南北朝，如果没有长江，中华文明早就中断了……可见作为长江天堑的巴蜀的极端重要性。因此在巴蜀之地谈人文地理、研究区域文化文学是非常合适的。

吕进教授（西南大学） 在其提交的论文中首先回顾了重庆文学的文化遗传，指出重庆文化是重庆文学的摇篮，又是重庆文学重要的审美对象。他叙述了重庆文学明珠——诗歌的三次高潮以及特征，总结了重庆新诗"上园道路"的宝贵经验，对重庆区域文学的远景给予了期待与展望。

靳明全教授（重庆师大） 主要揭示了抗战文学研究中"重庆形象"

被扭曲化原因以及纠正途径。认为造成"浓雾、寒夜、魔窟"之黑暗重庆形象的主要原因是中国历史变化的政治格局；为纠正抗战文学研究中重庆被扭曲化现实，必须做到：研究者的政治意识要随着政治格局的变化应发生相应变化；抗战文学研究对象范围必须扩大；弘扬抗战精神，重庆抗战名城要打造；抗战文学研究应加大区域文化区域文学研究力度。

朱丕智编审（重庆师大）认为抗日战争造成了中国现代条件下政治势力各异的文学生存环境，形成了不同特质的区域文学。可从非敌占区、租界、敌占区三大不同层面及其之下不同区域去进行区域文学研究，且有利于经此上升到整体层面上去把握中国抗战时期的文学特点、特质和历史面目。

郝明工教授（重庆师大）在厘清区域文化与文学的相关概念前提下，对陪都重庆文化与文学进行了个案考察，无论是地域性构成，还是地方性构成，对于区域文化与文学的存在都是不可或缺的；只有这两者在特定的历史时空之中实现融合，才能完成现代中国文化与文学的区域化。

李文平教授（重庆师大）考察了20世纪初中国社会文化转型与重庆文学之关系。指出20世纪初重庆社会文化的现代转型作为整个中国社会文化现代转型的区域性回应，为这一时期重庆文学的发展提供了作者、读者、载体等方面的必要条件，促进和制约着本时期的重庆文学在小说、诗歌、散文、戏剧、儿童文学、文学理论批评方面的发生与发展，并为抗战时期重庆文学的全面繁荣奠定了坚实的基础。

包晓玲教授（重庆工商大学）结合三峡移民文学这一国家社科项目的研究实践，探讨了重庆区域文化与文学研究的学科难题和解决思路。

张育仁教授（重庆师大）从传播角度阐述了民国时期重庆地方报刊在大众传播实践中的特殊意义。

熊辉博士（西南大学）考察了抗战时期内迁潮流对新诗创作的影响，诗人的涌入、报刊媒介的西移、高校的西迁、文协总部的设置等为诗歌繁荣提供了必要的"硬件"，但也有不利于文学发展的诸因素，如交通不便、作家生活分散、信息不畅、创作条件艰苦、作家权益得不到保障、远离战火对战争的体验不多等。

李永东博士（西南大学）以张恨水的重庆题材小说为例，考察了一向被忽略的陪都语境对其创作的影响：小说叙事风格转向平白直捷，载负着重庆下江人的战时乡愁，偏重于讲述公教人员的生活故事，维护了战时知识分子的精神优胜等。

王学振博士（重庆师大） 指出重庆土家族作家的小说创作的民族情结、地方语言与开放情怀等共同地域特征，艺术上也既继承了现实主义创作方法，又没有故步自封，进行了多元的艺术创造。

冉易光教授（长江师院） 强调，重庆少数民族文学创作具有重要地位和特殊意义。都市文化中的弱势文化、地理位置的"边地"状态、民族身份的新异性与历史性的统一，形成了其独特的文化背景。民族意识的启蒙意义，民族性的探索意义，多元文化语境下"边缘"与"边地"的坚守意义，使重庆少数民族文学具有特殊的价值。

闭幕式由《文学评论》副主编王保生研究员主持，《文学评论》常务副主编胡明研究员做了言简意赅、切中肯綮的总结发言，重庆师范大学副校长李禹阶教授致以热情洋溢的闭幕词。中国当代文学研究会区域文学委员会在会议期间决定，全国性或国际性的区域文化和文学研讨会，今后每两年举办一次，并由该区域文学委员会和重庆师大区域文化与文学研究中心共同负责定期出版同名辑刊。

赵黎明整理

后　记

　　2009 年 11 月 14—16 日，由中国社会科学院文学研究所《文学评论》编辑部、重庆师范大学文学院、重庆师范大学区域文化与文学研究中心联合举办的全国第二届"区域文化与文学"学术研讨会在重庆师范大学隆重举行，来自全国各地高等院校和科研单位的八十余位专家学者参加了这次会议。会议围绕"区域文化与文学的新进展"、"区域文化与文学研究的新收获"、"区域文化与文学发展的新走向"等议题，畅所欲言，既从宏观上探讨了区域文化与文学研究的意义与方法，又从区域的视角对中国不同时代、不同区域的文学特别是中国现当代区域文学进行了独到而深入的个案研究，取得了丰硕的成果。本书所收的 30 余篇论文，就是从这次会议代表所提交的论文中遴选出来的。

　　中国现当代文学是在统一性与区域性的矛盾运动中发展的，这一重要特征在近年来引起了学术界的普遍关注，并已成为新的学术增长点。2002年 4 月在重庆召开的全国区域文化与文学学术研讨会初步展示了这方面的成果，2009 年 11 月在重庆召开的全国第二届区域文化与文学学术研讨会把这个论题推进了一步。不仅有关高校、科研院所的专家和新闻媒体对会议给予了高度关注，更重要的是本次会议参会专家所提交的论文在许多方面都显示了该领域研究新的进展。现当代文学界的名家宿儒以及许多中青年学者都对区域文化与文学在当今的发展表现出浓厚的兴趣，展示出这一领域广阔的学术前景。当然，有关区域文化与文学的研究还远未充分展开，学术观点的差异更是在所难免。本书中所选的论文也不例外。但正是这种差异性显示了学术讨论的魅力。我们本着百家争鸣、文责自负的原则，选编了这本《区域文化与文学研究集刊》，既是对现阶段国内区域文化与文学研究成果的一个集中展示，更希望以此来推进区域文化与文学研究的深入发展。

　　重庆师范大学区域文化与文学研究中心长期致力于区域文化与文学研究，此次会议期间又根据学术发展的需要和专家学者的提议专门成立了中国当代文学研究会区域文学委员会。我们希望通过持续不懈的努力，促进全国区域文化与文学研究领域专家学者的学术交流，争取每两年主办一次全国区域文学学术研讨会，每年出版一辑《区域文化与文学研究集刊》。我们期望通过搭建这样一个学术平台来活跃并深化中国现当代文学研究，推动区域文化与文学的健康发展。本书的出版可说还只是一个开始。

　　本书的出版得到国内同仁的大力支持。中共重庆市委宣传部、重庆市社科联、中国社会科学院文学研究所《文学评论》编辑部、重庆师范大学科研处以及中国社会科学出版社有关领导和专家也对本书给予了关心和帮助，在此一并表示衷心感谢。

周晓风
2010 年 3 月

稿　约

　　《区域文化与文学研究集刊》是一本致力于研究中国现当代区域文化与文学的学术书刊。本刊以展示相关研究成果，促进学术文化繁荣为宗旨，坚持"双百"方针，强调社会责任，在拓展学科视域的同时，努力为区域经济文化和当代人文重建作贡献。本刊暂定每年一辑，特向学界同仁诚约稿件。欢迎选题独特精当、内容充实、观点新颖、具有前沿性和创新性的学术论文。敬请学界同仁关注，不吝赐稿。

　　为联系方便和技术处理，来稿要求如下：

　　一、论文篇幅一般不要超过 12000 字。书评最好不超过 3500 字。

　　二、请在论文题目后随附下列信息：

　　1. 作者简介：姓名、职称（或学位）、研究方向及工作单位。

　　2. 300 字以内的中文提要，并附 3—5 个中文关键词。

　　三、注释格式及规范

　　1. 一律采用脚注，注释序号用①②③标示。

　　2. 中文注释具体格式如下例：

　　例 1：林庚：《五七言和它的三字尾》，《文学评论》1959 年第 2 期。

　　例 2：《马克思恩格斯选集》第 2 卷上册，人民出版社 1972 年版，第 25 页。

　　例 3：王若虚：《滹南遗老集》卷三十六《文辨》，《文渊阁四库全书》本。

　　例 4：［美］弗朗西斯·福山：《历史的终结及最后之人》，黄胜强等译，中国社会科学出版社 2003 年版，第 7 页。

　　3. 外文注释如下列例子：

　　例 1：A Seymou Matin Lipset and Cay Maks, *It Didn't Happen Hee: Why Socialism Failed in the United States*, New York: W. W. Norton & Company, 2000, p. 266.

　　例 2：Christophe Roux – Dufort, "Is Crisis Management（Only）a Man-

369

agement of Exceptions?" *Journal of Contingencies and Crisis Management*,　Vol. 15，No. 2，June 2007.

4. 其他规范均按照有关标准执行；数字、公历世纪、年代、年月日、时刻、图表序号均用阿拉伯数字。

四、来稿一律采用电子版，并在文尾注明作者有关信息及联系方式。未用稿件，恕不退寄，三月内未接录用通知者，可自行处理。

五、本刊地址：重庆市沙坪坝区天陈路 12 号重庆师范大学文学院《区域文化与文学研究集刊》编辑部

邮　　编：400047

联 系 人 :李祖德　赵黎明

联系电话：023—65321165

电子邮箱：lizude@ 163. com 或 zlm868@ 126. com